文革史料叢刊第四輯

第三冊（二）

李正中　輯編

只有不漠視、不迴避這段歷史，中國才有希望，中華民族才有希望！忘記歷史意味著背叛！

——摘自「文革史料叢刊・前言」

蘭臺出版社

巴金先生說在文革

受盡火與血磨煉

的人是不會沉默的

八十又
五叟

李正中

著名中國古瓷與歷史學家、教育家。
李正中　簡介

祖籍山東省諸城市，民國十九年（1930）出生於吉林省長春市。
北平中國大學史學系肄業，畢業於華北大學（今中國人民大學）。
歷任：天津教師進修學院教務處長兼歷史系主任（今天津師範大學）。
　　　天津大學冶金分校教務處長兼圖書館長、教授。
　　　天津社會科學院中國文化研究中心主任、研究員。
現任：天津文史研究館館員。
　　　天津市漢語言文學培訓測試中心專家學術委員會主任。
　　　香港世界華文文學家協會首席顧問。
　　　（天津理工大學經濟與文化研究所供稿）
為加強海內外學術交流，應邀赴日本、韓國、香港、臺灣進行講學，
其作品入圍德國法蘭克福國際書展和美國ABA國際書展。

文革五十周年祭

百萬紅衛兵打砸搶燒殺橫掃五千年中華文史精華　可惜

中國知識分子慘遭蹂躪委曲求全寧死不屈有氣節　可敬

國家主席劉少奇無法可護窩窩囊囊死無葬身之地　可歎

內鬥中毛澤東技高一籌讓親密戰友林彪墜地身亡　可悲

2016年李正中於5.16敬祭

前言：忘記歷史意味著背叛

文學巨匠巴金說：

應該把那一切醜惡的、陰暗的、殘酷的、可怕的、血淋淋的東西集中起來，展覽出來，毫不掩飾，讓大家看得清清楚楚，牢牢記住。不能允許再發生那樣的事。不再把我們當牛，首先我們要相信自己不是牛，是人，是一個能夠用自己腦子思考的人！

那些魔法都是從文字遊戲開始的。我們好好地想一想、看一看，那些變化，那些過程，那些謊言，那些騙局，那些血淋淋的慘劇，那些傷心斷腸的悲劇，那些勾心鬥角的醜劇，那些殘酷無情的鬥爭……為了那一切的文字遊戲！……為了那可怕的十年，我們也應該對中華民族子孫後代有一個交代。

要大家牢記那十年中間自己的和別人的一言一行，並不是讓人忘記過去的恩仇。這只是提醒我們要記住自己的責任，對那個給幾代人帶來大災難的「文革」應該負的責任，無論是受害者，或者害人者，無論是上一輩或是下一代，不管有沒有為「文革」舉過手點過頭，無論是造反派、走資派，或者逍遙派，無論是鳳或者是牛馬，讓大家都到這裡來照照鏡子，看看自己為「文革」做過什麼，或者為反對「文革」做過什麼。不這樣，我們怎麼償還對子孫後代欠下的那一筆債，那筆非還不可的債啊！

（摘自巴金《隨想錄》第五冊《無題集‧紀念》）

我高舉雙手讚賞、支持前輩巴老的呼籲。這不是一個人的呼籲，而是一個民族對其歷史的反思。一個忘記自己悲慘歷史和命運的民族，就是一個沒有靈魂的民族，沒有希望的民族，沒有前途的民族。中華民族要真正重新崛起於世界之林，實現中華夢，首先必須根除這種漠視和回避自己民族災難的病根，因為那不意味著它的強大，而恰恰意味著軟弱和自欺。這就是我不計後果，一定要搜集、編輯和出版這部書的原因。我想，待巴老呼籲的「文革紀念館」真正建立起來的那一天，我們才可以無愧地向全世界宣告：中華民族真正走上了復興之路……。

當本書即將付梓時刻，使我想到蘭臺出版社出版該書的風險，使我內心感動、感激和感謝！同時也向高雅婷責任編輯對殘缺不全的文革報紙給以精心整理、校對，付出辛勤的勞累致以衷心得感謝！

感謝忘年交、學友南開大學博導張培鋒教授為拙書寫「序言」，這是一篇學者的呼喚、是正義的伸張，作為一個早以欲哭無淚的老者，為之動容，不覺潸然淚下：「一夜思量千年事，人生知己有一人」足矣！

李正中於古月齋

2014年6月1日文革48周年紀念

序言：中國歷史界的大幸，也是國家、民族之大幸

張培鋒

李正中先生積三十年之功，編集整理的《文革史料叢刊》即將出版，囑我為序。我生於1963年，在文革後期（1971-1976），我還在讀小學，那時，對世事懵懵懂懂，對於「文革」並不瞭解多少，因此我也並非為此書寫序的合適人選。但李先生堅持讓我寫序，我就從與先生交往以及對他的瞭解談起吧。

看到李先生所作「前言」中引述巴金老人的那段話，我頓時回想起當年我們一起購買巴老那套《隨想錄》時的情景。1985年我大學畢業後，分配到天津大學冶金分校文史教研室擔任教學工作，李正中先生當時是教務處長兼教研室主任，我在他的直接領導下工作。記得是工作後的第三年即1987年，天津舉辦過一次大型的圖書展銷會（當時這樣的展銷會很少），李正中先生帶領我們教研室的全體老師前往購書。在書展上，李正中先生一眼看到剛剛出版的《隨想錄》一書，他立刻買了一套，並向我們鄭重推薦：「好好讀一讀巴老這套書，這是對「文革」的控訴和懺悔。」我於是便也買了一套，並認真讀了其中大部分文章。說實話，巴老這套書確實是我對「文革」認識的一次啟蒙，這才對自己剛剛度過的那一個時代有了比較深切的瞭解，所以這件事我一直記憶猶新。我記得在那之後，李正中先生在教研室的活動中，不斷提到他特別讚賞巴金老人提出的建立「文革紀念館」的倡議，並說，如果這個紀念館真的能夠建立，他願意捐出一批文物。他說：「如果不徹底否定「文革」，中國就沒有希望！」我這才知道，從那時起，他就留意收集有關「文革」的文獻。算起來，到現在又三十年過去了，李先生對於「文革」那段歷史「鍾情」不改，現在終於將其裒輯付梓，我想，這是中國歷史界的大幸，也是國家、民族之大幸！

前兩年，我有幸讀到李正中先生的回憶錄，對他在「文革」中的遭遇有了更為真切的瞭解。「文革」不僅僅是中國知識分子的受難史，更是整個民族、人民的災難史。正如李先生在「前言」中所說，忘記這段歷史就意味著背叛。李先生是歷史學家，他的話絕非僅僅出於個人感受，而是站在歷史的高度，表現出一個中國知識分子的真正良心。

就我個人而言，雖然「文革」對我這一代人的波及遠遠不及李先生那一代人，但自從我對「文革」有了新的認識後，對那段歷史也有所反思。結合我個人現在從事的中國傳統文化教學與研究來看，我覺得「文革」最大的災難在於：它對中華優秀傳統文化做出了一次「史無前例」的摧毀（當時稱之為「破四舊，立新風」，當時究竟是如何做的，我想李先生這套書中一定有非常真實的史料證明），從根本上造成人心

的扭曲和敗壞，並由此敗壞了全社會的道德和風氣。「文革」中那層出不窮的事例，無不是對善良人性的摧殘，對人性中那些最邪惡部分的激發。而歷史與現在、與未來是緊緊聯繫在一起的，當代中國社會種種社會問題、人心的問題，其實都可以從「文革」那裡找到根源。比如中國大陸出現的大量的假冒偽劣、坑蒙拐騙、貪汙腐化等現象，很多人責怪說這是市場經濟造成的，但我認為，其根源並不在當下，而可以追溯到四十年前的那場「革命」。而時下一些所謂「左派」們，或別有用心，或昧了良心，仍然在用「文革」那套思維方式，不斷地掩飾和粉飾那個時代，甚至將其稱為中國歷史上最文明、最理想的時代。我現在在高校教學中接觸到的那些八十年代、九十年代後出生的年輕人，他們對於「文革」或者絲毫不瞭解，或者瞭解的是一些經過掩飾和粉飾的假歷史，因而他們對於那個時代的總體認識是模糊甚至是錯誤的。我想，這正是從巴金老人到李正中先生，不斷呼籲不要忘記「文革」那段歷史的深刻含義所在。不要忘記「文革」，既是對歷史負責，更是對未來負責啊！

記得我在上小學的時候，整天不上課，拿著毛筆——我現在感到奇怪，其實就連毛筆不也是我們老祖宗的發明創造嗎？「文革」怎麼就沒把它「革」掉呢？——寫「大字報」，批判「孔老二」，其實不過是從報紙上照抄一些段落而已，我的《論語》啟蒙竟然是在那樣一種可笑的背景下完成的。但是，僅僅過去三十多年，孔子仍然是我們全民族共尊的至聖先師，「文革」中那些「風流人物」們今朝又何在呢？所以我認為，歷史是最公正、最無情的，是不容歪曲，也無法掩飾的，試圖對歷史進行歪曲和掩飾其實是最愚蠢的事。李正中先生將這些「文革」時期的真實史料拿出來，讓那些並沒有經歷過那個時代的人們真正認識和體會一下那場「革命」的真實過程，看一看那所謂「革命」、「理想」造成了怎樣嚴重的後果，這就是最好的歷史、最真實的歷史，這也就是巴老所說的「文革紀念館」的一個重要組成部分啊！我非常讚成李正中先生在「前言」中所說的，只有不漠視、不回避這段歷史，中國才有希望，中華民族才有希望！

是為序。

中華民族最黑暗的年代「文革」48周年紀念於天津聆鍾室
〔注〕張培鋒：現任南開大學文學院教授博士班導師

古月齋叢書6　文革史料叢刊　第四輯

要繼續批孔

馮天瑜：孔丘教育思想批判

馮友兰：「誑孔丘」

二馮是文革批孔主要干將。
文如其人！悲哉！

古月希顯

天津日報編輯部

毛 主 席 语 录

什么"三项指示为纲"，安定团结不是不要阶级斗争，阶级斗争是纲，其余都是目。

翻案不得人心。

社会主义革命革到自己头上了， 合作化时党内就有人反对，批资产阶级法权他们有反感 。 搞社会主义革命，不知道资产阶级在哪里，就在共产党内，党内走资本主义道路的当权派。走资派还在走。

无产阶级必须在上层建筑其中包括 各个 文化领域中对资产阶级实行全面的专政。

社会经济制度变了， 旧时代遗留下来残存于相当大的一部分人们头脑里的反动思想， 亦即资产阶级思想和上层小资产阶级思想， 一下子变不过来。要变需要时间， 并且需要很长的时间， 这是社会上的阶级斗争。

我们现在思想战线上的一个重要任务， 就是要开展对于修正主义的批判。

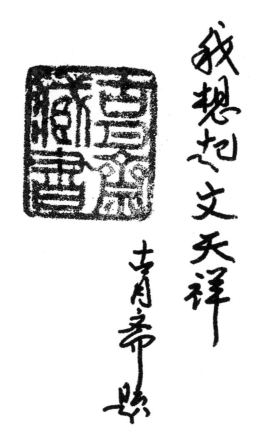

我想起文天祥

青希临

孔丘教育思想批判

冯天瑜

毛泽东说：妓女是第八类，知识分子是臭老九，学生不要在课堂听先生胡说八道。

胡说九道幸

目　　录

第 一 章

孔丘的生平和政治、哲学思想

一、贵族家世和反革命生涯

孔丘，字仲尼，春秋末期鲁国陬（zōu 音邹）邑（今山东曲阜）人，生于公元前551年，死于公元前479年。他是我国历史上反动的儒家学派的创始人、没落奴隶主阶级的政治家和教育家。

孔丘的祖先原是宋国大贵族，后因宋国发生内乱迁居鲁国。据《左传》和《国语》记载，孔丘的祖辈中，不少人都是"让国不授"、"执事有格"的保守分子。孔丘的父亲孔纥，字叔梁，是鲁国武士，做过地方官（陬邑宰），其地位已不及先辈显贵，所以，孔丘出身于一个具有保守传统，而又正在走下坡路的贵族家庭。

孔丘的老家宋国，是殷商后裔的封地，素以守旧著称。而孔丘从小生活的鲁国，则是周公的儿子伯禽的封地。周公是周制奴隶社会各种规章制度——周礼的主要制定者，他儿子的封地鲁国成为列国中旧传统最深的国家，就不是偶然现象了。春秋末期，各国的礼乐（即奴隶制的政治制度和文化）都崩坏不堪，唯独鲁国却专门豢养着一批"儒"，传授西周的礼仪，研究典章文物，因此，当时鲁国有"礼乐之邦"的称号，各国的公卿贵族常到鲁国来"观礼"。晋国的韩宣子受聘赴鲁，看到鲁国典籍丰富、社会风俗古旧，曾惊

叹道："周礼尽在鲁矣！"（《左传》昭公二年）

孔丘出身于一个极端保守的贵族家庭，又生长在旧传统较深的鲁国，从小所受到的反动思想影响是可想而知的。孔丘在儿童时代，就经常陈列俎（zǔ 音阻）豆（俎、豆是祭祀时盛祭品用的器皿），做摹仿祭祀、学习礼节的游戏①，可见他受周礼的熏陶之深。

孔丘三岁时，死去了父亲，家境进一步衰落，所以孔丘青少年时代做过一些自认"卑贱"的事情，他说："吾少也贱，故多能鄙事"（《论语·子罕》——以下凡引自《论语》，都只注篇名），例如，他当过吹鼓手，替人办丧事；后来又做过管牛羊的"乘田吏"和记帐的"委吏"②。

然而，当这些小官，不能满足孔丘恢复"周公之礼"的野心，于是，从二十岁左右开始，他就聚徒兴学，做意识形态方面的工作，纠集一股反动势力，为登上政治舞台作舆论准备和组织准备。但是，当时的鲁国，新兴封建主的力量已日益强大，孔丘的复古主张行不通，他只得跑到齐国去，向齐景公鼓吹重建"君君、臣臣、父父、子子"的奴隶制秩序，但齐国是地主经济发达较早的诸侯国，许多大夫都反对孔丘，所以齐景公只得以自己年龄老了为借口，对孔丘下了逐客令③。于是，孔丘又回到鲁国，等了十几年，仍不得见用。在这期间，孔丘继续大力从事教育活动，一些贵族子弟和其他人也纷纷投奔孔家学店，孔家学店出现了"弟子弥

①《史记·孔子世家》："孔子为儿嬉戏，常陈俎豆，设礼容。"

②《孟子·万章》："孔子尝为委吏矣，曰：会计当而已矣；尝为乘田矣，曰：牛羊茁壮，长而已矣。"

③《史记·孔子世家》："齐大夫欲害孔子，孔子闻之。景公曰，'吾老矣，弗能用也'孔子遂行，反乎鲁。"

众，至自远方，莫不受业焉"（《史记·孔子世家》）的局面。这一阶段是孔丘私学的鼎盛时期。

孔丘在五十岁的时候，被鲁定公任命为中都宰（地方的行政长官），第三年升为司空（工程建筑部长），第四年又当了大司寇（司法部长），并曾代行鲁相职务。这前后几年，是孔丘政治上最得意的时期。但是，由于孔丘倒行逆施，受到革新派的强烈反对，摄行鲁相仅仅三个月，就被季氏等人赶下了台。

孔丘被撵下台以后，并不甘心于自己的失败，他带着弟子到卫、陈、宋、蔡、楚等国周游，向各国公卿大夫兜售复辟西周奴隶制度的政治主张。由于他的学说违背了历史发展的趋势，十分不得人心，到处受到新兴地主阶级的谴责，劳动人民的反对。孔丘到卫国去，满想向卫灵公鼓吹"周公之礼"，哪知卫灵公不感兴趣，却要与孔丘谈打仗的事①。孔丘大失所望，又跑去找卫灵公的老婆南子，企图用"走后门"的办法得到卫君的任用，但仍然没有奏效，反而引起了忠实门徒子路的不满②。孔丘的反动行径还激起了卫国人民群众的愤怒，为表示对孔丘的抗议，他们把孔丘坐车辗下的辙迹都铲掉了。（《庄子·天运》）孔丘在卫国碰了一鼻子灰，快快不乐地走到匡城（河南长垣一带），当地劳动人民听说孔丘这个坏蛋来了，愤怒地把孔丘包围起来，要杀孔丘，由于擅长辩说的门徒子贡苦苦哀求，才免于一死。孔丘被包围时，吓得要命，但脱险以后，又夸口说："匡人能把我怎么

---

① 《卫灵公》，"卫灵公问陈于孔子。孔子对曰：'俎豆之事，则尝闻之矣，军旅之事，未尝学也。'明日遂行。"

② 《雍也》，"子见南子，子路不说（悦）。"

样？"①

孔丘在晚年，曾把复辟周礼的希望寄托于楚国，因为当时楚国国君楚昭王是个保守分子。孔丘在去楚国的路上，经过陈国和蔡国，被当地的封建主包围在郊外，几天吃不上饭，随从的人都饿病了（《卫灵公》）。孔丘好不容易跑到楚国，楚昭王本想用他，但遭到大臣子西等人的强烈反对，孔丘只得夹着尾巴，离开了楚国。（《史记·孔子世家》）

孔丘在列国辗转十余年，四处碰壁，其境遇正象司马迁所说的："斥乎齐，逐乎宋、卫，困于陈、蔡之间"（《史记·孔子世家》）。他到了晚年，不得不失望地说："凤鸟不至，河不出图，吾已矣夫！"（《子罕》）古代迷信思想认为，凤凰没有飞来，黄河中没有龙马负图而出，就意味着事业不能成功。他还愤愤地说："道不行，乘桴浮于海"（《公冶长》），竟想乘木排到海外去寻找出路，这是失败者绝望的哀鸣。孔丘看到从政没有希望了，在六十八岁那年，怀着"无可奈何花落去"的心情回到了鲁国，一方面著书立说，另一方面继续在幕后干预鲁国的政治局势，到七十二岁时，孔丘终于带着花岗岩脑袋见周公去了。

孔丘的一生，是顽固不化的反动派的一生。鲁迅曾以幽默的笔调，概括了孔丘的反革命生涯："孔夫子的做定了'摩登圣人'是死了以后的事，活着的时候却是颇吃苦头的。跑来跑去，虽然曾经贵为鲁国的警视总监，而又立刻下野，失业了；并且为权臣所轻蔑，为野人所嘲弄，甚至于为暴民所包围，饿扁了肚子，弟子虽然收了三千名，中用的却

---

① 《子罕》，"子畏于匡。曰'……匡人其如予何？'。"

只有七十二，然而真可以相信的又只有一个人。"（《且介亭杂文二集·在现代中国的孔夫子》）这里所说的"权臣"，就是新兴地主阶级的当政者，"野人"和"暴民"则是指的劳动人民，孔丘受到他们的批驳、蔑视和围攻，正说明了他站在革命人民的对立面、站在时代潮流的对立面。当时的劳动人民曾一针见血地指出，孔丘是一个明知做不到，却硬要去做的死顽固①。这是对孔丘最恰如其分的评价。

二、顽固维护奴隶制度的政治立场

孔丘生活的时代，我国正处在奴隶制度土崩瓦解、封建制度蓬勃兴起的历史转折关头。

奴隶社会是人类历史上第一个剥削制度。奴隶制到了晚期，它的全部腐朽性已经暴露无遗，成为阻碍社会生产力发展、阻碍历史前进的桎梏。当时，奴隶劳动收获的三分之二为公室（奴隶主）所占有，即所谓的"民参其力，二人于公"（《左传》昭公三年）。奴隶主贵族穷奢极欲，"宫室日更，淫乐不违"（《左传》昭公二十一年），官仓的粮食堆积如山、霉烂生虫，另一方面，劳动人民则挨饿受冻，许多人流落为乞丐，挣扎在死亡线上。《汉书·王莽传》记载，春秋战国时，奴隶在市场上拍卖，与牛马同栏。这些从古籍中透露出来的事实，都说明奴隶被剥夺了一切权利，与牛马别无二致。奴隶们还经常遭到肉体摧残，齐国的晏婴曾对晋国的叔向说，由于齐国公室动辄对老百姓施刖(yuè音月)刑（砍足），所以用假足的人很多，出现了"国之诸市，屦贱踊贵"的现

①《宪问》："子路宿于石门。晨门曰：'奚自？'子路曰：'自孔氏。'曰：'是知其不可而为之者与？'"

21

象（《左传》昭公三年》），即假足（踊）因被争购而涨价，草鞋（履）却滞销削价。"履贱踊贵"，虽只寥寥四字，却是血淋淋的奴隶制度的写照。

哪里有压迫，哪里就有反抗。

春秋战国的奴隶起义此起彼伏，规模越来越大。公元前550年，陈国有筑城"役人"的暴动，杀死监督筑城的奴隶主庆氏兄弟（《左传》襄公二十三年）；公元前520年，"百工"（即手工业奴隶）叛变周王室，把周王赶跑了（《左传》昭公二十二年）；公元前478年，手工业奴隶暴动，围攻卫庄公，庄公带着太子、公子跳宫墙逃跑，把腿摔断（《左传》哀公十七年）。春秋末期，山东一带还爆发了以柳下跖(zhí音直)为领袖的大规模奴隶起义。跖"从卒九千人，横行天下，侵暴诸侯"，队伍所过之处，"大国守城，小国入保（堡）"（《庄子·盗跖》），给奴隶主贵族以沉重打击。跖在民众中享有崇高威望，"名声若日月，与舜禹俱传而不息"（《荀子·不苟》）。

奴隶起义的暴风骤雨，从根本上掀动了奴隶制度的统治基础，敲响了奴隶主阶级灭亡的丧钟，推动着我国社会向封建时代演进。

与此同时，新兴地主阶级所代表的封建生产关系，也冲破重重阻力发展起来。封建主借助奴隶起义的力量，开始向奴隶主夺权，无情地破坏着奴隶制的规章制度。到孔丘时，奴隶制社会已经四分五裂，"礼崩乐坏"，大势已去。

孔丘生活在这个新旧社会更替的大变革时代，顽固坚持奴隶主阶级的反动立场，终生为维护奴隶制度而奔走呼号，妄图使历史开倒车。由孔丘的徒子徒孙编写的记载着孔丘主要言行的《论语》，便是一部旧时代的挽歌、新时代的谤词。

人民革命是历史前进的动力。判断一个历史人物是进步的还是反动的,首先看他对人民革命的态度。孔丘对于当时风起云涌的奴隶起义是极端仇视的。他的政治学说的中心思想,就是制止人民"犯上作乱"。孔丘的学生子贡问孔丘憎恶什么,孔丘说:"憎恶在下位而毁谤上位的人"①。公元前613年,郑国奴隶暴动,占据了萑苻(huánfú音还服)这个地方,后来一个叫游吉的奴隶主残酷镇压了这次起义。孔丘十分赞赏游吉的这种暴行,他说:"杀得好!对奴隶太宽大了,他们就要造反,奴隶造反就要严厉镇压"②。这就充分暴露了孔丘反人民的凶恶嘴脸。

判断一个历史人物是进步的还是反动的,另一重要标志,就是看他对当时的社会变革是支持还是反对。孔丘对于春秋末期新兴地主阶级采取的一切政治、经济革新措施,都是坚决反对的,他还对代表新兴地主阶级的法家,进行了血腥的镇压。

(一)对封建主的"违礼僭(jiàn音箭)越"行动深恶痛绝。

春秋末期,随着奴隶制度江河日下,周天子已无力控制各诸侯国,成为尸位素餐的傀儡,而一些新兴的封建主则公然与天子分庭抗礼,一再违反周礼的规定,这是地主阶级突破奴隶制度束缚的表现。例如,按周礼规定,祭祀活动中,周天子才可以用八个队列的音乐舞蹈人员,诸侯、

---

① 《阳货》:"子贡曰:'君子亦有恶乎?'子曰:'有恶。恶称人之恶者,恶居下流而讪上者,……。'"

② 《左传》昭公二十年:"郑国多盗,取人于萑苻之泽,……兴兵徒以攻萑苻之盗,尽杀之,盗少止。仲尼曰:'善哉,政宽则民慢,慢则纠之以猛。……'"

大夫等而下之，分别只能 用 六 个 队 列 和 四 个 队 列。而 鲁国大夫季氏，竟擅自用八个队列的音乐舞蹈人员 载 歌 载 舞（"八佾〔yì 音义〕舞于庭"）。孔丘认为这是大 逆 不 道 的 越礼行为，怒不可遏地说："是 可 忍，孰 不 可 忍 也"①。此外，按周礼规定，只有周天子才有资格登泰山 祭 祀 天 帝，然而季氏也跑上泰山祭天，孔丘对此也极 为 不 满②。孔 丘知道，礼节上的僭越行为，是新兴封建主夺权的准备活动，是他们政治雄心的初试锋芒，因此，孔丘要大声疾呼地表示反对。

（二）攻击"税亩"制度"非礼"。

鲁宣公十五年（公元前594年，也即孔丘诞生前43年），鲁国开始实行"税亩"制度，以代替"井田制"。井田制是奴隶主阶级的土地国有制，土地的所有权完全操在大奴隶主——"王"的手里，"王"又将这些土地层层分封给诸侯、卿大夫，这就是所谓的"溥天之下，莫非王土，率土之滨，莫非王臣"。（《诗经·小雅·北山》）在井田制下，土地是不许私有的。实行"税亩"制度，正式向私田收税，意味着王室和公室承认地主阶级的土地私有权，不再干涉土地的买卖，这样，就出现了"贵货易土，土可贾（gǔ 音古）焉"（《左传》襄公四年）的局面，这当然有利于封建经济的发展。所以，"税亩"制的实行，无疑是一项进步的措施。然而，孔丘却对这一措施恨之入骨。他说："初税亩……非礼也"，认为它违反了周公之礼，并攻击它"贪冒无厌"，比 强 盗 还 坏

---

① 《八佾》：孔子谓季氏，"八佾舞于庭，是可忍，孰不可忍也？"
② 《八佾》："季氏旅于泰山。子谓冉有曰：'女弗能救与？'对曰：'不能。'子曰：'呜呼，曾谓泰山不如林放乎！'"

（《左传》哀公十一年）。这就是孔丘对当时经济制度改革所持的态度。

（三）反对"法治"，维护"礼治"。

春秋中、后期，郑、晋等国都相继实行立法改革，动摇了奴隶主阶级的"礼治"。晋国还制订新的法律条文，限制奴隶主贵族的某些特权，并将这些条文铸在铁鼎上面，公布于众，使贵族们不得任意改动。这就是所谓的"铸刑鼎"。孔丘对这项立法改革措施表示强烈反对。他说，这样一来，晋国就要亡国了。人民从鼎上的法律条文中知道了犯罪的轻重，哪里还会尊崇贵族？贵贱没有了等次，还成什么国家①？孔丘把维护奴隶主特权的"礼治"看成立国的根本，认为"礼治"动摇了，奴隶制的国家就要崩溃。因此，他疯狂攻击"铸刑鼎"这类政治改革措施。

（四）杀害法家先驱者少正卯。

少正卯是鲁国的知名人士（"闻人"），由于他兴办教育，大力宣传革新思想，深受人民群众和青年学生的欢迎。孔丘对他早就怀恨在心，所以孔丘摄行鲁相职务以后，迫不及待地杀害了少正卯。

至于对封建主用暴力夺取奴隶主贵族的政权，孔丘更是万分仇恨。如齐国大夫陈恒杀了齐国国君（即"陈氏代齐"），这是新兴的地主阶级从没落奴隶主阶级手里夺权的一个突出事例。当时年届七十的孔丘听到这个消息，郑重其事地沐浴一番，朝见鲁哀公，请求出兵讨伐陈恒。然而，鲁哀公是"泥巴

---

① 《左传》昭公二十九年："晋赵鞅、荀寅……铸刑鼎，著范宣子所为刑书焉。仲尼曰：'晋其亡乎！失其度矣，……为刑鼎，民在鼎矣，何以为尊贵？……贵贱无序，何以为国？'"

菩萨过江，自身难保"，他的大权早已旁落到季氏三家手里，要想用兵，必须征得季氏等人的同意。因此，孔丘向鲁哀公提出讨伐陈恒的动议，不过是一种无法实现的妄言而已①。

以上事实充分说明，孔丘是一个没落奴隶制度的忠实卫道者，他一生东奔西窜，都是为了达到"兴灭国，继绝世，举逸民"（《尧曰》）的目的，即复兴已被灭亡了的奴隶制国家，让奴隶主贵族的世袭特权延续下去，把已经倒台的奴隶主贵族重新扶植起来当权。

但是，事与愿违，奴隶制的垮台是不以人们意志为转移的客观规律，历史的潮流不可阻挡，孔丘这个逆潮流而动的反动分子尽管遭到惨败，面对奴隶制度无可挽回的崩溃趋势，还自我解嘲地说："岁寒，然后知松柏之后雕也"（《子罕》）。意思是说，到了奴隶制已经山穷水尽的时刻，才看得出我孔丘是最忠于文、武、周公之道的啊！《史记》记载，由于孔丘在列国四处碰壁，所以劳动人民骂他象一条"丧家之狗"。孔丘听到这个评论，联想自己的处境，也啼笑皆非地承认："是啊，我是象一条丧家之狗啊！"②这就是又臭又硬的顽固分子孔丘的一幅丑恶的自画像。

三、以"仁"为核心的思想体系

孔丘的理想社会，是奴隶制极盛的西周。那时诸侯听命

---

① 《宪问》："陈成子弑简公。孔子沐浴而朝，告于哀公曰：'陈恒弑其君，请讨之。'公曰'告夫三子。'……"

② 《史记·孔子世家》，"孔子适郑，与弟子相失。孔子独立郭东门。郑人或谓子贡曰：'东门有人，其颡（sǎng音嗓，指头部）似尧，其项类皋陶，其肩类子产。然自要以下，不及禹三寸。累累若丧家之狗。'子贡以实告孔子。孔子欣然笑曰：'形状，末也。而谓似丧家之狗，然哉！然哉！'"

于天子，上下等级分明，"名正言顺"。《礼记·坊记》载有孔丘对自己理想社会的描述："天无二日，士无二王，家无二主，尊无二上"。为了恢复这个正在崩溃的奴隶制社会，孔丘提出了一整套政治、哲学观点，其核心内容就是"仁"，而仁的政治目标是"复礼"。

"仁"，从广义而言，包括孔丘思想的全部，讲的是如何做一个符合奴隶制政治、道德规范的人。孔丘认为，一个忠于奴隶制度的人，不可在极短暂的时间里违背"仁"，在仓卒忙乱时不能违背"仁"，在颠沛流离时也不能违背"仁"①。为了维护"仁"，可以献出自己的生命②。可见，"仁"是孔丘最高的理想境界，是他思想体系中最核心的东西。

孔丘关于仁的解释很多，《论语》中提到"仁"共有105次，其中比较重要的一次是在答复樊迟的问题时提出来的："樊迟问仁，子曰：'爱人。'"（《颜渊》）孔丘说"仁"就是"爱人"。那么孔丘爱的是什么人呢？过去有一种说法，认为孔丘是爱一切人。这种论断是十分荒谬的。毛主席指出："**自从人类分化成为阶级以后，就没有过这种统一的爱**。"（《在延安文艺座谈会上的讲话》，《毛泽东选集》人民出版社1969年版，第827页）其实，孔丘所谓的"爱人"，是指的爱奴隶主。对于"民"（指奴隶），孔丘是当做财物、牲畜看待的；对于"小人"（指其他劳动者和新兴的地主阶级），孔丘也充满了厌恶，他说的"唯女子与小人为难养也。"（《阳货》）就是明证。一部《论语》中，孔丘谩骂"民"和"小人"，达几十

① 《里仁》："子曰：'……君子无终食之间违仁，造次必于是，颠沛必于是。'"

② 《卫灵公》："子曰：'志士仁人，无求生以害仁，有杀身以成仁。'"

处之多。可见，孔丘决不是一团和气地爱一切人，而是"爱有等差"。他所谓的"仁者爱人"，就是企图用奴隶主相互间的爱，来加强奴隶主内部的团结，以便更有力地统治、镇压"民"和"小人"。

"礼"，则是从社会制度方面说的，指的是奴隶制的分封、等级、世袭等制度，其中心内容是"君君、臣臣、父父、子子"的奴隶制等级制度①。孔丘认为，这一套清规戒律不可稍有违反。他说过："非礼勿视、非礼勿听、非礼勿言、非礼勿动"（《颜渊》），要求人们在礼的面前，诚惶诚恐、战战兢兢，视、听、言、动都不得越出周礼的规范。

孔丘的政治思想尽管相当复杂，但其要害是复辟，是使历史开倒车。孔丘的得意门生颜回问孔丘："什么是仁？"孔丘说："克己复礼为仁，一日克己复礼，天下归仁焉。"（《颜渊》）"仁"是孔丘的最高"理想境界"。他认为，克制自己，使自己的言行符合于周礼，这就是"仁"。只要做到了"克己复礼"，天下的人都会归顺你的统治。孔丘还常以不能梦见制订周礼的周公而深感遗憾。可见，恢复那个腐朽不堪的西周奴隶制度，便是孔丘梦寐以求的政治目标。

哲学思想是政治思想的理论基础，是为一定的政治思想作辩护的。孔丘反人民、复古主义的政治思想，建立在唯心主义哲学思想的基础之上。

孔丘敬畏"天命"，认为"天"是有人格、有意志的上帝，是自然界和人类社会的主宰。这位"天"老爷是决不可

---

① 《颜渊》："齐景公问政于孔子。孔子对曰，'君君，臣臣，父父，子子。'"

得罪的，"获罪于天，无所祷也"（《八佾》），就是说，得罪了"天"老爷，连祷告都无法挽救。孔丘把畏惧天命作为君子的"三畏"之一①。孔丘胡说，政权的存亡兴衰，人的生死祸福，完全由"天"支配。他说："先王之道能够实行下去，是由天命决定的；不能实行下去，也是天命决定的。"②孔丘的学生子夏说："我听孔夫子说过：'人的生死祸福决定于命，人的富贵贫贱决定于天'"③。这是一种客观唯心主义的宿命论思想。孔丘宣扬天命观，是为了欺骗人民群众，要他们安于被奴役的地位，不造反，不革命。

从唯心主义的天命观出发，孔丘又引伸出唯心主义的历史观。孔丘说："天生德于予"（《述而》），说天老爷赋给了我孔丘治国治民的"德行"。这就把奴隶主贵族的统治地位涂上了一层神学唯心主义的色彩。孔丘还说："君子之德风，小人之德草，草上之风必偃"（《颜渊》），把奴隶主统治者的德行比作"风"，把劳动人民的德行比作"草"，风向哪边吹，草向哪边倒。这是一种彻头彻尾的英雄创造历史的唯心史观。

在认识论方面，孔丘是先验主义者。他认为，世上有"生而知之"的圣人，这种"天才"人物不需要实践，不需要学习，生来便有正确认识，而奴隶们则是"困而不学"的"下愚"。孔丘竭力通过制造"圣人生知"和"群氓无知"的谎言，为奴隶制度的"永恒"和"巩固"进行理论论证。

---

① 《季氏》："孔子曰：'君子有三畏：畏天命，畏大人，畏圣人之言'。"
② 《宪问》："子曰：'道之将行也与，命也；道之将废也与，命也。'"
③ 《颜渊》："子夏曰：'商（子夏的名字）闻之矣，死生有命，富贵在天。'"

四、反动阶级的一块 "敲门砖"

由于孔丘固执周礼，干尽了倒退复古的勾当，在春秋末期虽有少数旧贵族吹捧他，但总的说来，在那个大变革年代，孔丘的名声很臭，以挨骂居多。到战国时期，我国已进入初期封建社会。孔丘的孙子孔伋（jí 音及，即子思）及其门徒孟轲，进一步发展了孔丘复古守旧的政治学说，并将孔丘的唯心主义哲学加以系统化、理论化。但在秦朝和汉初，基本上是法家占主导地位，儒家则受到新兴封建主的抵制和批判。

汉代中期以后，儒家的处境开始发生变化。从汉元帝起，几个汉代帝王相继大力提倡孔孟之道和谶纬神学，孔丘也首次被追封了 "头衔"，这就是 "褒成宣尼公"。孔丘的儒家学说经过西汉董仲舒、南宋朱熹等儒生的加工、阐发，以及反动统治者的倡导，逐渐成为封建社会的正统观念，孔丘这个人，也逐渐被抬到 "吓人的高度"。从唐以后，孔丘被进一步追封了一系列 "阔得可怕的头衔"。唐玄宗时，封孔丘为 "文宣王"，宋朝封孔丘为 "至圣文宣王"，元朝封孔丘为 "大成至圣文宣王"；明朝尊孔丘为 "至圣先师"，清朝尊孔丘为 "大成至圣先师"。连孔丘的徒子徒孙也沾了光，颜回、曾参等人被追封了各种官职，孟轲则被捧为 "亚圣"，在孔庙里 "配享"，与孔丘共受香火。

孔丘在生时，被新兴的地主阶级所反对，但是，几百年以后，却被封建统治者捧为 "圣人"，儒家学派在政治界、思想界、教育界占据了至高无上的显贵地位，儒学成了帝王们的官方哲学。封建朝代虽然屡屡更迭，然而，孔丘的地位、儒学的地位却越抬越高。有人说，孔丘在汉代以后的各封建朝代，是个"不倒翁"。地主阶级对孔丘从批判变为崇拜，这似乎是一种奇怪的现象。然而，只要我们考察一下地主阶级历史地位的变化，也就不会感到奇怪了。

当地主阶级处于上升阶段，它的历史任务是向奴隶主贵族夺权，打破奴隶制度的重重障碍，建立崭新的封建社会。这时，它是"**生气勃勃的，是革命者，是先进者，是真老虎**"（《毛泽东选集》第1088页）。因此，它必然反对孔丘的复古守旧思想。代表新兴地主阶级利益的法家，曾把儒生骂为社会的五种害虫中为首的一种①。但是，当奴隶主阶级被打倒、奴隶制的经济基础被铲除以后，奴隶制复辟的危险逐渐过去，已经确立了封建政权的地主阶级就逐渐走向反动，特别是宋朝以后，中国封建社会已经走下坡路了，这时的封建统治者，面临的历史任务，主要已经不是进行社会改革，而是强化对农民阶级的统治。地主阶级的保守性和腐朽性与日俱增，"**它们就逐步向反面转化，化为反动派，化为落后的人们，化为纸老虎，终究被或者将被人民所推翻。**"（同上）地主阶级这种历史地位的变化，决定了它的政治路线和思想路线必然要起变化，必然要抛弃法家的革新精神和唯物主义世界观。而那个反动、保守的儒家学说，则愈来愈投合封建统治者的口味，成了他们"用之则昌，不用则亡"的宝贝。

孔丘主张"礼乐征伐自天子出"，即一切军政命令由剥

---

① 《韩非子·五蠹》，"是故乱国之俗，其学者则称先王之道以籍仁义，盛容服而饰辩说，以疑当世之法，而贰人主之心。其言古者为设诈称，……。其带剑者，聚徒属，……。其患御者积于私门，……。其商工之民，……。此五者，邦之蠹也。"

削阶级的最高统治者——天子制定，反对"犯上作乱"，维护"君君、臣臣、父父、子子"的等级制度，并用"天命论"和英雄史观为这种制度进行理论论证。封建统治者逐渐认识到，孔丘的儒家学说是宣扬"剥削有理、压迫有理"的，在本质上代表着一切剥削阶级的根本利益，稍加改造，就可以用于巩固封建统治。同时，孔丘的儒家学说是用"仁义道德"等一套虚伪的外衣掩盖着的，具有很大的欺骗性。由于上述原因，封建统治者及其御用文人，便把维护奴隶制度的儒学，改造成巩固封建中央集权制的思想武器。孔丘这个曾被新兴的地主阶级痛斥过的人物，后来竟被抬上了封建社会思想界至高无上的庙堂，受到反动统治阶级的顶礼膜拜。

孔丘生前死后的荣辱沉浮，同古希腊唯心主义哲学家柏拉图的情形十分相似。柏拉图也是一个顽固的奴隶主阶级思想家，他在生前曾受到新兴的希腊共和派的激烈反对。但是，柏拉图的著作《理想国》中关于由"哲学家"做王，由"智者"统治人民的学说，后来被封建贵族和资产阶级奉为圣典。无论是地主阶级还是资产阶级，当它们取得政权以后，逐渐丧失了上升时期所具有的革命性，变得日趋保守、反动，因此他们需要一种保守、反动的政治、哲学和教育思想，作为自己的精神支柱。所以，没落时期的地主阶级和资产阶级推崇没落奴隶主阶级的思想家孔丘和柏拉图，就不是什么奇怪的现象了。

鲁迅指出："孔夫子之在中国，是权势者们捧起来的"，"孔子这人，其实是自从死了以后，也总是当着'敲门砖'的差使的。"（《在现代中国的孔夫子》）历代反动派的代表人物吹捧孔丘，**完全出于他们自己现实的政治需要。当新的朝代刚建立，需要巩固中央集权时，他们就大力宣扬孔丘"礼乐征伐自天子出"和"天下定于一尊"这类思想；当农民起义爆发、阶级矛盾白热化时，他们就拼命鼓吹孔丘关于不可"犯上作乱"、臣民必须无条件忠于君主的基本思想。宋代的主观唯心主义哲学家陆九渊说："六经注我，我注六经"（《象山语录》），公开宣称，注释儒家经书是为了阐发"我"的观点，直言不讳地表露了封建帝王及其御用文人，都是从当代的政治需要出发阐述孔学的。

在近代，反动派头目大搞尊孔活动，也是为了把孔丘当"敲门砖"使用。1914年，袁世凯演出祭孔丑剧，为他复辟帝制作舆论准备；1934年，蒋介石举行"盛典"，以配合对苏区的"围剿"，就是突出的例证。

党内的机会主义头子同样把孔丘当做打开他们"幸福之门"的敲门砖。1951年，叛徒、内奸、工贼刘少奇从复辟资本主义的罪恶目的出发，也跑到山东曲阜"朝圣"。刘少奇站在孔丘这个复辟旧制的祖师爷的泥像前，一口一个"孔老夫子伟大"、"孔老夫子是圣人"。资产阶级野心家、阴谋家、两面派、叛徒、卖国贼林彪也是一个地地道道的孔老二的信徒。他在1969年10月到1970年1月，在不到三个月的时间里，与自己的死党连续四次写下"悠悠万事，唯此为大，克己复礼"，狂热鼓吹孔孟之道。他们这样做，决不仅仅是发抒什么"怀古之幽情"。他们推崇孔丘，是为了"**以昨天的卑鄙行为来为今天的卑鄙行为进行辩护**"（马克思《黑格尔法哲学批判导言》《马克思 恩格斯选集》第1卷3页）。他们拜倒在孔丘脚下，是为了战战兢兢地请出孔丘的亡灵，借用孔丘的口号、语言和思想，去导演复辟资本主义的历史新场面。

正因为孔丘是我国反动阶级树立的一个头号偶像，"是那些权势者或想做权势者们的圣人"，所以，要革命，就一定要批判孔丘。事实上，我国历史上的每一次农民起义，都对孔丘和儒家思想给以沉重打击。特别是太平天国运动，更是明确地举起了批孔大旗。太平天国的领袖洪秀全在决心起来造反时，第一个革命行动就是砸烂孔丘的牌位，显示了同旧传统决裂的大无畏精神。洪秀全还以革命的浪漫主义，创作了一个神话故事，故事中的"皇上帝""追究孔丘之书多错"，命令天使痛打孔丘，把孔丘这个封建时代至高无上的"圣人"，置于被审问、被鞭答的地位。这是何等的反潮流精神！太平天国起义以后，又进一步宣布孔丘为"妖孽"，宣布四书五经为"妖书"，使反动派惊恐万状。

五四运动是一次彻底的反帝反封建的革命运动。革命民主派在五四运动中提出了"打倒孔家店"的口号，反对旧文学，提倡新文学，反对旧道德提倡新道德。以鲁迅为英勇旗手的新文化运动，始终坚持了批孔斗争。鲁迅的第一篇白话文小说《狂人日记》，矛头直指孔丘思想的核心——"仁"，尖锐地揭露了"仁义道德"的"吃人"本质。以后，鲁迅在批判孔丘、批判资产阶级的战斗实践中，大踏步地走上了马克思主义道路。

我们的伟大领袖毛主席，从领导中国革命之初，就举起了批孔的旗帜，并把批孔同批判国民党反动派、批判帝国主义、批判党内"左"右倾机会主义紧密地结合起来。今天，毛主席又发动亿万工农兵群众开展声势浩大的批 林 批 孔 运动，给国内外阶级敌人以沉重的打击。

　　无数历史事实说明，孔丘是一切反动阶级的"圣人"，是革命人民的死敌。凡是要开历史倒车的人，必然要去朝拜孔家店，要到孔丘那里寻找思想武器；而一切革命的阶级、一切有志于改革的人们，为着促进历史的进步，必然要批判孔丘、批判儒家学说。古往今来，莫不如此。

　　孔丘一生的主要职业是从事教育工作，教育活动是他反革命政治活动的一个重要组成部分。从三十岁左右开始，孔丘就兴办私学，广收门徒，并在教学的同时，"删诗书，订礼乐，赞周易，修春秋"，创立儒家学派。孔丘的政治观点是反动的，他的哲学体系是唯心的。从这种反动的政治观点和唯心主义的哲学体系派生出来的教育思想，必然是反动的。孔丘把教育作为维护奴隶制度的工具，他办教育，是为了培养符合周礼标准的"士"、"君子"，去开历史倒车，推行"克己复礼"的政治路线。因此，今天我们批判孔丘的教育思想，是批判孔丘整个反动思想体系的一个重要方面，是批林批孔的一个不可缺少的组成部分。

第 二 章

孔丘办教育的目的

春秋战国是奴隶制崩溃、封建制兴起的时代。正如王夫之①所说，这是"古今一大变革之会"（《读通鉴论》）。当时政治思想战线出现的诸子百家竞相争鸣的局面，是这个大变革时代尖锐复杂的阶级斗争的反映。而那些各树一帜的学派，又是一些由师生授受关系结合而成的教育团体。儒、墨、法各家的代表人物，往往既是政治家、哲学家，又是教育家。因此，春秋战国时期政治战线的儒法两条路线斗争，必然要强烈地反映到教育领域里来。

代表新兴地主阶级的先秦法家，是十分重视教育的。商鞅曾说："圣人之为国也，壹赏、壹刑、壹教"（《商君书·赏刑》），把教育与政令赏罚看得同等重要，认为只有统一教育，新的封建制度才能巩固。法家一方面批判奴隶制的教育制度，举起了"废先王之教"（《韩非子·问田》）的旗帜，提出了"无教化，去仁爱"（《汉书·艺文志》）的主张，即否定奴隶主阶级的教育，根除儒家的思想体系——"仁爱"。同时，又利用教育阵地大力宣扬法家的革新思想和唯物主义世界观，让青年一代研究"权谋术数，严刑峻法"，积累文治武功方面的经验，为地主阶级夺取政权作必要的舆论准备

_____

① 王夫之（公元1619—1692年）明清之际思想家。

和人才准备。可见，法家是把教育作为进行社会改革的工具。法家的先驱者少正卯和法家杰出的思想家荀况等人，都做了大量教育工作，并在教育问题上有许多卓越的见解。

代表没落奴隶主阶级的儒家，也是极其重视教育阵地的。孔丘一生的大部分时间就用于搞教育工作，他甚至在"斥乎齐，逐乎宋、卫，困于陈、蔡之间"的落魄时刻，仍然"讲诵、弦歌不衰"（《史记·孔子世家》）。孔丘办教育真可谓不辞劳苦，费尽心机了！

孔丘究竟为了什么目的，要这样死死抓住教育不放呢？

过去有人说，孔丘办教育是为了用文化的力量增进人民的幸福。这种说法所依据的"理由"主要有两条，一是"孔子首创私学"，二是"孔子提出了'有教无类'的口号"。他们凭着这两条"理由"，给孔丘戴上了"人民教育家"的桂冠，孔丘的亡灵也就顶着这副桂冠，招摇过市，欺骗了不少人。因此，运用历史唯物主义的解剖刀，戳穿孔丘"首创私学"和"有教无类"这两张画皮，就是十分必要的工作了。

一、为了"复礼"而兴办私学

长期以来，尊孔派总是说，孔丘首创私学，打破了"学在官府"的传统，促进了文化下移，这是"孔子的一大历史功绩"。这种论调完全歪曲了历史事实，颠倒了因果关系。

（一）"私学"并非孔丘首创

在殷、周奴隶制"盛世"，奴隶主贵族把持了文化、教育阵地，庶民（奴隶）一概被排斥于学校的大门之外。大奴隶主在国都设立"国学"，只有大奴隶主贵族子弟才有资格入学；其他中小贵族则在自己管辖的地区设立"乡学"，也只有他们的子弟才能入学。当时的图书典籍都深藏在贵族的宫庭，由担任文化职务的官吏世袭保管，并让他们在国学或乡学教育贵族子弟，这便是所谓的"学在官府"。

春秋末期，奴隶制社会逐步解体，阶级关系发生急剧变化，一些贵族沦落为平民，一些平民又上升为有财有势的地主、商人。阶级关系的变迁，为教育下移创造了条件。随着周天子"共主"权力的丧失和一些公室的衰落，"国学"和"乡学"办不下去了，据《左传》记载，公元前542年（即孔丘九岁时），郑国的然明就向郑相子产提出了"毁乡校"的建议①。而国学、乡学的倒闭，使得原来的宫庭文化官吏以及其他知识分子，树倒猢狲散，向下层转移。《论语》中就有这方面的记载："大师挚适齐，亚饭干适楚，三饭缭适蔡，四饭缺适秦，鼓方叔入于河，播鼗（táo 音桃）武入于汉，少师阳、击磬襄入于海。"（《微子》）意思是说，原来在周王室中司礼乐的官员，如乐官长"挚"去了齐国，二级乐师"干"去了楚国，三级乐师"缭"去了蔡国，四级乐师"缺"去了秦国，打鼓的"方叔"移居黄河之滨，摇小鼓的"武"移居汉水附近，少师"阳"和击磬的"襄"移居海边。司礼乐的文化官吏是这样，其他知识分子也是如此，纷纷流落于民间。

与知识分子逐渐向民间下移紧密相联系，许多文化典籍也随之冲破了宫庭的禁锢，为较多的人所阅读。而当时新兴

---

① 《左传》襄公三十一年："郑人游于乡校,以论执政。然明谓子产曰,'毁乡校何如？'子产曰……"

的地主阶级和小生产者也迫切需要掌握文化教育，为其政治经济利益服务，这样，就出现了"天子失官，学在四夷"（《左传》昭公十七年）的局面。

许多古籍的记载证明，春秋末期私家办学已开始成为一种风气。如在孔丘以前，郑国有个法家先驱者邓析就办学执教，负有盛名。邓析著《竹刑》，是专门讲法的。凡是向他学"讼"（即革新派的法律）的，都收学费，如衣服、短裤等等。在他门下求学的人数很多。①这个事实说明，早在孔丘之前，就有革新派人士在兴办私学。

据记载，与孔丘同时，鲁国有个断足的人，名叫王骀（tái音台），也收徒讲学，其学校规模与孔丘的不相上下。②更重要的是，当时在鲁国有一位法家先驱者少正卯办了规模不小、影响很大的私学。东汉唯物主义哲学家王充在《论衡》中谈到，少正卯的讲学很有吸引力，孔丘的门徒中，除了最顽固的颜渊，都去听过少正卯的课，使得"孔子之门，三盈三虚"，几乎把孔家学店搞垮了。③可见，在春秋末期，办私学的决不是独有孔丘一家，别无分店。私学的盛行，私学的取代官学，决不是什么孔丘的"首创"，而是春秋末期社会大变革造成的一种不可抗拒的历史趋势。孔丘办私学，不过是奴隶主阶级在"官学"维持不下去的情况下，采取的一种"应变措施"，其目的是为了同新兴地主阶级的教育

---

① 《吕览·离谓》载：邓析"与民之有狱者约：大狱一衣，小狱襦袄。民之献衣、襦袄而学讼者，不可胜数。"

② 《庄子·德充符》载：鲁有断足人王骀，"从之游者，与仲尼相若，……与夫子中分鲁。"

③ 《论衡·讲瑞》，"少正卯在鲁与孔子并。孔子之门，三盈三虚，唯颜渊不去。……门人去孔子，归少正卯，……。"

事业相抗衡，争夺青年一代。

制造"孔子首创私学"的谎言，抹煞少正卯等法家代表人物兴办教育、改革教育的历史功绩，并从根本上否认法家有教育思想，污蔑法家"不重视教育"、"不懂教育"，甚至胡说法家要"消灭文化教育"，这是尊儒反法思潮对历史的严重歪曲。事实上，法家不仅有着进步的教育思想（这从法家的大量著作中可以清楚看到），并且进行了卓有成效的教育工作。如荀况曾在赵、齐、楚等国长期从事教育工作，特别是在齐国稷下学宫，"三为祭酒"（三次担任最高学府的领导工作），并被人们尊崇为"最为老师"（最有威望的老师）。荀况在自己的教育工作中培养出了韩非、李斯等进步的思想家和政治家，对秦统一中国起了一定作用。后来，宋代法家王安石在变法时，也大刀阔斧地改革旧的教育制度。可见，私学并非孔丘首创，我国教育并非儒家独霸。历史的真实面貌是：一部古代教育史，贯穿着儒法两条路线斗争，而推动我国教育事业前进的，决不是孔丘及儒家的反动教育路线，而是劳动人民的革命实践，同时，顺应时代发展潮流的法家进步教育路线也起了显著作用。

（二）孔丘办私学是为了挽救"先王之教"的衰亡

春秋末期出现的"文化下移"的新形势，说明了奴隶主贵族在意识形态领域里的一统天下，正在不可挽回地崩溃着。后来，法家韩非提出的"废先王之教"，就是主张在政治领域和教育领域里彻底根除奴隶制的旧传统。然而，顽固坚持奴隶主贵族立场的孔丘，竭力扭转这种革命的趋势，企图挽救"先王之教"的衰亡。孔丘的学生子贡曾说，孔丘求学、办教育，都是为了收集、整理"失坠"于民间的"先王之道"①，使之不至于泯灭。孔丘还说过："德之不修，学之不讲，闻义不能徙，不善不能改，是吾忧也。"（《述而》）表明他唯恐奴隶主阶级的旧教育日趋没落，并把旧教育无法挽回的崩溃看作是最大的忧虑。因此，儒法两家的教育事业，是针尖对麦芒，一个是要维护"先王之教"，一个是要废除"先王之教"。用今天的语言来说，一个是反对教育革命，一个是坚决主张教育革命。

孔丘是一个复古狂，他"祖述尧舜，宪章文武"，一心希望"复礼"。在孔丘的心目中，西周的政治制度是最完美的，他说："周礼是参照夏商两代制定的，文采多么丰富啊！我是遵从周礼的。"②孔丘的学生有若也说："古圣先贤的道德、道理，这是最好的，不管大的方面还是小的方面，都要照着去做。"③孔丘不仅认为政治制度是过去的好，就是在治学态度上也是今不如昔。他说："古人学习是为了加强自己的修养，不是为了名声在外；现在的人学习则是为了使别人知道自己有学问，徒求虚名，不务实学"④。孔丘甚至说，古人犯错误也比今人高明，古人虽有"狂妄"的毛病，但能肆意直言，现在的狂人，就是会乱说一气；古代的人虽然骄傲，却还有一定的威严，现在的人骄傲起来，就自高自大，无理取闹；古代的人虽有愚笨的，但比较直率，

---

① 《子张》："卫公孙朝问于子贡曰：'仲尼焉学？'子贡曰：'文武之道，未坠于地，在人。贤者识其大者，不贤者识其小者，莫不有文武之道焉。夫子焉不学？而亦何常师之有？'"

② 《八佾》："子曰，'周监于二代，郁郁乎文哉！吾从周。'"

③ 《学而》："有子曰：'……先王之道斯为美，小大由之。'"

④ 《宪问》："子曰，'古之学者为己，今之学者为人。'"

现在的人，不但愚笨，而且还会欺诈①。总之，孔丘认为，从政治制度、治学态度，到人们的思想品质，都是"一代不如代代"。孔丘从倒退复古的历史观出发，在教育问题上必然导致"今不如昔"的反动结论。这与法家所主张的"青，取之于蓝而青于蓝；冰，水为之而寒于水"（《荀子·劝学》）等"一代胜过一代"的观点，是背道而驰的，反映了儒法两种历史观、教育观的尖锐对立。

孔丘办私学，就是为了使他所认为的"世风日下"、"人心不古"的"今世"，变回"名正言顺"的往古去。当时有人奚落孔丘："你为什么不当官从政？"孔丘答道："我用孝悌教人，从而施加影响于当政者，这也就是搞政治了，何必一定要去当官才算从政呢？"②可见，孔丘认为办教育和当官从政一样，都是为了实行"先王之教"、恢复周公之礼，使天下行"孝悌之道"。所以，孔丘完全是为着"复礼"而办私学，为着使历史开倒车而办私学。他打着私家讲学的旗号，为奴隶主"官府"服务，因此，孔丘办的私学，与殷周的奴隶主贵族官学相比较，不过是"换汤不换药"，名变实未变。韩非曾揭露，孔丘及其他儒生办"私学"，"多诵先古之书，以乱当世之治"（《韩非子·奸劫弑臣》），"常誉先王之德厚，是诽谤其君者也"（《韩非子·忠孝》），指出儒家私学鼓吹古代奴隶制的典章制度，是为了攻击当代的革新政治。因此，办这样的"私学"，决不是进步的行径，

① 《阳货》，"子曰：'古者民有三疾，今也或是之亡也：古之狂也肆，今之狂也荡，古之矜也廉，今之矜也忿戾；古之愚也直，今之愚也诈而已矣。'"

② 《为政》，"或谓孔子曰：'子奚不为政？'子曰：'书曰：孝乎，惟孝，友于兄弟，施于有政，是亦为政，奚其为为政？'"

而是倒退复古的罪行。

（三）孔丘办私学为的是"举逸民"

从孔丘私学的招生对象来看，也与殷、周两代的奴隶主贵族官学没有什么本质的区别。孔丘私学的大门，从来没有向奴隶敞开过。

孔丘明确规定了他的私学的"入学条件"——"自行束脩以上，吾未尝无诲焉。"（《述而》）宣称必须拿出十束干肉以上学费的人，他才招收为弟子、施以教诲。至于那些拿不出十束干肉的人，当然要吃闭门羹。而"束脩"（十束干肉）在当时是相当高昂的代价，奴隶主统治者曾规定："诸侯无故不杀牛，大夫无故不杀羊，士无故不杀犬豕，庶人无故不食珍（指鱼）"（《礼记·王制》），"庶人食菜"（《周语·鲁语》），在春秋时期，"肉食者"是奴隶主的代名词，"菜食者"是劳动人民的代名词。那些衣不遮体、食不果腹的"菜食者"，哪里谈得上拿出十束干肉的学费上学呢！据周孝王时代的青铜铭文记载，一个名叫智（hū 音忽）的贵族用一匹马和一束丝，就从名叫限的贵族那里换取了五个奴隶。①奴隶们的政治经济地位既然和牛马没有两样，哪里有进学念书的权利可言呢！

据史书记载，孔丘的学生多是破产贵族，商人。起码也是生活略有余裕的自由民，有的则是达官贵人的子弟。如《左传》记载，鲁国大贵族孟僖（xī 音希）子将死时，遗命他的两个儿子去跟孔丘"学礼焉，以定其位"。又如，孔丘的学生司马耕是宋桓公的后代；冉有、子夏、子游都是官吏

---

① 周孝王时代的智鼎铭文，记载贵族智与贵族限买卖奴隶的情况说："我（智）既卖（赎）汝五夫（奴隶）效父（限的家臣），用匹马束丝。"

出身，子贡则是一个"结驷连骑"、"家累千金"的大商业
奴隶主，专搞买空卖空的勾当，在政治上也有很大的势力，
可以与诸侯"分庭抗礼"。(《史记·货殖列传》)总之，在
孔丘门下，聚集着一伙"锦衣纨袴（同裤）"，"饫、
(yù音玉) 甘餍 (yàn音厌) 肥"的奴隶主贵族及其子弟。

孔丘的门徒中还有一些号称"贫贱"的人，其中最著名
的是颜回和曾参。尊孔派往往以他们两人为例，证明孔丘私
学的大门是朝"贱人"敞开着的。然而，历史事实总是给尊
孔派以一记又一记响亮的耳光。

颜回的祖先夷甫，字伯颜，曾有功于周朝，被齐威公封
为贵族，后来夷甫的子孙以颜为姓氏，依附鲁国，"世世仕
鲁为卿大夫"（顾炎武《日知录》），到颜回的父辈才衰落下
来，但仍然不愁吃穿。有一次，孔丘问颜回为什么不出去做
官？颜回答道："回有郭外之田五十亩,足以给饘 (zhān音沾)
粥，郭内之田十亩，足以为丝麻"。总之，用不着劳动，就
有吃有穿，还可以鼓琴自娱、学习孔夫子的道德学问，虽不
做官，也乐得其所（《庄子·让王》）。可见，颜回是一个不
劳而获的寄生虫。颜回死后，"门人厚葬之"（《先进》）。
在春秋时期，能享受"厚葬"待遇的，只能是有贵族身分的
人。这件事也说明了颜回究竟是个什么人。曾参则是鄫国太
子巫的后裔。后来，鄫国被鲁国灭掉，家庭才逐渐破落。

春秋末期，我国开始逐步由诸侯割据走向统一，在这个
过程中，出现了"弑君三十六，亡国五十二，诸侯奔走不得
保其社稷者不可胜数"的局面，不少奴隶主贵族也随之丧失
了自己的统治地位，流落到民间，成为"逸民"。而这一批
昔日的贵族，正是孔丘复辟奴隶制的社会基础。从颜回、曾

参等人的情况看，孔丘的一些所谓"穷学生"，实际上都是"降在皂隶"的破落贵族，他们正是孔丘所要重新抬举起来的"逸民"。而在孔家学店里，孔丘把颜回、曾参这类"逸民"抬举得最高，并一再向统治者推荐他们。所以，孔丘办私学，同他的"兴灭国，继绝世，举逸民"的反革命政治路线是完全一致的。

孔丘把复辟奴隶制的幻想寄托于教育事业，一个重要的原因是，由于他抗拒历史发展的规律，在政治战线屡战屡败，弄得没有什么立足之地，于是退守文教一隅，力图抓住这个旧传统最深的领域，同新生力量周旋到底。到战国时期，随着封建制度的进一步发展，儒家复辟奴隶制的活动就更加疯狂，孔孟之徒更是拼命抓教育、办"私学"，以至出现了"私学成群"（《韩非子·诡使》）、"游学者众"（韩非子·五蠹》）的局面。这伙以办学为名的儒生，"聚徒成党"，"盛容服而饰辩说"（同上），大造复辟舆论。韩非针对孔丘徒子徒孙"以文乱法"的反革命活动，力主对儒家私学"禁其行"、"破其群"、"散其党"（《韩非子·诡使》），即禁止其活动，并从组织上予以取缔。韩非的这一革命主张，后来为秦始皇所实现。"焚书坑儒"便是对儒家私学的一次沉重打击，也是对先秦儒法两条政治路线、教育路线的斗争作了一个总结。

历史往往有惊人的相似之处。今天，在无产阶级专政的国家，资产阶级也拼命抓思想文教阵地，以此作为复辟资本主义的桥头堡。林彪就是如此，他大肆鼓吹孔孟之道，把反动的孔丘儒家思想吹捧为中华民族思想、文化的来源，并且教子尊孔读经，千方百计培养反革命的接班人。春秋战国时代的没落奴隶主阶级，二十世纪被推翻了的资产阶级，都力图用教育作为复辟旧制的工具，以便恢复他们已经失去的天堂。然而，历史的巨轮是拖不回来的。**"凡属倒退行为，结果都和主持者的原来的愿望相反。古今中外，没有例外。"**（《新民主主义的宪政》，《毛泽东选集》第696页）无论是孔丘还是今天代表资产阶级利益的修正主义者，企图从政治上或从文教战线上打开缺口，复辟已经崩溃了的社会制度，这种倒行逆施的行为是违背历史发展趋势的，因而他们必然会碰得头破血流。但是，没落阶级千方百计抓教育阵地，这倒是一个值得注意的历史现象。它告诉我们，教育领域是革命阶级与反革命阶级生死搏斗的一个重要战场，如果革命阶级不抓包括教育在内的上层建筑，革命果实就有付诸东流的危险。今天，正在进行社会主义革命和建设的无产阶级，必须十分重视思想文教阵地，必须在这些领域坚决粉碎资产阶级的进攻和反扑，实现对资产阶级的全面专政。

二、为了"治民"而"教民"

有人说，孔丘提出了"有教无类"的口号，这就打破了"礼不下庶人"的传统。修正主义分子陈伯达甚至说："孔子的'有教无类'打破了阶级界限，在中国文化史上曾有过划时代的功绩"，"应该大书特书"。这就提出了一个重大的原则问题：孔丘的"教民"政策究竟是为了"打破阶级界限"、"造福于人民"，还是为了更强有力地奴役人民？也就是说，孔丘"教民"的目的究竟是"为民"还是"治民"？

（一）拨开"有教无类"的迷雾

自从人类进入阶级社会以来，教育都具有鲜明的阶级性。

教育，对于不同的阶级，从来都不是一视同仁的。剥削阶级的教育都具有两重性。一方面要把剥削阶级子弟培养成新的一代剥削者和剥削阶级的政治活动家和文化人；另一方面又把广大劳动人民训练成既能为主人创造财富，又不惊扰主人安宁的恭顺奴仆。这两个侧面是缺一不可的。而这种双重培养目标，正是旧教育制度阶级性的鲜明表现，是少数剥削者压迫广大劳动人民的政治制度在教育上的必然反映。孔丘说的"君子学道则爱人，小人学道则易使"（《阳货》），便把孔丘教育思想的"双轨"特征暴露得一清二楚了。近代资产阶级的"双轨制"教育，以及刘少奇提出的"两种教育制度、两种劳动制度"，就与孔丘的这一思想同出一辙。

只有把握住剥削阶级教育的这种"双轨"特征，才能认清孔丘"教民"政策的庐山真面目。

在殷、周奴隶制社会，"人"和"民"是两个不同的概念；"人"是指奴隶主贵族，"民"是指奴隶。春秋末期以后，随着奴隶制的解体，"人"和"民"这两个词汇的含义逐渐混同起来。但是，顽固坚持奴隶主阶级立场的孔丘，反对解放奴隶，并从他反动的"正名论"出发，仍然毫不含糊地把"人"和"民"严格地区分开来。

孔丘曾说："节用而爱人，使民以时。"（《学而》）可见他对"人"（奴隶主）的态度是"爱"，对于"民"（奴隶）的态度是"役使"。

孔丘还说："民，可使由之，不可使知之。"（《泰伯》）明确主张，对于奴隶，只能驱使他们干活，不能让他们懂得任何道理。孔丘这种毫不含糊的愚民政策，也充分说明孔丘所谓的"教民"，根本不是什么为了造福于民而施教育于民。

孔丘除了把"人"和"民"两个概念严格区别开来以外，他还把"诲"和"教"这两个词汇区别得泾渭分明。遍观《论语》全书，"诲"和"人"总是联在一起的，"教"和"民"也总是联在一起的，没有发生过颠倒、混淆。例如，"学而不厌，诲人不倦。"（《述而》）"以不教民战，是谓弃之。"（《子路》）这就清楚表明，在孔丘那里，"诲人"和"教民"完全是两回事，"诲人"是指向统治阶级的青年一代灌输奴隶主贵族必需的政治、道德修养和文化知识，从而具备治理奴隶制国家的本领；"教民"，则是指对奴隶实行奴化教育和军事训练，从精神上麻醉、毒害奴隶，使他们心甘情愿地遭受奴役，永远充当会说话的生产工具和战争炮灰。

明确了孔丘"教民"政策的阶级实质，那个被孔丘徒子徒孙吹上了天的"有教无类"就不攻自破了。在周代，"有"与"囿"、"域"相通用，这里的"有"指的是地域，"教"则是指对奴隶进行奴化思想的灌输和强制性的军事训练，所以，"有教无类"的本来含义是，按地域教练奴隶，不用别族类。因此，孔丘的"有教无类"根本不是什么"不分贵贱"，"打破阶级界限"的进步教育主张，而是彻头彻尾反动的奴化教育。

在近代，资产阶级教育家也喜欢喊"有教无类"这个口号，力图把资产阶级教育装扮成"全民教育"。列宁对此作过尖锐揭露，他指出："**整个旧学校都浸透了阶级精神，让资产阶级的子女学到知识。这种学校里的每一句话，都根据资产阶级的利益捏造出来的。工农的年轻一代在这样**

学校里，与其说是受教育，倒不如说是受资产阶级的奴化。"

（《青年团的任务》，《列宁选集》1972年版，第4卷348页）至于在无产阶级专政的国家里，反革命修正主义分子竭力鼓吹"有教无类"，兜售所谓的"全民教育"，则是为了抹煞无产阶级教育的阶级性，妄图把社会主义学校变成培养资产阶级接班人的场所，并设置重重关卡，阻碍工农分子入学，以便维护资产阶级在文化教育领域中的某种优势。对于这个阴谋，我们必须给予揭露，而决不要在"有教无类"这个貌似"超阶级"的口号面前迷惑了自己的视线。

（二）以"治民"为目的的"教民"政策

军事镇压和政治欺骗是反动统治阶级维持自己统治地位的两个主要工具。而孔丘提出的"教民"，正是为了对劳动人民实行"政治欺骗"，从而达到维护奴隶制度的目的。

孔丘同奴隶主贵族经常讨论的一个问题就是"何为则民服"（《为政》），即怎样进行统治，奴隶们才会驯服。孔丘强调"教民"，便是对这个问题所作的一种回答。

孔丘说过："道之以政，齐之以刑，民免而无耻；道之以德，齐之以礼，有耻且格。"（《为政》）他认为仅仅用政令、刑罚治理奴隶，奴隶只能暂时停止"犯上作乱"，却不知道"犯上作乱"是"可耻"的行为；如果用道德去诱导他们，用礼教去整齐他们的行为，奴隶才知道"犯上作乱"是"可耻"的，从而顺从于奴隶主的统治了。这段话清楚表明，孔丘把教育同政令、刑罚相提并论，作为镇压人民的另一种武器，用政治欺骗使人民群众"贫而无怨"（《宪问》）、"劳而无怨"（《里仁》），无声无息地忍受剥削压迫。

孔丘又说："善人教民七年，亦可以即戎矣"（《子路》），这是孔丘"教民"政策的又一重要目的，即训练奴隶从军打仗，为贵族扩张领土，掠夺更多的奴隶、财富卖命。孔丘还说："要是边远地区的人民不服从，便得采取教化措施，诱使他们前来归服。既来之后，就要使他们从思想上安心驯服下来。"①可见，孔丘的"文德之术"，实际上是使民"归服"的统治权术。

由于孔丘充分认识到思想奴役的重要性，所以他把"教民"作为奴隶制国家立国的三大要素之一。有一次，孔丘到卫国去，冉有给他赶车。孔丘说："卫国的人口真多呀！"冉有说："既然人口够多了，又应做什么呢？"孔丘说："要使国家富裕起来。"冉有说："既已富裕了，还要做什么呢？"孔丘说："要对百姓们施以教化"。②这便是孔丘的"庶—富—教"原则。

为什么孔丘要把"教民"作为奴隶制国家立国的重要措施呢？因为他看到，春秋时代，一些天子、诸侯虽然拥有众多的兵卒、坚固的城池，但并不能逃避被人民打倒的命运；公卿大夫们虽然制订了一系列极为残酷的刑罚，如墨（脸上刺字）、劓（yì音义，割鼻）、刖（fēi音废，砍足）、宫（割生殖器）、大辟（处死）等等，但仍不能制止奴隶的反抗。孔丘站在奴隶主阶级的立场，总结了这些经验教训，认识到，为了牢固地统治人民，单靠暴力镇压是不够的，还必须进行思想奴役，才能防止发生叛乱。孔丘正是从这一意义上提出"教民"政策的。

---

① 《季氏》："孔子曰：'……故远人不服，则修文德以来之。……'"
② 《子路》："子适卫，冉有仆。子曰：'庶矣哉！'冉有曰：'既庶矣，又何加焉？'曰：'富之。'曰：'既富矣，又何加焉？'曰：'教之'。"

由此可见，孔丘决不是出于什么"热爱人民"的愿望，为着"造福人民"而实行"教民"政策的。正如鲁迅所揭露的："孔夫子曾计划过出色的治国的方法，但那都是为了治民众者，即权势者设想的方法，为民众本身的，却一点也没有。"（《在现代中国的孔夫子》）

孔丘的"教民"政策，在以后的两千多年间，被儒家知识分子所发展。战国时代儒生所作的《学记》一书说："君子如欲化民成俗，其必由学乎。玉不琢，不成器；人不学，不知道。是故古之王者，建国君民，教学为先"，把学校当作使人"知道"的工场（这个"道"，当然是奴隶主的道），并且明确指出，要想建立国家，更牢固地统治人民，必须把兴办教育放在首要地位，把教育作为国家的重要职能。孟轲也阐述过这种思想，他说："善政不如善教之得民也。善政民畏之，善教民爱之。善政得民财，善教得民心。"（《孟子·尽心上》）孟轲认为，教育可以笼络民心，使政权更稳固。他还说："城郭不完，兵甲不多，非国之灾也。田野不辟，货财不聚，非国之害也。上无礼，下无学，贼民兴，丧无日矣。"（《孟子·离娄上》）进一步指出，如果教育没抓紧，老百姓产生了造反的念头，国家便要完蛋，这比军事力量不强，财政收入不多还要危险。显然，孔孟强调"教民"，完全是为了"用民"，为了抓住"民心"，争取"民爱"，为了培养广大人民的所谓"善性"，发展服从统治者的品质，妄图使人民群众"虽劳不怨"，"虽死不怨杀者"。孟轲把这种杀人不见血的"治民之术"称做"王道"。

西汉董仲舒继承了孔孟这种思想。他在写给汉武帝的《举贤良对策》一文中说："故教化生而奸邪皆止者，其堤防完也；教化废而奸邪并出，刑罚不能胜者，其堤防坏也。"这里强调封建教育对于巩固封建政权的重要性。明朝的唯心主义哲学家、镇压农民起义的刽子手王守仁，在镇压农民起义的过程中，总结了一条反革命经验："破山中贼易，破心中贼难"，就是说，要消灭劳动人民的革命思想，比消灭劳动人民的革命行动还要困难。从孔丘以来的反动阶级的御用教育家们，强调"教民"的重要性，其根本目的就在于绞杀劳动人民的造反思想。

孔丘及其儒家学派如此重视"德治教化"，是不是他们就不主张对人民施以刑罚，进行暴力镇压呢？过去有一种说法，认为孔孟重视德治教化是出于悲天悯人的目的，孔丘自己也经常标榜，他反对暴力，不赞成杀人①。但实际情况怎样呢？许多事实充分证明，主张"修明文德"的孔丘，也是一个奴隶主暴力的拥护者和实行者。如：孔丘在评论郑国的子产对人民使用严刑时，说："好啊！执政者太宽大了，老百姓就会无礼，老百姓无礼，就要以严刑猛政加以纠正"②。可见，孔丘是主张对人民毫不留情地进行暴力镇压的。再如孔丘杀少正卯。后来的儒家千方百计掩饰孔丘的这一罪行。但辩护者们的谎言无论如何也掩盖不了血的事实。

总之，孔丘不仅有拥护威刑猛政的言论，而且有实施反革命暴力的行动，这就使我们看清了一向标榜"温、良、恭、俭、让"的孔丘，在革命者面前的一副凶残嘴脸。

---

① 《颜渊》："季康子问政于孔子曰：'如杀无道，以就有道，何如？'孔子对曰：'子为政，焉用杀？子欲善而民善矣。……'"

② 《左传》昭公二十年："郑子产有疾，谓子大叔曰：'我死，子必为政。唯有德者能以宽服民，其次莫为猛。'……仲尼曰：'政宽则民慢，慢则纠之以猛。……宽以济猛，猛以济宽，政是以和。'"

列宁指出："所有一切压迫阶级，为了维持自己的统治，都需要有两种社会职能：一种是刽子手的职能，另一种是牧师的职能。"（《第二国际的破产》，《列宁全集》第2卷，638页）孔丘的主张，实质上是一个奴隶主统治者应当一手提着屠刀，一手抱定儒家经典，把刽子手的职能和牧师的职能结合起来，交替运用"威刑猛政"和"德治教化"这两个武器，做到"宽猛相济"、"恩威兼施"。他以为，只要这样做了，反动政权就可以巩固，奴隶制的"万世基业"便能确保。

孔丘的这种反革命两手政策，被历代反动统治阶级所继承，他们抓教育，注重对人民进行反动的政治灌输，便是这种两手政策的一个侧面。在他们那里，"王道"（思想奴役）和"霸道"（暴力镇压）是互相配合、互相补充的，它们共同构成一把杀害人民的"双刃刀"。鲁迅曾经指出："在中国的王道，看去虽然好象是和霸道对立的东西，其实却是兄弟，这之前和之后，一定要有霸道跑来的。"（《且介亭杂文·关于中国的两三件事》）革命现代京剧《平原作战》里的张大娘在痛斥日寇鼓吹的"王道乐土"时，曾愤怒地说："你们的'王道'，是烧、杀、抢，你们的'乐土'，是杀人场！"这何止是对日寇的揭露，也是对孔孟鼓吹的"德治教化"、"王道"、"仁政"的严厉驳斥和深刻批判。

斯大林说："教育是一种武器，其效果是决定于谁把它掌握在手中，用这个武器去打击谁。"（《与英国作家威尔斯的谈话》，《斯大林文选》第15页）孔丘手里的教育，决不是什么超阶级的、仁慈的东西，而是反对革命、镇压劳动人民的武器。

孔丘作为一个没落奴隶主阶级的卫道士，明确地把教育当作复辟周礼的工具；同时，孔丘作为一个代表反动的剥削阶级根本利益的思想家，又竭力使教育成为对劳动人民进行奴役的精神鸦片。这两方面便是孔丘办教育的政治目的。而孔丘被历代反动统治阶级捧为"万世师表"、"至圣先师"的原因正在这里。同时，也正因为孔丘把教育作为复辟的工具、奴役人民的精神鸦片，所以，无产阶级必须坚决地、彻底地批判孔丘的教育思想，揭穿孔丘"全民教育家"的画皮。这对于我们进一步认识教育的阶级性，从而更自觉地把学校变为无产阶级专政的工具，都有重要意义。

第 三 章

孔丘的培养目标

教育作为阶级斗争的工具，是通过为一定的阶级培养人体现出来的。因此，培养目标是教育路线的核心问题。

春秋战国时代，儒法两家竞相兴办教育，正是没落奴隶主阶级和新兴地主阶级争夺青年一代斗争的反映。法家通过自己的教育工作，造就出一批冲决旧罗网的斗士，为新兴的地主阶级登上政治舞台准备官吏队伍。李悝、吴起在魏国宣传法家思想，陶冶出公孙痤、商鞅等大批人才，对战国中期列国的社会革新起了一定作用。荀况在赵、齐、楚等国孜孜不倦地从事教育，培养出韩非、李斯等进步的思想家、政治家，对秦统一中国作出了贡献。这些事例，都显示了法家教育的战斗性和先进性。然而，顽固坚持奴隶主阶级立场的孔丘办教育，则是把贵族的下一代训练成"守死善道"的顽固分子，充当垂亡的奴隶制度的殉葬品。

一、春秋战国时期"士"阶层的分化

孔丘替奴隶主贵族培养官僚，是以"士"这个阶层为土壤的，而且，孔丘本人也以"士"的身分服务于奴隶主阶级。因此，我们在研究孔丘的培养目标时，必须首先了解"士"阶层的形成与发展情况。

春秋时代，随着生产力的提高和政治斗争的需要，出现

　　了称做"士"的知识分子阶层。本来，在殷周两代，"士"原是指奴隶主贵族的最低的一个等级。在西周时，文士、武士不分，他们平时"修德论道"，讲习礼乐；战时则披坚执锐，攻城略地，是奴隶制政权的重要支柱。但到春秋时代，"士"的含义已经有了变化，主要是指从事政治活动和文化教育工作的知识分子。这些"士"，由脱离了生产的庶民和没落贵族组成。《管子》一书把士列为四民之首，也就是说，士是老百姓中最高的一等。

　　当时的奴隶主和新兴的地主阶级从自己的政治需要出发，都要招纳一批能够出谋献策的知识分子。如春秋末期，鲁国等诸侯国的旧贵族，就豢养着孔丘这样的一批儒士；战国初年，鲁穆公"礼贤"，网罗儒士曾参、子思等人；战国末期，秦国大奴隶主吕不韦纠集"食客"（主要是儒士）数千人，为复辟奴隶制度作舆论准备。与此同时，革新派也很注重养士，如齐桓公"为游士八十人，奉之以车马衣裘，多其资币，使周游四方，以号召天下之贤士。"（《国语·齐语》）又如，齐国新兴封建主陈恒也重视争取"士"阶层，他"杀一牛，取一豆肉，余以养士"（《韩非子·外储说右上》）；战国初年，魏文侯启用法家李悝、吴起、西门豹等人，招纳大批具有革新思想的知识分子，协助封建统治者变法图强。

　　知识分子不是一个独立的阶级，它必须依附于一定的阶级。在春秋战国新旧两种思想、两种社会制度激烈斗争的情况下，士阶层发生了剧烈的分化，一部分人继续依附于垂死的奴隶主贵族，顽固地维护奴隶制度，这便是儒家知识分子；同时，在社会大变革时期，**"知识分子是首先觉悟的成份"**（《五四运动》，《毛泽东选集》第523页），有一批士，顺应时代发展的潮流，支持和拥护地主阶级的革新事业，这便是法家知识分子，也即韩非所说的"法术之士"、"智术能法之士"。"士"阶层分化成儒法两家，是春秋战国时期阶级斗争和路线斗争带来的必然结果。

孔丘这一派称作"儒"的士，是从古代为奴隶主贵族服务的巫、史、祝、卜中分化出来的。他们原先的工作是奉祀天帝、鬼神，为贵族祈福禳灾，记载历史，预卜吉凶，等等。孔丘年青时，就干过给富贵人家办丧事这类工作（属于巫、祝之类）。孔丘后来叙述自己青年时代的这种生活时说："出则事公卿，入则事父兄，丧事不敢不勉，不为酒困，何有于我哉？"（《子罕》）看来，孔丘当时是非常勤勉地在公卿贵族那里办丧事，兢兢业业，连酒也不敢喝醉。以孔丘为代表的这批儒士，不稿不稼，不狩不猎，不工不贾，是一批高等游民。

孔丘及其门徒曾多次谈到做一个儒士所应遵守的政治、道德规范。

曾参说："士不可不弘毅，任重而道远。"（《泰伯》）认为一个儒士应当坚定不移地担当起复辟奴隶制度的"重任"。

子张说："士见危致命，见得思义，祭思敬，丧思哀，其可已矣。"（《子张》）就是说，作为一个士，当奴隶制国家处于危亡关头，能献出生命；遇到利，能根据奴隶制的规章制度考虑该得还是不该得；终神祭祖时则要想到恭敬；居丧时则要想到哀痛，做到了这些，就是一个不错的士了。

孔丘说："士志于道，而耻恶衣恶食者，未足与议也。"（《里仁》）"士而怀居，不足以为士矣"（《宪问》）。这些话都是要求士阶层"安贫乐道"，克制生活欲望，致力于挽救奴隶制度的"事业"。

　　孔丘及其门徒对"士"的最根本的要求，是要他们忠于奴隶制度，要把自己的命运紧紧地同奴隶主贵族（君）联系在一起。孔丘曾给"士"下过一个定义："行己有耻，使于四方，不辱君命，可谓士矣。"（《子路》）把能否完成国君的命令，作为衡量士的主要标准。孟轲说："孔子三月无君，则皇皇予也。"（《孟子·滕文公下》）活灵活现地刻画出了这一伙极力维护奴隶制统治的儒士的丑恶形象。

　　孔丘的教育事业，乃至一切没落阶级的教育事业，就是要造成一个反动的儒士队伍，并从中产生出阻挠社会的革新官僚政客。

　　儒士的反动本质，法家看得很清楚，荀况说，儒士们"逢衣浅带，解果其冠，……呼先王以欺愚者，而求衣食焉。"（《荀子·儒效》）指出儒士是一伙衣冠楚楚、派头十足，以复古为己任的政治骗子。荀况还把孔丘经常表彰的子张、子夏、子游斥之为"贱儒"、"俗儒"、"陋儒"（同上），并说他们是当今的罪人，是"天下之害"（《荀子·非十二子》）。

　　荀况和韩非还针对儒士复古守旧、不务耕战的特点，提出了新兴地主阶级自己的培养目标——"法士"、"智术能法之士"。韩非在《五蠹》中，为"法士"规定了具体标准，这就是：一、能认清时代的发展变化，因时制宜，而不是迷信先王古制的庸人，不是跪在古人脚下，死守陈腐教条，不知当世之事的"学究"；二、能坚持法家的政治原则，具有反"礼"崇"法"、不怕牺牲的精神，而不是只图个人功名利禄、"避祸全身"的"贪鄙"之徒；三、有明治、习耕战的求实精神，而不是那种不事耕战，高唱仁义、"摇唇鼓舌"、"擅生是非"的"儒者"、"辩士"。韩非出的"法士"的标准，与孔丘提出的"儒士"标准针锋相对，显示了春秋战国时期儒法两家在培养目标问题上的尖锐对立。

二、"举贤才"和"学而优则仕"——培植"守死善道"的反动分子的教育方针

（一）孔丘的"举贤"与法家的"尚贤"区别何在？

"举贤才"是孔丘在培养人和用人问题上提出的一个重要口号。

孔丘关于"举贤才"的论述不少，比较突出的一次是孔丘对门徒仲弓的谈话。当时仲弓在鲁国大夫季氏手下当了官，问孔丘从政的诀窍，孔丘回答道："先有司，赦小过，举贤才"《子路》，明确地把举用"贤才"作为从政的一项重要工作。而孔丘所谓的"贤才"，就是指的能够"修己以安百姓"的"士"、"君子"、"贤人"，也就是具有奴隶主阶级的政治、道德修养，又善于统治民众的人。孔丘一生办教育，就是为奴隶主统治者培养这种所谓的"贤才"，以支撑风雨飘摇的奴隶制度。孔丘曾向大夫季康子吹嘘自己弟子的特长，说他们都具备做官的本领①；还向大夫孟武伯推荐子路、冉求和公西赤，说他们都是些"贤才"，分别可以担当军、政、外交方面的大任②。孔丘"举贤"，就是企图

---

① 《雍也》："季康子问：'仲由可从政也与？'子曰：'由也果，于从政乎何有！'曰：'赐也可使从政也与？'曰：'赐也达，于从政乎何有！'曰：'求也可使从政也与？'曰：'求也艺，于从政乎何有！'"

② 《公冶长》："孟武伯问子路仁乎，子曰：'不知也。'又问，子曰：'由也，千乘之国可使治其赋也。……' '……求也千室之邑，百乘之家，可使为之宰也。……' '……赤也，束带立于朝，可使与宾客言也。……'"

让自己的党羽篡夺鲁国各级政权。

过去，有人把孔丘的"举贤才"与法家的"尚贤"混为一谈，说它们都是进步主张。这完全是鱼目混珠。

春秋战国时期，法家为了打破奴隶制的世卿世禄制度，坚决反对"亲亲"原则，如李悝主张"食有劳而禄有功，使有能而赏必行，罚必当。"（《说苑·政理》）主张削弱旧贵族的世袭特权，提拔和重用革新分子，这便是法家的"尚贤使能"政策。然而，孔丘的"举贤"，则是在维护"亲亲"原则的前提下提出来的。儒家的传统是"亲亲有术"（《墨子·非儒下》），孔丘提出"兴灭国，继绝世，举逸民"，就是他维护奴隶制世袭制度的铁证。他的"举贤才"与"举逸民"，完全是一回事。

封建制度取代奴隶制度，这个社会发展的必然趋势，在春秋末期已经显示得十分清楚了，然而，孔丘却不承认这个趋势。他从唯心史观出发，幻想出现几个"贤人"，扭转乾坤，使奴隶制度重新兴旺起来。他说："其人存，则其政举。其人亡，则其政息。……故为政在人"（《中庸·右第十九章》）。他还说："舜有臣五人而天下治"（《泰伯》）。总之，在孔丘看来，一个制度、政权的存亡兴衰，完全取决于有无"贤人"执政。孔丘建议奴隶主贵族"礼贤下士"，完全是为了搜罗"克己复礼"的顽固派，以挽救风雨飘摇的奴隶制度，使之免于崩溃。晋国贵族贾辛、司马乌有一次带其镇压了王室的奴隶起义，这两个刽子手便被晋国统治者奉为"贤才"，大加重用和奖赏。孔丘把这件事看成"举贤才"的样板加以称颂。（《左传》昭公二十八年）这就暴露了孔丘"举贤才"的狰狞面目。

（二）"学也，禄在其中"——驱使儒士为奴隶主贵族尽忠效劳的诱饵。

在阶级社会里，知识分子的政治态度，或者倾向于人民革命，或者倾向于反动势力。二者必居其一。反动统治阶级都十分害怕知识分子革命，千方百计把他们拉到自己一边，作为压迫人民，反对革新的工具。孔丘曾经对门徒子夏说："汝为君子儒，无为小人儒。"（《雍也》）就是说，你要做奴隶主阶级的知识分子，不要做新兴地主阶级和劳动人民的知识分子。孔丘的这番话，反映了没落奴隶主阶级对知识分子的要求。

孔丘用什么办法使得青年学生成为保守、反动的"君子儒"呢？他赤裸裸地举起了功名利禄这个诱饵，竭力把他们引上反动统治阶级所规定的生活轨道。

孔丘曾经对门徒说："君子疾没世而名不称焉"（《卫灵公》），认为君子最大的遗憾是到死的时候还没有成名。他又说："不要怕不出名，就怕没有出名的本领"①，这句话倒过来讲就是："你们跟着我好好学本领，将来就可以成名成家。"

孔丘还赤裸裸地说："学也，禄在其中矣。"（《卫灵公》）并要弟子们少说错话、少做值得懊悔的事，俸禄自然而然就来了②。孔丘及其门徒还把求学称做"干禄"。"干"就是求，"禄"就是当官所得的俸禄。这就毫不隐讳地宣称，他们求学为的是升官发财。

---

① 《宪问》："子曰：'不患人之不己知，患其不能也。'"

② 《为政》："子张学干禄。子曰：'多闻阙疑，慎言其余，则寡尤；多见阙殆，慎行其余，则寡悔。言寡尤，行寡悔，禄在其中矣。'"

孔丘本人就是一个求富求贵的无耻之徒。他曾公开说：
"富贵如能求取，就是侍卫小官我也做它，如果不能求取，
还是干我那一套。"①他是一个十足的官迷。他曾表示，他
不愿做个葫芦壳儿，只是挂着做摆设而不能吃②。孔丘在与
门徒子贡的一段对话中，把他读书做官的意思透露得更清楚。
子贡问孔丘："假使这里有一块美玉，是把它放在柜子里藏
起来呢，还是找个识货的人把它卖出去？"孔丘说："卖掉
它！卖掉它！我正等待着识货的人啊！"③孔丘自比美玉，
待价而沽，这就把他急于爬上统治地位的思想暴露得淋漓尽
致了。

孔丘还经常向弟子们传授自己做官的"诀窍"。他说：
"对（奴隶主）统治者要忠诚，要顺从他们的要求，体察他
们的意愿，谦卑有礼，处处亲媚于他们，这样做了，就会仕
途通达，为人显贵。"④《论语·乡党》中，还专门记载了
孔丘当官从政时处理上下关系的所谓"经验"："朝，与下
大夫言，侃侃如也；与上大夫言，訚（yín音银）訚如也；君
在，踧踖（cù jí音促吉）如也，与与如也。"意思是说，在
朝廷与下大夫谈话，夸夸其谈；与上大夫谈话，和颜悦色；
在国君面前，则奴颜婢膝，局促不安，举止恭顺。一部《论
语》中，到处充塞着这类说教，可见孔门传授的所谓"学问"，

---

① 《述而》："子曰：'富而可求也，虽执鞭之士，吾亦为之。如不可求，
从吾所好。'"
② 《阳货》："子曰：'……吾岂匏瓜也哉？焉能系而不食！'"
③ 《子罕》："子贡曰：'有美玉于斯，韫匵（dú同椟）而藏诸，求善
贾而沽诸？'子曰：'沽之哉！沽之哉！我待贾者也。'"
④ 《颜渊》："子曰：'……质直而好义，察言而观色，虑以下人。在邦
必达，在家必达。……'"

其实不过是政客们寡廉鲜耻的"媚上压下"的"经验之谈"。在孔家学店，学习优劣的主要标志，就是看你能否充当奴隶主贵族的忠实鹰犬，而且学习的目的，也完全是如此。

孔丘的学生子夏，对孔丘的这一思想心领神会，他说："仕而优则学，学而优则仕"（《子张》），认为当官的人要想把官当好，便应该学习儒家经典；读书的人学习诗书礼乐有了成绩，就应该做官。这样，就把读书和做官两件事紧密联系在一起了。这是对孔丘的教育方针最集中的概括。孔丘的另一个学生子路也说："不仕无义"（《微子》），认为读书人不做官就不合道理。后来，孟轲又进一步阐发这一观点，他说："士之仕也，犹农夫之耕也"（《孟子·滕文公下》），认为读书人当官，同农民种地一样，完全是天经地义的事情。总之，在孔孟那里，读书不过是爬上统治地位的一条必经之路。而那些不务耕战、反对革新的人，也纷纷投靠孔家学店，寻找攀登仕途的阶梯。这样，孔家学店就聚集着一批以读书讲学为手段，以做官食禄、复辟周礼为目的的反动知识分子。孔丘死后，他们"散游诸侯，大者为师傅卿相，小者友教士大夫"（《汉书·儒林传》），不少人当了大官，如子夏为莒父宰，子游为武城宰，子贱为单父宰，高柴为费邑宰，子贡曾取得卫相、鲁相的显贵地位，曾参则"初仕于莒，其后齐迎以相，楚迎以令君，晋迎以上卿"（《孔子弟子考》），都成为奴隶主贵族的得力爪牙。

孔丘提出"举贤才"，要奴隶主贵族招纳、收买知识分子；又提出"学而优则仕"，要知识分子"学得文武艺，卖与帝王家"。一个要买，一个愿卖，"主卖官爵，臣卖智力"，孔丘就是企图用这种办法，把知识分子同反动统治阶级牢牢地拴在一起。因此，没落阶级的教育，决不是什么"清高"、"纯洁"的殿堂，它早就与反动政权水乳交融地交织在一起，早就浸透了没落阶级的功利主义。

孔丘一向标榜，他是不求功利的。他说过："君子喻于义，小人喻于利"（《里仁》），宣称君子才懂得大道理，小人只知财利。这既是对劳动人民的污蔑，也是一种骗人的鬼话。事实上，孔丘自己就是一个利欲熏心的家伙，他高唱"安贫乐道"，却是一个锦衣玉食的吸血鬼，"食不厌精，脍不厌细"，没有好佐料就不吃东西，肉割得不方正不吃，食品稍稍不新鲜不吃，喝酒则没有限制，没有车子坐就不出门，衣服要按不同季节和场合，分类配套，色色俱全①，完全是一个腐化透顶的寄生虫。可见，孔丘并不是反对一切功利，他反对的"功利"，不过是劳动人民争取的起码的生存权，以及新兴地主阶级所要获得的政治、经济利益。而孔丘本人则狂热地追逐着奴隶主阶级的功利。他的全部政治活动和教育活动都浸透了奴隶主阶级的功利主义。"学也，禄在其中"、"学而优则仕"，便是这种反动阶级功利主义的露骨表现。

毛主席曾经尖锐指出："**世界上没有什么超功利主义，在阶级社会里，不是这一阶级的功利主义，就是那一阶级的功利主义**"，而孔丘就是那种"**口头上反对功利主义，实际上抱着最自私最短视的功利主义的伪善者。**"（《在延安文艺

---

① 《乡党》："君子不以绀緅饰，红紫不以为亵服。当暑，袗絺绤，必表而出之。缁衣，羔裘，素衣，麑裘，黄衣，狐裘。……食不厌精，脍不厌细。食馑而餲，鱼馁而肉败，不食。色恶，不食。臭恶，不食。失饪，不食。不时，不食。割不正，不食。不得其酱，不食。……唯酒无量，不及乱。……"

座谈会上的讲话》,《毛泽东选集》第821页)

(三)"学而优则仕"的要害是"复礼"。

孔丘鼓吹"学而优则仕",用功名利禄作为刺激门徒诵书穷经的动力。然而,孔丘这样做,是否仅仅为了让门徒升官发财呢?不是的。他有着更阴险、更深远的政治目的。

反动阶级的功利主义,决不限于某一个反动分子的眼前利益,反动阶级功利主义的最高表现,在于维护或复辟已经没落了的政治制度。因为,有了这种政治制度,他们整个阶级就有了享用不尽的"荣华富贵"。所以,孔丘要学生读书做官,决不仅仅是为了学生个人升官发财,而是要他们精通周礼,削尖脑袋往官场里钻,篡夺各级政权,这样才能使整个奴隶主阶级避免"坏国、丧家、亡人"的灾难,才可以恢复奴隶主阶级正在失去的"天堂"。

孔丘曾多次表白,他本人做官的根本目的是"复礼"。有一次,鲁国新兴地主阶级代表人物季氏的家臣公山弗扰在费城起兵反叛季氏。公山弗扰深知,孔丘与季氏矛盾很深,因此特意派人邀请孔丘参加。孔丘跃跃欲试,很想前往。子路很不高兴,质问孔丘:你为什么要去参加公山氏的叛乱呢?孔丘答道:"如有用我者,吾其为东周乎!"(《阳货》)这就把孔丘当官从政的目的表达得一清二楚了,就是他要在鲁国复兴周朝的奴隶制度。

孔丘要学生读书做官,也是出于同一目的,他对学生们说:"天下有道则见,天下无道则隐。"(《泰伯》)可见,孔丘并非要弟子们不分青红皂白地见官就做,而是要他们在奴隶制兴盛时("天下有道")出来做官;在奴隶制崩溃时("天下无道"),则必须隐居,潜伏下来。他还说,当官要按"周道"行事，如果统治者不采纳，宁可辞职不干。①孔丘的学生原宪问："什么是耻辱？"孔丘说："在周道行不通的时候，仍然当官得禄，便是耻辱。"②孔丘就是用这种反革命的傲骨精神教育学生，要他们做官不忘复辟，不能复辟宁可弃官不做；要他们"守死善道"，至死不悟地按"周道"办事，要他们"磨而不磷"（象最坚硬的东西一样，磨也磨不薄），"涅而不缁"（象最白的东西一样，染也染不黑）。总之，要坚守反动立场，保持没落奴隶主阶级的所谓"节操"，准备带着花岗岩脑袋见周公。

孔丘的学生闵子骞就实践了孔丘的这种反动教诲。当鲁国新兴封建主季氏派人要闵子骞出来做官时，闵子骞对来人说："好好地替我辞掉吧！若是再来找我，那我一定逃到汶水以北去（指齐国）。"③由于闵子骞顽固坚持奴隶主阶级的立场，不同季氏合作，所以被孔丘表彰为德行最优的学生之一。④

又例如，南容这个人，在奴隶制统治秩序稳定的时候，是贵族的忠实走卒；当新兴势力兴起，奴隶制受到威胁时，他既不与新兴力量合作，又能站稳奴隶主阶级立场而保全自己。因此南容得到孔丘的器重，孔丘并把侄女嫁给南容，以资鼓励。

孔丘有时候也要学生到新兴的封建主手下当官，但其目的是要他们"打进去"，充当内奸。例如孔丘曾派门徒子路

---

① 《先进》："子曰：'……所谓大臣者，以道事君，不可则止。……'"

② 《宪问》："宪问耻。子曰：'邦有道，谷；邦无道，谷，耻也。'"

③ 《雍也》："季氏使闵子骞为费宰。闵子骞曰：'善为我辞焉！如有复我者，则吾必在汶上矣。'"

④ 《先进》："德行：颜渊、闵子骞、冉伯牛、仲弓，……"

到季氏那里去当"家宰"，利用季孙、叔孙、孟孙三家之间的矛盾，用花言巧语骗得叔孙氏拆去都城"郈"，季孙氏拆去都城"费"，削弱了鲁国新兴封建主的势力，这便是所谓的"堕三都"事件①。孔丘对子路的这种行动十分赞赏。虽然孔丘同子路之间常常为一些小问题发生口角，《论语》中多处记载了孔丘骂子路的事件，但是，孔丘深知子路的政治信仰是与自己完全一致的，因此他把子路当作自己的心腹。孔丘曾说："如果我的政治主张不能实行，就乘木排出海，跟随我的，大概只有子路吧！"②但是，搞复辟活动的人，总是以害人开始，以害己告终，孔丘的这个最大亲信也没有落得好下场。后来，子路在一次维护卫国旧政权的搏斗中，帽缨被削掉了，而周礼规定，"君子死，冠不免"，即君子死的时候帽子不能不戴正。于是，子路竟然不顾战斗的激烈，放下武器，去系帽缨，终于"结缨而死"，被别人砍成肉酱。孔丘闻讯，悲痛万分，赶忙要门人把厨房里的肉酱倒掉，以免看见了联想到子路之死而伤心。鲁迅曾指出，子路的死是因为中孔丘复古思想的毒太深，"实在是上了仲尼先生的当。"（《两地书》）

孔丘的另一个提出"学而优则仕"的门徒子夏（即卜商），忠忠实实地实行了孔丘的"教诲"，把当官从政作为复辟奴隶制度的手段。孔丘死后，子夏到魏国活动，他自比孔丘，纠集魏国奴隶主贵族残余势力，鼓吹恢复周公之礼，反对李悝变法。子夏当了魏文侯的老师以后，更在幕后操纵魏国国政，

---

① 《史记·孔子世家》："使仲由为季氏宰，将堕三都。"
② 《公冶长》："子曰：'道不行，乘桴浮于海，从我者，其由与！'（"由"是子路的名字）"

让旧贵族魏成子当了魏相，取代法家李悝，使李悝变法遭到失败。子夏的反动生涯，正好说明了"学而优则仕"的要害是"复礼"。

在孔家学店，象子路、子夏这样死心踏地追随孔丘，反动到底的人，毕竟只是一部分，孔丘不可能把学生控制得象铁板一块。孔门弟子投向新营垒的不乏其人。韩非曾说："季孙养孔子之徒，所朝服而与坐车者以十数。"（《韩非子·外储说左下》）就是说，孔丘的门徒到封建主季孙氏手下当官的有十几人，而且其中有些人违背了孔丘的"教诲"，真心实意地为新兴封建主服务，参与革新活动。这在孔丘看来，是不可容忍的叛逆行为。例如冉求在季氏手下当官，帮助季氏实行"田赋"制度，发展封建经济，使季氏的财政实力超过了公室，孔丘对此大为恼火，宣尔冉求再也不是自己的门徒，并且挑动其他弟子对冉求"鸣鼓而攻之"。①

这些事实充分说明，孔丘及其门徒提倡"学而优则仕"的根本目的，不在于读书人个人升官发财，而是从本阶级的利益着想，培养一批坚持反动立场、决心开历史倒车的反革命官僚。这才是孔丘及其门徒提出"学而优则仕"的根本目的。

战国年间，孔丘"嫡传正宗"的继承者孟轲的活动，也说明了孔丘儒家教育培养出来的究竟是些什么人。孟轲疯狂地反对当时的一切社会改革，他主张保存西周的"世臣"（贵族世世代代当官），"世禄"（贵族世世代代得俸禄）制度，维持旧贵族的世袭特权，并主张恢复"井田制"，妄图挖封

---

① 《先进》："季氏富于周公，而求也为之聚敛而附益之。子曰：'非吾徒，小子鸣鼓而攻之，可也。'"

建经济基础的墙脚。正因为儒家私学培养出来的都是这样一些搞复辟活动的"学者"，所以引起了新兴地主阶级的警惕。韩非曾指出，儒生不仅是一伙"国无事不用力，有难不披甲"（《韩非子·外储说左上》）的废物，不事耕战，空耗民财，而且会侵蚀新兴地主阶级的国家机器。韩非根据魏国等国变法失败的教训指出，新兴的封建主如果重用那些象"蠹虫"一样的儒生，便有亡国灭朝的危险。①

综上所述，可以清楚看出，孔丘提出"学而优则仕"这一教育方针，是要"聚徒成党"，去恢复"周公之礼"。清末具有尊法反儒思想的资产阶级革命家章太炎，曾一针见血地指出："大抵孔子乃春秋时一政客，其七十子之徒，不过其政党中之党员耳。"（见金毓绂：《国学会听讲日记》）章太炎这段话，揭露了孔丘培养目标的实质，击中了"学而优则仕"的要害。

---

① 《韩非子·五蠹》："其学者称先王之道以籍仁义，盛容服而饰辨说，以疑当世之法而贰人主之心。……人主不除此五蠹之民，不养耿介之士，则海内虽有破亡之国，削灭之朝，亦勿怪矣。"

第 四 章

孔 丘 的 教 育 内 容

教育内容问题，实质上是用哪个阶级的思想意识、按哪个阶级的政治路线和思想路线教育青年的问题，它最鲜地显示了教育的阶级性。春秋战国时期，儒法两家在政治的"礼治"路线和"法治"路线的斗争，反映到教育内容上，就是"以礼为教"和"以法为教"的尖锐对立。

先秦法家深知，奴隶主阶级拼命维护的"礼"，是阻革新事业发展的沉重的精神枷锁，因此，法家的宣传教育动集中于对"礼教"的批判。如商鞅曾指出，"诗书礼乐是"淫佚之征"，"仁"是"过之母"，他还把孔孟宣扬"仁义"、"礼乐"比喻为国之"六虱"（《商君书·靳令》荀况则批判儒家的"经典"说："礼乐法而不说，诗书故不切，春秋约而不速。"（《荀子·劝学》）指出礼乐只罗条条，而没有讲清道理；诗书说了些古代故事，却不合今的实际；春秋文义隐约，使人难以捉摸。韩非更鲜明地出："明主之国，无书简之文，以法为教；无先王之语，吏为师。"（《韩非子·五蠹》）毫不含糊地否定了被儒家奉圣典的"书简之文"和"先王之语"，主张用新兴地主阶制定的法令，作为教育的基本内容。与此同时，法家还提学习耕战，研究同推行法治路线有关的各种实际学问。

以孔丘为代表的儒家，与法家相反，他们以宣扬奴隶的"礼治"为己任，其教育内容充塞着奴隶主阶级陈腐的政治、道德教条，到处是虚妄的谎言和束缚人们手脚的条条框框，他们还把农、工、军、商等实际知识一概排斥于教育内容之外，厚古薄今，不务实学。

《论语》里有一段话概括了孔丘的教育内容："子以四教：文、行、忠、信。"（《述而》）大意是，孔丘用四种项目教育弟子：文学、品行、忠心和信实。这里的"行、忠、信"是指的奴隶主阶级的政治道德规范及其实践，属于他的"德教"范围；"文"是指的学习诗、书、礼、乐等古代文物典籍，这是孔丘的"文教"；此外，孔丘还把"射"（射箭）、"御"（驾车）列入教育内容，这便是他的体育。在孔丘的儒家教育中，"礼"是其核心内容，孔丘说："不学礼，无以立。"（《季氏》）认为不学周礼便不能站稳奴隶主阶级的立场，就不能在社会上作人。可见，孔丘的教育内容完全受其"克己复礼"的政治路线的支配。

一、以奴隶主阶级的忠、孝观念为主旨的"德教"

德教，从广义讲，包括全部政治思想教育，从狭义讲，是指的道德教育。所谓道德，是评价人们社会行为的善恶、美丑、是非的一种标准。恩格斯指出："**一切已往的道德论归根到底都是当时的社会经济状况的产物。而社会直到现在还是在阶级对立中运动的，所以道德始终是阶级的道德**"。（《反杜林论》，《马克思恩格斯选集》第 3 卷第134页）在阶级社会里，没有全民的道德，不同的阶级有着各不相同的道德观

71

念、各不相同的道德教育。各个阶级都把道德作为打击敌阶级、团结自己的重要武器。

孔丘关于道德教育的言论很多，他提出了相当广泛的德概念，如仁、义、智、勇、恭、宽、忠、恕、孝、悌、信敏、惠等等。那么，孔丘道德思想最主要的内容是什么呢？孔丘的门徒曾参对这个问题提出过自己的看法。有一次，丘对曾参说："参呵，我的道是用一个道理贯通一切的。"曾参说："是"。孔丘走出去以后，别的弟子问曾参："生的话是什么意思？"曾参说："先生的道，只是忠恕了。"①

孔丘的另一个弟子有若，则对孔丘的道德思想作了另种概括："孝悌也者，其为仁之本与！"（《学而》）"仁"是孔丘道德思想的核心。孝悌既然是"仁"的根本，当然就是孔丘整个道德思想的根本了。

曾参和有若都是孔门高徒，他们对孔丘思想是心领神的，曾参和有若上述两段话，确实抓住了孔丘道德思想的要内容——忠和孝。

一、"忠"，是指对于奴隶主统治者，特别是对于奴主阶级的最高统治者——天子必须忠诚。孔丘认为，忠君臣民的本分。有一次，鲁定公问孔丘："君主使用臣下，下侍奉君主，应该怎样？"孔丘的答复是："君使臣以礼臣事君以忠。"（《八佾》）孔丘认为，臣民忠于君主应当无条件的，即使君主有错误也不能指责。例如，"同姓婚"是周礼的一项规定，而鲁昭公却娶了同姓女子为妻，

① 《里仁》："子曰：'参乎，吾道一以贯之。'曾子曰：'唯。'子出，门人问曰：'何谓也？'曾子曰：'夫子之道，忠恕而已矣。'"

显然是违背周礼的。本来，"违礼"在孔丘看来是大逆不道的劣迹，应当声讨、谴责。可是，对于君主鲁昭公的违礼行为，孔丘却采取了包庇态度。当陈国的司寇问道："昭公知礼乎？"孔丘答曰："知礼。"后来，孔丘的学生巫马期又直截了当地指出，昭公娶同姓女子为妻，怎能算知礼呢？孔丘却闪烁其辞地说："丘也幸，苟有过，人必知之。（《述而》）他宁肯自己认错，也始终不愿指责昭公。这是因为孔丘认为"忠君"是"礼"的最高准则。孔丘这种袒护君主过失的奴颜婢膝行为，当时就被人们批评为"谄媚"。孔丘自己也说："事君尽礼，人以为谄也。"（《八佾》）这话表现出孔丘的狼狈相，但他仍然坚持"臣事君以忠"的原则，对君主之恶，讳莫如深。

与"忠"紧密相连的，便是"恕"。所谓"恕道"，就是孔丘所说的"己所不欲，勿施于人"（《颜渊》）。这话的用意在于劝说剥削者相互间要宽恕，不要把自己所不希望的东西强加于人。例如，奴隶主之间不要争权夺利，地主阶级要安于本分，不要瓜分公室。孔丘企图用"恕道"，巩固剥削阶级内部的团结。孔丘鼓吹恕道的目的，还在于欺骗劳动人民，要他们对反动统治者的剥削压榨采取忍让态度。因此，孔丘提倡"恕"这种道德观念，完全是为巩固反动统治阶级的地位服务的。

二、"孝"，则是指对宗族的长辈必须尊敬和服从；与"孝"紧密相连的"悌"，是指对同辈中的兄长必须尊敬和服从。孔丘为什么在强调"忠"的同时，又特别强调"孝悌"呢？这是因为中国的奴隶社会是种族奴隶制度，"以族类辨物"（《易经·同人》），"非我族类，其心必异"（《左传》成公

四 年 ） 便是奴隶制社会的传统观念。当时氏族的统治 者
世袭的家长身分取得统治地位和权力，氏族的长老往往就
奴隶主。因此，当时的宗族观念与国家观念是一致的，君
和父权是一致的。这样，孝悌的含义就不仅是要人们尊崇
辈，更重要的是要人们把对长辈的孝，推及为对君主的忠
这便是所谓的"移孝为忠"。孔丘就是力图以"孝"来维
宗族纵的关系，以"悌"来维系宗族横的关系，用宗族的
缘关系加强奴隶主阶级的统治，借以达到巩固奴隶制度的
的。

　　孔丘宣扬的"孝"，对于正在成长的青年来说，是一
腐蚀剂。孔丘曾鼓吹："父母在，不远游"（《里仁》），
求青年人永远守候在父母膝下，不要进取，这样做了，才
是"孝子贤孙"。这完全是一种没落阶级的教育观，在春
战国时代就为新兴地主阶级所反对。如《战国策》中《触
说（shuì音税）赵太后》的故事，就反映了地主阶级处在
升时期，是生气勃勃的，他们希望自己的子女能够有所作为，
不要永远接受父母的"恩荫"，而应当经风雨、见世面，为
立功。这个故事实际上是对孔丘的"父母在，不远游"的一
个批判。

　　孔丘宣扬的"孝"，与他政治上的复古主义又是紧密
系在一起的。他说："三年无改于父之道，可谓孝矣。"
（《学而》）意思是，遵守了先辈的古法便实现了孝道；反过
来说，谁如果违背了先辈的规矩法度，就要背上"不孝"的
罪名。过去曾流行着"不肖之子"、"不肖之徒"的贬义词，
所谓"不肖"就是不象。不象父亲，自己另有创新，便被认
为是"不孝"。孔丘及其后继者就是这样用没落阶级的道德

观念鞭笞革新者，维护旧制度。

孔丘提倡的"孝"和他提倡的"忠"一样，也贯注着愚民哲学，要求子女无条件地服从长辈。即使长辈犯了错误，也不能揭发，还要帮忙隐瞒。《论语》中记载了这么一个故事：有一个叫叶公的人告诉孔丘："我们乡里有一个正直的人名叫躬，他父亲偷了人家的羊。他亲自去作证。"孔丘却反驳道："我们乡里正直的人和你所说的不同：父亲替儿子隐瞒，儿子替父亲隐瞒，这里面就包含着正直了。"①叶公提出的"直"的观念，是"子不为父隐"，这和法家"不别亲疏，不殊贵贱，一断于法"（《史记·太史公自序》）的主张是一致的，而孔丘站在儒家反动立场上，对此坚决表示反对。这个故事充分说明，孔丘的"孝"，孔丘的"正直"，完全是一种没落阶级的思想意识。这种"父为子隐，子为父隐"的观念，后来还进一步演化成"为尊者讳"、"为亲者讳"、"臣不言君过"的反动道德教条。

先秦法家在政治上反对奴隶制的世袭制度，并对于为世袭制进行辩护的"孝悌之道"作过尖锐的批判。韩非曾举了两个例子，揭露孝道的反动本质。一个例子是，楚国有个人，他父亲干坏事，他去告发，结果当官的按儒家的"孝悌"原则，认为这个人不孝，把他杀了。从此，楚国就没有人去告发坏人，法制就破坏了。又一个例子，鲁国有个士兵出去打仗，参战三次，当了三次逃兵。孔丘碰到这个士兵，问他为什么老是当逃兵？士兵说，我不跑不行，我如果打死了，父亲没人养活。孔丘认为这个人是孝子，并马上向国君推荐，

① 《子路》："叶公语孔子曰：'吾党有直躬者，其父攘羊，而子证之。'孔子曰：'吾党之直者异于是，父为子隐，子为父隐，直在其中矣！'"

要国君重用这个"孝子"，从此鲁国就没有人能英勇作战了。韩非评论道，照这样的"仁义孝悌"办事，处罚大义灭亲的人、表扬逃兵，那么国家就非亡不可，所以"仁义孝悌"是一种"亡国之言"，是与法家"不辨亲疏贵贱，一断于法"和奖励耕战的路线背道而驰的。

鲁迅也曾深刻揭露过孔丘"孝道"的倒退本质。他说："'三年无改于父之道可谓孝矣'，当然是曲说，是退婴的病根。假使古代的单细胞动物也遵着这教训，那便永远不能分裂繁复，世界上再也不会有人类了。"（《坟·我们现在怎样做父亲》）孔丘和一切反动派宣扬的所谓"孝道"，正是为了使人们永远墨守祖宗的陈规陋习，因循守旧，不求进步。这种"孝道"完全是为复古倒退路线服务的。

在阶级社会里，道德是一种阶级斗争的武器。孔丘对于这一点的认识是十分自觉的。当时有人曾经问过孔丘："你为什么不去做官办理政事呢？"孔丘说："尚书上说：'对父母孝呀！对兄弟友爱呀！把这种德行推广到国家的政治上去'，这也就是办理政事了，为什么一定要做官才算办理政事呢？"①可见，孔丘认为推行"孝悌"与"从政"是统一的。孔丘的学生有若进一步阐述了这一思想："其为人也孝悌，而好犯上者鲜矣，不好犯上而好作乱者，未之有也。"（《学而》）这就清楚表明，提倡"孝悌"是为了防止"犯上作乱"。孔丘的另一个门徒曾参也说："慎终追远，民德归厚矣"（《学而》），认为慎重地处理父母的丧事，追念祖先，这样，奴隶的德性就会趋于纯厚，而不至于造反了。这就是

① 《为政》："或谓孔子曰，'子奚不为政？'子曰'书云，孝乎，惟孝，友于兄弟。施于有政。是亦为政，奚其为为政？'"

地供认了孔丘提倡"孝悌"的政治目的——用道德的锁链维持和加强奴隶主与奴隶之间的主奴关系，从而扑灭奴隶的造反精神。

在孔丘的"德教"中，"中庸之道"也是一个重要内容。

孔丘说："中庸之为德也，其至矣乎！民鲜久矣！"（《雍也》）认为中庸作为品德，是最高的了，然而奴隶们缺乏这种品德很久了。什么是"中庸"？"中者，不偏不倚，无过不及之名，庸，平常也。"（朱熹《四书集注》）就是说，"中庸"是折中调和的意思，它与斗争哲学是针锋相对的。孔丘把"中庸"推崇为"至德"（最高的道德），妄图要奴隶们永远中庸下去，不造反，不革命。然而，奴隶们是不听这一套反动说教的，春秋末期奴隶大规模暴动、逃亡，就是包括"中庸之道"在内的奴隶主阶级政治、道德观念破产的标志。孔丘面对这种状况，也只得哀叹："民鲜（少的意思）久矣！"

奴隶们在长期的斗争实践中，发展了自己的道德思想，用以抵制奴隶主阶级的奴化教育，并作为团结本阶级的精神武器。虽然历代反动统治阶级不承认劳动人民有自己的道德观念，并且对劳动人民的道德观念竭尽诋毁、污蔑之能事，然而，从一些古代作品中仍然透露出劳动者道德的真相。例如，《庄子·胠箧》对奴隶起义的领袖"跖"的道德观点，便有所记载。该文写道，有一次，别人问跖："你们也有道吗？"跖肯定地说："有"，并且作了具体解释："入先，勇也；出后，义也；知可否，知也；分均，仁也。"可见，奴隶们是以敢于斗争、身先士卒为勇；以不顾个人安危，掩护战友退却为义；在斗争中善于斟酌情况为智；以平均分配为仁。①这就是奴隶的道德思想，它是建立在反抗奴隶主残□统治的基础之上的。跖的"仁、义、智、勇"与孔丘的"仁□义、智、勇"是针锋相对、截然相反的。

跖不仅雄辩地阐述了奴隶阶级的道德观念，而且尖锐□批判了孔丘的道德观念。跖骂孔丘是"不耕而食，不织而衣□摇唇鼓舌，擅生是非"的政治骗子，是个两面三刀的"巧□人"，不折不扣的"盗丘"。跖还严正声明："丘之所言，吾之所弃。"（《庄子·盗跖》）鲜明地同奴隶主阶级的政治、□德观念划清了界限。

如果问究竟什么是中华民族的"传统美德"的话，我□可以明确地回答：跖的道德便可以列入这个"传统美德"□行列。毛主席说："**中华民族不但以刻苦耐劳著称于世，□时又是酷爱自由、富于革命传统的民族。**"（《中国革命和□国共产党》《毛泽东选集》第586页）无产阶级需要继承和发□的，正是这些中华民族的优秀传统、革命美德，而决不是□朽、反动的孔孟之道。

马克思、恩格斯曾经响亮地宣称："**共产主义革命就是□传统的所有制关系实行最彻底的决裂；毫不奇怪，它在自己□发展进程中要同传统的观念实行最彻底的决裂。**"（《共产□宣言》，《马克思恩格斯选集》第1卷第271—272页）对于代表□落阶级利益的孔丘的忠孝道德观念，我们必须和它实行最□底的决裂。列宁指出："**我们的道德是从无产阶级斗争的□益中引伸出来的。**"（《青年团的任务》，《列宁选集》第1卷

---

① 《庄子·胠箧》："故跖之徒问于：'盗亦有道乎？'跖曰，'何适而□无道邪？夫妄意室中之藏，圣也；入先，勇也；出后，义也；知可否，知也；分□均，仁也。……'"

352页）今天，我们的道德和道德教育，要服从巩固无产阶级专政、防止资本主义复辟的总任务，因此，我们必须深入批判孔丘的道德思想，必须深入批判一切没落阶级的道德思想，并在这种批判中，发展无产阶级的道德观念和无产阶级的道德教育。

二、以诗、书、礼、乐为内容的"文教"，以射、御为内容的体育

与孔丘的"德教"紧密相连的，便是他的"文教"。

孔子经常讲的具体教材有：歌颂奴隶制的《诗》、记述奴隶制国家历史的《尚书》、以及奉行周礼。① 孔丘还说过："兴于诗，立于礼，成于乐。"（《泰伯》）就是说，诗可以抒发（奴隶主阶级的）思想感情，礼可以使人站稳（奴隶主阶级的）立场，乐可以陶冶和完成（奴隶主阶级的）品性。可见，诗、书、礼、乐这些奴隶制的文化典籍，便是孔丘的基本教材，而其中"礼"是核心内容。

下面我们就具体分析孔丘"文教"的几个基本内容——诗、书、礼、乐。

（一）"诗"的教材是《诗经》。这是中国最古的一部诗歌总集，它大约产生于西周初期到春秋末期（公元前１０６６—５４１年前后）。《诗经》中的诗，有的是民歌（收在《国风》中），有的诗则来自贵族（收在《雅》、《颂》中）。孔丘曾花很大精力从事《诗经》的选编、删节工作，

---

① 《述而》，"子所雅言，《诗》、《书》、执礼。"

并把《诗经》作为弟子们的文学教材。

在孔丘删诗以前，社会上流行的诗很多。《史记·孔子世家》载："古者，诗三千余篇"。后来，经孔丘删节，剩下三百零五篇。孔丘根据什么原则删改《诗经》呢？他说："吾自卫返鲁，然后乐正，雅颂各得其位。"（《子罕》）孔丘在鲁哀公十一年从卫国返回鲁国，从事诗经、乐的订正工作，使得《雅》、《颂》这些歌颂奴隶主贵族文武功的篇章，在整个诗经中得到重要地位，从而为巩固奴隶制度造舆论。对于民歌，孔丘的取舍原则是："取可施于义"（《史记·孔子世家》），即只保留那些符合奴隶主阶级"义"的民歌。总之，孔丘是按照奴隶主阶级的尺寸，抡起斧，对诗大砍大删。所以孔丘曾得意地说："《诗》三百，言以蔽之曰：思无邪。"（《为政》）就是说，《诗经》三百篇，都是纯正无邪的，也即是符合奴隶制的政治、道德规范的。

孔丘拿着这种在奴隶主贵族看来"纯正无邪"的诗篇去陶冶青年一代的性情，要他们按诗经宣扬的观点去行事做人。他曾对儿子伯鱼说："你为什么不学《周南》、《召南》（诗经的篇名）呢？一个人如果不学《周南》、《召南》，就象面对着墙壁站立着，一物无所见，一步不可行。"① 孔丘还对弟子们说，你们为什么不学诗呢？学诗，可以抒思想感情，可以观览风俗，可以合群，可以学会运用讽刺，还可以增长自然知识，更重要的是，能够培养德行、见识

① 《阳货》："子谓伯鱼曰，'女为周南、召南矣乎？人而不为周南、召南，其犹正墙面而立也与！'"

以便"事父"、"事君"。①总之，孔丘要弟子们学诗，其目的是要他们借诗歌来颂扬奴隶制度、赞美贵族统治者，并借古讽今，发泄不满现实的反革命情绪，为没落阶级鸣冤叫屈。

孔丘还说："熟读《诗经》三百篇，交给他办政事，却办不了；叫他出使外国，又不能独立地应付，纵使读得多，又有什么用呢？"②可见，孔丘决不是为艺术而艺术，为诗歌而诗歌，他要求弟子们学诗，完全是为奴隶主阶级的政治服务的。后来，封建时代的儒生，对《诗经》中的民歌进一步作了歪曲的解释，说《诗经》可以"经夫妇，成孝敬，厚人伦，美教化，移风俗。"（《毛诗·大序》）把《诗经》解释成宣传封建伦理的文学教材。

（二）"书"，是指《书经》。它本来是中国最古的一部史料总集，包括周以前留传下来的史料，其中大部分是当时统治阶级的官方文件。孔丘看到这些史料十分芜杂，便按照"足以垂世立教"、"示人主以轨范"的标准（即能够给奴隶主统治者作出符合礼教的示范），加以"艾夷"（消灭）、"剪截"（《十三经注疏·尚书序》），编成《书经》（即《尚书》），把它作为历史教材，要求弟子们通过学习《尚书》，吸取历代奴隶主的统治经验，孔丘自己还常常引用《尚书》中的话教训别人。孔丘的后继者孟轲更喜欢援引《尚书》，鼓吹"仁政"。

---

① 《阳货》："子曰：'小子何莫学夫诗？诗，可以兴,可以观,可以群,可以怨。迩之事父，远之事君；多识于鸟兽草木之名。'"

② 《子路》："子曰：'诵诗三百，授之以政，不达；使于四方，不能专对，虽多，亦奚以为？'"

孔丘不仅要弟子学习《尚书》这样的被歪曲了的古史，相传他还亲自编写了一部当时的现代史——《春秋》。《春秋》是一部颂古非今的反动史书。孔丘说，他编《春秋》有三条原则："为尊者讳，为亲者讳，为圣者讳。"就是说，把奴隶主统治者的阴谋诡计、男盗女娼都加以隐瞒，同时它又把一切主张革新的人都骂成"乱臣贼子"。孟轲说过："世道衰微，邪说暴行有作，臣弑其君者有之，子弑其父者有之，孔子惧，作《春秋》。"（《孟子·滕文公》）然《春秋》其书，不一定是孔丘所作，但孟轲这番话真切反映了孔丘注重历史教学的目的——企图用"史笔"的贬，替周天子讨伐"叛臣逆子"，使得父子相安、君臣各其位。《国语·楚语上》说，孔丘向学生"教之《春秋》而为之从善而抑恶"。《春秋》把维护奴隶制度的反革命径褒奖为"善"，把一切革命行动攻击为"恶"，孔丘对生教《春秋》的目的，就是要他们以孔丘的善恶标准对待实生活，反对新生事物，维护旧制度。

（三）"礼"，是殷周奴隶主阶级用以维护等级秩序社会规范和道德规范，是他们用来"经国家，定社稷，序人，利后嗣"（《左传》隐公十一年）的统治工具。孔丘特别调的"礼"，主要是指周公制定的"周礼"①。《论语》提到"礼"，有七十三次之多。"礼"有双重的含义，从式上看，"礼"是指的当时的各种礼节，礼仪；从内容看，是指的奴隶社会的政治制度。孔丘是重视"礼"的形的，因为那些礼节、礼仪本身就生动地体现着奴隶制的社

---

① 这里说的"周礼"，不是指后代儒生编写的《周礼》一书。

秩序，等级观念，所以孔丘经常率领弟子们演习礼乐。**然而**，孔丘更重视"礼"的内容，孔丘说："我们常说的礼啊礼啊，难道仅仅是指玉帛等礼物说的吗？所说的乐啊乐啊，难道仅仅是指钟鼓等乐器说的吗？"①这说明孔丘注重的不是玉帛、钟鼓这些礼的形式，而是礼的实质。孔丘要弟子们"学礼"，不是要他们只学些空洞的仪式，而是把"礼"作为政治学、社会学的教材提供给弟子的。

孔丘曾经说过："为国以礼。"（《先进》）把"礼"作为治理国家的根本原则。他认为，"礼"对于统治阶级和被统治阶级都各有妙用。对于奴隶主贵族来说，"礼"是他们特权的保障，是他们的财产、权力、各分等级的标志；同时，"礼"又是维系奴隶主阶级内部团结的纲目。孔丘的弟子有若说："礼之用，和为贵。"（《学而》）认为礼可以调和贵族们的内部矛盾，使得上下相安、等级分明，达到"和"的目的。

对于被统治者、对于奴隶，"礼"则是一种反革命的暴力。孔丘的弟子宰我曾对此有所披露。一次，鲁哀公问宰我，应当用什么树做祭祀用的神？（夏、商、周三代，常用树作祭祀的社神）宰我答道：夏代用松树，殷代用柏树，而周代用栗树，目的在于使奴隶们战栗、害怕。孔丘虽然对宰我揭露了周礼的本质很不满意，但也不能否认这个事实。②孔丘本人也说："上好礼，则民易使也。"（《宪问》）认为统

---

① 《阳货》："子曰：'礼云礼云，玉帛云乎哉？乐云乐云，钟鼓云乎哉？'"

② 《八佾》："哀公问社于宰我。宰我对曰：'夏后氏以松，殷人以柏，周人以栗。曰，使民战栗。'子闻之，曰：'成事不说，遂事不谏，既往不咎。'"

治者好"礼"，奴隶们就容易被驱使了。《左传》（庄公十三年）则更明确地宣称："夫礼，所以整民也。"指出"礼"是整治奴隶的武器。总之，"礼"是强加在奴隶身上的一副森严的镣铐。

正因为"礼"对于奴隶主统治者有这样重要的作用，因此孔丘把"学礼"作为培植奴隶主阶级下一代的根本途径。孔丘说过："君子广博地学文，又用礼来约束自己，就不会背叛周公之道了。"①又说："不学习周礼，就不能站稳（奴隶主阶级的）立场。"②可见，孔丘要人们"学礼"，是为了规范人们的思想言行，使之不背叛"周道"，坚持奴隶主阶级的反动立场。

孔丘还认为，"礼"是道德品质的最高准则，他说："只知恭敬而不知礼，就要徒劳，只知谨慎而不知礼，就会拘谨，只知勇敢而不知礼就要犯上，只知直爽而不知礼就会伤人……。"③在孔丘看来，一切道德品质离开了周礼，便会走上邪路。因此，孔丘把周礼作为教育内容的核心，也就是把奴隶主阶级的"礼治"路线贯穿于他的全部教育活动之中。

与"礼"相配合，孔丘还要弟子学习《易经》。《易经》是解说"天命"的一部唯心主义哲学著作。孔丘说："加我数年，五十以学易，可以无大过矣。"（《述而》）认为学了《易经》就不会犯错误，不会违背"天命"。孔丘要

---

① 《雍也》："子曰：'君子博学于文，约之以礼，亦可以弗畔矣夫！'"
② 《季氏》："鲤趋而过庭。曰：'学礼乎？'对曰：'未也。''不学礼，无以立。'鲤而学礼。"
③ 《泰伯》："子曰：'恭而无礼则劳，慎而无礼则葸。勇而无礼则乱，直而无礼则绞。'"

弟子们学《易》，是企图用唯心主义哲学思想来加固他们的奴隶主阶级的世界观。

（四）"乐"，是指的《乐经》，广义地说，是指的音乐教育。

春秋末期，随着政治经济领域发生大变革，出现了许多新的流行歌曲，即所谓的"新声"。当时，人民群众和新兴的封建主都喜欢"新声"。如："晋平公悦新声"（《国语·晋语》）；魏文侯对子夏说，他一听古乐就打瞌睡，一听现代音乐就精神振奋①。而孔丘却相反，他极端崇拜古乐，对当代音乐则大加毁谤。他赞扬舜时的乐曲"韶""尽善尽美"；武王时的乐曲"武"则"尽美"而不"尽善"②。至于当代音乐，如"郑声"（郑国的流行曲），孔丘则认为"郑声淫"，主张坚决废弃③。总之，在孔丘看来，乐曲是越古越好。他在齐国听到古乐"韶"，三个月都不知肉的味道，完全陶醉于古乐的境界之中④。可见，孔丘对音乐的取舍标准，完全是厚古薄今的。

孔丘重视音乐，决不单纯为了艺术欣赏，他认为音乐可以巩固家族的伦理关系，并由此扩及到巩固君臣关系。总之，乐可以配合"礼"的实施和推行，也即所谓"礼非乐不履"（《逸周书·度训》）。因此，孔丘总是把礼乐并称，把

---

① 《礼记·乐记》："魏文侯问子夏，'吾端冕而听古乐，则唯恐不卧，听郑卫之音，则不知倦。'"

② 《八佾》："子谓韶，'尽美矣，又尽善也'，谓武，'尽美矣，未尽善也。'"

③ 《卫灵公》："子曰，'……乐则韶舞。放郑声，远佞人。郑声淫，佞人殆。'"

④ 《述而》："子在齐闻韶，三月不知肉味。"

音乐作为统治人民的重要工具。孔丘的门徒子游当了武城宰，在那里大奏古乐，企图用奴隶主阶级的文艺毒害群众，从而更方便地统治群众，孔丘对子游的这一行为大加赞赏①。所以说，孔丘的音乐教育完全是为奴隶主阶级的政治服务的。他重视音乐教育的目的，是企图通过鼓吹殷周奴隶主阶级的古乐，与时代大唱反调，把青年一代陶冶成复古守旧的人物。

孔丘大奏古曲，借音乐发泄不满现实的反动行径，在当时就受到劳动人民的批判。有一次，孔丘在卫国敲磬（一种打击乐器），发抒怀古之幽情。一个挑筐子的人经过孔丘门前，听到敲磬的声音，说："时代变了，还重弹老调，太不识时务了，还是拉倒吧。"②这是劳动人民对孔丘借助音乐大搞复古活动所作的尖锐批评和辛辣讽刺。

孔丘的音乐教育思想，在后代儒家那里又得到了发展，战国时期思孟学派写的《乐记》说："是故先王之制礼乐也，非以极口腹耳目之欲也，将以教民平心好恶，而反人道之正也。"（《礼记·乐记》）认为古代圣王制礼作乐，不是要满足人民口腹耳目的欲望，而是为了教导人民平正他们好恶的情感，回到做人的"正道"。还说："礼乐刑政，其极一也，所以同民心而出治道也。"（同上）进一步把音乐同政令、刑罚相提并论，认为它们都能起到统一人民的心理，

①《阳货》："子之武城，闻弦歌之声。夫子莞尔而笑，曰：'割鸡焉用牛刀？'子游对曰：'昔者偃也闻诸夫子曰：君子学道则爱人，小人学道则易使也。'子曰：'二三子！偃之言是也。前言戏之耳。'"

②《宪问》："子击磬于卫，有荷蒉而过孔氏之门者，曰：'有心哉，击磬乎！'既而曰：'鄙哉！硁硁乎！莫己知也，斯己而已矣。深则厉，浅则揭。'"

使之共同走向平治的大道的作用。这就是所谓的"安上治民",莫善于礼;移风移俗,莫善于乐"。总之,孔丘及其后继者之所以重视音乐,是因为他们企图通过音乐把人民群众的思想感情、风俗习惯都纳入反动统治者所需要的"正轨"。这就是孔丘所说的,同时受过礼乐教育的人,才可以成为奴隶主阶级的理想接班人。①

此外,孔丘还把"射"(射箭)、"御"(驾车)作为体育的内容。本来,射箭和驾车是贵族军事训练的基本项目,是武士必备的技能。但孔丘要弟子学习射御,主要不是为了掌握那些技能,而是为了向他们灌输奴隶主阶级的政治、道德思想。孔丘曾说:"射不主皮,为力不同科,古之道也。"(《八佾》)意思是说,比箭,不以穿透靶子为主,因为各人力量大小不同,这是自古以来的规矩啊。可见,孔丘在讲射箭的时候,也没有忘记鼓吹"古之道"。孔丘还强调在比赛射箭的时候,也要实行"周礼",以便使学生随时受到奴隶主贵族礼节的熏陶。至于孔丘谈"御"的技能,则是为了实际的需要。马车、牛车是当时主要的交通工具和作战工具,所以"御"的技能传授,也是为奴隶主的政治服务的。

综上所述,我们可以看到,孔丘决不是为诗歌而诗歌,为历史而历史,为音乐而音乐。他的诗、书、礼、乐、射、御虽然特点各不相同,然而却异曲同工,全都是为奴隶主阶级的政治服务的。但有时候,孔丘却要竭力掩饰自己的政治目的,标榜自己办教育主要是传授"知识"的。例如,他曾

---

① 《宪问》:"子路问成人。子曰:'……文之以礼乐,亦可以为成人矣。'"

说："未知，焉得仁"（《公冶长》），就是说，先要有知识、智慧，才能达到"高尚的"政治、道德标准，似乎他是把"智育"放在第一位来加以强调的。《论语·述而》中"子以四教：文、行、忠、信"的说法，好象也是把"文"放在首位。其实，孔丘的"知"也好，"文"也好，都充满了奴隶主阶级的政治，而且，孔丘自己的言行也戳穿了"智育第一"的画皮。孔丘曾经宣布："弟子入则孝，出则弟，谨而信，泛爱众，而亲仁。行有余力，则以学文。"（《学而》）要求学生首先做一个符合奴隶主政治、道德规范的人，有了多余的力量，再去学习文化知识。这就毫不含糊地把奴隶主阶级的德育放在全部教育工作的首位。

孔丘认为，成为"君子"的主要条件是"德"，所以，他对于任何人的评价，包括对自己弟子的评价，也首先是从奴隶主阶级的政治道德着眼的。他曾打比喻说："骥，不称其力，称其德也。"（《宪问》）就是说，我们对于好马，不赞扬它的力气大，而赞扬它对主人的忠心。孔丘之所以特别推崇颜渊，主要是欣赏颜渊的"德行"，认为他能"三月不违仁"（《雍也》），能够"安贫乐道"。冉求本来是孔丘比较欣赏的学生，孔丘在提到具有政治工作才能的学生时，把冉求列为第一名。①但是，后来冉求在鲁国新兴地主阶级的代表人物季氏手下工作，帮助季氏发展封建经济，孔丘便扬言要取消冉求门徒的资格。又如宰予（即宰我），曾被孔丘表彰为最有语言辩说才能的学生（同上），但后来宰予批评孔丘的学说，孔丘就对宰予深怀仇恨，一次还借故大骂宰予"朽

---

① 《先进》："子曰，'从我于陈蔡者，皆不及门也。德行：颜渊、闵子骞、冉伯牛、仲弓；言语：宰我、子贡；政事：冉有、季路；文学：子游、子夏。'"

木不可雕也"。

孔丘说过:"如有周公之才之美,使骄且吝,其余不足观也已。"(《泰伯》)这里所谓的"骄",是指不守礼义、犯上作乱的表现;所谓的"吝",是指遇事不相互支持,置民族安危于不顾。孔丘一向认为周公有盖世之才,然而他认为一个人即使有周公那样高的才华,但如果"骄"而且"吝",即违背了奴隶主阶级的道德规范,那么此人也是毫不足取的。这一切都充分说明,孔丘是以德取人的,他把奴隶主阶级的政治标准鲜明地摆在第一位。

剖析孔丘的教育内容,了解孔丘如何处理德育同智育、体育的关系,了解孔丘怎样把奴隶主阶级的政治贯穿在他的全部教育工作之中,怎样用仁、义、孝、悌,诗、书、礼、乐这一套奴隶主阶级的思想文化毒害青年,这对于我们认识没落阶级教育的反动本质,是颇有益处的。这样做,可以提高我们的识别能力,从而更加有力地戳穿资产阶级和修正主义分子鼓吹的"智育第一"的画皮,更加坚定地把无产阶级的德育放在教育工作的首位,努力用马列主义转变学生的思想,让受教育者在德育、智育、体育几方面都得到发展,成为有社会主义觉悟的有文化的劳动者。

三、农、工、军、商等实际知识被排斥于教育内容之外

孔丘的教育内容,除了充满着奴隶主阶级的政治、道德说教之外,还有一个显著特点,就是把研究农业、手工业、军事、商业的实际知识完全排斥在外。

　　孔丘的门徒子夏说："百工居肆以成其事，君子学以致其道。"（《子张》）认为在作坊里做工仅仅是手工业奴隶的事，"君子"的任务则是学礼、学道。这就明确地把手工业劳动技能排斥在"君子"的教育内容之外了。

　　孔丘本人更是贱视体力劳动，反对学习农业生产技术。有一次，孔丘的门徒樊迟请求学习种庄稼，孔丘说："我不如老农"；樊迟又请求学习种菜蔬，孔丘说："我不如老菜农"。樊迟退出去以后，孔丘指着他的脊梁背骂道："樊迟真是个小人啊！"①同样是这个樊迟，在与孔丘一起游历舞雩（yú音于）时，向孔丘问"崇德、修慝（tè音特）、辨惑"这一套奴隶主阶级的修身养性功夫时，孔丘就眉开眼笑，夸奖樊迟："善哉问！"（问得好！）并不厌其烦地作了详细解答。②这就充分说明，孔丘的教育内容仅仅限于向弟子灌输奴隶主阶级的政治、道德教条，至于生产劳动方面的知识则遭到了断然摒弃。这正如毛主席所指出的："**中国古代在圣人那里读书的青年们，不但没有学过革命的理论，而且不实行劳动。**"（《青年运动的方向》，《毛泽东选集》第532页）

　　自然科学是生产斗争经验的总结，孔丘轻视生产劳动，也必然轻视自然科学。自然科学在孔丘的教学内容中是没有地位的。当然，作为任何一种思想体系，完全不谈论自然界是不可能的，但是，孔门师徒谈论自然现象多半是"观物比德"，也即借谈自然，比喻、说明其政治道德思想。

----

　　①《子路》："樊迟请学稼，子曰：'吾不如老农。'请学为圃。曰：'吾不如老圃。'樊迟出。子曰：'小人哉，樊须也！……'"

　　②《颜渊》："樊迟从游于舞雩之下，曰：'敢问崇德、修慝、辨惑。'子曰：'善哉问！先事后得，非崇德与？攻其恶，无攻人之恶，非修慝与？一朝之忿，忘其身，以及其亲，非惑与？'"

例如，曾参说："如临深渊，如履薄冰。"（《泰伯》）以此自喻修身养性必须谨小慎微。

孔丘说："为政以德，譬如北辰，居其所而众星共之。"（《为政》）用众星拱卫北极星（北辰），比喻奴隶主阶级"德政"的巩固。（这当然只是孔丘的一种幻想。）

子贡说："仲尼，日月也，无得而逾焉。"（《子张》）用日月比喻孔丘之"贤"是别人不能超越的。

总之，孔丘及其门徒对山川草木，日月星辰，都加以唯心主义的拟人化，他们谈论这些自然界的物体，几乎全是用来说明其政治道德观念的。据统计，《论语》中天文资料六则，其中五则用于比喻，其余一则是对于传统的迷信认识采取信从态度；理化资料八则，七则用于比喻，其余一则当作保卫礼制的知识根据；动植物资料二十一则，用于比喻的十六则，其余五则的意义所指，也在于礼制德教；农工资料十九则，用于比喻的十四则，其余五则也是用来说明政治道德主张的。（以上统计，见赵纪彬《论语新探》，人民出版社1962年版，78—85页）可见，孔丘根本不是向弟子们传授自然科学知识，他谈自然现象完全是用来比喻、附会他的反动思想，用来论证正在崩溃的奴隶制的政治制度及其意识形态的永恒性。

孔丘不仅认为生产劳动是不值一顾的"末业"、"小技"，自然科学是神学唯心主义的附庸，而且他十分鄙视商业工作。子贡本来是孔丘十分赏识的高徒，常常受到孔丘的表扬。但对于子贡热衷于经商，孔丘很不满意，他说："赐不受命，而货殖焉"（《先进》），批评端木赐（子贡的名字）经商生财是不安于天命。显然，孔丘觉得，经商的本领也不是"君子"所应当学习的。孔丘轻视商业工作，是他反动教育思想的一种反映。

军事学在春秋战国时代已经发展到相当高的水平，新兴的地主阶级非常重视总结战争实践经验和研究军事理论，吴起、商鞅等法家政治家，同时又是军事家，荀况还专门写了《议兵》这篇军事著作。然而，孔丘对于军事实践却是不研究、不谈论的。孔丘在卫国时，卫灵公问孔丘作战的阵势，孔丘回答道："关于祭祀礼仪的事情，我曾经听说过，关于军队打仗的事情，我可没有学习过"两人话不投机，冰炭不相容，第二天孔丘就离开了卫国。①孔丘标榜"礼治"，声言不谈"军旅之事"，一方面表现了他的虚伪性，因为孔丘是注重抓军权的，他主张"以礼治军"，把军队作为"复礼"的重要工具；另一方面，这件事也表明，孔丘的确轻视战争实践经验，他认为研究战略战术不是儒士的本分，因而孔丘对于军事科学一窍不通，无法回答卫灵公的问题。某些尊孔派曾肉麻地把孔丘吹捧成"伟大的军事家"，这完全是一派荒诞无稽的胡言乱语。

孔丘轻视技艺的思想也常常溢于言表（"技艺"，泛指农、医等各种技能，也包括具体的行政工作能力）。孔丘于少年时代地位较低，不得不做一些实际工作（当吹鼓手、会计、管牛羊的小官等等），后来，当别人夸奖他"多能"时，他反而感到羞耻，并解释道："那是因为我年青时地位卑贱，不得已才学会了那些鄙陋的小技术。"②他还说："吾不试，

① 《卫灵公》："卫灵公问陈于孔子。孔子对曰，'俎豆之事，则尝闻之矣，军旅之事，未尝学也。'明日遂行。"

② 《子罕》："太宰问于子贡曰，'夫子圣者与？何其多能也？'子贡曰，'固天纵之将圣，又多能也。'子闻之，曰，'太宰知我乎？吾少也贱，故多能鄙事。'"

故艺"（《子罕》），表示自己之所以懂得一些技艺，是因为没有被任用当官的缘故。

对于门徒，孔丘也竭力反对学习技艺。冉求是孔门中以技艺见称的，（《雍也》："求也艺"）但正因为如此，冉求经常受到孔丘的贬斥，孔丘说冉求只配做一个"具臣"（勉强能办点事的官），不配做"大臣"（担当"大任"的官）。

孔丘的这些言行都表明，他以习技艺为耻。他认为，作为一个儒士，不应该，也不屑于学习这些实际本领。正如后来的儒生在《礼记·王制》中所说："凡执技以事上者，祝、史、射、御、医、卜及百工……，不与士齿。"把农业、手工业、医药技术，都说成是"小人"干的下贱事情，"士"、"君子"是"不谋"、"不为"、"不齿"的。

由于孔丘把一切实际知识和技能排斥于教育内容之外，这就导致孔门师徒必然不学无术，他们是一伙空有高名的无用朽秕。

春秋战国时期，我国劳动人民已经创造出灿烂的古代文化，青铜器和铁器先后广泛使用，水利建设愈趋发达，牛耕也逐渐得到推广，流传至今的手工业者鲁班博学多艺的故事，虽系传说，却真实反映了当时劳动人民的高度智慧。与此同时，春秋战国诸子百家中，许多人都在社会科学、自然科学和哲学方面有独到见解和专门研究，并总结出颇有价值的科学文献。如墨子对自然科学的研究，荀况、韩非在哲学、政治学上的创见，孙武、孙膑在军事学上的著述，都是中华民族古代文化的宝贵篇章，直至今天仍有其借鉴、研究的意义。然而，孔丘的政治思想极端反动腐朽，军事知识、自然科学知识极端贫乏，而且，由于孔丘主张"述而不作"，他根本

93

没有什么象样的著作，就是那一本被古今中外的反动派吹上了天的《论语》，也不过是孔丘弟子整理的语录体作品，用李贽的话来说，《论语》是孔丘的"迂阔门徒、懵懂弟子，记忆师说，有头无尾，得后遗前，随其所见，笔之于书"（《焚书·童心诗》），不仅内容反动，而且杂乱无章，矛盾百出。王充在《论衡·问孔》里，就举出了《论语》中前后矛盾、自己打自己耳光的大量例子，揭穿了孔丘"博学多能"的画皮。

轻视农、工、军、商等实际知识，暴露了孔丘没落阶级的虚弱本性。没落阶级是与客观规律背道而驰的，他们害怕青年接触实际、接近人民、接受革命道理。子夏曾说："就是小技术（如农、圃、医等），也有可取的地方，但钻研深了就会陷进去，所以君子不能干这些事。"①这就表明，孔门之所以不学技艺，根本原因是，在他们那里主、客观是相分离的，他们的"学说"是见不得阳光的歪理，如果学生一接触实际，就会发现儒家的"道"漏洞百出，学生就有可能"离经叛道"。

孔丘从教学内容中排斥农、工、军、商等实际知识，也是他蔑视人民群众的唯心史观的反映。孔丘在批评希望学习种庄稼的樊迟时，曾经发表过一大通议论。他说："上好礼，则民莫敢不敬，上好义，则民莫敢不服；上好信，则民莫敢不用情。夫如是，则四方之民襁负其子而至矣，焉用稼？"（《子路》）这段话清楚表明，孔丘把人分成上位的奴隶主统治者（"上"）和奴隶（"民"）两大类，孔丘认为，在上位

① 《子张》，"子夏曰：'虽小道，必有可观者焉，致远恐泥，是以君子不为也。'"

的人只要按照"礼"、"义"、"信"等奴隶主的政治信条、道德规范治理国家，奴隶们就会服服帖帖接受统治，所以"在上位的人"是不用自己耕种的。正因为如此，孔丘对于自己的学生中居然有人要求"学稼"、"学圃"，就非常生气，认为这种人是"不肖之徒"，是"小人"。

孔丘还从没落阶级的功利主义出发，论证体力劳动的"卑贱"和脑力劳动的"高贵"，说明读书人不应参加生产劳动。他说："耕也馁在其中矣，学也禄在其中矣。"（《卫灵公》）认定了耕种要挨饿，学道可以得禄。这是一种彻头彻尾的寄生虫的逻辑。

孔丘的继承者进一步发挥了这种思想。孟轲认为，社会上有两种必不可少的人，这就是"君子"（奴隶主贵族）和"野人"（奴隶和其他劳动者）。孟轲说，"野人"如同禽兽，天生地缺乏"仁、义、礼、智"，而只有"君子"才先天地具备这"四端"。因此，孟轲说："无君子莫治野人，无野人莫养君子"（《孟子·滕文公上》）。他又把人分成"劳心"和"劳力"两种。当时，有一个叫许行的人，主张人人都应当"劳力"，并且和孟轲展开辩论。而孟轲却说，"劳心"是"大人之事"，"劳力"是"小人之事"，还胡说什么"劳心者治人，劳力者治于人；治于人者食人，治人者食于人；天下之通义也。"（同上）孟轲以所谓的"劳心"、"劳力""分工论"，为"剥削有理，压迫有理"进行论证。孔孟鄙视生产劳动、鄙视劳动人民的教育思想，正是建立在这种反动、荒谬的政治理论基础之上的。

编造"劳心"高贵，"劳力"卑贱的谬论，暴露了孔孟蔑视劳动人民、寄生成性的本质。当时，劳动人民对孔丘的好逸恶劳、不学无术就进行过尖锐的揭露和批判。有一次，孔丘坐车外出，子路给他赶车，走到一个地方。子路向农民长沮、桀溺打听渡口，长沮、桀溺听说子路是为孔丘赶车，都不愿意答复子路的问话，并且还讽刺了孔丘和子路一通①。又有一次，孔丘与自己的门徒走失散了，子路问一位用木棍扛着农具的老农："你看见孔夫子吗？"那位老农答道："四体不勤，五谷不分，谁知是什么夫子！"说罢，自己就耘田去了。②这两个故事都是从孔丘门徒整理的《论语》一书中透露出来的，可见，当时劳动人民对孔丘这一帮不辨菽麦、以周游列国、干禄为生的反动儒生，是非常瞧不起的，劳动人民不承认"四体不勤、五谷不分"的孔丘是什么"夫子"、"圣人"。这是我国劳动人民对孔丘及其门徒的当头棒喝！

① 《微子》："长沮桀溺耦而耕。孔子过之，使子路问津焉。长沮曰，'夫执舆者为谁？'子路曰：'为孔丘。'曰：'是鲁孔丘与？'曰，'是也。'曰：'是知津矣。'……"

② 《微子》："子路从而后，遇丈人以杖荷蓧。子路问曰：'子见夫子乎？'丈人曰，'四体不勤，五谷不分，孰为夫子？'植其杖而芸。"

第　五　章

孔丘的教育方法和治学方法

　　长期以来，孔丘被吹捧为"循循善诱"的"教育家"。从孔丘的第一代门徒开始，就百般美化他的教育方法。如颜回说："夫子循循然善诱人，博我以文，约我以礼，欲罢不能。"（《子罕》）意思是，孔丘的教学使学生学习周礼的积极性很高，想停止钻研都不可能（"欲罢不能"）。

　　在现代，一些资产阶级学者按照所谓的"抽象继承法"，撇开孔丘方法论的政治目标、阶级内容和哲学基础不谈，给孔丘的教育方法和治学方法戴上了"唯物"、"辩证"、"合理"等许多桂冠。这就更增加了孔丘教育方法和治学方法的欺骗性，以至有的人虽然承认，从总体来看，孔丘的教育思想是反动的，但是却认为他的教育方法和治学方法不能否定。

　　对于孔丘的教育方法和治学方法，究竟应当作怎样的估价呢？

　　我们认为，一定的教育方法总是从属于一定的教育方针，并为一定阶级的教育路线服务的。先秦法家从朴素唯物主义的世界观出发，提倡启发的、批判的教育方法和治学方法，并力图通过采用这样的教育方法和治学方法，使学生具备推翻奴隶制度的气魄和本领。可见，法家的方法论和世界观是一致的。同样，在孔丘那里，方法论和世界观不可能，也不

97

应该割裂开来。事实上，唯心主义和形而上学，既是孔丘的世界观，又是他的方法论。

一、"举一反三"——注入奴隶主阶级政治观念的类推教学法

在孔丘的教育方法中，"举一反三"曾经是最受赞誉的。有人说，它是启发式教学的开端，是提倡学生独立思考、自动研究的民主教学法。实际情况果真是如此吗？

"举一反三"出自孔丘的一段话："不愤不启，不悱不发，举一隅不以三隅反，则不复也。"（《述而》）这段话的本意是，当教育对象尚未达到"欲通而不甚通、欲言而不能言"的程度，就不去启发他；当告诉他桌子的一个角，他不能推及其他三个角时，就不再对他讲什么了。孔丘说这番话是希望弟子们能够触类旁通，闻一知二，闻一知十。这显然是在教学活动中运用类推方法。我们知道，类推是逻辑思维的必要手段，但是，类推法只有当它的推论前提和推论程序都是符合客观实际时，才能得出正确的结论。

孔丘"举一反三"的类推法，其依据和前提是什么呢？关于这个问题，孔丘讲得很明白。他曾经问子贡："你以为我是学得多而又记得住的吗？"子贡说："对呀，难道不是这样吗？"孔丘说："不对，我是用一个基本观念贯穿一切的。"①孔丘在这里所谓的"一以贯之"的那个"一"，就是奴隶主阶级的最高观念——"仁"。仁，以及仁在政治制度上

---

① 《卫灵公》，"子曰，'赐也！女以予为多学而识之者与？'对曰，'然，非与？'曰，'非也，予一以贯之'。"

的体现——"礼"，就是孔丘"举一反三"的前提和出发点，同时又是"举一反三"的归宿。

"举一反三"类推法在教学上的运用，就是引导弟子以"仁"和"礼"为准则，评议和判断事物，并且不惜采用歪曲事实的卑劣手法，千方百计论证已经腐朽不堪的奴隶制政治制度及其思想文化的"正确"。

有一次，子夏问孔丘，《诗经》中的一段，"巧笑倩兮，美目盼兮，素以为绚兮。"有何深意？显然，这段诗是描写一个贵族妇女长得如何美丽动人，反映了奴隶主阶级沉溺于声色犬马之中的腐朽思想，但孔丘却将其曲解成讲"礼"的说教。而子夏到底不愧为孔门"高徒"，他马上顺着老师的旨意，生拉硬扯地胡诌出一套"礼"产生于"仁"之后的道理来，博得了孔丘的欢心。孔丘赞扬子夏启发了自己，并说今后可以与子夏一起讨论《诗经》了。①这件事历来被吹嘘成孔丘善于"启发"的典型例证，其实，它只能表明，孔丘为了向弟子注入"仁"、"礼"的说教，不惜公然篡改诗意，并引诱弟子也干这种自欺欺人的勾当。

这种毫无实事求是之意的类推法，成为儒家传统的"治学方法"，他们可以任意歪曲事实，去谋求所谓的"微言大义"，满足反动阶级现实的政治需要。例如，《诗经》中的《伐檀》，本来是一首反映春秋时代奴隶们的痛苦生活和对贵族统治者愤怒的民歌，诗中质问不劳而获的奴隶主："耕地割谷你不管，凭什么千捆万捆往家搬？上山打猎你不干，

---

① 《八佾》："子夏问曰：'巧笑倩兮，美目盼兮，素以为绚兮，何谓也？'子曰：'绘事后素。'曰：'礼后乎？'子曰：'起予者商也！始可与言《诗》已矣。'"

凭什么你家满院挂猪獾？"①然而，按孔丘的"诗教"行事的汉代儒生们，竟然把这些奴隶们的血泪控诉大加曲解，说这首诗是风刺小人的贪鄙，使君子没有官做。（见《毛诗正义》）不顾事实、牵强附会竟达到如此荒谬的程度！这就是孔丘"举一反三"类推法本质的一个大暴露。它说明，孔丘及儒家的"举一反三"，决不是什么科学的治学方法，而是一种为反动阶级的政治利益进行辩护的主观臆断的类推法。

孔丘的"举一反三"，也决不是什么"启发学生独立思考"、"自动研究"的"民主教学法"，而是一种把学生的思想禁锢在礼教囚笼中的狡猾手段，是要弟子们在礼教范围内兜圈子，如果谁在这个范围内善于发挥，谁就可以受到奖赏；但是，如果谁越出了这个圈子，谁就被认为是大逆不道，将会遭到严厉训斥。

例如有一次，子贡问孔丘："贫穷而不谄媚，富足而不骄傲，这种人怎么样？"孔丘说："这种人不错，但是还不如贫穷而能够愉快，富足而喜好礼节的人。"子贡说："诗经上说：'如同治骨角的切了又磋一样，如同治玉石的琢了又磨一样。'这就是先生说的道理吧？"孔丘高兴地说："赐（子贡的名字）呵，象你这样的人可以一起讨论《诗经》了，告诉你前面的道理，你就知道后边的道理了。"②但同样是这个子贡，有一次对孔丘杀少正卯提出了异议，他说："少正卯是鲁国有声望的人，您刚上台为什么首先杀他呢？"

---

① 《诗经·伐檀》："不稼不穑，胡取禾三百廛兮？不狩不猎，胡瞻尔庭有县貆兮？"

② 《学而》："子贡曰：'诗云：如切如磋，如琢如磨，其斯之谓与？'子曰：'赐也始可与言诗已矣！告诸往而知来者。'"

孔丘大为恼火，气急败坏地斥责道："子贡，你给我滚出去！这不是你能够懂得的道理。"①孔家学店的规矩是"非礼勿视，非礼勿听，非礼勿言，非礼勿动"。（《颜渊》）而子贡这一次竟然为"犯上作乱"的革新派作辩护，这种言论当然是"非礼之言"了，所以子贡必然要挨一顿臭骂。这就充分说明，孔丘的"举一反三"，完全是一种专断的教育方法、家长式的教育态度，它的全部目的就是向学生注入反动、腐朽的奴隶主阶级的政治道德观念。因此，它与我们今天所提倡的启发式教学有着天壤之别。

然而，由于社会的影响，孔门弟子不可能都驯服地跟着孔丘的指挥棒转，有些人开始对儒家传统产生怀疑，甚至起来批判其中的某些观点，突破了孔丘"举一反三"所允许的框框。这是社会阶级斗争在孔家学店内部的反映。孔丘对于弟子中有人敢于起来反叛他那个"一以贯之"的反动礼教，非常恐惧、极端仇恨。

孔丘有个学生宰予，曾对孔丘说："父母死了，守葬三年太久，一年便足够了。"提出了"节葬"主张，反对儒家所提倡的"厚葬久丧"传统。对于宰予的这种叛逆思想，孔丘非常气愤，斥责宰予"不仁"②。宰予还曾经公开讥讽儒家的"仁"。他说，井里如果有"仁"，仁者是不是要下井呢？言下之意是，孔丘的"仁"是不准备实行的漂亮话。③

---

① 《论衡·讲瑞》："孔子为鲁摄相，朝七日而诛少正卯，门人皆惑。子贡曰：'夫少正卯，鲁之闻人也，子为政，何以先之？'子曰：'赐退！非尔所及。'"

② 《阳货》："宰我问，'三年之丧，期已久矣。……钻燧改火，期可已矣。'……宰我出。子曰：'予之不仁也。……'"

③ 《雍也》："宰我问曰：'仁者虽告之曰，井有仁焉，其从之也？'子曰：'何为其然也。君子可逝也，不可陷也；可欺也，不可罔也。'"

宰予这个人，对孔丘的陈词滥调确实很不感兴趣。一天，孔丘讲学正讲得唾沫横飞，宰予居然在下面打瞌睡。宰予的这种大不敬举止，孔丘又气又恼，大骂宰予"朽木不可雕也，粪土之墙不可圬（wū音污）也"①。后来，宰予在齐国参加"田常之乱"，（春秋时"田"与"陈"通用，"田常之乱"就是指齐国新兴的封建主陈恒杀齐国国君的一次动乱）死去了，孔丘听到这个消息，恶狠狠地说宰予死得"可耻"。这就充分表明，一向被美化成"爱生模范"的孔丘，对于具有独立见解、敢于反潮流的学生，不但不爱，而且恨之入骨，甚至欲置之死地而后快。

当然，孔丘对那些俯首帖耳、唯命是从，并且能够在他划定的圈子内"举一反三"的"乖学生"却是视为珍宝、非常喜爱的。

在孔丘的"高足"、"爱徒"中，首屈一指的是颜回。孔丘为什么特别喜欢颜回呢？原因是他最顺从自己。孔丘说："我同颜回整天交谈，颜回没有一点违抗的神色和意见，从得象个木头人"②。孔丘还说："颜回对于我的话，没不言听计从的。"③颜回不仅听孔丘的话，而且孔丘辱骂他他也决不顶嘴。有一次，孔丘和弟子们在匡城被当地劳动民所包围，孔丘和颜回等人失散了。他们脱险后重新见面孔丘对颜回当时没有救自己很不满，责骂颜回："我还以你死了呢！"颜回不但没有反驳孔丘，反而低三下四地说

① 《公冶长》："宰予昼寝。子曰：'朽木不可雕也，粪土之墙不可圬也。于予与何诛。'"

② 《为政》："子曰：'吾与回言终日，不违如愚。……'"

③ 《先进》："子曰：'回也，非助我也，于吾言无所不说（悦）。'"

"我颜回哪里敢在先生之前死去呢？"①正因为颜回奴性十足，极端顺从孔丘，所以孔丘逢人便夸奖颜回，说他是弟子中最"好学"的一个②。并说别的弟子顶多能"闻一知二"，颜回却能"闻一知十"，③是"举一反三"的典型。但是，这个颜回未老先衰，三十岁左右就白发苍苍，年纪很轻就丧了命，颜回死后，孔丘痛心疾首，拍胸顿足地嚷叫："老天爷要我的命了！老天爷要我的命了！"④真是兔死狐悲，物伤其类。这就与对待宰予之死，形成鲜明的对照。

孔丘这种专断的"举一反三"教育方法，总是与不平等的师生关系联系在一起的。孔丘认为，正常的教学秩序是，老师怎么说，学生怎么做，亦步亦趋，不得稍有违抗。奴隶主统治者还力图给这种不平等的师生关系罩上一层神学色彩，如《尚书》说："天佑下民，作之君，作之师"，认为教师和君王一样，都是上天所立，因此学生在教师面前，只能唯命是从、俯首帖耳。战国时代的儒生写的《学记》一文，更明确提出："凡学之道，严师为难，师严而后道尊。"《学记》还号召，要用"夏楚二物"（夏、楚是两种灌木，其枝条可做教鞭），以"收其威"，公开提倡对学生进行体罚。可见，孔丘及其所代表的没落奴隶主阶级，不仅在执政时大搞"顺我者昌，逆我者亡"，就是在执教时，也拚命维

① 《先进》："子畏于匡。颜渊后。子曰：'吾以女为死矣！'曰：'子在，回何敢死？'"

② 《为政》："哀公问：'弟子孰为好学？'孔子对曰：'有颜回者好学，不迁怒，不贰过，不幸短命矣！今也则亡，未闻好学者也。'"

③ 《公冶长》："子谓子贡曰：'女与回也孰愈？'对曰：'赐也何敢望回，回也闻一知十，赐也闻一知二。'子曰：'弗如也。吾与女，弗如也。'"

④ 《先进》："颜渊死。子曰：'噫！天丧予！天丧予！'"

护"师道尊严"，大搞"顺我者昌，逆我者亡"。所以说，孔丘这个人很有些恶霸作风。

二、"因材施教"——为没落奴隶主阶级选"优"拔"尖"的措施

孔丘的学生成分很复杂。从年龄来说，有的仅比孔丘小几岁（如子路），有的比孔丘小三、四十岁；从出身来说，有的是当权贵族，有的是没落贵族，有的是商人或其他自由民；在政治倾向上他们也各有区别。孔丘为了更好地向这些参差不齐的学生灌输奴隶主阶级的政治、道德思想，十分注意对不同的对象采取不同的施教方法。

例如，有一次子路问孔丘："听见一个道理，就立刻照着办吗？"孔丘答道："还有父兄在上，怎么自己就立刻去实行呢？"冉求提出同样的问题，孔丘的答复却相反："立刻照着去做。"另一个学生公西华觉得很奇怪，就问孔丘，为什么对于一个问题回答不同？孔丘说："冉求向来缺乏决断，所以我鼓励他前进，子路向来冒失莽撞，所以我向后拉他一下。"①这是孔丘因人施教的一个突出事例。孔丘这样做，主要是着眼于两人政治思想倾向不同。子路执行周礼向来坚决，有时还会做一些过火的事，因此，孔丘对子路要泼点冷水，向后拉一把；相反，冉求对奴隶制度是怀疑、动摇

_____

① 《先进》："子路问，'闻斯行诸？'子曰：'有父兄在，如之何其闻斯行之。'冉有问：'闻斯行诸？'子曰：'闻斯行之。'公西华曰：'由也问，闻斯行诸？子曰：有父兄在。求也问，闻斯行诸？子曰：闻斯行之。赤也惑，敢问。'子曰：'求也退，故进之。由也兼人，故退之。'"

的，孔丘认为他执行周礼很不得力，所以推他一把。

孔丘在答复别人"问仁"、"问孝"、"问政"时，常常针对不同对象作出不同的回答。如《论语·为政》中记载有四个人向孔丘问孝，孔丘的回答各不相同。鲁国的大贵族孟懿子问孔丘，怎样才算孝？孔丘说，无论父母生前死后，都要按周礼的规定对待之。这显然是针对孟懿子不守周礼的僭越行为而说的。当孟懿子的儿子孟武伯问怎么样才算孝时，孔丘却说，不要让父母耽心你的健康，事事做得父母放心，便遵守了孝道。这个答复，是针对孟武伯这个花花公子行迹放荡，不顾父母的耽忧而说的。孔丘的这种因人而异的教育方法，后来被朱熹概括为："孔子教人，各因其材。"（《四书集注》）这就是所谓的"因材施教"。

"因材施教"所谓的"材"，是指的教育对象的资质，包括品德和才能。而孔丘对于"材"作了唯心主义和形而上学的解释。孔丘说过："故天之生物，必因其材而笃焉。"（《中庸·第十七章》）认为天生万物和人材，必定随着它（他）天赋的质材而加厚培养。可见，孔丘"因材施教"的那个"材"，就是他所说的天赋道德和天赋才能。

孔丘根据人的才能的"天赋程度"，把人分成四等："生而知之者上也；学而知之者次也；困而学之，又其次也；困而不学，民斯为下矣。"（《季氏》）在这里，孔丘给"民"（奴隶）戴上了一顶"困而不学"的帽子，并且取消了他们学习的资格。孔丘认为，只有"人"（奴隶主）才具有学习能力，而"人"中的最高等级（圣人），则可以不学而知，不问而晓，是生而知之者。这就把奴隶主压迫奴隶的现象，引进了认识论范畴和教育领域。孔丘还说："唯上知与下愚不移。"（《阳货》）进一步把"人"和"民"的阶级差别绝对化，胡说奴隶主统治者的"智慧"和奴隶的"愚蠢"是无法改变的，用形而上学的观点，宣扬天赋才能是不可动摇的。

孔丘的"因材施教"，就是建立在这种唯心主义和形而上学的天赋才能论的基础之上。孔丘说："中人以上，可以语上也，中人以下不可以语上也。"（《雍也》）这样，孔丘把奴隶主阶级中的某些人物吹捧成"天才"、"神童"，着意加以培养。另一方面，孔丘又污蔑劳动人民不是受教育的"材料"，不能谈论高深的道理（"不可以语上"）。孔丘说："君子不必让他知道小事，而要让他接受治国治民的大任；小人决不让他接受大任，而只能让他知道卑微的小事"①至于奴隶们，孔丘认为只能叫他们老老实实干活，决不该让他们懂得什么道理。②这是奴隶制森严的等级观念在教育上的具体体现。后来，孟轲又对"因材施教"，作了进一步发展，他主张，"上、中、下"各类学生应当"分槽喂养"对于"上等学生"，只要稍加引导，就象草木逢时雨，很快生长起来；对于次一等的，让他们德行或才干方面有所突出，给以熏陶，就能使他们的德行更好，才干更高；对于一般学生，他们问什么就答什么，不必教所问之外的东西。③总之，对于上、中、下等学生，"饲料"的精粗优劣，决不能有所混淆。

---

① 《卫灵公》："子曰'君子不可小知，而可大受也；小人不可大受，而可小知也。'"

② 《泰伯》："子曰，'民可使由之，不可使知之。'"

③ 《孟子·尽心上》："君子之所以教者五：有如时雨化之者；有成德者；有达财者；有答问者；有私淑艾者。此五者，君子之所以教也。"

孔丘的"因材施教"，既是对劳动人民实行文化专政的理论根据，又是为没落奴隶主阶级选"优"拔"尖"服务的一种措施。他企图用这种教育方法，选择一批"贤才"，去挽救周道的衰亡。然而，奴隶制的崩溃趋势是任何人也扭转不了的，孔丘的这一番用心只能以失败告终。

三、"学而不思则罔，思而不学则殆"
——唯心主义的修身养性法

春秋末期，代表新兴地主阶级的法家革新思潮，汹涌澎湃地冲击着奴隶制的传统观念，奴隶主阶级的旧思想、旧文化已失去权威性，人们对它愈来愈产生怀疑和动摇。在这种"礼崩乐坏"的情况下，孔丘力图要求人们对旧礼教加强学习修养，来防范新思潮的冲击。孔丘认为，这种修养应该包括"学"和"思"这两个不可分割的方面，他说："学而不思则罔，思而不学则殆。"（《为政》）意思是，仅仅只学习诗、书、礼、乐而不思考，就会迷罔而无心得；思考时如果不学习，失去了礼教的指导，又会疑惑而不知方向。这说明，孔丘的"学"和"思"，都是为了让人们坚定地忠于奴隶制度，不要动摇、不要疑惑。过去，有人把孔丘的这句话推崇为"治学名言"，说它具有"唯物主义因素"。现在我们就从"学"和"思"两方面进行剖析，看看孔丘这个所谓的"治学名言"究竟是唯物主义的还是唯心主义的。

首先看看孔丘的"学"。

过去，有些人认为孔丘虽然提到过"生而知之"，但他强调的是后天学习，孔丘说过："我非生而知之者，好古，敏以求之者也。"（《述而》）这说明，孔丘本人不认为自己是"生而知之"者，他立论的重点也是"学而知之"了。

对于"学习"问题，唯物主义和唯心主义两大营全有截然相反的看法。唯物主义认为，学习就是对客观物质世界的认识；而唯心主义则把知识歪曲成天赋的、先验的东西，学习过程不过是对这些先验知识的自我意识。孔丘对于"学"的认识，是后者而不是前者。

下面，我们从《论语》中摘引几例，就可以清楚看出孔门论"学"的实质所在了。

"子曰：'君子博学于文，约之以礼，亦可以弗畔矣夫。'"（《雍也》）

"子夏曰：'博学而笃志，切问而近思，仁在其中矣。'"（《子张》）

"子夏曰：'百工居肆以成其事，君子学以致其道。'"（《子张》）

"子张学干禄。"（《为政》）

"子曰：'小子何莫学夫诗？诗，可以兴，……。'"（《阳货》）

"……鲤趋而过庭，曰：'学礼乎？'对曰：'未也。''不学礼，无以立。'鲤退而学礼。"（《季氏》）

可见，孔丘所谓的"学"，既不是指研究客观的物质世界，更不是指在社会实践中学习。孔丘所强调的"学"，不外乎"学道"、"学文"、"学诗"、"学礼"、"学干禄"，一言以蔽之，就是学习奴隶主阶级的反动思想文化，学习那个绝对化了的奴隶主阶级的意志——"道"。除此之外的一切活动，都被他排斥于"学习"之外。有一次，子路要一个贵族青年子羔到费城去当官，孔丘很生气，指责子路："你这是误人子弟。"子路反驳道："那地方既有人民，又有政权，为什么一定要读书才算做学问呢？"这番话驳得孔丘无言对答，只好大骂子路狡辩。①这件事证明，孔丘认为只有研读儒家经书才是学习，接触群众、参加实践都不算学习。

孔丘还对古代文化遗产的来源进行了歪曲的描述。古代文化是古代人民实践经验的总结，但孔丘却把古代文化加以神秘化，说成是圣人受意于天杜撰出来的。本来，对于现代人来说，古代文化只是知识的"流"，而不是知识的"源"，古代文化只能作为现代人的参考和借鉴，但孔丘却把周礼等"六经"说成是知识的源泉，要求人们"述而不作"，即只能依样画葫芦地叙述"六经"，不能创作新东西。所以，孔丘所谓的"学而知之"，是以"生而知之"为前提和基础的，他认为没有"圣人"的"生而知之"，普通人就无从学起。可见，孔丘的认识路线完全是先验主义的。

与"学"紧密相连，孔丘还提到过闻、见、习。有人说，孔丘强调"多见"、"多闻"、"时习"，这是他注重感性认识的表现，说明其教育方法包含着唯物主义成分。这种看法是站不住脚的。从《论语》等孔门著作中可以清楚看出，孔丘的"多见"，并非观察客观的物质世界，而是"见善"、"见贤"；"多闻"，也不是听取人民群众的呼声，而是"闻道"、"闻义"；至于他的"时习"，是要求人们把"诗云"、"子曰"多背几遍，把"古圣先贤"的教导记得

① 《先进》："子路使子羔为费宰。子曰：'贼夫人之子。'子路曰：'有民人焉，有社稷焉，何必读书，然后为学？'子曰：'是故恶夫佞者！'"

滚瓜烂熟。

另外，孔丘还提倡过"不耻下问"，这是否意味着要准备向下层群众学习呢？决不是的。孔丘对于下层群众极端轻视和仇恨，有一次，农民长沮、桀溺讽刺了孔丘、子路，丘恼羞成怒，大骂长沮、桀溺是"鸟兽不可与群"①。可见孔丘根本不准备向劳动群众学习，把他们污蔑为不能待在一起的"鸟兽"。孔丘之所以提出"不耻下问"，是由于他们师徒认为"王官之学""失坠"于民间，在下层有某些"贤人"、"逸民"掌握着殷周文化，因此，急需从这些人那里搜集失散了的"文武周公之道"。②所以说，孔丘并不是要弟子向劳动群众学习、向下层实际学习，而是企图到流落于民间的"逸民"那里寻找"先王之道"。由此可见，孔丘的"不耻下问"仍然是一种先验主义和复古主义的学习方法。

还有人说，孔丘常常强调"行"，似乎有注重实践的含义。然而，孔丘的"行"，是指的对于奴隶主阶级的政治观念、道德信条的"身体力行"。孔丘说："弟子入则孝，出则弟，谨而信，泛爱众而亲仁，行有余力，则以学文。"（《学而》）明确规定了他的"行"，不过是贯彻"孝悌"、"忠信"、"仁爱"这一套儒家教条，与参加变革社会、变革自然的实践完全是风马牛不相及的事情。

总之,无论是孔丘的"博学"、"好学"，还是他的"多

---

① 《微子》："长沮、桀溺耦而耕,孔子过之,使子路问津焉。长沮曰……。夫子怃然曰：'鸟兽不可与同群,吾非斯人之徒而谁与？天下有道,丘不与易也。'"

② 《子张》："卫公孙朝问于子贡曰：'仲尼焉学？'子贡曰：'文武之道，未坠于地，在人。贤者识其大者,不贤者识其小者,莫不有文武之道焉。夫子焉不学？而亦何常师之有？'"

闻"、"多见"、"时习"、"下问"、"力行"，都不
是指的接触客观物质世界、参加社会实践，而是要人们努力
学习和实行"生而知之"的"圣人"制订的政治道德规范及
其典章文物，都是先验主义的教育方法和学习方法。

孔丘不仅要弟子们闭门读经，加强对奴隶制典章文物的
学习，他还特别强调"思"，认为"思"是"君子"、"仁
人"修养的重要环节。

思维本来是对于从客观外界获得的感性材料的加工制作
过程，检验思维正确与否的标准是社会实践。而孔丘的
"思"则是超感觉的、唯心主义的主观体悟，他还把周礼作为衡
量思维正确与否的唯一标准。孔丘说："君子有九思：视思
明,听思聪,色思温,貌思恭,言思忠,事思敬,疑思问,忿
思难,见得思义"（《季氏》）。在这里，孔丘对于"思"有
许许多多的规定，一言以蔽之，就是"思"不得越出"忠"、
"敬"、"义"等等奴隶主阶级的政治规范。这也就是孔丘的
门徒曾参所说的："君子思不出其位"，（《宪问》）要求人们
思考问题不能超出周礼规定的等级地位。孔丘还说："见贤思
齐焉,见不贤而内自省也。"（《里仁》）这是孔丘告诫弟子，
看到了符合周礼的贤人，便应想到怎样学得和他一样；看
到了违背周礼的不贤的人，内心必须反省自己，有没有犯同他
一样的错误。

总之，孔丘所谓的"思"，是要人们以周礼为尺度，经
常不断地闭门思过，检查自己的言行是否符合奴隶主阶级的
政治道德规范。

有一次，孔丘的弟子司马牛问怎样做君子。孔丘说：
"不忧愁,不恐惧。"司马牛不解其意，又追问道："不忧愁

111

不恐惧，这样就叫做君子吗？"孔丘说："反省起来，有无愧疚的，那又忧然什么、恐惧什么呢？"①可见，孔丘认为按周礼反省自己而没有愧疚，便达到了"君子"的标准，这就说明，孔丘所谓的"思"，是训练"君子"、"仁人"的修身养性法。

孔丘还介绍过自己的"修养"过程："吾十有五而志于学，三十而立，四十而不惑，五十而知天命，六十而耳顺，七十而从心所欲，不逾矩。"（《为政》）向人们现身说法，鼓吹通过闭门思过，便可以成为一个"知天命"、不逾越周礼规矩法度的人。

曾参是贯彻孔丘这条修养路线最得力的学生，他以"战战兢兢，如临深渊，如履薄冰"（《泰伯》）的谨小慎微态度进行修养，并说："吾日三省吾身，为人谋而不忠乎？与朋友交而不信乎？传不习乎？"（《学而》）他一天反省自己三次，唯恐有不检点之处，违背了"忠"、"信"等周礼的规范和孔夫子的教导。后来，曾参的学生子思等人又把这一套闭门修养的办学方法明文规定为"五步学习程序"，即"博学之，审问之，慎思之，明辨之，笃行之。"（《中庸右十九章》）"博学"、"审问"属于"学"，"慎思"、"明辨"属于"思"；"笃行"属于"行"。他们的"学"，是伏案读经；他们的"思"，是面壁悬想；他们的"行"，是对奴隶主阶级政治道德观念的"身体力行"。在思孟学派那里，"思"是学习的中心环节，而"学"不过是发展心中固有的道理，这就进一步把孔丘"闭门修养"的教育方法主观唯心

①《颜渊》："司马牛问君子。子曰：'君子不忧不惧。'曰，'不忧不惧，斯谓之君子已乎？'子曰，'内省不疚，夫何忧何惧？'"

112

主义化。社会实践证明，按孔孟的这种闭门修养的途径培养出来的反动儒生，往往是满嘴仁义道德，满肚阴谋诡计的反革命两面派。

与孔孟"闭门修养"的教育方法相对立，先秦法家则主张按唯物主义的认识路线办教育。如荀况曾针对"圣人生知"的胡说，明确指出，"圣人"之所以具有渊博的学识和高尚的道德，都是后天积累的结果。①他还用生动的比喻说，弯曲的木材须经矫正才变直，钝刀须经磨砺才锋利，人的进步须靠努力学习才能达到②。这都是对天赋才能论和天赋道德论的有力批判，说明一切才能和道德品质都是通过后天学习获得的。荀况还强调了感性认识和实践在教学中的重要性，他说："不闻不若闻之，闻之不若见之，见之不若知之，知之不若行之，学至于行而止矣。"（《荀子·儒效》）明确地把学习分成闻，见，知，行三个阶段，而其中"行"是最高、最重要的阶段。虽然荀况的"行"，只是指的个人的实践，而不是阶级的实践、社会的实践，"学至于行而止矣"的说法也缺乏辩证分析，但荀况反对死读儒家经书、反对闭门修养，注重感性认识和实际行动的办学思想，是有进步意义的，并从理论上与儒家轻视实践，脱离实际的办学路线划清了界限，展示了春秋战国时期，教育方法问题上的儒法斗争，其实质是唯心论的先验论与唯物论的反映论的两军对垒。

---

　① 《荀子·儒效》："故圣人者，人之所积也，……是非天性也，积靡使然也。"

　② 《荀子·劝学》："故木受绳则直，金就砺则利，君子博学而日参省乎己，则知明而行无过矣。"

第 六 章

孔丘教育思想对后世的影响

春秋末期产生的孔丘的教育思想，本来是为没落奴隶阶级服务的，它与法家的进步教育观相对立而存在，是一特定时代的阶级斗争和路线斗争的产物。然而，历史上的社会思潮总是有其继承性的，先秦法家的革新政治思想、朴素唯物主义世界观和进步教育观，往往被后来的革命阶级、进步派别所借鉴、所利用；而孔丘的教育思想同他的政治、哲学思想一样，也一再被后来的没落阶级和反动派别所沿袭。在我国历史上，无论是走下坡路以后的封建地主阶级、近代的买办资产阶级，还是混入我们党内的修正主义分子，都效法孔丘，把教育作为复古守旧、反对革新的武器，把"学而优则仕"、"闭门修养"、"以礼为教"、"以儒者为师"等儒家教育传统，全盘继承下来，稍加改装，变为他们自己教育体系的基本骨架。正因为如此，孔丘这个复古狂、伪君子、不学无术的学阀，被历代反动派推崇为"至圣先师"、"万世师表"、"伟大的教育家"。在我国漫长的历史上，孔丘的教育思想的影响，是相当深广的，它成了汉代中期以后封建教育的基本指导思想，在当代，它又是刘少奇、林彪推行的修正主义教育路线的重要精神支柱之一。

纵观我国两千年来的教育史，孔丘教育思想的影响，突出地表现在如下几个方面。

一、儒学"礼教"成为强迫人民信奉的"宗教教条"

孔丘从"克己复礼"的政治目的出发，把仁义孝悌、诗书礼乐这些没落奴隶主阶级的思想文化作为教育内容，而其中"礼"又是核心内容。这种反动的"礼教"曾被商鞅斥之为"六虱"，被荀况抨击为"讲不清道理"（"礼乐法而不说"）。法家坚决主张用新兴地主阶级制定的法令，代替诗书礼乐作为教材，用"以法为教"取代"以礼为教"。但是，当地主阶级的历史地位发生变化以后，他们又转而投向孔丘一边，重新拾起"诗书礼乐"这些积满了历史尘埃的儒家经书，并由封建时代的儒生们捧上了讲台。于是，曾经被先秦法家严厉批判过的"以礼为教"，又在封建社会的中期和后期得到了沿用。

"仁义孝悌"、"诗书礼乐"，本来是反映没落奴隶制的政治制度和经济关系的思想文化，是以宣扬复古倒退、唯心主义为其基本特征的。但是，当地主阶级走下坡路以后，也要在政治上搞复古倒退，在哲学上搞唯心主义、形而上学。为了对抗革新思潮，他们常常乞求于历史的亡灵，企图从古代的反动思想武库中，寻找刀枪剑戟。于是，他们把反映奴隶制等级制度、宗法关系的"礼教"，改造成反映封建制等级制度、宗法关系的"礼教"，并大加宣扬，使之统治中国思想界、教育界达一千多年之久。

汉代以后，董仲舒等人用"君权神授"、"阳尊阴卑"和"天不变，道亦不变"的唯心主义、形而上学思想，进一步阐发了孔丘仁义孝悌等反动思想，使之更加系统化、理论化，把孔丘为奴隶制度服务的忠孝观念，改造成替封建制度辩护的"三纲五常"的伦理教条。"三纲"即"君为臣纲，父为子纲，夫为妇纲"（孔颖达疏引《礼纬·含文嘉》），这就是说，君、父、夫对于臣、子、妻来说，居于绝对的支配地位。"五常"又称"五伦"，即"仁、义、礼、智、信"，是指在处理君臣、父子、兄弟、夫妇、朋友这五个关系时必须遵循的原则。

"三纲五常"明确规定，臣、子、妻必须绝对服从君、父、夫，甚至"君要臣死，臣不死即为不忠；父要子亡，子不亡即为不孝"。而在封建时代，不忠不孝是最大的罪恶。东汉人马融著的《忠经》说："恶莫大于不忠"；汉代儒生撰写的《孝经》说："五刑之属三千，而罪莫大于不孝。"在各个封建朝代制定的法律中，不少条文专门用来惩处"不忠不孝"的"叛臣"、"逆子"。《孝经》说，遵守了孝道，便能"居上不骄，为下不乱，在丑（意为'众'）不争"，就是说，孝道可以使统治者谨慎从事，使臣民不叛乱，不抗争。《忠经》一书说，"忠能固君臣，安社稷。"这就明白地供认了孔丘及其后继者提倡忠孝的政治目的——用道德的锁链维持和加强君主与臣民之间的主奴关系，从而巩固剥削阶级对劳动人民的统治。这种以忠孝观念为核心内容的"三纲五常"，成为封建社会的政权、族权、神权、夫权的理论柱石，而"**政权、族权、神权、夫权，代表了全部封建宗法的思想和制度，是束缚中国人民特别是农民的四条极大的绳索。**"（《湖南农民运动考察报告》《毛泽东选集》第31页）

从汉代开始，宣扬"仁义孝悌"等儒家思想的"六经"

（《诗》、《书》、《礼》、《乐》、《易》、《春秋》），开始被充作学校的教材，但这时法家、黄老道家和其他诸子，仍在学校教育中占有地位。汉元帝以后，儒学在教育领域的独尊地位开始确立，有些封建帝王甚至亲自跑到学校宣讲经书，如汉明帝"亲于辟雍（贵族大学）自讲所制五经章句"，汉章帝更主持白虎观经书讨论会，编写了儒学与纤纬迷信合流的《白虎通义》，并要求"永为后世之法则"。从此，儒家经书不仅成了法定的教材，并被认为是一字不可更改的"天书"。在东汉末年，封建帝王为了防止有人改动经文，甚至把"正定"的"五经"经文刻在石碑上，立于太学门外，作为标准本，称为"石经"。封建统治者就这样把孔孟之道奉为"万古不变的教条"，作为他们"治国平天下"的理论依据。

宋代以后，随着封建统治者"尊儒反法"倾向的日趋严重，孔丘及儒家"礼教"的地位也愈抬愈高。宋代朱熹等人，进一步把《大学》、《中庸》、《论语》、《孟子》这些孔丘门徒及思孟学派的著作，合称"四书"，并按照封建统治者的需要进行了注释、阐发。这部朱熹编的《四书集注》，成为宋以后官学和私学的基本教材。特别是《论语》一书，更被奉为金科玉律，其地位和作用，颇类似于西方的《圣经》。在封建统治者中，还流行着所谓"半部《论语》治天下"的说法，充分显示了孔丘的"礼教"成为他们统治人民、镇压革命最重要、最基本的精神武器。

在推崇"四书五经"的同时，走向没落的封建统治者还把儒家以外的学派，尤其是法家，一概作为"异端邪说"，从教育内容中加以排斥，法家著作，以及其他有进步意义和科学价值的书籍，不仅统统被打入冷宫，而且遭到攻击、歪曲。象《红楼梦》这类具有反封建色彩的文学作品，则被诬为"教诱犯法之书"、"违纲乱纪之书"，遭到禁阅，以至被毁版、焚烧。

走向没落的封建统治者查禁、焚毁法家著作和其他进步书籍，其目的是为了打击革新思想，推行"礼教"，确保儒学的"独尊"地位，也即所谓的"崇尚经学，而严绝非圣之术"（《元明清三代禁毁小说戏曲史料》）。这就与处于上升时期的地主阶级焚禁反动经书的措施，有了本质的不同。

"独尊儒术"、"以礼为教"，是对先秦法家"以法为教"的一个反动。这种反动的文教政策，对我国人民精神上的束缚是极其深重的。毛主席指出：反动统治阶级**"都拿孔夫子的道理教学生，把孔夫子的一套当作宗教教条一样强迫人民信奉"**（《反对党八股》，《毛泽东选集》第788页）。鲁迅也曾愤怒谴责过这种反革命的文化专制主义："汉朝以后，言论的机关，都被'业儒'的垄断了。宋元以来，尤其厉害，我们几乎看不见一部非业儒的书，听不到一句非士人的话，除了和尚道士，奉旨可以说话以外，其余的'异端'的声音，决不能越出他卧房一步。"（《坟·我之节烈观》）

反动的封建帝王及其御用文人，为了使腐朽不堪的孔孟之道得到更广泛的传播，还专门编写了一批通俗读物，从童蒙教育开始，就向青少年灌输"三纲五常"那一套。正如王守仁所说："教童子，惟当以孝、悌、忠、信、礼、义、廉、耻为专务"（王守仁《传习录》）。唐代的儿童识字课本《千字文》，起始句便是："二仪日月，云露严霜。夫贞妇节，君圣臣良。"宋代以后流行的识字课本《三字经》里也宣

"三纲者，君臣义，父子亲，夫妇顺。曰仁义，礼智信，此五常，不容紊"这一套。封建统治者这样做，是为了力图用简短的文字，整齐的韵语，对偶的形式，使儿童"谐于唇吻"、"易于记诵"，达到向青少年灌输"忠、孝、节、义"这一套伦理观念为目的。从明代起，儒家读物还加上插图，出现了《绘图详解三字经》这类读物，使儿童"易知文义"，"易起效法之心"。清代还出版了汉文、满文、蒙文对照的《三字经》，力图把反动的儒学礼教向各个民族灌输。

封建时代的妇女教育也不例外。汉代班昭撰写的《女诫》一书，系统地阐述了压抑妇女的"三从四德"思想，要求女子"守身卑弱"、"敬慎"、"曲从"，无条件地服从父亲、丈夫和儿子。这种思想成为整个封建社会妇女生活的准则。《女诫》和几种类似的妇女读物，还组成所谓的"女四书"，后来的儒生又根据"女四书"的基本内容，编写了更为通俗的《女儿经》，广泛宣传，成为残害、束缚妇女的"杀人经"。

对于不识字的劳动人民，封建统治者及其御用文人也没有放松"三纲五常"观念的灌输，他们编绘了《二十四孝图》这类通俗画，广为散发；并在城乡各地兴建"关帝庙"、"贞节牌坊"，表彰"忠臣"，吹捧"节妇"、"烈女"殉夫守节的行为。至于在旧的文艺舞台上，以歌颂忠臣、孝子、节妇为主题的剧目，更是多如牛毛。这些通俗、形象的宣传方式，使得孔孟之道流毒更加深广。这便是封建统治者"宏长儒教，化民成俗"的鬼蜮伎俩。

鲁迅在小说《祝福》中，通过对祥林嫂这位劳动妇女悲惨遭遇的描写，深刻揭露了儒家"礼教"的滔天罪恶，尖锐指出封建宗法制度和旧礼教是杀害祥林嫂的屠刀。而被反动统治阶级吹捧为"万世师表"的孔丘，正是这把屠刀的铸造者。孔丘的手上，不仅沾染着被他直接杀害了的革新者少正卯的鲜血，而且也沾染着象祥林嫂这样在精神上和肉体上被旧礼教残害了的千千万万个中国人民的鲜血。

在中国漫长的封建社会，历次农民起义都对儒家的反动"礼教"给予了有力打击。地主阶级内部的具有"尊法反儒"倾向的革新派，如王充、柳宗元、王安石等人，也对儒家"礼教"作过揭露批判，特别是王安石，在实行新法时还按尊法思想编写了《三经新义》，并颁布为全国学校的教材和科举考试的必试内容，给当时的教育界吹进了求变革、讲实际的新风。但王安石变法毕竟不能挽救封建政治制度和教育制度的衰落，变法失败以后，儒家"礼教"在教育界的地位越抬越高，南宋、元、明、清几代，"程朱理学"（即"宋明理学"）猖獗一时，"以礼为教"更是甚嚣尘上。

直到清末，1906年，洋务派张之洞等人还提出了一个所谓的"教育方案"，其中的五条宗旨是："忠君"、"尊孔"、"尚公"、"尚武"、"尚实"，并说前二条是"中国政教之所固有，而亟宜发明，以距异说者"，后三条是"中国民质所最缺，而亟宜箴砭以固振起者。"可见，垂死的清代统治者虽然想采用某些西方的新办法（"尚武"、"尚实"等等），但仍要抱住孔孟之道不放，这便是所谓"中学为体，西学为用"的教育宗旨，其实质仍然是"以礼为教"。鲁迅曾尖锐揭露，这样的教育宗旨，只能培养出"脑袋越旧越好，手足越新越好"的反革命分子。

以后，北洋军阀制定的《天坛宪法》中，规定"国民教育以孔子之道为修身大本"，在《颁定教育要旨》里，"法孔孟"又是其规定之一，读经也被列为学校的必修课目。蒋介石也疯狂地提倡"尊孔读经"，他在1930年的《告诫全国学生书》中，要学生"凛古人'思不出其位'之训戒"，不许学生过问政治，阻止青年走革命道路。1939年又下令"所有全国各级学校，可以'礼义廉耻'四字为共通校训"。

修正主义者在提倡"尊孔读经"方面，不亚于他们的反动前辈。刘少奇一贯吹捧孔孟之道，林彪更是一个孔老二的忠实信徒，他教子尊孔读经，并伙同陈伯达，一唱一和，要人们"学习董仲舒"，"高举孔孟之道"。林彪还把孔丘的"仁义、忠恕、德"吹捧成处理人和人之间关系的根本信条。林彪一伙在进行反革命政变活动时，提出一个彻头彻尾的法西斯口号："不成功则成仁"，而这个口号也是从孔丘那里学来的。孔丘就说过："志士仁人，无求生以害仁，有杀身以成仁。"（《卫灵公》）孔丘把"仁"作为他反革命政治、道德思想的最高境界，孔丘认为，为了达到"仁"这个反革命目标，应当不惜牺牲生命。林彪也要求自己的死党，为了复辟资本主义去"杀身成仁"。这就可以清楚地看出：林彪之所以鼓吹孔丘的思想，是企图从孔丘反动的儒家思想体系中寻找精神鸦片，作为刺激他们那一小撮法西斯暴徒进行反革命活动的动力。林彪一伙提倡"尊孔读经"，叫嚷要"高举孔孟之道"，都是企图用儒家的"礼教"作为复辟资本主义的思想武器。林彪反革命阴谋集团的活动，再一次证明了儒学礼教的反动性。

二、"学而优则仕"的制度化

孔丘及其门徒提出"学而优则仕"这个口号，要青年们

121

学好儒家经典，成为"守死善道"的"志士"、"仁人"，即成为至死不悟地维护奴隶制度的顽固分子。孔丘的这种反动的培养目标，在春秋战国时期，曾受到代表新兴地主阶级利益的法家的严厉批判。但是，随着地主阶级历史地位的转化，封建统治者也要培养一批复古守旧的儒生为自己尽忠效劳，他们也打起"学而优则仕"的旗号，要人们以毕生精力钻研儒家经典，学"好"了的，便可以升官发财。封建统治者还采取了一系列行政措施，使"学而优则仕"法律化，这对我国的教育制度、考试制度产生了极其深广的影响。

在汉代，封建帝王为了加强封建专制主义的中央集权制度，开始"选士贡贤"，网罗人才，设立五经博士，提倡经学，并命令天下各郡皆立学校，定期举荐士人做官，这便是汉代的"选举制度"。但汉代（特别是汉初）用人，主要还不是取自五经博士，而多是从有经验的地方官吏中选拔。隋唐以后，开始实行科举制度。所谓科举，就是按科目考试，优者举用为官。在隋唐两代，科举制度与魏晋南北朝的以选拔世家豪门子弟当官的"九品中正"制相比，有利于庶族地主参加政权，对扩大封建王朝的统治基础有一定作用。但是，随着封建社会的日趋没落，科举制度也愈来愈腐朽。从宋代以后，科举考试从内容到形式都十分反动和僵化，学校教育也成为这种反动、僵化的科举制度的附庸。

明清两代，科举考试必须做"八股文"。"八股文"是一种以四书五经命题，规定一定格式、体裁、语言和字数的专门应考文章。一篇文章必须包括"破题"、"承题"、"起讲"、"入手"、"前股"、"中股"、"后股"、"束股"八个段落，要求每一段落，乃至每一句子都死守固定格式，不准丝毫违反。八股文考试，还专门出怪题、偏题，如有所谓的"截搭题"，就是把四书中的句子掐头去尾，剩下两三个字作题目。例如，《中庸》里"及其广大，草木生之"的句子，考官把上句的"及其广"和下句的"木生之"截去，将"大草"二字连起来作题目。受试者面对这种狗屁不通的怪题，只有按儒家思想胡拼乱凑一篇，但不管内容如何荒谬，文章格式却绝不能违背"八股"。儒家教育到了八股时代，其腐朽性已经达到登峰造极的程度了。

科举考试制度的流弊极深，它使得广大知识分子以毕生精力研读儒家经典，不务实学，结果，许多读书多年的考生，知识极端贫乏。宋代著名文学家欧阳修，有一次主持科举考试，发现有的考生竟连欧阳修是哪代人都不知道。明清两代用八股取士，更驱使广大学子专门注重词章声韵，徒尚浮华，只有剽窃、誊录的本领，毫无实际才学，他们"下笔虽有千言，胸中实无一策"。明代曾有人说："近年生员，止记诵文字，以备科贡。其于字学、算法，略不晓习。考入国（子）监，历事诸司，字画粗拙，算数不通。"（《宣宗德宗实录》卷五十八）科举制度弄得读书当官的人，连简单的算术都不懂，其他实际本领就更谈不上了。与此相反，在我国历史上，具有卓识远见的人，往往在科场中"名落孙山"。然而，在科举中失败，对于这些人解放思想、获得真才实学，倒是一件好事。唐代大诗人李白屡试不中，后来他游历全国，比较了解民情，这对他的诗歌创作有很大意义。又如，明代李时珍也一再落第，后来就弃儒从医，深入实践，写出了辉煌的科学巨著《本草纲目》。

封建统治者通过科举取士的办法，使"学而优则仕"成为法定的制度，秀才、举人、进士这些学业的等级，也就是社会地位的级别，孔丘的"学也，禄在其中矣"，得到了极为具体的体现。一些封建帝王还公开地用高官厚禄邀赏士人。宋真宗专门写了一首《劝学诗》，鼓吹"六经勤向窗前读"，"书中自有千钟粟"，"书中自有黄金屋"，"书中有女颜如玉"。以富贵荣华引诱知识分子读书诵经，争做帝王的忠实奴仆。

本来，"升官发财"就是一种剥削阶级共通的思想意识，而科举制度使"读书"与"升官发财"之间产生了直接的联系，于是，大批剥削阶级知识分子竞相走上了"学而优则仕"的道路，力图"以一日之长，决取终生富贵"（《历代制度详说科目篇》），他们"皓首穷经"，奋志青云，为的是金榜挂名，耀祖光宗。在封建时代，还出现了"父教其子，兄教其弟，无所易业"（《通典》卷15）的"书香世家"，这种"书香世家"沿着"学而优则仕"的道路，世世代代当官得禄，成为"官僚世家"。因此，在剥削阶级中，特别是在儒家知识分子中间，"万般皆下品，唯有读书高"成了一种非常顽固的传统观念。

在封建时代，"学而优则仕"确实成为许多读书人的奋斗目标。《儒林外史》这部小说真实地反映了当时的这种社会状况。书中有一个鲁编修的女儿鲁小姐，从小受到父亲的熏陶，功名心极强。出嫁后，她发现丈夫并不醉心于仕宦之途，气得痛哭了几场，只得把科举登仕的希望寄托在下一代身上。她常常熬到半夜，课督四岁的儿子"讲四书，读文章"。可见，科举制度摧残人才，连四岁的幼儿都不放过！

在科举制度中，能爬上去的人毕竟是少数。名落孙山、考场落魄者不乏其人，如唐代官学每年选送二、三百名学生参加省试，被录取的不及十分之一。清代每三年举行一次乡试（即省试），每省前来投考的秀才不下数千，而录取的最多一百几十名，最少仅四十名。这样一来，老童生、老考生大有人在，甚至有的还"老死于文场"。《三字经》里说的："若梁灏，八十二，对大庭，魁多士。"确有其人其事。（发生在宋代雍熙二年）封建统治者及其御用文人宣扬八十多岁老翁中状元的怪现象，是为了给那些没有爬上去的读书人以参政当官的遥远希望，从而麻痹他们的思想，使之成为在野的奴仆。

封建帝王们实行科举制度，鼓吹"学而优则仕"，居心是十分险恶的。他们既想在科举中选拔忠于皇朝的人才，宋太宗说的"朕欲博求俊彦于科场中"（《宋史·选举志》），便是帝王们这种愿望的自白。同时，科举制度又是封建统治阶级构筑的一个控制士人的囚笼。唐太宗曾经把这一层意思表达得十分清楚。一次，唐太宗站在端门旁，看见新考中的进士排队出来，他得意地说："天下英雄,尽入吾彀(gòu音够)中"（《唐摭言》），这就明白地承认了封建帝王实行科举制度的目的——使知识分子钻进帝王的圈套，成为维护封建政权的忠实臣仆。

随着封建社会的日趋腐朽，按孔丘"学而优则仕"建立起来的科举制度，也愈来愈显示出其反动性，逐步成为中国社会进步的一大祸害。因此，我国历史上，尤其是宋代以后，许多有志于改革的进步政治家、思想家，都对科举制度进行过尖锐的批判。如宋朝的王安石曾经指出，由于实行科举制度，一些真正有才干的人，"困于无补之学"，而"绌死于

125

岩野"。王安石执政以后，把改革科举制度作为变法的一项重要内容，他废除了科举考试中"性命"、"理气"和"诸异同之辨"这类空疏无用的东西，而改用比较切合实际的试题，并设立武、律、医等致用学科，为革新派登上政治舞台开辟道路。

又如，宋朝唯物主义哲学家叶适指出："用科举之常法，不足以得天下之才"（《水心先生文集》卷三）；明朝的唯物主义哲学家颜元说，科举制度只能"以章句误苍生"，把八股文列为"四祸"之一；清朝进步思想家龚自珍也指出，由于科举制度，社会上出现了大批"不农"、"不工"、"不商"的寄生虫，多数是"政要之官"，只知搞自己的"车马服饰"，只会"作书赋诗"，"以科名长其子孙"，至于国家大事则一窍不通。（《明良论》二）清末的资产阶级启蒙思想家严复说，科举制度"锢智慧，坏心术，滋游手"，"一旦外患凭陵"便"使国家一无可恃。"（《救亡决论》）这些进步人士都看出了科举制度只能培养搞历史倒退的人，因此，要使社会前进，改革科举制度就势在必行。

农民起义对科举制度的批判就更加坚决、更加彻底。例如，太平天国不仅否定了封建的科举制度，而且建立了新的考官制度，考试不论门第、性别，出题也完全打破了孔孟经书的桎梏，而是"一统山河乐太平"、"四海一家尽兄弟"、"诛残妖以安良善"这样充满战斗精神的题目。并且作文"不拘文体"，提倡自由思想，这就给科举积习以猛烈冲击。当时的地主分子曾惊呼："天下弦诵之声或几乎熄"。其实，这只不过是鼓吹孔孟之道的"弦诵之声"几乎停息。而歌颂"新天，新地，新人，新世界"的革命之声，却响彻半壁中国。这是革命农民的伟大创举，是改革我国教育制度的一次辉煌尝试。

文化革命的英勇旗手鲁迅，早在五四前后就对科举制度及其指导思想——"学而优则仕"进行过深刻的批判。他的著名小说《孔乙己》便是一篇讨伐"学而优则仕"的战斗檄文。小说中的孔乙己，是封建末世的一个潦倒文人，早年也一再考过科举，但始终没有爬上去。虽然他在社会上极受鄙视，却又始终不愿脱去那件破旧的长衫，以便显示自己是个"读书人"，比"短衣帮"（劳动者）要高一等。他尽管穷得没有饭吃，却又没有劳动的本领和习惯，以至走上了偷窃道路，但仍然念念有词地说着孔丘"君子固穷"之类的漂亮话。最后终于在饥寒交迫中死去。鲁迅通过对孔乙己这一艺术形象的描写，愤怒谴责了旧的社会制度和教育制度的罪恶，揭示了"学而优则仕"反动、腐朽的本质。

科举制度及其指导思想"学而优则仕"虽然在历史上受到劳动人民和进步人士的批判，并且，到了清代末年，科举制度也在反帝反封建的革命浪潮中废除了，但是，科举制度的思想根源——"学而优则仕"的影响却远远未被肃清。

"学而优则仕"是私有制的经济基础的产物，是少数剥削者压迫广大劳动人民的政治制度在培养目标上的必然反映。在剥削阶级占统治地位的社会，少数剥削者垄断了生产资料，因而也垄断了劳动人民创造的文化，教育成为剥削阶级的世袭领地，成为培养"劳心者"、"治人者"的工具。今天，社会主义社会还存在着阶级、阶级矛盾和阶级斗争，存在着三大差别和资产阶级法权，"学而优则仕"这类剥削阶级的意识还有相当广泛的市场，而钻进党内的资产阶级代表人物刘少奇、林彪，则把孔丘的"学而优则仕"等反动教育思想奉为至宝，梦想用"读书做官"引诱青年一代走上修正主义邪路，成为复辟资本主义的社会基础。修正主义教育制度虽然形式与科举制度不同，但是，在"学优登仕"这一点上，它们却别无二致。一切反动没落阶级都是把自己的学校办成反革命、反人民的官僚养成所，把读书做官看成天经地义的事情。这种反动思想影响，年深日久、根深蒂固，我们必须进行长期的斗争。

把青年一代培养成反对革命、压迫人民的官吏，还是把青年一代培养成推动历史前进的革命者、为人民服务的勤务员，这是没落阶级教育与无产阶级教育的分水岭。在今天，孔丘的"学而优则仕"之所以被资产阶级和修正主义者奉为金科玉律，因为他们的教育都是为一小撮开历史倒车的反动派服务的。只有无产阶级才与孔丘的这种反人民、反革命的教育思想划清了界限。毛主席指出："**我们的教育方针，应该使受教育者在德育、智育、体育几方面都得到发展，成为有社会主义觉悟的有文化的劳动者。**"（《关于正确处理人民内部矛盾问题》，《毛主席的五篇哲学著作》第159页）毛主席还指出，无产阶级革命事业接班人"**他们必须是全心全意为中国和世界的绝大多数人服务的革命者，而不是象赫鲁晓夫那样，在国内为一小撮资产阶级特权阶层的利益服务，在国际为帝国主义和反动派的利益服务。**"（《毛主席语录》第240—241页）这就明确规定了，我们的教育事业不是培养阻挠历史前进的骑在人民头上的老爷，而是培养全心全意为中国和世界大多数人民谋利益的革命者。无产阶级就是要同孔丘"学而优则仕"的传统观念彻底决裂，为培养亿万无产阶级革命接班人而努力奋斗！

三、"闭门修养"办学方式的推行

孔丘从唯心论的先验论和复古倒退的历史观出发，提倡闭门修养，反对学生接触社会实际。这种办学方式在封建时代的儒家教育中得到了进一步推行和发展。

我国封建时代的儒家教育，其办学方式有两个特点，一是要学生闭门思过，二是强迫学生诵书穷经，总之是把学生禁锢在狭小的天地里，脱离社会、脱离实践。

（一）从思孟学派的"养气"、"修身"到宋明理学的"穷理"、"心学"。

战国时期，孟轲把孔丘的"内讼"、"自省"这一套修养办法发展成"养性"、"寡欲"、"养浩然之气"。后来，相传是战国末年儒生所写的《大学》一书，更把这种修养法加以系统化，提出了"格物、致知、诚意、正心、修身、齐家、治国、平天下"等八个修养条目，而其中"修身"又是这八个条目的中心环节，是"治国平天下"的前提，所以，"自天子以至于庶人，壹是皆以修身为本。"（《大学·经一章》）这里所谓的"修身"，就是要人们以儒家教条为准则，锻冶道德、指导言行，不断进行灵魂深处的自我"悟化"。思孟学派的这一套修身养性办法，被历代反动统治者作为训练子弟和文臣武士的基本途径。

宋代以后，随着封建社会的日益没落，儒家教育脱离实际的倾向越来越严重，这一点在宋明理学鼓吹的"性命理气之学"那里表现得尤其突出。宋代朱熹曾说："圣贤千言万语，只是教人存天理，灭人欲。"（《朱子语类大全》卷十二，第9页）宣称个人的欲望都是与封建道德的"天理"相对立的，人们应该放弃"私欲"，绝对服从封建教条的奴役。而且，他认为"天理"是"亘古至今"永不消灭的。朱熹的全部教育活动，就是要人们"穷理"，他说："格物致知，只是穷理。"（《朱文公文集》卷五十一）认为要了解世上万事万物，必须通晓那个"亘古至今"永存不变的"天理"。明代理学家王守仁把"性命理气之学"进一步主观唯心主义化，他说："心外无事，心外无理，故心外无学。"（《阳明全书》第四册，卷七）断言"心"是世界存在的基础，因此，他提倡"心学"，他说："圣人之学，心学也。"（同上）所谓"心学"，就是向内心追求"天赋"的观念。有些宋明理学的信徒在教学中，公然要弟子们"面壁九年"，"既不出户，又不读书"，长期冥思苦索，这就与佛教的"打坐"、"参禅"没有什么两样了。宋代唯物主义者陈亮曾经对理学脱离实际的空疏学风，提出过尖锐批评，他指出，如果大家不做事、不读书，天天空谈"尽心知性"，"学道爱人"，"蒙相欺，以尽废天下之实""终于百事不理而已。（《送允成运干序》）

（二）从董仲舒的"三年不窥园"到明清的"文墨世界"。

儒家教育学生更普遍的办法是背书诵经，在文字里讨生活。《史记·孔子世家》中就有"孔子读《易》，韦编三绝"的故事。而后代儒生在崇尚书本、轻视实践这一点上，也紧紧地步了孔丘的后尘。例如，汉代儒家代表人物董仲舒，青年时诵书读经，竟达到"三年不窥园"（《前汉书·董仲舒列传》）、"乘马不觉牝牡"（《太平御览》）的程度。

读书，本来是学习的一个重要方面，必要的考证和训音诂义也是治学所不可缺少的，但是，儒家的读书，却是与社会实际相脱离的"闭门穷经"，儒家的"训诂"，则是大搞唯心主义的主观臆造和繁琐哲学。据桓谭的《新论》记载，汉代有个叫秦近君的儒生，单是《尚书》第一篇的篇目"尧典"两字，就注了十余万言；"尧典"篇的第一句"曰若稽古"四字，又注了三万言，大搞旁征博引，向壁虚造。

儒家读书的特点是，只求背诵，不重理解。孩子们从刚刚"发蒙"起，就必须日复一日，年复一年地读书、背书、温书，而读、背、温"三部曲"都"只用口耳，不用心目"，这样一来，学童们整天"滔滔背读，倘摘一字，则茫然无以应。"（崔学古：《幼训》）这种乏味的背书活动是很容易使人昏昏欲睡的，为了刺激学童们的"积极性"，有人还特意编造了"囊萤照读"、"凿壁偷光"、"锥刺股"、"头悬梁"和"映雪"这类荒诞无稽的故事，鼓励青少年苦读成名。

"闭门思过"和"诵书穷经"，是儒家教育互相联系、互相补充的两种修养办法。朱熹就提倡"半天读书，半天静坐"，主张"学了就思"，"思了就学"，把孔丘的"学而不思则罔，思而不学则殆"加以具体化。在儒家教育中，除了这种"背书穷经"的"学"和"面壁悬想"的"思"以外，一切社会实践都被排斥于教育活动之外。生产劳动的技能技术，被认为是"一技一艺"，不算"圣人之道"，不是儒生所应当学习的；连法律学这类比较实际的科目，也为"缙绅所不习"，医学则与"卜巫同流"，在教育中没有地位。广大儒生养成了一种以"务实"为耻的劣习，他们成年累月关在书斋里寻章摘句，旁征博引，或者是吟诵描绘风花雪月的诗赋，终身与"琴棋书画"相伴，从不接触生动的社会现实，不探索物质世界的客观规律，成为一批食古不化的书呆子。唐代诗人李贺讥笑这帮儒生是"寻章摘句老雕虫"，李白也在《五律·嘲鲁儒》中写道："鲁叟谈五经，白发死章句。问以经济策，茫如坠烟雾。"辛辣地嘲讽那些儒生，终生死记经书，然而，如果问一问他们怎样经世济用、解决实际问题，他们就象坠入了烟雾之中，不知所云。

清代进步教育家颜元在批判宋明理学时说："千余年来，率天下人故纸中，耗尽身心气力，作弱人病人无用人者，皆晦庵（朱熹）为之也。"（《朱子语类评》）抨击宋明理学推行的"诵书穷经"的教育方法，使人们钻进了故纸堆，成为弱人、病人、无用之人，导致了不务实学的"文墨之祸"，他沉痛指出："本朝自是文墨世界。"（《颜李遗书》《颜习斋先生年谱》卷下，第15页）到了清末，资本主义列强入侵中国，民族危亡迫在眉睫，而许多腐儒还在那里摇头晃脑地念四书读五经，高唱"中国固有文明举世无双"，夜郎自大，故步自封达到可笑程度。康有为在主张变法维新时，曾愤慨地描绘过当时一般文人政客闭目塞听、极端无知的情形："若问以亚非之地舆，欧美之政学，张口瞪目，不知何语矣。"

历史事实一再证明，孔丘及儒家"闭门修养"的办学方式只能培养搞复古倒退的"腐儒"，而这种极端反动的教育方法却被刘少奇、林彪所全盘继承。刘少奇曾经鼓吹"吾日三省吾身"和"慎独"这一套，并在学校教育中大搞"书本中心"、"课堂中心"、"教师中心"，反对学生参加三大革命实践。林彪则胡说什么"灵魂深处爆发革命"，认为不用参加实践，在灵魂深处爆发一番，就可以革命了，这与宋明理学的"穷理"、"心学"、"面壁九年"完全是一路货色。可见，当代的修正主义分子与历史上最反动的学派、最黑暗的势力总是一脉相承、同气相求的。林彪还恶毒攻击知识青年上山下乡是"变相劳改"，猖狂反对知识分子和青年学生走与工农相结合的道路，引诱青年一代脱离无产阶级政治，脱离工农兵群众，脱离生产劳动，使之成为复辟资本主义的驯服工具。

教育同社会的生产斗争和阶级斗争相结合，是一个关系到社会进步的重大问题。马克思曾经指出："**生产劳动和教育的早期结合是改造现代社会的最强有力的 手 段 之 一。**"（《哥达纲领批判》，《马克思恩格斯选集》第3卷24页）然而，不仅没落阶级的教育是与社会实践完全脱节的，即使是小生产者和处于上升阶段的剥削阶级，也不可能真正解决教育与社会实践相结合的问题。因为，小生产者的生产方式是落后的，其实践范围是狭窄的，他们不代表先进的生产关系，所以小生产者虽然重视生产劳动，但不可能解决教育与社会实践相结合的问题。例如，墨子也说他只是"坐而言义"，并不亲自"耕织"①。至于处于上升阶段的剥削阶级，适应时代发展的需要，在一定程度上主张教育与社会实际相联系，如法家提倡耕战，注重研究实际问题，但他们本身是脱离生产劳动的，并始终与劳动人民处于对立状态，因此，他们也不可能真正解决教育与社会实践相结合的问题。

无产阶级是人类历史上最强大、最革命的一个阶级，唯有无产阶级才能使教育与三大革命实践真正结合起来。因为，

---

① 《墨子·鲁问》："吴虑谓子墨子曰，'义耳，义耳焉用之哉？'子墨子曰……'翟以为虽不耕织乎，而功贤于耕织也。'"

133

无产阶级和在其领导下的劳动农民，是三大革命实践的主体，同时，在无产阶级专政下的社会主义国家，第一次具备了教育同三大革命实践相结合的条件，社会主义制度的建立，给我们开辟了教育与三大革命实践相结合的道路。毛主席指出：

"学生也是这样，以学为主，兼学别样，即不但学文，也要学工、学农、学军，也要批判资产阶级。"

（转引自 1966 年 8 月 1 日《人民日报》）遵循这个指示，就能把学校教育同社会的生产斗争和阶级斗争实践紧密结合起来，使知识分子、青年学生同工农群众结合起来。今天，大、中、小学都在实行开门办学，尤其是千百万知识青年遵照毛主席的教导，上山下乡，走上了与工农结合的革命必由之路，以自己的革命实践，有力地批判了轻视体力劳动、轻视劳动人民的孔孟之道，这对巩固无产阶级专政、防止资本主义复辟具有重要意义，并能逐步缩小三大差别，为过渡到共产主义创造条件。

四、"以儒者为师"的沿袭

孔丘的教育思想，对于我国封建时代儒家教育的教师选择标准也有深刻影响。

列宁指出："**在任何学校里，最重要的是课程的思想政治方向。**"而这个方向，"**完全只能由教学人员来决定。**"（《列宁全集》第15卷438页）因此，选择什么样的人当教师，是一个至关紧要的原则问题。孔丘曾经提出过他的择师标准：温故而知新，可以为师矣。"（《为政》）他这里所说的"温故"中的那个"故"，是指的殷周奴隶制的政治制度及其典章文物；所谓"知新"，则是从"故"中推演、因袭下来的东西，是一种改头换面的旧事物。他用"知新"的动听词句来掩盖其复古守旧的反动实质。因此，"温故而知新"是为保存旧制度、旧文化服务的复古主义的教育方法和学习方法。孔丘认为，只有掌握了这种方法的人，才有资格当教师。这就规定了，只能选拔那些"好古"、"信古"，一心准备"复古"的人当教师。

孔丘的"温故而知新，可以为师矣。"到战国时期被思孟学派进一步明确为"以儒者为师"。而那些儒生占领讲台以后，"呼先王以欺愚者"（《荀子·儒效》），"盛容服而饰辩说"（《韩非子·五蠹》）穿着古代宽大华丽的服装，招摇撞骗，大造复辟舆论，成为新兴封建制度建立和巩固的一大威胁。

先秦法家对"以儒者为师"的危险性看得很清楚，他们针锋相对地提出，要用执行法治路线的人取代儒生担任教师。商鞅曾说过："置主法之吏，以为天下师"（《商君书·定分》），韩非更明确地提出"以吏为师"（《韩非子·五蠹》），都是主张用执行新法的官吏当教师。后来，秦始皇采纳了李斯"若欲有学法令，以吏为师"的建议，取消儒生的教师资格，让新兴的地主阶级占领讲台。法家顺应时代发展的潮流，从理论和实践上批驳和否定了孔丘"温故而知新，可以为师矣"的反动择师标准，把儒生们从霸占已久的讲台上赶了下来，打击了儒家在教育领域的统治地位。

但是，从汉代中期以后，随着封建统治阶级的主体由"尊法"转变为"尊儒"，孔孟"以儒者为师"的传统又得到沿袭。封建统治者为了确保儒者的教师地位，采取了许多措施。例如，东汉太学选任"博士"（太学教师），要进行考试，考试内容是儒家经典的问答，要求每一个太学博士必通晓一种儒经。这些"博士"便成了官方树立的经学"威"。其他比较低级学校的教师，也有各种相应的考核办法以保证教师由儒生担任。

唐初武则天推行了一条"尊法反儒"路线，对"以儒为师"给予了沉重打击，在武则天当政时期，"博士、助亦多非儒士。……时俗漫轻儒学，先王之道，弛废不讲。"（《资治通鉴·唐纪》）有作为的女政治家武则天很清楚，要击儒家反动路线，必须削弱儒家对教育的垄断地位，剥夺儒生的教师资格。与此相对立的，唐代"大儒"韩愈，为了固儒家在政治思想领域的统治地位，曾经提出了所谓的"统"说，与此同时，他还把"师"和"道"紧密结合起来，说什么"道之所存，师之所存也。"（《韩昌黎全集》，卷十二《师说》）认为谁掌握了儒家的"道"，谁就可以当教师。这种说法与孔丘的"温故而知新，可以为师矣"是一脉相承的。韩愈还为教师规定了三项基本任务："师者，所以传道、受业、解惑也。"（同上）这里所说的"传道、受业、解惑"，无非是向弟子灌输儒家教条，帮助弟子解决在学儒家教条时所遇到的各种疑难问题。经过韩愈的倡导，"儒者为师"的反动择师传统，进一步得到推行。

在封建社会的中、后期，"以儒者为师"与"以儒者官"是紧密相联的。这一点在元、明两代的"社学"中表得尤其鲜明。"社"，是元、明两代封建政权的基层组织，每社设社长一人，其任务是"劝课农桑，诫饬游荡，防察非"（《元典章》卷二十三，《立社》）。每社设一教师，叫"社师"，规定要对全社子弟进行"孝悌忠信"的奴化教育这种学校就是所谓的"社学"。社学进一步把儒家教育同反动的封建政权结合起来，把"以儒者为师"同"以儒者为官"结合起来。元明"社学"中的一些曾经以"教师"面目出现的"儒者"，在农民起义爆发的时候，不少人"投笔从戎"，成为屠杀农民的刽子手。王守仁便是一个这样的典型。他一手督办社学，一手拿着屠刀，残酷镇压了江西的农民起义。明代社学的"大师"王守仁的反动行径，彻底暴露了"以儒者为师"的反动本质。

刘少奇、林彪继承了"以儒者为师"的衣钵，他们竭力维护资产阶级知识分子对学校的统治，既反对工农兵占领讲台，又反对对原有教师执行"团结、教育、改造"的无产阶级政策，破坏无产阶级教师队伍的建设。针对这种状况，毛主席说："学制要缩短，教育要革命，资产阶级知识分子统治我们学校的现象，再也不能继续下去了。"（《转引自1966年8月1日《人民日报》》）在无产阶级文化大革命中，工农兵专职和兼职教师大批登上讲台，原有教师在三大革命实践中也取得了显著进步，一支新型的无产阶级教师队伍正在茁壮成长。这是对"以儒者为师"的反动传统的一个最有力的批判。

孔丘反动教育思想对后世的影响，当然决不仅仅只有这四个方面。此外，孔丘提倡的"师云亦云"、"师道尊严"至今流毒很深；孔丘的"因材施教"则演变为近代资产阶级的"天才教学"；孔丘轻视妇女的思想，对我国历史上女子教育的极不发达也负有罪责。总之，孔丘以"克己复礼"为基本目的的反动教育思想，对我国两千多年来的教育思想和教育制度，影响是很大的。在当代，它又成为刘少奇、林彪推行的修正主义教育路线的主要历史渊源之一。从孔丘的"学而优则仕"到刘少奇的"读书做官";从孔丘咒骂要求"稼"、"学圃"的学生是"小人",到林彪污蔑知识青年上山下乡是"变相劳改";从孔丘的"有教无类",到修正主义的"全民教育",完全是一脉相承的。刘少奇、林彪和孔丘一样,都是把学校教育作为反对革命的重要工具,作为宣传复辟思想,培植复辟势力的基地。因此,批判孔丘的教育思想,把历史的批判与现实的批判结合起来,有助于从理论体系上和历史渊源上认清修正主义教育路线的极右实质。鲁迅说过:"我想看看古书",从而"把那些坏种的祖坟刨一下"。(《鲁迅书简·给肖军、肖红的信》)今天,我们批判孔丘的教育思想,便是刨刘少奇、林彪推行的修正主义教育路线的"祖坟",这是批林批孔斗争的一个不可缺少的组成部分,是无产阶级教育革命的一项战略任务。

今天,在毛主席无产阶级革命路线指引下,亿万工农兵群众在前所未有的深度和广度上,对孔丘的儒家思想开展了批判斗争,孔丘反动的教育思想,同他的政治思想和哲学思想一起,也在受到全面的清算。特别是工人(贫下中农)宣传队进入学校阵地、工农兵学员上大学、知识青年上山下乡等新生事物的成长壮大,更从实践上给孔丘及儒家教育的传统观念以猛烈的冲击,有力地荡涤着"学而优则仕"、"以礼为教"、"以儒者为师"和"劳心者治人,劳力者治于人"等孔孟之道的污泥浊水。虽然,教育领域里的阶级斗争和路线斗争还是长期、尖锐、曲折的,**"陈旧的东西总是力图在新生的形式中得到恢复和巩固。"**(《马克思致弗·波尔特》[1871年11月23日],《马克思恩格斯全集》第33卷第332页)包括孔丘育思想在内的形形色色的反动教育思想还会一再登台表演，然而，"社会主义比起孔夫子的'经书'来，不知道要好过多少倍。"（《中国农村的社会主义高潮》中册第475页）只要我们坚持毛主席的无产阶级教育路线，勇于革命、勇于实践，我们就能彻底打碎孔孟之道的精神枷锁，我们的教育事业必将揭开万紫千红、繁花似锦的新篇章。

"尔曹身与名俱灭，不废江河万古流。"

让中外反动派同孔丘的亡灵一起悲鸣哀号吧，无产阶级教育革命的胜利进军，是任何人也阻挡不住的！

论 孔 丘

冯 友 兰

以今被迫为二臣：
派老在大学是给学生
讲文天祥的先生。
古月希题

目　　录

前　　言

一九七三年秋天，群众性的批林批孔运动展开了。开始的时候，我的心情很紧张。我想：糟了，在无产阶级文化大革命以前，我一向是尊孔的。现在要批林批孔，我又成了批判的对象了。后来又想，这个思想不对。这个思想还是从我在文化大革命以前的旧立场出发的。我过去尊孔，那是因为我过去的立场反动，路线错误。在文化大革命中，我已有所认识。尊孔问题，我也初步地作了自我批判。现在应该在已经作的批判的基础上进一步地批孔，批我过去的尊孔思想。我要同革命群众一起，批林批孔。学校的领导上知道我的这个思想，就鼓励我在哲学系的全体师生大会上，讲讲我现在对于孔丘的认识。《北京大学学报》（１９７３年第４期）发表的我的那第一篇文章，就是我在这次大会上的发言稿。在预备这篇稿子的过程中，我的紧张心情，逐渐消失。我觉得心情越来越轻松愉快，觉得能够同革命群众一起批林批孔，这是很大的幸福。于是在那篇发言稿的结束部分，我就写道：无产阶级文化大革命正在向纵深发展。在中国哲学史领域内，正经历一场新的革命。毛主席亲自领导，指示方向。我年近八十，在过去搞了半个世纪的中国哲学史。现在还能看见这个伟大的革命，这是很大的幸福。不但能看到，而且能参加，这是更大的幸福。在我讲了以后，当时到会的同志，也给了我很大的鼓励。

当时我想：同是一个批林批孔，在开始的时候，我觉得对于我好象是一种灾难。后来我觉得对于我确实是一种幸福。这是因为前后所站的立场有所不同，所走的路线有所不同。从尊孔到批孔，从觉得好象是灾难，到觉得确实是幸福，这是一种思想改造上的转变。这个转变是同我在文化大革命中所受的教育分不开的，是在那个基础上取得的。

后来领导上又鼓励我在北大老年教师批林批孔大会上发言。《北京大学学报》发表的我那第二篇文章，就是在这次大会上的发言稿。在预备这次发言稿的过程中，我逐渐认识到中国哲学史中的两条路线的斗争。一条路线是以孔丘的儒家为代表的复古、倒退路线，另一条是以法家为代表的革新、前进路线。复古、倒退路线总是以唯心主义为其哲学基础的；革新、前进路线总是以唯物主义为其哲学基础的。在中国长期封建社会中，孔孟之道是统治的思想。封建主义的哲学史都吹捧儒家，贬低法家，宣扬唯心主义，诬蔑唯物主义。资产阶级哲学史也是如此。这是一个两千多年的旧案。中国哲学史中的革命，就是要推翻这个旧案，把被颠倒的历史重新颠倒过来。哲学史中的两条路线的斗争认识清楚了，对于哲学史中的革命也就了解了。

我在这里讲了一些那两篇文章写作时的背景，为的是要说明，在那两篇文章中，我的认识如果有一点提高，那也是同领导的鼓励分不开的，也就是说，同党的团结、教育、改造知识分子的政策分不开的。

一九七三年十二月三日《光明日报》转载了我那两篇文章，并且加了《编者按》。这是党的团结、教育、改造知识分子的政策的进一步的体现。我极为感动。《编者按》虽然短，**但是语重心长**，其中好象有千言万语，句句**都体现了党**的对于知识分子，特别是老年知识分子的苦口婆心。

《编者按》的第一段是对于我的鼓励。其实我那两篇文章的内容是平常得很。但是，党的团结、教育、改造知识分子的政策，对于知识分子的进步，那怕是很小的进步，那怕只有一个苗头，也要予以肯定，鼓励他继续前进。

《编者按》的第二段讲批林批孔的意义。我觉得，这是党向知识分子提出的任务。

《编者按》的第三段勉励知识分子在斗争中继续前进。对于我说，这是一种鞭策。

《编者按》的话并不是专对我一个人说的。这是党对于知识分子，特别是老年知识分子普遍的关怀。

当时我作了一首诗，写出我所受的感动。诗说：

怪道春来花满枝，

满园烂熳贺芳时。

含苞才露嫩红色，

便有东风着意吹。

这个东风就是伟大领袖毛主席制订的党在整个社会主义历史阶段的基本路线和党的团结、教育、改造知识分子的政策。

《光明日报》转载了我的那两篇文章以后，我接到很多群众来信，有工人的，有农民的，有解放军的，有知识分子的。其中有一封是上山下乡的知识青年的。信中说："我是支援边疆建设的知识青年。教授这样大年纪的人，能够从旧营垒中冲杀出来，给孔丘一个回马枪。这很叫人敬佩。革命青年向您致意。"信中接着写了一段讲批孔的道理，并表

示他批孔的决心。结尾说："祝教授健康。祝您为我国[
建筑领域里的革命，做出更大的贡献。"我回他信说：
的信，议论风发，意气豪迈。从你的信中，我看到了革[
年战天斗地壮志凌云的伟大气概。我向你学习。"

从这许多信中，可见工、农、兵、革命群众对于愿[
造的旧知识分子是欢迎的，这也给我很大的鼓励，这也[
风。

回想过去，我也是"五四"运动时代的人。"五四"[
动反对腐朽、反动的旧道德、旧文化、旧文学，认为孔[
这些东西的总代表，提出"打倒孔家店"的口号。从此以[
打倒孔家店或拥护孔家店成为革命或反革命的重要标志。

我是拥护孔家店的。"五四"以后，封建社会的尊孔[
方式不起作用了。我就用资产阶级方式拥护孔家店，其[体
的表现就是我在三十年代写的那部《中国哲学史》，以及[
日战争时期写的那些吹捧孔孟之道的东西。这是为大地[、
大资产阶级，特别是为国民党反动派的统治服务的。在[
以后，资产阶级的方式又不行了。我就用修正主义的方式拥
护孔家店，其具体的表现就是在六十年代我写的那半部《中
国哲学史新编》。这是为刘少奇、林彪反革命的修正主义路
线服务的。

总而言之，我过去的哲学史工作，主要的是抱着那[
颠倒的历史不放手。现在这个被颠倒的历史翻过来了。[
来以后，对于历史的事实认识得更清楚了，了解得更深[
可是我过去对于这些事实，为什么总是视而不见呢？为[
坚持颠倒历史呢？

这是因为我过去在政治上走的就是以孔丘为首的那[

古、倒退路线，所以在哲学上我就宣扬唯心主义，在哲学史中我就吹捧孔丘。我过去的阶级立场是大地主、大资产阶级立场。我的世界观是资产阶级的。站在这种立场上，用这种世界观观察社会和历史，那就非尊孔不可。

用资产阶级世界观不但不能看到社会和历史的真象，也不能学习马克思列宁主义、毛泽东思想。马克思列宁主义、毛泽东思想是指导无产阶级革命的理论基础，一个人如果不是站在革命立场，无论你怎样同他讲，他也不会懂。无论他怎样读马列的书、毛主席的书，他也不会懂。

在文化大革命以前，有人说，我们这些旧知识分子读毛主席的书，往往是一看就懂，一放就忘，一用就错。我也深有同感。所谓懂，实在是不懂。不懂而自以为懂，其危害性比不懂还要厉害得多。因为不懂，所以一放就忘。因为不懂而自以为懂，所以一用就错。说的是学习马克思列宁主义、毛泽东思想，实际上是用马克思列宁主义、毛泽东思想的外衣，掩护资产阶级思想，办起事来，还是资产阶级那一套。我的《中国哲学史新编》就是一个例子。

批林批孔运动，使我比较清楚地认识思想上和政治上的两条路线的斗争，使我能够认识我过去走的是哪一条路线，现在应该走的是哪一条路线，使我认识到尊孔的反动作用，尊孔的是哪一种人。尊孔与批孔不是一个学术问题，而是一个现实的政治斗争的问题。

更重要的是，使我进一步地认识到，归根到底，知识分子要彻底改造，必须遵照毛主席屡次教导的，转变阶级立场，改造世界观。

《人民日报》、《红旗》杂志、《解放军报》一九七四

年元旦社论引毛主席的教导说：**"我们希望我国的知识分**
继续前进，在自己的工作和学习的过程中，逐步地树立共
主义的世界观，逐步地学好马克思列宁主义，逐步地同工
农民打成一片，而不要中途停顿，更不要向后倒退，倒退
没有出路的。" 毛主席在这里所说的就是转变阶级立场
造世界观的问题，这两者基本上就是一回事。有什么阶级
场，就有什么世界观。

转变立场、改造世界观，必须在工作和学习中进行，
改造客观世界的过程中，改造主观世界；当前，必须在积
参加批林批孔斗争的过程中，改造主观世界。事实就是这样。
象我这样一个受孔丘思想的毒害如此之深的人，如果不积
参加批林批孔，怎么能够肃清孔丘思想在我头脑中的毒害
怎么能够解除孔丘的思想加于我的精神枷锁？事实上，我
过一次批林批孔，就觉得眼界为之一阔，精神为之一振。
别人的批林批孔，读别人的文章，可以得到启发，但是，
不能同自己批林批孔有同样的效果。自己的精神枷锁还必
通过自己的努力才能清除。

破字当头，立在其中。在批林批孔过程中，也就学习
马列主义、毛泽东思想。这样学习的收获，比单纯依靠念
得来的东西大不相同。因为这也是从实践中得来的，从斗
中得来的。这就是在改造客观世界过程中改造主观世界。

毛主席亲自发动和领导的批林批孔运动，在广度和深
上都正在以排山倒海之势，迅速发展。从北京到边疆，从
市到农村，有成亿人参加。亿万革命群众参加学习马列主义
毛泽东思想，研究历史，在整个上层建筑领域内进行革命。
革命的主力军工、**农**、兵，走在运动的最前面。这是历史

来没有，也不可能有的事。这是毛主席的在无产阶级专政
条件下继续革命的学说的实践。

我又作了一首诗说：

清华、朗润①共春风，

协力辛勤练劲弓。

众矢穿云无虚发，

笑他天马枉行空。

意思是说：清华、北大的人，都在学习马列主义、毛泽东
思想，批林批孔掌握了理论武器，就能把自命为"天马"妄
想"行空"的林彪打得粉碎。这虽是就清华、北大说的，其
实全国也都是这样，真是形势一片大好。

有人这样说：看样子，这样批下去就能批出一个灿烂的
社会主义新文化来。这话说的很对。实际上就是这样。破和
立是同时的。毛主席说：**"破字当头，立也就在其中了。"**
（中国共产党中央委员会《通知》（１９６６年５月１６日））讲
的就是这个道理。

我们现在是，在世界上一个历史很古，人口最多的国家
　①"朗润"是北大一个校园的名称。

中，破旧立新，灭资兴无。这样的大破大立，不仅是中国的
一个伟大的创举，也是全世界的一个伟大的创举。我们正在
作前人所没有作过的事业。

在这种大好形势下，领导上鼓励我参加"练弓"。我也
继续写了一些"对于孔丘的批判和对于我过去的尊孔思想的
自我批判"的文章，合起来就成为这本《论孔丘》。这是一
九七三年那两篇文章的继续和发展。

我的思想中的旧框框太多。"弓"练得不好。不是"矢

无虚发"，而是虚发很多。其中还难免有许多错误。如果□打中一两环，那就要归功于毛主席亲自发动和领导的无产□级文化大革命和批林批孔运动，归功于毛主席和党的团结、教育、改造知识分子的政策。

第 一 节

春秋时期的前进的形势和

孔丘的反动的立场

在中国历史中，有两次社会大转变时期。在这样的时期中，社会的政治、经济、文化各个方面，都起了根本的变革，有了全新的面貌，得了显著的进步。这种情况，只有在一种社会制度向另一种社会制度转变的时期才能出现。

在中国历史中的两次大转变时期，一次是在近代和现代。这是从封建社会转变为半殖民地半封建社会，又从半殖民地半封建社会转变为社会主义社会的时期。其间在政治、经济、文化各方面所经过的变革是我们都熟悉的。另一次大转变的时期，是春秋战国时期，其间所经过的政治、经济、文化各个方面的变革，我们从古代传下来的各种历史资料，也看到一些。向来的历史家，对于春秋战国时期的大变革，虽然有不同的解释和评价，但是有这种空前大变革，这是没有人不承认的。这次大转变，究竟是什么性质呢？这是近年经常讨论的问题，经过批林批孔运动，这个问题已经基本上解决。

在历史的发展过程中，社会总是一分为二的。一方面是革新、革命派顺应历史的发展，改革社会。另一方面是保守、顽固派妄图把历史的车轮向后拉，抱残守阙，阻碍社会变革。这就是复古、倒退与革新、前进两条路线的斗争。这种斗争，在社会大转变时期，特别突出。既然是转变，当然有变者，有被变者。被变者总是不愿意放弃他们的既得利益，不[退]出历史舞台。他们就要主张，或保持现状，或要恢复他[们]的已经失去的天堂。他们所走的路线，必然是复古、倒退的[路]线。变者与此相反，所走的路线必然是革新、前进的路线。这两条路线的斗争是不可调和的，长期存在的。

中国社会在春秋战国时期的大转变，是由哪一种社会[转]向哪一种社会呢？从这个大转变的结局看，经过这次大转[变]新建立起来的是地主阶级专政的政权。地主阶级的统治的社会是封建社会。这是很明显的。按照社会发展史的规律，[地]主阶级的政权所取代的政权是奴隶主的政权。封建社会所[取]代的社会是奴隶社会。从这方面看，春秋战国时期这个大转变，按其性质说，是从奴隶社会转向封建社会的大转变。在这个转变时期，奴隶主阶级是被变者，是革命的对象。地主阶级是变者，是革命的领导的力量。在这两个阶级的斗争中，奴隶主阶级走的必然是复古、倒退路线，地主阶级所走的必然是革新、前进路线。

但是，在历史研究领域中，向来存在着尖锐的斗争。国民党反共分子、托派、叛徒、特务、修正主义分子陈伯达之流，别有用心地公开否认中国有过奴隶制社会。承认中国曾经有奴隶制社会的历史工作者，在奴隶制向封建制转变的具体时间上，也有不同看法。

我认为我们不能把中国社会从奴隶社会转向封建社会这次大转变向上推，也不能向下移。因为在春秋战国以前或以后，一直到清朝末年，都没有出现过政治、经济、文化各方面都起根本变化的现象，在文化方面尤其是如此。

151

在春秋时期阶级斗争和路线斗争的过程中，孔丘在思想战线上是哪个阶级的代言人？他是为哪个阶级服务的？他走的是哪条路线？这是中国哲学史首先要回答的问题。在回答这些问题上，我在六十年代所写的《中国哲学史新编》（下文简称《新编》），企图为孔丘辩护，把孔丘说成是地主阶级的代言人，孔丘思想在当时起了一定的进步的作用。就是说，他在当时所走的路线也是革新、前进的路线。我也知道孔丘的思想和法家的思想是对立的。我也认为法家思想是当时新兴地主阶级的思想。为了解决这个矛盾，我就说，当时新出现的地主阶级，有个来源问题。在这个阶级中，有一部分是从奴隶主贵族阶级转化过来的，有一部分是从当时的商人和手工业主里面上升起来的。孔丘是前者在思想战线上的代表，法家是后者在思想战线上的代表。这就是说，当时的地主阶级有两个阶层，孔丘和法家分别代表这个阶级的两个阶层。这两个阶层虽然来源不同，但都是地主阶级。孔丘和法家虽然有比较保守和比较激进的不同，但都是地主阶级的代言人。他们的矛盾与斗争，主要的是地主阶级内部的矛盾与斗争。我现在认为，这样分析是不对的。

孔丘究竟是不是当时地主阶级的代表，在当时的大转变中，他究竟是替变者说话，还是替被变者说话，这只要看一看他对于"变"的态度就可以知道。对当时的大转变，他认为是"好得很"，还是"糟得很"？他认为是糟得很。他说："天下有道，则礼乐征伐自天子出；天下无道，则礼乐征伐自诸侯出。自诸侯出，盖十世希不失矣；自大夫出，五世希不失矣；陪臣执国命，三世希不失矣。天下有道，则政不在大夫。天下有道，则庶人不议。"（《论语·季氏》）意思就是说，在政治、社会秩序都很好的时候，天下有道。象制礼、作乐、出兵征伐这一类的大事，都是由最高统治者天子决定。在政治、社会秩序遭到破坏的时候，天下无道，象这一类的大事就由诸侯决定了。诸侯决定这一类大事，大概经过十代，很少不垮台。由大夫决定这一类大事，大概经过五代，很少不垮台。由大夫的家臣掌握国家大权，大概经过三代，很少不垮台。如果天下有道，国家的政权决不会落在大夫手里，如果天下有道，庶人就不议论国家的政治。孔丘所说的"天下有道"，显然是指西周奴隶主贵族阶级还能维持它的统治的时期。他所说的"天下无道"，显然是指东周以来奴隶主的统治日趋崩坏的时期。这是他用奴隶主阶级的立场、观点和方法分析问题而提出来的一般的原则。

孔丘又进一步用这个原则评论鲁国的政治形势，他说："禄之去公室五世矣，政逮于大夫四世矣。故夫三桓之子孙微矣。"（《论语·季氏》）孔丘的这段话，说明了鲁国的政权逐步下移的情况，也就是说，鲁国的奴隶主阶级的政权逐步为下层的新兴的地主阶级所夺取。因此，他感慨地说，鲁国的国君失去国家的政权已经有五代了。政权落在大夫手里已经有四代了。这些掌握政权的大夫就是鲁国的孟孙、叔孙、季孙三家。因为这三家都是桓公之后，所以称为"三桓"。他们掌握了鲁国的政权，已经四世。孔丘，照他的立场、观点、方法，认为三桓的子孙也应该不行了，就是说，新生地主阶级势力也应该按一代不如一代的规律发展，该轮到他们衰微再由奴隶主来取而代之了。

孔丘在这两段话里，暴露了他对当时的社会转变的态度。他说这种转变是"天下无道"，意思就是说，天下大乱，"礼得很"。他认为在这大转变之前的旧社会，是"天下有道"，天下太平，"好得很"。这是他对于当时社会的大转变的明确的表态。明确地表示他是站在当时的被变者的立场上说话的。

照孔丘在这里所说的，天下无道有三种情况：一是"礼乐征伐"的大权层层下移。二是政在大夫，甚而至于在"陪臣"手里。三是庶人也议论政事。这是当时社会、阶级力量对比的重大变化。从新兴的地主阶级立场看，这种变化"好得很"。他们所争取的就是这种变化。从奴隶主阶级看起来，这是"糟得很"，因为新兴阶级在这种变化中所得到的权力，就是他们原来所掌握的权力。这是新兴地主阶级向奴隶主阶级夺权，这当然是奴隶主所不能容忍的。

在上面所说的那三点中，从奴隶主阶级看，最坏的是庶人议论政治。在奴隶社会中，庶人占的是什么阶级地位呢？《左传》记载，楚国将伐晋，楚国的子囊反对说：晋国的政治很好，"其卿让于善，其大夫不失守，其士竞于教，其庶人力于农穑，商工皂隶不知迁业，……晋不可敌。"（襄公九年）《左传》又一段记载，晋国的赵鞅同郑国打仗，定出来赏格说："克敌者上大夫受县，下大夫受郡，士田十万，庶人工商遂，人臣隶圉免。"（哀公二年）意思就是说，打仗有功的人，如果原来是奴隶主贵族，如上大夫、下大夫、士之类，就加封他们的土地。如果他们原来是庶人或工商业者，就可以"遂"，（杜预注说："得遂进仕"。）就是说可以取得作官的资格。如果他们原来是奴隶（人臣隶圉），就可以免除他们的奴隶身分。

这两段记载，都提到"庶人"。大概在原来的奴隶社会中，人分为三大类，一是奴隶主贵族，从王、侯以至于士，都属此类。二是庶人，工商业者，大概他们都是介乎贵族与奴隶之间的自由民。新兴地主阶级除了从奴隶主贵族转化来的那一部分人以外，原来也都是庶人。最下一类是奴隶。（《左传》昭公七年又载芊尹无宇话说，"天有十日，人有十等。"从王至牧十等，这是比较详细的说法。）奴隶没有人身自由，庶人虽有人身自由，但也没有资格谈论政治。但在春秋时候他们也竟然谈论起来了。在孔丘看起来，这是"天下无道"达于极点，简直是"是可忍也，孰不可忍也"。

以前我认为，奴隶制和封建制的主要区别在于它们所行的剥削方式的不同。所以要看某一个人是拥护奴隶制或封建制，首先要看他是赞成哪一种剥削方式。《论语》记载说：鲁哀公问孔丘的学生有若说，年成不好，他的国家用度不够怎么办。有若回答说："盖彻乎"？为什么不用"彻"呢？（《论语·颜渊》）什么是"彻"，向来也没有人讲清楚。但是照下文鲁哀公说："二，吾犹不足，如之何其彻也"，这个"二"，有人解释为向农民收全年收入的三分之二的地租，有人说是十分之二。无论怎样，这都是封建制的剥削方式。"彻"总是比三分之二或十分之二较少的剥削，所以鲁哀公说：不行。照有若的回答看，他是赞成封建的剥削方式。当然有若的话，并不是孔丘的话，但总也是孔门之中的一种意见。

《论语》这一段的正确解释，是不是就是象我所说的那样，这还是问题。就算是照我所说的那样，《论语》的这一段也不过证明，在鲁哀公时，鲁国已经普遍地施行封建的剥削方式。有若不过是在这种已经施行的方式下替鲁哀公出主意。在春秋末年，封建的剥削方式已经相当普遍地施行，这完全是可能的。这是当时经济方面的大转变。象这种转变是经过相当长的时期才实现的。有若也只能在这种已经替哀公出主意。

在《新编》中，我还举了两件事作为孔丘赞成封建社会的证据。一件是当时有一个贵族叶公问他怎样办好政治。他回答说："近者悦，远者来。"（《论语·子路》）他又说：一国如果有了一个好的在上者，"四方之民皆襁负其子而至矣。"（同上）在奴隶制下，奴隶没有人身的自由，不能流动迁徙。孔丘主张招"来远人"，这是鼓励奴隶们自由迁徙，这就是赞成封建制的表现。其实，孔丘在这里并没有说鼓励或赞成什么的话。实际情况是，当时奴隶制已经崩坏，大量的奴隶解脱了枷锁，在社会上流动迁徙。在这种情况下，孔丘向当时尚未完全垮台的奴隶主贵族出谋献策，叫他们利用这种机会，实行些小恩小惠，尽量招来劳动力，以供他们剥削。这正是他的反动政治纲领"克己复礼"的运用。

另外一种是，当时有些国家已先后有了郡县制的设施。前五一三年，晋国的魏舒设了十个县，派了十个人作县大夫。其中有一个是魏舒自己的庶子。孔丘说："魏子之举"是"近不失亲，远不失举"，"以贤举，义也"。（昭公二十八年）《新编》说，孔丘对于晋国这一改革，表示赞成（95页）。其实孔丘并没有说他赞成郡县制。他所称赞的是魏舒用人的标准。他称赞了魏舒的"尚贤"，但是也还是肯定了魏舒的"亲亲"。他讲的"尚贤"，也不过是"尚"那些有功于王室的人，也就是那些死心塌地为复辟奴隶制卖力的人。

总的情况是，当时的社会已经有了很大的变革。在孔丘看起来，已经到了"天下无道"的地步。"无可奈何花落去"。在当时的情况下，他为当时日趋没落的奴隶主阶级作最大努力，妄图挽救他们的命运，恢复他们的统治地位。

孔丘自称为儒，儒是为奴隶主阶级搞意识形态的专家。据《周礼·天官冢宰（下）》："大宰之职……以九两系州之民。……儒以道得民。"就是说，儒这种官用意识形态统治人民。儒就是诗、书、礼、乐专家。在奴隶主的统治崩坏的时候，原来奴隶主阶级所养活的儒，流入民间。他们用自己所有的关于诗、书、礼、乐的知识，帮助人家办红白喜事，或者靠办私塾，以维持生活，继续宣扬反动没落奴隶主阶级的意识形态。孔丘原来就是这样的人。搞上层建筑，特别是意识形态，是他的专业。他深知道思想上的奴役对于维护和恢复奴隶主统治的重要性。在一个社会大转变时期，意识形态的转变，在相当长的时期内，落后于经济基础以及上层建筑的其他方面。在我们亲身经历中，一九一一年辛亥革命，到一九一九年五四运动，才提出来"打倒孔家店"，反帝反封建的口号。一九四九年，中华人民共和国成立。到一九六五年才正式展开了无产阶级文化大革命这个伟大的政治大革命。在春秋战国的大转变时期，也有类似的情况。孔丘就钻这个空子，大肆宣传奴隶主阶级的意识形态，赞扬奴隶主阶级的上层建筑。企图以此挖新出现的封建社会的经济基础的墙脚，阻碍封建社会的发展，由此复辟奴隶社会。一九一一年至一九一九年间，一九四九年直到现在，封建的和资产阶级的反动势力，及其在党内的代理人，刘少奇、林彪之流，屡次搞尊孔，搞复古主义，妄图挖社会主义的墙脚，复辟资本主义。这是效法孔丘。时代不同，但是都是这一条复古、倒退路线，其精神是一贯的，其目的是相同的。这里有一条规律：只要有阶级和阶级斗争，有资本主义复辟的危险，有两条路线的斗争，反孔和尊孔的斗争就不会结束。

第 二 节

反动的政治纲领——"克己复礼"

孔丘所宣扬的奴隶制社会的上层建筑（包括意识形态）总而名之曰礼，具体地说，就是周礼，就是西周的奴隶制以及奴隶主统治阶级的意识形态。

在古代思想中，特别是儒家的思想中，所谓"礼"的意义，相当广泛。在儒家的经典中，有所谓"三礼"。其中有《仪礼》，讲奴隶社会中各等级的人所行的礼节仪式。有《礼记》，讲各种礼节仪式所根据的理论原则，也包括和周礼没有直接关系的哲学著作。例如，《大学》和《中庸》原来也是《礼记》中的两篇。还有一部讲政府体制以及政治制度的著作也名为《周礼》。

《左传》引"君子"的话说："礼，经国家，定社稷，序民人，利后嗣者也。"（隐公十一年）这个"君子"，指的就是孔丘。在奴隶社会的上层建筑中，孔丘所要特别保护的有三种制度，一是分封制，二是等级制，三是世袭制，他所说的"经国家，定社稷"，是与分封制有关的，在西周的分封制中，天子和诸侯，都有他们自己的国家、社稷。"序民人"是与等级制有关的，"序"就是分等级。"利后嗣"是与世袭制有关的。孔丘希望，"礼"可以维护分封制和等级制，使奴隶社会万世长存。

孔丘认为周礼是最完全的礼。他说："周监于二代，郁郁乎文哉，吾从周。"（《论语·八佾》）意思就是说，周借鉴于夏、商两代，在这两代奴隶制的基础上建立了周礼。所以它达到了历史发展的顶峰。他要跟着它。可是在当时着奴隶社会的崩坏，周礼也开始不行了。这就是孔丘所谓"天下无道"的真实意义。

即以鲁国而论，当时鲁国的政权，已经落在新兴封建地主阶级三桓手里。其中的季氏破坏周礼特别厉害，孔丘也特别痛恨。《论语》记载说："孔子谓，季氏八佾舞于庭，是可忍也，孰不可忍也。"（《论语·八佾》）佾是舞的行列。天子用的乐舞用八个行列，每行八个人。季氏按其原来的等级说，是鲁国的大夫，对于周天子说，他不过是一个陪臣，是周天子的臣的臣。他竟敢用周天子的乐舞的人数。孔丘认为，这真是"僭越"之极，是绝对不能忍受的。

可是他有什么办法呢？他知道，要想达到他的恢复周礼的目的，必须掌握政权。有一个时候，季氏政权的内部发生了叛变。季氏的家臣公山弗扰占据季氏的都城反抗季氏，召孔丘去参加。孔丘准备要去，他的学生子路反对。孔丘向他解释说："夫召我者，而岂徒哉？如有用我者，吾其为东周乎？"（《论语·阳货》）意思就是说：他既然来召我，一定有他的用意。他可能要用我。如果他用我，我就可以建立一个东周。这一句话，暴露了孔丘一生的反动立场。所谓东周是对西周而言。孔丘认为，周礼是文王、周公在中国西方建立起来的，现在衰败了，他要在中国东方把它恢复起来。

孔丘生于鲁国。鲁国是周公受封的国，一切都是照周礼办事的。晋国的韩起到鲁国参观以后说："周礼尽在鲁矣"。（《左传》昭公二年）在当时各诸侯国中，特别在东方各国中，鲁国是周礼的一个标本,是行周礼的一个典型。孔丘也说:"齐一变,至于鲁,鲁一变,至于道。"(《论语·雍也》)就是说,齐国有些地方不合周礼,所以要变一下,才达到鲁国的程度。可是周礼在鲁国也受到破坏了,所以要变一下。

孔丘的梦想,是以鲁国为基础,恢复周礼。他所谓变,不是向前变革而是向后倒退。所谓道的具体表现就是周礼。他认为,如果在鲁国恢复了奴隶制度,那就是变到最完善的地步。其实是倒退到最落后的地步。

他是想借公山弗扰的武力夺取季氏所掌握的鲁国政权,在鲁国恢复周礼,建立东周。公山弗扰没有成功,孔丘也没有去。他又通过别的途径,取得了季氏的信任,在季氏的支持下当了鲁国的大司寇,并且在一个短时期内代理宰相职务。孔丘掌握了政权,首先杀了当时主张革新的少正卯,又派兵拆毁"三家"的都城使之符合周礼。他的这种复古的作为,当然是行不通的。他只得离开了鲁国,又到列国去"周游"。

孔丘的复辟奴隶制的反革命政治纲领是"克己复礼"。克己为了复礼,复礼就是复辟奴隶制。

《论语》有一段记载说:"颜渊问仁。子曰:'克己复礼为仁,一日克己复礼,天下归仁焉。'……请问其目。孔子曰:'非礼勿视,非礼勿听,非礼勿言,非礼勿动。'"(《颜渊》)"仁"是孔丘所讲的最高的道德原则和道德品质,下节还要讨论。现在只说,"复礼"就是恢复周礼。"复礼"是目的,"克己"是达到这个目的的方法或途径。"克"的意思是"胜","克己"就是战胜自己所有的不合乎周礼的东西。不合乎周礼的东西都被战胜了,去掉了,周礼自然就恢复了。孔丘所说的"四勿"中的那四个勿字,说的就是克己。孔丘认为，如果一个"在上"的人能够一天"克己复礼"，天下的人都要归向他。这是孔丘所幻想的"克己复礼"在政治上的效果。向来的反动阶级，总是幻想自己的力量的强大，过高估计自己。孔丘也是这样。他幻想有朝一日，如果有一个国君能够举起克己复礼的黑旗，就可以得到很多人的拥护，已经崩溃的奴隶主的统治就可以恢复。"克己复礼"这四个字，是孔丘的政治纲领，也贯穿在他的思想的各个方面。

《左传》有一段话说："仲尼曰：古也有志，克己复礼，仁也"。（昭公十二年）《左传》引的孔丘的这句话，和《论语》中孔丘回答颜渊的话，完全相同，不过多了"古也有志"四个字。"志"就是记载。孔丘也是引用以前的成语，以说明他自己的意思。加上《左传》的这一段，可见"克己复礼"是孔丘常说的话。

孔丘还说："诗三百，一言以蔽之曰：'思无邪'"。（《论语·为政》）《诗》就是《诗经》，其中包括三百多篇诗。"思无邪"是《诗经·鲁颂·駉》篇中一句诗。孔丘认为这句诗可以包括全部《诗经》的意义。邪和正必定有个标准，这个标准，照孔丘看来，当然就是周礼。照孔丘的全部思想体系看，"非礼勿视，非礼勿听，非礼勿言，非礼勿动"，这四目之外，还要加上第五目，那就是非礼勿思。这一目比原来那四目，还要根本。因为视、听、言、动，只是人的外部的活动，思是人的思想。人的外部活动是人的思想的表现。如果思想"复礼"，他的视、听、言、动，自然也"复礼"。他的思想"无邪"，他的视、听、言、动，自然也就"无邪"。"克己复礼"概括了孔丘的复古主义思想，也概括了他的复辟奴隶制的活动。正象列宁所说的，反动阶级不仅有复辟的希望，并且把它变为行动。

孔丘所讲的克己复礼，是要求每个人都按照复礼的目标要求自己。如果每个人真的这样作了，周礼自然也就在政治上、社会上恢复了。这就是克己复礼在政治上的意义，他所说的"天下归仁"，说的就是这个意义。

各个时期的反动派都知道，要改变政权的性质，就要先改变人的思想。在孔丘的时代，奴隶的起义和新兴地主阶级的争取政权，在孔丘看来都是"犯上作乱"，是最大的"非礼"。他提出"克己"，就是要求当时先进的人们克去这些"非礼"的思想行动，以"四勿"或"五勿"达到"复礼"。

孔丘为了实现这一"克己复礼"的政治纲领，他又提出了"正名"的政治主张。

孔丘第二次在卫国的时候，卫国发生了一件争夺君位的大事。卫国的国君灵公，不喜欢他的太子蒯聩，蒯聩逃避在国外。后来卫灵公死了，卫国的君位由蒯聩的儿子辄继承。几年以后，蒯聩借了晋国的兵保护回来，辄派兵去阻挡。这件事比较复杂。按周礼说，他们父子二人，究竟谁对谁不对呢？《公羊传》说：蒯聩对，辄不对，"父有子，子不得有父"，以子拒父是不对的。《谷梁传》说：辄不错，"其弗受，以尊王父也"，辄是受祖父之命为君，他不接受他父亲回来，是尊他的祖父。（并见哀公二年）辄本来有用孔丘的意思。孔丘的学生子路在卫国作官。他问孔丘说：卫君等着先生出来管理国家大事。假使先生出来，你首先要办的是什么事？孔丘说，必定先要正名。子路说，有这样的办法吗？先生真是太迂阔了。正个什么东西？孔丘说："名不正则言不顺，言不顺则事不成，事不成则礼乐不兴，礼乐不兴则刑罚不中，刑罚不中则民无所措手足。"（《论语·子路》）意思就是说应该先按父、子这两个"名"，判定蒯聩和辄究竟谁对谁不对，这就是"正名"。如果这个问题没有解决，他们二人，无论谁当卫君，都是"名不正"。如果一个当君的人首先是名不正，他说出来的话，就不会顺当。说出来的话不顺当，那就什么事情都办不成。什么事情都办不成，就不能提倡礼乐。不提倡礼乐，刑罚就不会恰当。刑罚不恰当，老百姓就无所适从了。

孔丘认为，每一个名都有它的意义。代表社会的各种关系的名的意义，就是周礼所规定的那些条条框框。照他看来，应该用这些条条框框来纠正当时不合乎这些条条框框的事。这就叫正名。

《论语》记载说：齐景公问政，孔丘回答说："君君，臣臣，父父，子子。"（《论语·颜渊》）这就是说，事实上为君的人的行为，必需合乎"君之名"；事实上为臣的人的行为，必需合乎"臣之名"；事实上为父的人的行为，必需合乎"父之名"；事实上为子的人的行为，必需合乎"子之名"。孔丘认为，每一个名，例如"君"、"臣"、"父"、"子"等，都有其一定的意义。这些意义就代表这个名所指的事物所应该如此的标准。这个标准，他称为"道"。"君"、"臣"、"父"、"子"的名，代表君、臣、父、子的"道"。事实上处于君、臣、父、子的地位的人，如果都合乎君、臣、父、子的"道"，就是"天下有道"；不然就是"天下无道"。照他看起来，"无道"就是"乱"，那

163

就是说，象周礼所规定的正常的社会秩序不能维持了。孔丘对付这种情况的办法，不是改变旧的名及其所代表的条条框框以符合实际的情况，而是用旧的名及其所代表的条条框框以纠正当时他所认为是不正常的实际情况。这就是他所谓"正名"，"正名"就是"复礼"。

在先秦哲学中，有一个重要的问题，就是关于"名"、"实"的问题。"名"就是名字；"实"就是由某个名所指的实际的东西。孔丘的"正名"的理论所注意的，并不是认识论的问题，也不是逻辑的问题。在春秋末年，认识论和逻辑的问题还没有有意识地提到哲学的日程上来。但是在客观上，"正名"牵涉到"名"与"实"的关系的问题。"君君"、"臣臣"，头一个"君"字，头一个"臣"字，是指事实上为君或为臣的具体的人，就是"实"。第二个"君"字，第二个"臣"字，是代表"君"、"臣"的"道"，是一般的名。孔丘的办法，是用一般的"名"以校正具体的"实"。他认为只要把"名"弄清楚，"实"自然就会改变。这是认为"名"或"道"是比具体的事物更根本。在"名""实"的关系这个问题上，这是唯心主义的先验论。

照儒家传统的说法，《春秋》这部书的主要的原则就是"正名"。孔丘作《春秋》或修《春秋》，就是在书本上实行他的正名的主张。《春秋》本来是鲁国的官方的国史，记载有鲁国的奴隶主贵族和其他诸侯国的奴隶主贵族的一些活动。当时各诸侯国都有自己的官方的国史。孟轲说："晋之《乘》，楚之《梼杌》，鲁之《春秋》一也。其事则齐桓、晋文，其文则史。孔子曰：'其义则丘窃取之矣'"。（《孟子·离娄下》）就是说，晋国的官方的国史叫《乘》，楚国的叫《梼杌》，鲁国的叫《春秋》，它们本来都是一□的东西。它们所记载的都是齐桓、晋文这一类的事。它们□文字把这些事记载下来，这就称为史。孔丘说，他所注□的，是这些史的原则，这些原则他窃取过来了。这些原则□是正名。

当时各国都有史官。他们记载事情，有一定的格□。如说他记载当时各诸侯的事情，都称他们的爵位。这□□位都是原来周天子所封的。比如楚国和吴国的国君，在周□的五等爵位（公、侯、伯、子、男）中，都是很低的一等，"子"。他们本来都是小国，到春秋时候，它们都强大了。它们的国君都自称为王。可是《春秋》还称他们为"子"，因为这些史官们向来都是照着当时官方的官样文章办事。周天子当然不会承认吴国和楚国的"王"，所以《春秋》只好认为他们还是"子"。

《春秋》就是这样的记载当时的事情。无论实际上的事情怎样变革，它只是装作没有看见，抱一个不承认主义。如果专凭《春秋》记载看，似乎在这个期间没有发生什么大的变化。天王还是天王，楚子还是楚子，吴子还是吴子。

这就是"正名"。《庄子·天下篇》说："《春秋》以道名分。""分"就是一个名所规定的有这个名的人的权利和义务。例如君、臣之间有君臣之分，这个"分"规定了君对臣的权利和臣对君的义务。

这个拥护周礼，不承认现实变革的原则，孔丘很欣赏。不过《春秋》的有些地方，孔丘还要再作一点修改、补充，使拥护周礼的原则更加突出。于是他就修《春秋》。

据儒家传统的说法，孔丘修《春秋》所用的方法是

"笔、削"。"笔"是就原来的《春秋》的记录上加一两个字，"削"是就原来的《春秋》的记录上减一两个字。公羊家说：孔丘为《春秋》，"笔则笔；削则削。子夏之徒不能赞一辞。"（《史记·孔子世家》）就是说，他对于一两个字的加减，有很大的讲究。孔丘学生都帮不上忙。一两字的加减就有褒有贬。这就叫"书法"。在这儿又一次地充分暴露了孔丘的顽固和反动。

《春秋》所最恨的是"犯上作乱"，特别象"臣弑其君，子弑其父"之类。以下杀上叫"弑"。一个"弑"字就是最大的贬词。不但对有"弑"的行为的要贬，就是有弑的企图（将要弑），也同样要贬。《公羊传》说："君亲无将，将而必诛"，（昭公元年）这就叫"诛心"。褒贬是《春秋》维护周礼的方法。

《公羊传》说："君子曷为为《春秋》？拨乱世，反诸正，莫近诸《春秋》。"（哀公十四年）这几句话，明确地说明了孔丘修《春秋》的目的。在中国奴隶制崩坏的时候，孔丘认为是"天下无道"，是他所谓"乱世"。"正"就是西周的奴隶制。他要"拨乱世，反诸正"，就是要恢复周礼，就是复礼。

从当时新兴的地主阶级看，天下大乱就是原来的统治秩序的崩坏。这是好事，不是坏事。历史的辩证的发展，就是要使新兴的地主阶级和原来的奴隶主贵族阶级之间的矛盾发展下去。发展的结果必然是新兴地主阶级战胜奴隶主贵族阶级。这样，这个矛盾就解决了。解决以后，地主阶级就成为"正"，自然会有新的对立面同它对立。这就又开始了新的矛盾。孔丘却是要阻止这个发展，妄图把历史拉回到奴隶社会那个阶段。这就是复古。"拨乱世，反诸正"明确地说明了复古主义路线的实质。

孟轲对于孔丘作《春秋》大加吹捧。他说，在《春秋》的时代，"世衰道微，邪说暴行有（又）作。臣弑其君者有之，子弑其父者有之。孔子惧，作《春秋》。《春秋》，天子之事也。是故孔子曰，'知我者其惟《春秋》乎！罪我者其惟《春秋》乎！'"（《孟子·滕文公》）就是说，孔丘自己也知道他作《春秋》的行为，同他在《春秋》中的主张是矛盾的。照他所说的，《春秋》对于当时的国君的行动，也都作了褒贬，而对于当时诸侯的褒贬，是天子的事情。孔丘没有天子之位，怎么也执行天子的职权？《春秋》的原则是"正名"，孔丘这样作是"名不正则言不顺"。孔丘一向反对"僭越"，可是他作《春秋》就是最大的"僭越"。照以后的公羊家的说法，孔丘不但执行天子的职权，而且自居为天子。公羊家说，孔丘"托王于鲁"，自命为是奉天命继承周朝的一个新的朝代。春秋二百四十年就是孔丘这个朝代统治的时代。孔丘本来企图以鲁国为基地恢复奴隶制，建立东周，可是在到处碰壁以后，他就作《春秋》，在《春秋》这部书里面，幻想地恢复了周礼，建立了东周。

汉朝的公羊家的说法，简直是荒唐已极，可笑之至，但是，他们的这种荒唐可笑的说法，正是孔丘顽固地坚持复辟奴隶制的反动政治立场的反映。

在《新编》中我说："孔子所说的'名'的具体内容，在表面上看起来，就是'周礼'所规定的一些东西。但孔子讲的'周礼'在精神上已经不是'周礼'，就是说，它不是奴隶制社会的上层建筑，而基本上是封建社会的

念。"（修订本99页）

"在表面上看，孔丘对于'周礼'，似乎只作了一些无关重要的修正；其实不然。在西周奴隶制度下，'礼不下庶人；刑不上大夫'（《礼记·曲礼》）。就是说，礼的适用不能下及于奴隶和劳动人民；刑的适用不能上及于中级以上的贵族。这是奴隶主等级制度的一个主要精神，也是'周礼'的一个主要规定，孔丘自觉地或不自觉地，恰恰改变了这个规定。"

"《曲礼》的这两句话是有根据的。《仪礼》讲士相见行甚么礼，下大夫相见行甚么礼，上大夫相见行甚么礼，接着说：'庶人见于君不为容，进退走。'（《士相见礼》）就是说，庶人碰见'君'，并不行甚么礼，因为礼不是为他而设。荀子说：'持（恃）手而食者不得立宗庙'（《荀子·礼论篇》）。'恃手而食者'就是'劳力'的劳动人民。他们'不得立宗庙'，当然也用不着'宗庙之礼'。荀子又说：'由士以上，则必以礼乐节之；众庶百姓，则必以法数制之'（《荀子·富国篇》）。荀子的这个意思跟'礼不下庶人，刑不上大夫'是一类的。不过荀子用'法'替代'刑'。这是奴隶社会的等级制和封建社会的等级制的不同。"（修订本100页）

"孔子没有主张把刑上及于贵族，象后来法家所主张的，但他明确地主张把礼下及于庶人。孔子说：'道之以政，齐之以刑，民免而无耻；道之以德，齐之以礼，有耻且格。'（《论语·为政》）这两句话的前一句所说的，是奴隶主贵族统治奴隶和劳动人民的传统办法；后一句所说的，是孔子所理想的改革。"（修订本101页）

《新編》的几段，好象考证得很详细，但结论是错误的。所谓周礼本来是包括很多的东西，社会制度、道德规范以及礼节仪式，都包括在礼之内。所谓'礼不下庶人'那个礼，是指表示奴隶主制度的等级的礼节仪式。上边所举的证据中所说的礼，都是指的这一类的东西。照周礼，这些礼是庶人所不能有的。这并不是说庶人并不在周礼所规定的社会制度之内。"礼不下庶人，刑不上大夫"，这就是礼。劳动人民当然不能享受奴隶主贵族所享受的礼节仪式，但是他们确是要守住"礼不下庶人"这个礼。孔丘教学生的礼，包括《仪礼》，其中当然还有"庶人见于君，不为容，进退走"这条礼。至于"道之以德，齐之以礼"那两句话的意义，并不是把奴隶主贵族所享受的礼节仪式也要下及于庶人。下节我们就来具体分析这两句话的意义。

第 三 节

"德"和"刑"的对立——
儒法斗争的一次战役

孔丘说："为政以德，譬如北辰，居其所而众星共之。"（《论语·为政》）意思是说，如果一个国君能够用"德"统治老百姓，他就可以象一颗北斗星，坐在那里不动，而别的众星都拱卫着它。他又说："道之以政，齐之以刑，民免而无耻；道之以德，齐之以礼，有耻且格。"（同上）意思就是说，一个国君，在统治老百姓的时候，如果仅只用"政"指导他们，用"刑"约束他们，老百姓可以不至于犯罪，但是不知道犯罪是可耻的。如果他能够用"德"指导他们，用"礼"约束他们，老百姓不但不犯罪，而且还知道犯罪是可耻的。这三条是孔丘明确地讲"德政"的话。所谓"德政"或"德治"就是"为政以德"。

我对于这些话的理解和评价，有三个阶段的变迁。

在一九五八年，我以讲"中国哲学遗产的继承问题"为名，提出了所谓"抽象继承法"。在此以前，我讲中国哲学史，向来都是用这个方法。照这个方法，看一句话只注意它的表面的、字面上的意义，不管它的实际内容，特别不管它的阶级内容。例如我在我的旧《中国哲学史》里面说，孔丘所讲的"德"是指个人的道德品质。他所讲的"礼"

是指社会规范，包括社会的风俗习惯，以及政治社会制度。孔丘所说的"道之以德"意思就是，要提高个人的道德品质。他所说的"齐之以礼"，意思就是要加强社会规范对于个人行为的制裁，要造成一种风俗习惯，造成一种舆论，使人感觉到不道德的行为、犯法的行为是可耻的。这样，人自然而然就不犯法了。他的这样作法，着重提高人的道德品质，加强社会感化的力量。比起用禁令刑罚强迫人使之不敢犯法，要好得多。这是孔丘对于"人"的尊重。

这就是，对于孔丘所说的"德"和"礼"作字面上的解释，取其抽象的意义。凡是尊孔的人基本上都是用这个方法，但是我特别有意识地把这个方法作为一个方法提出来，这就掩盖了哲学史中的各种思想的阶级内容，混淆当时阶级斗争的阵线，歪曲哲学史发展的规律。这不仅是一个方法问题，归根到底，是一个阶级立场问题，是一个在当时的两个阶级、两条路线斗争中站在哪一方面的问题。

在文化大革命的过程中，我逐渐了解列宁所说的"**真理总是具体的**"（《进一步，退两步》，《列宁选集》人民出版社1972年版，第1卷第507页）这个教导的意义。孔丘所说的"德"和"礼"也都是有具体内容的，特别重要的是其阶级内容。比如说道德品质吧。各阶级所提倡的道德品质，都有其不同的阶级内容。无产阶级所提倡的道德品质是为人民服务，打倒一切剥削阶级，建立社会主义社会和共产主义社会。这些品质，在剥削阶级看起来，就是"犯上作乱"，是最大的罪恶。各个阶级也各有其不同社会规范。无产阶级革命，就是要打破剥削阶级的社会规范，建立自己的社会规范。

有了这一点认识以后，我才看出孔丘所说的"道之以德"那些办法，无非是加强对于劳动人民的麻醉和欺骗，使劳动人民不但不敢反抗，并且也不想反抗，由此从根本上消灭一切"犯上作乱"的思想和行为。

列宁说过："**所有一切压迫阶级，为了维持自己的统治，都需要有两种社会职能：一种是刽子手的职能，另一种是牧师的职能。刽子手镇压被压迫者的反抗和暴动。牧师安慰被压迫者，给他们描绘一幅在保存阶级统治的条件下减少痛苦和牺牲的远景（这些话说起来就特别容易，因为不用担保"实现"这种远景……），从而使他们忍受这种统治，使他们放弃革命行动，打消他们的革命热情，破坏他们的革命决心。**"（《第二国际的破产》，《列宁选集》第2卷第638页）就是说，要有两手，一手是迫害和镇压，一手是麻醉和欺骗。孔丘所说的"道之以政"和"道之以德"这两种统治老百姓的办法，就是列宁所说的那两手。孔丘是向当时的统治者出谋献策说，在他看起来，牧师的那一手，比刽子手的那一手更有效。在某种意义上说，在一定的条件下，牧师的一手也确是更恶毒。

但是孔丘也认为，"刑"是必不可少的。他说："君子怀德，小人怀土。君子怀刑；小人怀惠"。（《论语·里仁》）就是说，统治阶级想念着道德，用以欺骗、麻醉劳动人民。劳动人民想念着土地，希望得到土地的所有权。统治阶级想念着刑罚，用以压迫劳动人民。劳动人民想念着实惠，希望取得实际利益。当时，郑国用兵镇压"盗"，"尽杀之"。孔丘说，"善哉！政宽则民慢。慢则纠之以猛。"（《左传》昭公二十年）"慢"是傲慢的意思。就是说，统治者如果待老百姓太宽了，老百姓就瞧不起他。这就要用猛烈的办法"纠正"他们。孔丘主张要"宽以济猛，猛以济宽"。就是说，要把刽子手的一手和牧师的一手，交替使用。孔丘自己当权的时候，也杀了少正卯。这就是他的这个原则的贯彻。

上面讲过，孔丘在同子路讲"正名"的时候，提到礼、乐、刑、罚。汉朝的儒家们更明确地说：要统治老百姓，巩固封建统治，礼、乐、政、刑，都是不可少的。"礼、乐、政、刑，其极一也。所以同民心而出治道也"。就是说，这四者的最后目的是一致的，就是统治老百姓。又说："礼、乐、政、刑，四达而不悖，则王道备矣。"（《礼记·乐记》）就是说，刽子手和牧师两种职能，都是必需的。

现在，我觉得，对于孔丘的象上面所说的那样批判，对于后来的封建主义哲学家，都可以适用。仅只是这样批判，还没有揭露出孔丘思想的特点。

孔丘有个学生名叫樊迟。他告诉孔丘说，他想学种庄稼，种菜园。孔丘骂他是"小人"，接着就发了一段议论。他说："小人哉！樊须也。上好礼，则民莫敢不敬。上好义，则民莫敢不服。上好信，则民莫敢不用情。夫如是，则四方之民襁负其子而至矣。焉用稼？"（《论语·子路》）

在这段议论里，孔丘肯定了当时社会上两个阶级的对立，一个阶级的人叫"君子"（在当时的意思就是"老爷"），是"在上者"（就是说，是统治、压迫者），是不种庄稼的（就是说，是不劳动的剥削者）。与之对立的阶级的人是"小人"，是"在下者"，是"民"，是"庶人"（就是说，是被统治、被压迫的人），是种庄稼的（就是说，是被剥削的劳动人民）。

这样的两个阶级的对立，西周以来，都是如此。西周以来的统治阶级也都如此说。《国语》记载曹刿的话说："君子务治，小人务力。"（《鲁语上》）《左传》记载智武子的话说："君子劳心，小人劳力，先王之制也。"（襄公九年）《国语》也记载公父文伯之母的话说："君子劳心，小人劳力，古之制也。"（《鲁语下》）孔丘也这样说，他是拥护奴隶社会的"古制"，而且要恢复它的。

在这一段议论里，孔丘还肯定，"上好礼"为的是叫"民莫敢不敬"，"上好义"为的是叫"民莫敢不服"，"上好信"为的是叫"民莫敢不用情"（老老实实地劳动）。这样说起来，好礼、好义、好信的目的是统治老百姓。好礼、好义、好信，只是"在上者"的内部事情。孔丘认为，"在上者"如果作出这些姿态，就可以影响老百姓，叫老百姓尊敬他们，服从他们，老老实实地为他们劳动。孔丘说过："君子之德风，小人之德草，草上之风必偃。"（《论语·颜渊》）孔丘意思就是叫"君子"刮一阵"道德风"，叫"小人"那些草都"倒伏"。这就是"道之以德"的真实意义。

在这一段议论里，孔丘连用了三次"莫敢不"。这充分暴露了"君子"的凶恶面目。为什么"莫敢不"呢？因为孔丘是两手交替使用的。刨根到底，对于不服从礼的人，还是要"齐之以刑"。

"齐之以礼"，这个礼就是周礼。刚才所说的"君子""小人"之分，是"古之制"，这就是周礼中的重要的一条。孔丘首先要用这一条来"齐"老百姓，叫他们知道"在上者"和"在下者"的分别而安于被剥削、被压迫的地位。周礼还制定了许多条条框框，束缚、压迫劳动人民。照孔丘说，这都要恢复起来，使老百姓安于这些条条框框，就是"齐之以礼"的真实意义。

孔丘所说的"道之以德"的德，就是奴隶主贵族所提的德。他所说的"齐之以礼"的礼，就是奴隶主贵族的礼。在当时奴隶社会正在崩溃的时候，孔丘提出来"道之以德，齐之以礼"。这就是要复古，要复辟。

现在我认识到，在当时阶级斗争的形势下，孔丘把"道之以德，齐之以礼"和"道之以政，齐之以刑"，对立起来，这就不仅是两种统治老百姓的手法交替使用的问题，而且是当时两个阶级、两条路线的斗争的问题，是春秋末期儒法斗争的一个重要的环节。孔丘是主张两种手法的，但是《论语》中这一段所讲的不是那个问题。

早期的儒法斗争，是围绕着"刑"这个问题展开的。刑是奴隶主贵族专政的暴力。在奴隶和庶人（包括新兴地主阶级）起来造反的时候，他们就要打倒奴隶主专政的这种暴力。

在奴隶社会中，奴隶主贵族统治奴隶和劳动人民，有各种各样的残酷的刑。他们也有一些条款，规定什么罪用什么刑。但是这些条款，只供奴隶主贵族参考，对于奴隶和劳动人民是不公开的。这样，对于奴隶和劳动人民在什么情况下用什么刑，完全由奴隶主贵族自己临时决定。"刑不可知，则威不可测。"（《左传》昭公六年孔颖达疏语）这样，他们就可以任意屠杀奴隶和劳动人民，使奴隶和劳动人民处于极端恐怖之中，以维持他们的统治。

由于奴隶的起义和新兴地主阶级势力的加强，旧的办法就不行了。他们开始要求把这些用刑的条款公布出来。在晋国，在这种压力下，当时的执政者子产"铸刑书"，把奴隶制的刑法铸在一个铁的东西上，公布出来（公元前五三五年）。晋国的一个各国知名的奴隶主贵族政治家叔向，给子产写了一封信，大概的意思说，先王办事靠"制"（即礼制），不靠刑。怕的是老百姓有争心。这还不够，所以他们又用各种的道德教训他们，"民于是乎可任使也，而不生祸乱"。如果老百姓知道有刑书，他们就要怕刑书，而不怕他们的在上者了。他们有了争心，在上者就没有办法了。抛弃了礼，郑国就快要灭亡了。子产回信说，正是象你所说的。我这样办，为的是解决当前的问题，没有别的办法。你所说的那些恶果，我都知道。只是我的能力有限，也顾不得子孙了。（《左传》昭公六年）

子产的回信说明，他的政治立场基本上还是奴隶主贵族的立场。这说明他并不是真正的法家。他虽然不是真正的法家，而叔向倒是真正的儒家。

"铸刑书"这件事为什么引起了象叔向这种人这样大的愤怒呢？这是因为，刑书一公布，它就成为"法"了。这就改变了"刑不可知，则威不可测"的情况。奴隶主的"威"可测了。这对于他的"威"就是一种限制。虽然子产所铸的刑书，并不是刑书的开始，但这是法治的开端，和所谓德治或礼治是对立的。随着这个开端的发展，对立越来越大。叔向预感到这种形势，所以他对于子产"铸刑书"大为愤怒，对于子产大加责备。

可是当时的新兴势力对于子产的刑书并不满意。他们的代表邓析另外起草了一套刑法，写在竹简上，称为"竹刑"，以与子产的刑书相对抗。《吕氏春秋》说，邓析"操两可之说，设无穷之词"，"子产以《刑书》治郑。邓析务难之"（《离谓》），后来子产的继承人驷歂"杀邓析而用其竹刑"。《左传》记"君子"（一般指孔丘）的话说。驷歂"用其竹刑而杀其人"是不对的。（《左传》定公九年）这事好象有矛盾。其实，"用竹刑"是由于当时进步势力的进一步的压力，杀邓析是阶级报复。（一说，邓析是子产杀的，详下）各有各的原因。

邓析的《竹刑》的内容，无可考了。但是就《吕氏春秋》所说的，可知这是当时两个阶级、两条路线的斗争，是儒法的斗争的一次战役。

子产"铸刑书"的那一年，孔丘才十九岁，大概没有发表甚么意见。郑国"铸刑书"之后，又过了二十多年，晋国也铸刑鼎（前五一二年）。这个鼎上所铸的，是"范宣子所为刑书"。它可能同原来奴隶主的"刑书"有所不同。孔丘对于晋国的这种措施提出了反对的意见。他说："夫晋国将守唐叔之所受法度，以经纬其民，卿大夫以序守之。民是以能尊其贵，贵是以能守其业。贵贱不愆，所谓度也"。"今弃是度也，而为刑鼎。民在鼎矣，何以尊贵？贵何业之守？贵贱无序，何以为国？"（《左传》昭公二十九年）

意思就是说：晋国始受封君主是唐叔。他从周天子那里带来了法度。晋国应该永远用这种法度统治它的老百姓。晋国的各级奴隶主贵族，应该按着他们的等级守着这法度。这样，晋国的老百姓，才能够服从那些贵族。那些贵族才能够守着他们的地位和利益。现在不要这些法度了，而作刑鼎，老百姓都要看鼎办事，他们就不服从贵族了。贵族的地位和利益也就守不住了。贵贱的等级破坏了，那还成个什么国？孔丘的话同叔向的话基本上是相同的。

孔丘所说的"法度"就是叔向所说的"制"，就是周礼。他认为，周礼的精神是"贵贱不愆"。他所怕的是"贵贱无序"。他认为，如果奴隶和奴隶主的等级没有了，那国就不成其为国了。他所说的要死守着周礼"以经纬其民"，这就是"齐之以礼"。他认为，如果照铸刑鼎那样"齐之以刑"，他怕"民在鼎矣"，奴隶主贵族的权威就不能维持了。

《论语》所记载的，孔丘所说的"道之以德"那几句话，实际上就是叔向反对铸刑书和孔丘反对铸刑鼎的那两段话的简明的概括。他对于"道之以德"和"道之以政"作了褒贬。褒贬就是斗争。

在以后的历史中，儒家一直认为"道之以政，齐之以刑"，是法家的特点。儒家一直都用这些话歪曲法家思想的精神而加以攻击。在孔丘当时的情况下，他的这两句话也是对早期法家而发的。他是"有的放矢"，不是一般的泛论。

孔丘杀少正卯是这次儒法斗争的具体表现。照《荀子》的记载，孔丘"为鲁摄相，朝七日而诛少正卯"。对于杀少正卯，他的学生们也有意见。孔丘当时对他的学生们解释说：人有五种罪恶，盗窃还不在其内。一曰："心达而险"，就是说，他的思想很广泛，但是很凶险。二曰："行僻而坚"，就是说，他的行为是邪僻的，但是又坚持那样作。三曰："言诡而辩"，就是说，他讲的道理是错误的，但是又能自圆其说。四曰："记丑而博"，就是说，他掌握的材料说起来很不好听，但是很多。五曰："顺非而泽"，就是说，他能支持别人的错误的言论而又能加以润色、提高。孔丘说，如果一个人有这五种罪恶之一，就应该杀。何况少正卯都全有了。"故居处足以聚徒成群，言谈足以饰邪荧众，强足以反是独立。此小人之桀雄也，不可不诛也"。就是说，少正卯有了这五种罪恶（其实是才能），所以他所到的地方能号召群众，结成党徒。他的言论可以掩盖他的错误，以诱惑群众。他的顽强斗争又足以抵抗正确的批评，坚持他的错误。这是"小人"之中的杰出的人物，所以不能不诛。孔丘的这几句话所说的，可以说是少正卯的第六条罪状。（《荀子·宥坐》）

孔丘的这一段话，可以说是从反面为少正卯树碑立传。从孔丘的这段话中，可以看出来，少正卯是一个博古通今，学问广博，而又坚持真理，宣传真理，推行真理的政治活动家和理论家。孔丘主张"克己复礼"顽固地拥护奴隶制。他所认为是最大的邪僻，错误的言论和行动，当然是指反对礼，反对奴隶制的言论和行动。这种言论和行动，正是为新兴地主阶级服务的。从孔丘的这段话中，可以看出来，他和少正卯的斗争，是新兴地主阶级和没落奴隶主贵族这两个阶级的斗争，是保守、倒退和革新、前进这两条路线的斗争，也是在鲁国的儒、法斗争。

孔丘的这一段话，在以后的封建社会中，很有影响。在以后的封建社会中，在上层建筑领域内、特别是意识形态领域内的两条路线的斗争中，反动的保守派往往说革新派的人是少正卯。少正卯成为革新派的一个代名词。在被颠倒了的历史重新颠倒过来以后，反动的保守派对于少正卯的污蔑为对于少正卯的赞扬，对于少正卯的否定转化为对于他的肯定。

关于少正卯在儒法斗争中的言行的具体内容，"少正"这个官衔可以作为进一步考证的线索。

"少正"始见于《尚书·酒诰》："厥诰毖庶邦庶士越少正御事。"（毖，诚也。越，与也。）"少正"也称为"小正"。《尚书·多方》："越惟有胥、伯，大小多正。"就是说，许多的大正、小正。

《左传》记载，宋国为了救火，命令各级主官戒备。提到的官名有"隧正"（管理郊外地方的"政令徒役"的官），"校正"（"校正出马"，管马的官），"工正"（"工正出车"，管车的官），"乡正"（管理郊内地方的"政令徒役"的官）（襄公九年）。

由此可见，"正"是主管一种事务的官，对于这种事务，负全部责任。在周初是如此，在春秋时代也是如此。这些"正"的副职，称为"少正"或"小正"。

《逸周书·尝麦》篇："王命大正正刑书……太史策刑书九篇以升，授大正。"……（策当读为挟）。这说明西周时有管刑书的大正。

《礼记》中的《王制》，据说是汉文帝叫"博士"们作的，他们必定也根据一些历史资料。其中的"司寇"一段说："成狱辞，史以狱成告于正。正听之。正以狱成告于大司寇"。就是说，审判讼狱，负责审判的"史"作成判词，把判词呈交给总管讼狱的"正"。"正"覆审以后，呈交给大司寇。

照这些材料看，属于司寇的官，有专管修订刑律的"大正"，也有负责审判讼狱的"正"。少正卯所作的"少正"可能是前者的副职，也可能是后者的副职，更可能的是前者的副职。这从当时的反动、顽固派所强加于他的罪名可以看出来。

《王制》有"四诛"之条。第一条是"析言破律，乱名改作，执左道以乱政，杀。"第三条是"行伪而坚，言伪而辩，学非而博，顺非而泽，以疑众，杀。"这个第三条显然是《荀子·宥坐篇》所说的少正卯的"罪状"。

《史记·孔子世家》说，孔丘"诛鲁大夫乱政者少正卯"。可见"乱政"也是强加于少正卯的一个罪名。第一条所说的"乱政"的方法是"析言破律，乱名改作"。少正卯是修订刑律的"少正"。在他修订刑律的时候有所改革，照反动、顽固派看，这就是"析言破律，乱名改作，执左道以乱政"，"左道"就是"邪道"。照反动、顽固的人看，少正卯的改革是"邪道"。

关于"刑书"，是当时阶级斗争中的一个大问题。在这个时候，郑国有邓析，鲁国有少正卯，都是在这个问题上向反动、顽固派展开斗争。就在这个时候，孔丘作了鲁国的大司寇，成了少正卯的顶头上司。他又摄行相事，于是就假借职权，把少正卯杀了。《王制》说："此四诛者，不以听。"就是说，犯了那"四诛"之条的，不必经过正常的审判程序，就可以立时杀死。孔丘就是用这种恶霸办法杀了少正卯。

《史记·孔子世家》记载：孔丘"由大司寇行摄相事。……于是诛鲁大夫乱政者少正卯"。大司寇是孔丘的本职，"相事"是他的代理职务。大夫是少正卯的爵位，少正是他的本职，"乱政"是孔丘强加于他的罪名。这几句话联系起来看，可知少正卯的这个"少正"，是在大司寇管辖范閒之内的一个副职。司马迁的交代，本来是很清楚的。

司马迁的记载和荀况的记载是有出入的。荀况没有说少正卯是鲁大夫，只说是"鲁之闻人"，又说：他是"小人之桀雄"。照这个说法，少正卯不是当时的现任官，而是从当时社会下层起来的反抗势力的领袖。照这个说法，"少正"可能是少正卯的先世的官，到少正卯成为他的氏。"少正"是他的氏，卯是他的名。

无论如何，少正卯是管"刑名"的，或者他出身于"刑名"世家。这和他成为法家的前驱是分不开的。他与郑国的邓析相似。汉朝的淮南王刘安说："孔丘诛少正卯而鲁国之邪塞，子产诛邓析而郑国之奸禁。"（《淮南子·氾论训》）刘向说："子产杀邓析以威侈；孔子斩少正卯以变众。"（《说苑·指武》）可见是汉人把少正卯和邓析相提并论。《说苑》也抄了《荀子·宥坐篇》讲孔丘杀少正卯那一段。但是在中间加了几句，说：少正卯这一类的人"皆倾覆之徒也"（同上）。这倒是不错，他们就是要推翻奴隶主贵族的统治。刘安和刘向从反面说明了子产杀邓析，孔丘杀少正卯，是先秦儒、法斗争的两次战役。

孔丘杀少正卯是春秋末期两个阶级、两条路线斗争中的一件大事。可是，有一部分历史家否认历史上曾经有这件大事，甚至否认历史上曾经有少正卯其人。他们认为，孔丘是一个圣人，向来主张"德治"，"以德服人"，不能干出来那样残暴的事。从前封建社会中，否认有这件事的历史家，都公开这样说。他们并不隐讳他们的尊孔的动机。

我过去也是属于这一类的历史家，不过我比封建社会的前辈，多了一个资产阶级虚伪性。我隐讳我的尊孔的动机。

我说，我客观，我没有阶级偏见，我只是求历史的真实。

我在一九二六年开始写以前的那部《中国哲学史》。当时在"五四"运动"打倒孔家店"以后，在学术界中，尊孔的人，已经退到最后的一道防线，专从文化、教育方面为"孔家店"补修篱笆。我当时写孔丘，有一个目的，要证明孔丘是中国第一个私人讲学的人，第一个以私人的资格提出一个思想体系的人，第一个创立一个学派的人。我认为，在孔丘以前，学问都在贵族们手里，都是"官学"。春秋以后，"官学"变为"私学"，这是一个大转变。在这个大转变中，孔丘有了那三个"第一"，这就奠定了孔丘在以后成为封建社会"至圣先师"的基础，他后来登上了"大成殿"的宝座是有充分理由的。因为要给孔丘这三个"第一"，这就需要把与孔丘同时别的讲学立说的人都说成是不存在的。

历史中有两条路线的斗争，历史学中也有两条路线的斗争。无论什么时代，研究历史都是为当时的现实斗争服务的。历史学中的两条路线斗争也就是现实的两条路线斗争的一个组成部分。历史上有儒法斗争，历史学中也有儒法斗争。我的过去的中国哲学史工作，也反映了儒法斗争。我尊儒反法，就是为当时的政治上的尊儒反法服务的。我过去是尊孔的，我必然要保护孔家店，我所说的那三个"第一"，就是我在当时保护孔家店的一种手法。

至于所谓客观，没有阶级偏见，求历史的真实，那也是欺人之谈。资产阶级所谓客观，其实就是不客观，所谓没有阶级偏见，就是他的阶级偏见，所谓求历史的真实，就是掩蔽历史的真实。有这样的一个反动导演，他所导演的电影《中国》，就是一个例子。他导演电影，自称是客观，没有阶级偏见，求真实。可是，他为什么专门拍摄中国从旧社会遗留下来的那一点落后面，并尽力将其夸大，说这就是中国？这充分说明他是不客观，他完全是从资产阶级偏见出发，其目的是反华反共，为帝、修、反服务。

就史料说，孔丘杀少正卯这件事，首先记载于《荀子·宥坐篇》。《荀子》中的这一篇和《子道篇》都是记载孔丘和他的弟子们的言行的。《礼记》里的《檀弓》也是记载孔丘和他的弟子们的言行的。这和《论语》都是一类性质的著作。孔丘死后，必定有不少这一类的著作。在其中，《论语》的时代是要比较早一些，但是也不能说，只有《论语》里面有记载的事才可信。《论语》里面没有记载孔子在鲁国作大官的事，不能因此就认为孔丘在鲁国没有作那么大的官。

司马迁搜集了当时存在的各方面的史料，作成《史记》。这是当时的历史知识的总集。他对于当时存在的史料，也作了一番审查的工作。有些传说，他认为是"文不雅驯"的，他都没有收。（《史记·五帝本纪赞》）在《孔子世家》里，他记载了孔丘杀少正卯这个事实，可是和《荀子·宥坐篇》的记载，也不完全相同。《荀子·宥坐篇》说，少正卯是"鲁之闻人也。"《孔子世家》说，少正卯是"鲁大夫乱政者"。可见司马迁所看见的，除《荀子·宥坐篇》之外，还有其他材料。不能说，司马迁只是抄《荀子》，因而孔丘杀少正卯这件大事，只有一个孤证。

由此可见，我以前不承认有孔丘杀少正卯这件儒法斗争的大事，这就是不客观，有剥削阶级的偏见，不求历史的真实。这就是现在的儒法斗争中的一个斗争。

第 四 节

伪善的道德原则——"仁"
和"忠恕之道"

在《论语》中，孔丘讲礼和仁的地方最多。他的政治纲领，就是"克己复礼"。他所讲的"仁"，是他所认为的最高的道德原则和道德品质。在各个阶级的哲学中，政治和道德本来是分不开的。各个阶级的道德原则都是为它的阶级服务的；阶级斗争就是政治。所以没有脱离政治的道德；也决没有不需要适合于一定阶级的政治的道德原则。孔丘所讲的"礼"和"仁"，本来是一件事情的两个方面。他说："克己复礼为仁。"（《论语·颜渊》）就说明这个问题。

在过去，我曾经认为，"礼"和"仁"是孔丘的思想的两个方面，其间还可能有一些矛盾。我曾经说：注重"礼"和"孝"是孔丘思想的保守方面；注重"直"与"仁"是孔丘思想的进步方面。前者是使个人束缚于传统之内；后者是使个人自传统中解放出来。前者可以引申至于有反动性；后者可以引申至于有革命性。（《中国哲学底发展》，《中国哲学史论文初集》第4页）这完全是错误的。孔丘既要使个人束缚于传统之内，又要使个人从传统中解放出来，这怎么可能呢？事实是，他要使个人束缚于传统之内，反对使个人从传统中解放出来。这个传统就是周礼。

这是他讲礼的目的，也是他讲仁的目的。他讲仁，就是要更好地复礼，复辟奴隶制。下面我们就来分析、揭露和批判孔丘所讲的仁的反动本质。

《论语》中记载孔丘关于"仁"的言论很多，其内容也不完全相同。现在举几条比较重要的以为例。

（一）"颜渊问仁。子曰：'克己复礼为仁。一日克己复礼，天下归仁焉。'"（《论语·颜渊》）

（二）"仲弓问仁。子曰：'出门如见大宾，使民如承大祭。己所不欲，勿施于人。'"（同上）

（三）"樊迟问仁。子曰：'爱人'。"（同上）

（四）"子张问仁于孔子。孔子曰：'能行五者于天下为仁矣'。请问之。曰：'恭、宽、信、敏、惠。恭则不侮，宽则得众，信则人任焉，敏则有功，惠则足以使人。'"（《论语·阳货》）

从一、二、四条看起来，孔丘所讲的"仁"主要的是就"君子"说的。他说，如果能够"克己复礼"，天下的人都要归顺这种有"仁德"的人。这当然是就有很高政治地位的人说的。一个"小人"，无论怎样，也不能得到天下的归顺。

第二条说，使民是一种严重的事情，要象大祭祀那样的严重。这当然也是就有很高政治地位的人说的。"小人"本身就是"民"，他只能被"使"，没有"使人"的资格。

在第四条中，孔丘说，如果待民宽厚，就可以争取群众。如果待民有恩惠，就可以更好地使唤他们。这也是就有很高政治地位的人说的。"小人"本身就是"众"，他不需要"得众"，也无所谓"得众"。他本身就是被"使"的，根本没有"使人"的资格。

从孔丘在这里所说的"宽"和"惠"看起来，他所谓"爱人"，也就是对劳动人民行一些小恩小惠的欺骗手段，为的是要争取群众，叫劳动人民容易被使唤。

可见孔丘所说的"仁"，是他所说的"君子"的道德。所谓"小人"是排除在外的。他明确地说"君子而不仁者有矣夫，未有小人而仁者也。"（《论语·宪问》）就是说，"君子"之中，是有些人没有"仁"这种道德品质的。在"小人"中间，是不可能有这种道德品质的。又说："民可使由之，不可使知之。"（《论语·泰伯》）就是说："小人"，只可以叫他们跟着走，不可以叫他们懂得什么。又说："君子学道则爱人，小人学道则易使也。"（《论语·阳货》）就是说："君子"如果学一点"道"（君子的政治道德准则），他就可以爱人，就可以对于劳动人民给一点小恩小惠，以便更好地使唤他们。"小人"如果学一点"道"，就容易被使唤。孔丘在这些话里面，明显地暴露了他所谓"仁"的阶级内容。

从第三、第四条看起来，孔丘所说的"爱人"的内容，包括有"宽"和"惠"。在当时的政治家中，孔丘佩服郑国的没落奴隶主贵族的政治代表，子产。《论语》记载他："子谓子产有君子之道四焉。其行己也恭，其事上也敬，其使民也义，其养民也惠。"（《论语·公冶长》）孔丘和子产没有见过面，但在子产死的时候，孔丘落了眼泪，并且说："古之遗爱也。"（《左传》昭公二十年）孔丘回答子张那"五者"，大概他认为子产都已经达到了。他称子产为"古之遗爱"，就是说，他认为子产是能够"爱人"的。阶级斗争的历史充分证明，剥削阶级宣传的所谓"爱人"全是欺人的鬼话。他们所爱的，只是剥削阶级中的一部分人。子产所谓"爱人"，无非是对于劳动人民行一点小恩小惠，麻痹劳动人民反抗意志而已。

剥削阶级专政，其目的就是剥削、压迫劳动人民以保持他们自己的存在。无论他们给劳动人民什么小恩小惠，都是为了巩固他们的统治利益服务的。他们对于劳动人民的统治就是不义，孔丘说子产，"其使民也义"，这是奴隶主贵族的话。"其养民也惠"，以及"古之遗爱"，这些都是奴隶主贵族的话。孔丘是奴隶主贵族的代言人，他只能说他们的话。

照上面所讲的，孔丘严格地区别君子和小人。他所讲的仁只是君子的道德。这是奴隶社会生产关系的反映。

在《新编》中，我说：如果仁仅只是统治阶级，"君子"的道德，孔丘为什么要说："君子笃于亲,则民兴于仁"（《论语·泰伯》）呢？现在我看，孔丘的这一句话，和"上好礼则民莫敢不敬"那几句话是一类的。意思就是说，如果"在上者"能够亲其所亲，老百姓也就不敢不亲其所亲。亲亲也是仁的一个方面，但并不就是有仁德。

我曾经把孔丘所说的"爱人"，解释为爱一切人。其实，照上面所讲的，孔丘讲"君子"爱一切人是不可能的。孔丘他所爱的实际上只是一小撮奴隶主贵族。他也说过，"泛爱众"（《论语·学而》）这也无非是"宽则得众"的意思。还有一点，"一切"两个字，是我加上的，孔丘并没有说"爱人"这个"人"字是指一切人，没有说这个"人"字必须周延。孔丘所说的"爱人"，照上面所引的第四条看起

　　来，就是为了巩固他们的统治而对于劳动人民给一点小恩小惠。

　　为什么要给一点小恩小惠呢？这是因为在春秋末年，奴隶制已经是"日薄西山，气息奄奄。"奴隶主对于奴隶已经失去了控制的力量。奴隶或者反抗，或者逃亡。为了缓和奴隶的反抗，减少逃亡，同封建阶级争夺劳动力，所以强调对于奴隶使用小恩小惠。孔丘的思想，就是这种阶级斗争形势的反映。

　　列宁引费尔巴哈的话说："**谁要是安慰奴隶，而不去发动他们起来反对奴隶制，谁就是奴隶主的帮凶。**"（《第二国际的破产》，《列宁选集》第2卷第638页）这个论断，对于孔丘也是很合适的。

　　在孔丘的思想中，仁是最高的道德准则和道德品质。他有的时候，把智、仁、勇三种道德品质平列起来，说："智者不惑，仁者不忧，勇者不惧。"（《论语·子罕》）照这个说法，仁是三种道德品质之一。他又说："仁者必有勇，勇者不必有仁。"（《论语·宪问》）在他评论令尹子文和陈文子的时候，他说："未知（智），焉得仁？"（《论语·公冶长》）意思就是说，这些人连智还没有，怎么能够有仁？照这些话看起来，他认为仁是比智和勇又高一级的道德，也可以说是更全面的道德，包括智和勇。有仁的人自然有智、有勇，但是，有智、有勇的人不一定有仁。

　　孔丘对于仁的这种思想是和他所说的"克己复礼为仁"分不开的。照他所说的，象智、勇这一类的道德，虽然有它们本身的价值，但是也必须合礼才能算是真正的道德。他说："恭而无礼则劳，慎而无礼则葸，勇而无礼则乱，直而无礼则绞。" 《《论语·泰伯》》如果一个人仅仅有勇，可能把他的勇用在孔丘所认为是"犯上作乱"的事情上。照孔丘看起来，那样的勇，就不是一种道德，不是一种好的品质，而是一种恶的品质。把智、勇同周礼联系起来，智就是要为复辟奴隶制出谋献策，勇就是要为复辟奴隶制拚命卖力。

但是，对于仁没有这样的问题。因为仁的本身就是"克己复礼"。照孔丘讲，一个人能够把他的非礼的视、听、言、动以及思想，都克去了，他的一切都合礼了，周礼在他的身上完全都恢复了，他就算是有仁德了。所以可能有勇而无礼的事，不可能有仁而无礼的事。孔丘把仁作为最高的道德准则，这是和他把"克己复礼"，作为他的政治纲领分不开的。

照孔丘讲，忠恕之道是"为仁之方"，（《论语·雍也》）就是说，是实行仁的方法。孔丘所讲的仁和礼的关系，在他所讲的"忠恕之道"中，表现得更清楚。

在阶级社会中，每一个人都在一定的阶级地位中生活，也就是在一定的社会关系中生活。在一个社会大转变时期，阶级的力量对比，发生了根本的转化。革命的、进步的阶级推进这种转化，反动的、保守的阶级反对这种转化。孔丘主张"克己复礼"，就是反对当时的奴隶主贵族和新兴地主阶级的阶级地位的转化。他企图保持或者恢复奴隶主贵族的统治地位，把人民仍旧死扣在周礼所规定的阶级地位上和社会关系中。他所讲的"忠恕之道"，就是用以达到这种目的的方法。他说忠恕之道是实行仁的方法，实际上也就是复礼的途径。

孔丘说："吾道一以贯之"。就是说，他有一个中心的原则，贯穿于他的整个体系之中。他的一个大弟子曾参解释说："夫子之道，忠恕而已矣。"（《论语·里仁》）就是说，这个中心原则就是忠恕之道。"而已矣"三字很重要，就是说，除此之外，没有别的了。曾参为什么这样说呢？就是因为，孔丘的思想有仁和礼两个方面。忠恕之道，既是"为仁"的方法，也是"复礼"的途径，所以它可以把仁和礼"一以贯之"。

孔丘说：恕是"己所不欲，勿施于人。"（《论语·颜渊》）又说："己欲立而立人，己欲达而达人，能近取譬，可谓仁之方也矣。"（《论语·雍也》）意思就是说，我自己不愿意别人这样对待我，我也不要这样对待别人。我自己有个什么欲求，总要想着别人也有这样的欲求，在自己满足这样欲求的时候，总要使别人也能满足这样的欲求。这就叫"能近取譬"。他说得好象很冠冕堂皇，其实完全是欺人之谈。在阶级社会中，己与人都是有阶级内容的。孔丘的这些话的实际内容，是顽固地维护吃人的奴隶制，维护奴隶主贵族的压迫和剥削，反对人们起来斗争，革奴隶主的命。孔丘的这一思想，在以后的《大学》和《中庸》中有充分的暴露。

《大学》说："所恶于上，毋（勿）以使下。所恶于下，毋以事上。所恶于前，毋以先后。所恶于后，毋以从前。所恶于右，毋以交于左。所恶于左，毋以交于右。此之谓絜矩之道。"（《传之十章》）"矩"是用以量方的东西的方尺。"絜"就是"量"。"絜矩"就是用方尺量方的东西。自己的本身可以看作是一个"矩"。絜矩也就是"能近取譬"。朱熹在这一段的注说："如不欲上之无礼于我，则必以此度下之心，而亦不敢以此无礼使之。不欲下之不忠于我，则必以比度上之心，而亦不敢以此不忠事之。至于前后、左右，无不皆然。则身之所处，上下四旁，长短广狭，彼此如一，而无不方矣。"这就是所谓"已所不欲，勿施于人"。更确切一点说，就是"我不欲人之加诸我也，吾亦欲无加诸人"。（《论语·公冶长》）就是说，我不愿别人怎样待我，我也不要那样待人。

《中庸》引孔丘的话说："君子之道四，丘未能一焉。所求乎子，以事父，未能也。所求乎臣，以事君，未能也。所求乎弟，以事兄，未能也。所求乎朋友，先施之，未能也。"（十三章）意思就是说，你愿人家怎样待你，你也就那样待人家。人应该把他所要求于他的儿子的，先拿出来待他的父亲；把他所要求于他的臣的，先拿出来对待他的君；把他所要求于他的弟弟的，先拿出来待他的哥哥；把他所要求于他的朋友的，先拿出来待他的朋友。这也是"能近取譬"。

《大学》和《中庸》的这两段，明确地说明了孔丘所说的"忠恕之道"和"克己复礼"的关系。在阶级社会中，每一个人，都在一定的阶级地位中生活。这些地位，在奴隶社会和封建社会中，被孔丘和朱熹这些反动思想家，用所谓君臣、父子、兄弟等关系把它掩盖起来。在这些社会里，人们不是君就是臣，不是父就是子，不是兄就是弟。他们正是用这种被歪曲了的关系，把人们束缚在奴隶制的或封建制的压迫下，让人们老老实实永远在这个大枷锁的框框里受奴役。朱熹所说的"上下四旁，长短广狭，彼此如一，而无不方矣"，说的就是这种大枷锁。在奴隶社会或封建社会中，实际上人并不是可以以他自己为矩而使别的东西都方，而是统治阶级定下了许多条条框框的"矩"，使人们的行动都定死在这些框框之内，"而无不方矣"。旧社会中讲究所谓"矩"。矩是量圆的东西的圆规。"规矩"就是"礼"，就是这种奴役人的大枷锁。

在这些条条框框之中，所谓君臣、父子，应该是什么样子，都有一定的标准。这个标准就是所谓"道"。君有君道，臣有臣道，父有父道，子有子道。为君、为臣、为父、为子的人的言语行动，都要合乎这些道，才象个样子。当然他所谓象个样子，也就是奴隶社会中的君臣、父子的样子。这些样子，也就是奴隶主阶级的"礼"所规定的。所以，孔丘所讲的"正名"，也就是他所讲的"复礼"。孔丘认为，一个人必须照这个礼行动。这就是"非礼勿视，非礼勿听，非礼勿言，非礼勿动。"

《大学》所说的"所恶于上"，"所恶于下"等等，也都是以"礼"为标准说的。孔丘决不会承认，被剥削、被统治的劳动人民所恶于上的，最主要的就是被剥削、被统治。朱熹的注就说明这一点。孔丘说："君使臣以礼、臣事君以忠。"（《论语·八佾》）朱熹就用这个话以说明"所恶于上"，"所恶于下"。这些"所恶"都是以"礼"为标准说的，都只能在"礼"的规定之内，绝不能在其外。

《中庸》所讲的"所求乎子"，"所求乎臣"，那些"求"，也是这样。照孔丘的意思，父所求于子的，就是要求他的儿子照着"子道"侍奉他。君所求于臣的，就是要求他的臣照着"臣道"侍奉他。而他自己呢，也要照着"子道"侍奉他的父，照着"臣道"侍候他的君。

《大学》、《中庸》所讲的"忠恕之道"的两个方面，配合起来，就完全是孔丘所讲的"正名"，也就是孔丘所讲的"复礼"。照孔丘所讲的"仁"的内容是"克己复礼"，所以"忠恕之道"这个"为仁之方"也就是"克己"之方。

孔丘所讲的"己所不欲、勿施于人"那个"欲"字，和《大学》所说"毋"字，《中庸》所说的"求"字，都有确定的内容，都是在"礼"的范围之内说的，都不能离开"礼"的标准。孔丘的意思是这样，中国历来的封建哲学家对于"忠恕之道"的理解，也是这样。只有资产阶级哲学家和哲学史家，对于孔丘所讲的"忠恕之道"才有不同的理解。这是用资产阶级的自由、平等、博爱来解释孔丘，把孔丘的思想披上了资产阶级的外衣。我过去讲孔丘，就是这样。

如果把孔丘的"忠恕之道"，孤立起来看，对于"己所不欲，勿施于人"，"推己及人"这些话，作字面上的了解，作超阶级、超历史的解释，那就可以认为，孔丘所讲的"忠恕之道"就是说，在任何时期，社会中的人，都是站在平等地位上，可以随随便便地照着他自己的欲望，有所恶，有所求，由此"推己及人"。这就是仁。仁的内容，就是"爱人"。这种字面上的了解，配上西方资产阶级在革命时期所讲的"自由、平等、博爱"，这样一讲，孔丘就成了近代的"圣人"了。

大家知道，资产阶级所宣扬的"平等"，从来就是虚伪的，不仅如此，即使是这种观念的提出，也是历史的产物。在奴隶社会和封建社会中，不但没有"平等"这样的事，就是这个观念也没有，也不可能有。

我过去对于孔丘的"忠恕之道"就是这样错误地理解的。在我三十年代所写的那部《中国哲学史》中，我给孔丘所讲的仁下了一个定义，说："仁者、即人之性情之真的及合礼的流露，而即本同情心以推己及人者也。"（97页）这里作的完全是超阶级的资产阶级人性论的解释。孔丘所讲的"礼"，是中国春秋以前奴隶主社会的"礼"，他所讲的"克己复礼"是要"复"奴隶主的"礼"。孔丘是要把人的欲、恶、求，都限制在奴隶主的"礼"的范围之内。我在这里所讲的"人"是抽象的人，不是具体社会里边的某一个阶级的人。这里所讲的"礼"，也是抽象的礼，不是某一种社会中某一个阶级的"礼"。我在这里所讲的"性情"和"同情心"也是抽象的性情和同情心，不是某一种社会中某一个阶级的人的性情和同情心。这些抽象的东西，实际上都是不存在的。他们不过是人的思想中的一些概念。因此，这里所说的"推己及人"，不过是人的思想中的一种想象，实际上也是不存在的，纯粹是欺人之谈。

离开了人的阶级性而谈人的性情和同情心，认为抽象的人有共同的性情，这就是资产阶级人性论。资产阶级大谈人的共同的人性，这就是要用这种抽象的人性论，反对马克思主义的阶级论。马克思说："**人的本质并不是单个人所固有的抽象物。在其现实性上，它是一切社会关系的总和。**"（《关于费尔巴哈的提纲》，《马克思恩格斯选集》第1卷第18页）在阶级社会中，社会关系也就是阶级关系。一个人是哪一个阶级的人就有哪一种社会关系，这一种社会关系的总和，就是他的"性"。离开一个人的具体的社会关系，即阶级关系的抽象的人性，实际上是没有的。

我的《中国哲学史》对于孔丘所讲的"仁"，专从字面上了解，不管这些字面背后的阶级内容。这种方法就是"抽象继承法"。凡是认为孔丘所讲的"仁"和"忠恕之道"是"放之四海而皆准，行之万世而不悖"的人，所用的都是"抽象继承法"，不过是有的人自觉，有的人不自觉而已。我在五十年代，把"抽象继承法"作为一个方法提出来，这完全是同马克思主义的阶级分析法相对立的，这是自觉的"抽象继承法"。无论自觉或不自觉，其根源都是资产阶级立场和资产阶级世界观。

在六十年代，我写《新编》，口头上也说要用阶级分析法。我试用阶级分析法分析上面所引的《大学》和《中庸》那两段。我也说这两段话明确地暴露了孔丘所说的"忠恕之道"的阶级内容。（110页）但是我又说，也必须承认，孔丘所说的这些话是以普遍性的形式提出来的。（111页）我引马克思、恩格斯的话说："事情是这样的，每一个企图代替旧统治阶级的地位的新阶级，为了达到自己的目的就不得不把自己的利益说成是社会全体成员的共同利益，抽象地讲，就是赋予自己的思想以普遍性的形式，把它们描绘成唯一合理的、有普遍意义的思想。"（《德意志意识形态》，《马克思恩格斯选集》第 1 卷第53页）

马克思恩格斯的这一段话，主要的是就在革命阶段的资产阶级说的。西方的资产阶级对于封建制进行革命的时期，提出"自由"、"平等"、"博爱"这些口号，把它们说成是代表社会全体成员的共同利益，赋予这些思想以普遍性的形式，把它们描绘成唯一合理的，有普遍意义的思想。这不过是他们这样描绘而已；对于劳动人民说，这是欺骗。资产阶级对于劳动人民并不实行自由、平等、博爱。但是，在资产阶级还是在革命时期，这些口号，对于反对封建等级制度，有一定的进步意义。

可是，照上面所讲的，孔丘所讲的"忠恕之道"，实际上不过是"克己复礼"的另一种说法。"克己复礼"是保卫奴隶主的社会制度。在当时的阶级斗争的形势下，只有反动的意义，没有进步的意义。

我所说的普遍性形式，不过是"己所不欲、勿施于人"这些话的字面上的意义。我所用的还是"抽象继承法"。我说是要用马克思主义的阶级分析法揭露孔丘所讲的"忠恕之道"的反动实质，可是又说，于"忠恕之道"的阶级内容之外，还有它的普遍性形式。这就是又用"抽象继承法"否定了阶级分析法。表面上说是用马克思主义，实际上否定马克思主义，这就是修正主义的特点。

中国的资产阶级哲学家和哲学史家用资产阶级思想解释孔丘所讲的"忠恕之道"，一方面为的是尊孔，企图借此说明孔丘的"忠恕之道"是"放之四海而皆准，行之万世而不悖"。另一方面也为的是企图借助于孔孟之道以宣扬资产阶级思想。在解放以前，中国的社会是半封建、半殖民地的社会。资产阶级是软弱无力的。在政治上、经济上是如此，在文化上也是如此。他们不能建立自己的思想体系。他们宣扬资产阶级思想，也必须借助于在中国封建社会占统治地位的孔丘的思想。民族资产阶级是如此，至于买办资产阶级，它本来就是封建主义和帝国主义的走狗，它的思想当然也就是封建的资产阶级的混血儿。

第 五 节

反辩证法的"合二而一"论

——"中庸之道"

《论语》上有一段记载说：古代的一个"圣王"，尧，将要死的时候，把帝位传授给舜。他不但传授给他统治老百姓的政权，并且传给他统治老百姓的一个四字秘诀："允执其中"。后来舜把帝位传给禹的时候，也传给了他这个"秘诀"。（《论语·尧曰》）《论语》的这一段上面没有"子曰"二字，可能不是孔丘亲口说的，不过总是儒家比较早的一个传说。唐、宋以后，儒家有一个"道统"说，说是，有一个"道"，从尧、舜传到孔丘。道统的主要内容就是这个"中"字。《论语》的这一段，就是这个"道统"说的开始。

《中庸》引孔丘的话说："执其两端，用其中于民。"（第六章）《中庸》的这句话，可能是从《论语》的那一句话来的，不过多了"执其两端"四个字。这四个字很重要。有了这四个字，"允执其中"的那个"其"字就有着落。这个"其"字指的就是"两端"，"其中"就是"两端"的"中"。"允执其中"就是说，要确确实实地抓着"两端"的"中"，不可"过"也不可"不及"。

《论语》也记载孔丘的话说："吾有知乎哉？无知也。有鄙夫问于我，空空如也。我叩其两端而竭焉。"（《论语·

198

子罕》）孔丘的意思就是说：他自己实在没有什么别的**知识**。他所知道的，就是要注重"**两端**"。有一个普通的人，问他一件事情，意思很诚恳（空空即悾悾）。他就事情的**两个方**面，尽其所知而告诉他。这里所说的两端，就是《**中庸**》里说的两端，这里所说的"而竭焉"，就是说，告诉他**既是**这样，又是那样，貌似全面，其实还是折衷主义。

《论语》上有一个公式，就是：一方面是"**什么**"，而另一方面又是"**什么**"。例如《论语》上说："子温而厉，威而不猛。"（《论语·述而》）在这里，"温"和"厉"是两端。这两端合起来就成为孔丘的"岸然道貌"的形象。孔丘的学生说孔丘"**温、良、恭、俭、让**"。（《论语·学而》）这是说，他的形象是以"温"为主。可是，如果仅只是"温"，那岂不失去了他的奴隶主贵族的威严了吗？所以他还要"厉"。下面接着说："子威而不猛"。"猛"就是威严太过。可是威严太过，就暴露了奴隶主贵族的凶恶本质。所以又加上"不猛"，就是说，他还有"温"那一面，以掩盖他的"威"。

从辩证法说，一个统一体，一分为二，分成为两个互相排斥的对立面，而两个对立面又互相关联着。就是说，**它们是矛盾的统一**。其矛盾是绝对的，统一是相对的。矛盾的双方互相依存，又互相转化。矛盾着的两方面中，必有一方面是主要的，他方面是次要的。其主要的方面，决定这个统一体的性质。但是，这种情形不是固定的，矛盾的主要和非主要方面，互相转化着，事物的性质也就随着变化。这两个对立面经常变化。如果它们的量变还能保持着相对的平衡，这个统一体就保持着它原来的性质，保持着相对的稳定，暂时的平衡，即所谓常态。当它们的量变超过一定的限度，这个统一体的相对的平衡，所谓常态，就不能维持了，它就要改变性质，成为一个新的事物，这就是"新陈代谢"。**"新陈代谢是宇宙间普遍的永远不可抵抗的规律。"**（毛泽东：《矛盾论》，《毛泽东选集》第297页）

孔丘所说的"两端"，是没有斗争的、静止的两个对立面。他所说的"中"，就是要永远保持统一体的平衡，不使发生质变。他所说的"过"、"不及"，就是指偏离平衡的状态，因此他都认为是不好的。他的这些观点完全是形而上学反辩证法的观点。

在当时孔丘称之为"天下无道"的时代，奴隶社会已经垮台了，旧的平衡，已经失去了，周礼已经崩坏了。孔丘，由于他的奴隶主贵族的立场，还妄想要恢复旧的平衡，要复礼，他宣扬"中"，以之作为"复礼"的理由。

照孔丘讲，在奴隶社会中，"中"的具体规定就是礼，即周礼。《礼记》记载，孔丘说，师（子张）是太过，商（子夏）是不及。子产好象是众人的母亲，能养活他们，但是不能教育他们。子贡答话说：怎样才可以决定什么是中呢？孔丘说："礼乎礼！夫礼所以制中也。"（《仲尼燕居》）《论语》中也记载孔丘说的"师也过，商也不及"的一段（《论语·先进》）。《礼记》的这一段，可能是从《论语》那一段推演而来，中间又加上了论子产的几句话。意思是说，子产对于老百姓，宽得太过，严则不及。过和不及，都是错误的。只有中才是正确的。可是怎样决定那个中呢？孔丘说：礼呀！礼呀！礼是决定中的。这个礼当然就是周礼。孔丘是以礼作为中的具体的规定。

孔丘承认奴隶社会中有两种人的对立，君子和小人的对立。他要严格区别君子和小人。这就是承认奴隶社会中有两个矛盾着的对立双方。他也感觉到，在他的时代两个对立双方的力量的对比在发生变化，它们的地位在互相转化。这就是他所说的"天下无道"。他认为这种情况之所以发生，是由于小人的"犯上作乱"。他要"小人""贫而无怨"（《论语·宪问》），要叫小人安于被剥削、被压迫的贫穷地位，不但不应该有反抗的行为，甚至也不应有怨恨的思想。如果有了，那是太过，不合乎中。为了表示公平，他也要求"君子""富而无骄"。照他所说的，奴隶要好好地作奴隶，不可怨恨奴隶主。奴隶主也不可以富骄人。这样奴隶社会就可以万世长存。这是他的如意算盘，也是他的强盗逻辑。

孔丘又说："敬而不中礼谓之野，恭而不中礼谓之给，勇而不中礼谓之逆。"（《礼记·仲尼燕居》）所谓"不中礼"就是不合乎"中"。奴隶主贵族特别害怕的是劳动人民的"勇而不中礼"。逆就是"犯上作乱"。《论语》也记载孔丘的话说："勇而无礼则乱。"（《泰伯》）

从上面的这些话也可以看出来，礼是奴隶主贵族决定的，"中"也是他们决定的。同时也可以看出来，他们所谓"中"的意义，以及他们的"礼"的政治的作用。《中庸》说，"用其中于民"，这就是说"中"是"圣人"制定出来，用到老百姓身上，以统治他们。话本来暴露得很清楚的。

孔丘又把"中"和"庸"联系起来。孔丘说："中庸之为为德也，其至矣乎！民鲜久矣。"（《论语·雍也》）《论语》讲"中庸"二字只有这一条。《中庸》又引孔丘的话说："君子中庸，小人反中庸。君子之中庸也，君子而时中。小人之中庸也，小人而无忌惮也。"（《中庸》二章）（小人之中庸也，朱熹据王肃本说，应作小人之反中庸也。）"庸"是什么意思，孔丘没有讲。照后来儒家的解释，"庸"就是平常的意思。朱熹在《中庸章句》标题下注说："中者，不偏不倚、无过不及之名。庸，平常也。"又引程子曰："不偏之谓中；不易之谓庸。中者，天下之正道；庸者，天下之定理。"意思是说："庸"是社会中现存的常规。既是常规，就是定理，对之不可有所反抗，有所变革，不可标新立异，更不可犯上作乱。剥削阶级要保护它的既得利益，它就要维持现状，照常规办事。这个现状和常规，就是"中"所要维持的那个相对的平衡。

可是，被剥削、被压迫的"小人"，就是要打破这种常态，破坏这种平衡，这就是"反中庸"。孔丘说这些"反中庸"是"无忌惮"，用我们的话说，就是：他们什么都不怕，敢于造反，敢于胜利。

孔丘说：君子"时中"。照孟轲后来发挥的，"所谓时中"就是说，所谓中是随时变动的，随着统治阶级的需要而变动的。"中"并不一定是在与"两端"等距离的中心点上，也并不是老在一个点上。孔丘所讲的"时中"，可能没有孟轲所发挥的那样多的意思，可能只是说，君子是时时刻刻守着"中"的。

不过孔丘也讲"权"。他说："可与共学，未可与适道。可与适道，未可与立。可与立，未可与权。"（《论语·子罕》）就是说，有些人也有志于学，但他所要学的未必是"道"。有些人虽然有志于学道，但未必能"克己复礼"。有些人虽然能"克己复礼"，但往往把礼当成一种死的规矩。执着死

的规矩，固定的办法，以应不同的事情。对于礼不能**灵活地**
应用，这就叫"未可与权"。

应用的灵活性，在表面上看起来，好象与"礼"原则性
有违背，但是在本质上正是同原则相符合。这种所谓"灵活
性"，实质上是，为了维护"礼"，为了复辟奴隶制，可以不择
手段，什么事物都可以干出来。所以董仲舒说："反经而合于
道曰权"。一切都是为"克己复礼"这个反动的纲领服**务**的。

孔丘的学生有若说："礼之用，和为贵。先王之**道**斯为
美。小大由之。有所不行，知和而和，不以礼节之，亦不可
行也。"（《论语·学而》）照这里所说的，礼的作用**是**区别
奴隶社会中的对立着的矛盾诸方面。礼首先区别君子、小人
（**即剥削、统治阶级和被剥削、被统治阶级），以及随**之而
有的，如上下，贵贱，贫富等对立。这些矛盾双方的**对立**和
斗争，本来是极其激烈的。在孔丘的时代，这种斗争，已打
乱了奴隶社会的平衡使之将及完全崩坏。孔丘为了要**挽救**奴
隶社会濒于灭亡的命运，宣扬矛盾调和，反对被压迫**阶级**的
斗争。他说是，礼的作用应该在矛盾调和中表现出来。但是
又恐怕调和的结果，会损害了君子、小人的区别，所以马上
又回到礼上，说，光是调和那可不行，还是要用礼对于调和
加以节制。

对立的统一是有条件的，暂时的，相对的，而对**立的**互
相排除的斗争则是绝对的。说它们之间可以用调和**代替**斗
争，这就是反辩证法的"合二而一"论。

后来的儒家又把"中"与"和"联起来。照这个**说法**，
整个的宇宙是一个"和"。整个的社会，也是一个"**和**"。
照这个说法，这些"和"是由其中的各个对立面的"**节**"构

成的。比如说，中国古代有人说，天生牛、羊、五谷，都是养活人的。但是，人在吃用的时候，也不能一下子杀绝吃光，也要让它们能够传种接代。这样，牛、羊、五谷就可以同人类"和平共处"。这就是所谓"和"的谬论。这些话真是荒唐之极，可是儒家所说的"无野人莫养君子"，其实就是这种意思。这就是说，剥削有理，压迫有理，造反无理。他们也说，剥削阶级也要给被剥削阶级稍微留一点维持生活和传种接代所必需的东西，而被剥削阶级更要老老实实地忍受剥削，这样，剥削阶级和被剥削阶级就可以"和平共处"。照他们说，这中间也有"节"，"节"就是"中"，"中"就是一方能维持对方的存在的界线。就是说，奴隶主阶级可以永远维护它压迫和剥削奴隶和其他劳动人民的地位，而奴隶和其他劳动人民则要永远老老实实地忍受残酷的压迫和剥削。这是最反动的奴隶主阶级的强盗逻辑，可是他们却把这种逻辑叫做"中"。这就是儒家学说的反动性和虚伪性。

《中庸》说："万物并育而不相害，道并行而不相悖。……此天地之所以为大也。"（三十章）《中庸》的作者对于万物在自然状态中生存竞争的激烈和残酷完全不讲，对于人类社会中阶级斗争的激烈和残酷也完全不讲。他完全不讲前者，就是为的完全不讲后者，其目的就是欺骗和麻醉劳动人民，企图消灭他们的革命意志，以保持当时社会相对的平衡，保持剥削阶级的既得利益。

所谓"和"就是对立双方的调和，就是"合二而一"。这种形而上学的观点，有其认识论的根源。但是，更重要的是其阶级根源。在阶级社会中，革新、前进和保守、倒退这两条路线的斗争，是阶级斗争的反映。受剥削、受压迫的阶级总是要革新，要革命，因为它们的阶级在革新和革命中，所得的总比所失掉的多得多。至于无产阶级革命，无产阶级除了它的锁链以外，没有什么东西可以损失，而所得到的是全世界。

春秋战国是中国社会由奴隶社会向封建社会转变的时期。奴隶主贵族原来是统治者，奴隶和新兴地主阶级原来是被统治者。在这个大转变中，奴隶们造了反，乘此机会，地主阶级也起来反抗。地主阶级这个被统治者要转化成为统治者，原来的奴隶主贵族要转化为被统治者。孔丘站在奴隶主的立场，就是要挽救已经破坏了的奴隶社会的平衡，反对"过"和"不及"。在他看起来，一切变革都是"过"，不努力保护奴隶制都是"不及"。

在近代和现代，中国社会又经过一个大转变时期。从半封建半殖民地的社会转变为社会主义社会。各阶级的地位又互相转化。原来居于统治地位的地主、资产阶级转化为被统治阶级，原来居于被统治地位的工人、农民转化为统治阶级。在这样的阶级斗争中，儒家的"中庸之道"又被地主资产阶级突出地抬出来了。自"五四"以来，反动派都称共产党为过激派。"过激"者，言其太过也。但是革命，特别是无产阶级革命，就是要"过激"。毛主席说："**矫枉必须过正，不过正不能矫枉。**"（《湖南农民运动考察报告》，《毛泽东选集》第17页）

我过去对于儒家的"中庸"、"中和"也大肆宣扬，并写了一本书《新原道》，妄称这是"中国哲学之精神"，与当时蒋介石、国民党反动派尊孔相配合，为他们的统治服务。其目的无非是同孔丘一样，要挽救当时的已经日益崩溃的现状，维持已经破坏的平衡。

第 六 节

孔丘的宗教的天命论和

"实用主义"的鬼神论

在奴隶社会中，奴隶主宣扬宗教思想，迷惑人民。他们说：宇宙有一个最高的主宰者，称为"帝"、"上帝"或"天"。这个主宰者能够发号施令，指挥自然界的变化，决定社会的治乱以及个人的祸福。他的号令叫作"命"或"天命"。"命"这个字的本来的意思，就是命令。"天命"就是上帝的命令。在春秋时期，这种传统的宗教思想日趋没落，但孔丘仍是这种宗教思想的拥护者和宣扬者。

《论语》记载孔丘讲天的地方很多。孔丘说："获罪于天，无所祷也。"（《论语·八佾》）意思就是说，一个人如果得罪了天，他到什么地方祷告都是无用的。又说："予所否者，天厌之，天厌之。"（《论语·雍也》）意思就是说，如果他作错了事情，天罚他，天罚他。又说："吾谁欺，欺天乎？"（《论语·子罕》）意思就是说，他欺骗谁呢？他能欺骗天吗？又说："天丧予！天丧予！"（《论语·先进》）意思就是说，天要灭亡他！天要灭亡他！又说："知我者其天乎！"（《论语·宪问》）意思就是说，了解他的，恐怕只有天吧！从这些话看起来，孔丘所说的天，仍然是当时的传统的宗教所说的天、帝或上帝，是宇宙的最高主宰者。

《论语》讲命的地方也很多。孔丘说："道 之 将行 也 欤，命也。道之将废也欤，命也。"（《论语·宪问》）意思 就是说，他的"道"或者能够实行，这是命 的 决 定。他的 "道"或者不能实行，这也是命的决定。又说："君子有三 畏：畏天命，畏大人，畏圣人之言。"（《论语·季氏》）在 这两条引文中，第一条所说的命也可以了解为 一 般 所 谓命 运。就是说，孔丘相信，有一种不可抗拒的异己的支配自然 和社会的力量。他的"道"能行与否，是由这种力量决定 的。可是，正如恩格斯所说的，相信有这种力量，同相信有 上帝，实际上没有什么差别。①如果同第二条联系起来，就 可见孔丘所说的"命"就是上帝的命令。在第二条中，孔丘 把"天命"、"大人"、"圣人之言"并列起来，认为三者 同是可敬畏的。这说明他认为这三者是一类的，"上帝"是 宇宙的最高主宰者，"大人"是社会的最高 统 治 者，"圣 人"是个人所信奉的权威。"圣人之言"是圣人所说的话， "天命"是上帝的命令。

孔丘也说："天何言哉？四时行焉，百物生焉，天何言 哉？"（《论语·阳货》）有人认为，这可见孔丘所说的天就 是自然。每年的四季自然地运行，万物自然地生长，不待上帝 说话。其实，孔丘的这段话无非是说，上帝也可以"无为而 治"。说不言就证明他能言而不言。当然，说天发号施令， 并不一定象小说中所说的，上帝坐在云霄宝殿上，对他的文 武百官，发布圣旨。只是说，自然界和社会中以及个人的事 情的变化都是上帝的意志的体现。这就是天的命令。

---

① 见恩格斯《自然辩证法》，《马克思恩格斯全集》第20卷第561页。

《论语》记载，孔丘"迅雷风烈必变"。（《论语·乡党》）就是说，他遇见了很响的雷，很大的风，他的脸马上就变了颜色。这不一定说明孔丘胆很小，这说明，他认为迅雷烈风这种非常的自然界的现象，也是由于上帝的命令。他"畏天命"，所以遇见这种非常的事情，他就觉得可畏。这说明，他认为自然界的事情是受上帝的命令支配的。

我在三十年代所作的《中国哲学史》，对于孔丘所说的天，本来是如上面所了解的。可是我在六十年代所写的《新编》里，因为要证明孔丘是当时新兴阶级的代表，就说，孔丘在这个问题上，突破了人格神的宗教迷信，这在古代无神论发展史上，是一个进步。《新编》也承认，孔丘在他自己无可奈何的时候，特别感觉到，有一种神秘的力量支配自然界和人类生活的变化。（修订本104页）其实，照上面所指出的，这种神秘的力量，就是上帝的别名。换一个名称并不能改变问题的实质，何况孔丘连名称也没有换。

孔丘特别着重人的社会生活所受天命的支配。孔丘的学生子夏说："商闻之矣，死生有命，富贵在天。"（《论语·颜渊》）"闻之"，就是说，他是听孔丘说的。孔丘认为，人的生死、贫富、贵贱，以及成功、失败，都是由天命决定的。但是人还是可以尽自己的力量，作他自己所认为是应该作的事，不管成功或失败。孔丘认为，即使明知是不能成功的事，只要认为应该作，还是要努力去作。当时的人说，孔丘是"知其不可而为之"。（《论语·宪问》）他的学生子路替他解释说："君子之仕也，行其义也。道之不行，已知之矣。"（《论语·微子》）就是说，孔丘要作官，为的是要实现君臣之义。至于他所讲的道不能实行，他已经知道了。这就是"知其不可而为之"。

《新编》对于孔丘的这种精神表示赞扬。其实这只是说，他坚持要恢复周礼，虽然他知道在历史的潮流面前，周礼是恢复不了的。"知其不可而为之"，无非表示他特别顽固，一定要执行复辟、倒退路线。至于子路所说的，也只是表示，"学而优则仕"在他的思想中，是根深蒂固的。

至于人的道德品质，孔丘则认为，是人的自己的努力所决定的，在表面上看起来，与天命完全无关。他说："仁远乎哉？我欲仁，斯仁至矣。"（《论语·述而》）又说："为仁由己，而由人乎哉？"（《论语·颜渊》）孔丘认为，仁是人的最高的道德品质，但是，这并不是很远的东西，如果要它，它就来了。为仁要靠自己，不靠别人。孔丘有一个学生对他说："非不悦子之道，力不足也。"就是说，我并不是不喜欢你的道，只是我的力量不够。孔丘说："今汝画。"（《论语·雍也》）意思就是说，什么力量不足，你不过是自己画了一条线把你自己限制起来了。《新编》说，这是孔丘对于天命的威权的一种限制。至少在人的道德生活上，他否定了天命。在这个问题上，孔丘表现了显明的无神论的观点。这个观点一直成了后来儒家中无神论的思想的基础。（修订本104页）其实，上面已经说过，孔丘认为，仁是君子才可以有的道德品质，小人是不可能有这种道德品质的。小人生而为小人，就是天命。可见在道德问题上，他还是认为有天命的。儒家思想一贯是唯心主义思想。有些唯物主义思想家，虽然自称或被称为儒家，其实，实际上并不是儒家。

孔丘以及后来的儒家强调，人的道德品质完全可以靠自己的努力就可以提高。他们这样强调是什么意思呢？联系

"死生有命，富贵在天"这两句话一起看，就可以清楚了。奴隶主贵族和后来封建地主对劳动人民说，你们穷，我们富，这是天命所决定的。你们就是应该穷，我们就是应该富。你们的寿命短，这并不是由于你们受折磨，这也是天命所决定的。对于这些，你们都不应该有什么抱怨。但是，你们的道德品质是可以靠你们自己努力提高的。你们的道德品质，表现在对于我们的忠实和服从。你们越是服从我们，越是对于我们忠实，你们道德品质就越高。在这一方面，是没有限制的。这是对于劳动人民的欺骗，是对于劳动人民的十分毒辣的精神奴役。

《新编》又说，在古代哲学中，"力"与"命"的关系也是一个重要的问题。孔丘的关于道德品质的说法，是对于这个问题的一种解决。这种解决，是为"力"与"命"划出各自的"势力范围"。划"势力范围"的意义是对于"天命"的威权加以限制，不是为"天命"保留地盘。（修订本104—105页）其实，天命本来是没有的，还要为它划"势力范围"，这就是为它"保留地盘"。照上面所讲的，孔丘及以后儒家强调，道德品质、靠"力"不靠命，这不过是推行奴隶哲学的一种方法，其中就包括有"天命"，这正是宣扬天命论的一个组成部分。

孔丘认为，礼的根据和根源，也是天命。《尚书·皋陶谟》说："天工人其代之。天叙有典，敕我五典五惇哉。天秩有礼，自我五礼有庸哉。同寅协恭，和衷哉。天命有德，五服五章哉。天讨有罪，五刑五用哉。政事懋哉懋哉"。意思就是说，奴隶社会的最高统治者是代天行事的。五典，照后来的解释，就是君臣、父子、兄弟、夫妇、朋友。这五种社会关系，后来称为五伦。这种"伦"是天所排列的。五礼，照郑玄的说法，就是天子、诸侯、卿大夫、士、庶民这五种人所行的礼。（孔颖达疏引）五服，就是五种等级的人所穿的规定的衣服以表示他们的等级。五刑，就是五种刑法，用以惩罚有罪的人。这里所说的五典、五礼、五服、五刑，包括了整个的奴隶社会的上层建筑。照《皋陶谟》所说的，这都是天所规定的。奴隶社会的最高统治者在社会中执行这些规定，是代天行事。《尚书》就是《书经》，古代称为《书》。孔丘用《诗》、《书》、礼、乐教人，传授、宣扬《诗》、《书》、礼、乐，当然也传授、宣扬《书》中的这种思想。

孔丘认为，天命是周礼的来源和根据，这在孔丘自己的话中，也可以看出来。

孔丘说："吾十有五而志于学，三十而立，四十而不惑，五十而知天命，六十而耳顺，七十而从心所欲不逾矩。"（《论语·为政》）孔丘活了七十二岁。这段话，讲了他七十以后的思想情况。他是在晚年回顾他一生的思想变化的过程，概括了他认为是思想变化的几个主要阶段。

对于研究孔丘的思想，这一段话很重要。但是文字很简略，意思也很隐蔽，需要先加注释和揭露。

孔丘说：他在十五岁就志于"学"。照下文看起来，这个学不是关于知识的学。这个学就是学周礼。就是说，他十五岁就立下志愿要"克己复礼"，要复辟奴隶制，以求得到他所理想的道德品质，"仁"。

第二句说："三十而立"。三十岁孔丘就可以"立"了。孔丘说："不学礼，无以立。"（《论语·季氏》）又说："立于礼，成于乐。"（《论语·泰伯》）从这几句话看起来，所谓立就是学礼已经达到一定的程度。达到什么程度呢？他没有明确地说。也许是已经达到"非礼勿视，非礼勿言，非礼勿听，非礼勿动"（《论语·颜渊》）那"四目"能够达到的程度。达到这种程度，视、听、言、动，都可以循规蹈矩，不至于违反周礼，可以站得住，这就是立。

第三句说："四十而不惑"。孔丘到了四十岁，就能不迷惑了。对于什么不迷惑，他没有明确地说。联系上文，大概这个不惑，也是对于礼的不惑。如果仅只是"非礼勿视，非礼勿听，非礼勿言，非礼勿动"，那也许是被动的，盲目的，知其然而不知其所以然。如果，对于礼的根本原则有所认识，那就可以了解为什么必定要这样作，不可以那样作。这种了解就叫不惑。

第四句说："五十而知天命"。孔丘到五十岁，就知道天命了。这个天命有什么内容，孔丘没有说。联系到上文，大概这里所谓天命也是就礼而言。孔丘认为，如果仅只就社会的原因说明礼的必要性，那还不够。必须认识到，礼的规定不仅是由于社会的需要，而且是由于上帝的命令。有了这样的认识，礼的基础就更稳固了。这种认识，就叫知天命。

第六句说："六十而耳顺"。据近人的研究，"耳"字就是"而已"。而已两个字的连续，念得快了，就认为"耳"。"六十而耳顺"，就是六十而已顺。顺什么呢？联系上文，顺是顺天命。知天命仅只是知道礼是出于上帝的命令，上帝的命令是不可违抗的，必须服从。服从如果是出于勉强，如果是因为怕上帝降罚，不得已而服从，那还不够。必须是心悦诚服地服从，心安理得地服从。这样的服从，就叫顺。孔丘说，他在六十岁以后，就能够这样地顺天命了。

第七句说："七十而从心所欲不逾矩"。这个矩，就是礼的规定。孔丘说，到七十岁的时候，他就能随心所欲而自然不超过规矩。合乎规矩即合乎礼。在这个时候，他仍然是"非礼勿视，非礼勿听，非礼勿言，非礼勿动"。在表面上看，他似乎还是象三十岁那个样子，其实呢？照他说，完全不是。因为经过了不惑，知天命，顺天命，这三个阶段，他的循规蹈矩完全是出于自然，没有一点勉强造作。这就是后来儒家所说的："从容中道，圣人也。"（《中庸》）

孔丘告诉颜渊说："克己复礼为仁。"（《论语·颜渊》）孔丘所说的他的思想变化的过程，就是"克己复礼"的过程。第七句所说的，就是孔丘在这个过程中所达到的他认为是最高的地步。这也就是他所认为是最高的道德品质，"仁"。

孔丘的这段自叙说明，他一生的志愿就是学周礼。他认为要认真学周礼，就必须承认天命是周礼的来源和基础。顺天命就得实行周礼所规定的那些条条框框，那些"矩"。还必须把周礼同自己融为一体，以致于随心所欲，就自然而然地合乎周礼的"矩"。这就达到了"克己复礼"的最高成就，完成了"仁"这种道德品质。在孔丘的思想中，周礼、天命和仁，是"三位一体"的。

上面已经讲过，周礼是西周奴隶社会的上层建筑。其中包括奴隶主贵族的整套剥削、压迫人民的东西。孔丘宣扬他自己思想变化的过程，就是要叫人民都承认周礼是天命所规定的，要顺天命就得循礼，而且还要死心塌地地顺，不能三心二意。在这一段话里，孔丘讲"克己复礼"算是讲到头了，欺骗人民也算是欺骗到家了。

可是人民是不受他的欺骗的。孔丘讲"君子有三畏"的时候说："小人不知天命而不畏也。狎大人，侮圣人之言。"（《论语·季氏》）就是说，君子宣扬天命，小人不承认天命。君子宣称统治者应该受尊敬，小人拿他们开玩笑。君子称赞"圣人之言"，小人对之侮辱驳斥。这是当时人民的反抗精神，也是孔丘所说的"天下无道"的表现。

孔丘宣扬有天和天命，并以之为"克己复礼"的根据，这是明确的。周礼中的丧礼和祭礼，他也要完全保存下来，认为是不可改变的。并且认为这是人的生活中的重要事项。他说："所重：民、食、丧、祭"。（《论语·尧曰》）就是说，人除了吃饭以外，最重要的事就是办丧事和祭鬼神了。祭祀的对象，就是鬼神。既然重视丧、祭礼，就是承认有鬼神。

孔丘又说："非其鬼而祭之，谄也。"（《论语·为政》）就是说，各家有各家的祖先；自己的祖先，就是"其鬼"。《论语》又记载说："季氏旅于泰山。"孔丘说："曾谓泰山不如林放乎？"（《论语·八佾》）"旅于泰山"就是祭泰山的神。照周礼，只有天子才有资格去祭，季氏去祭就是僭越。但是，孔丘又没有办法阻止这种僭越。林放是个"知礼"的人。孔丘说：泰山的神还不如林放吗？意思就是说，泰山的神必定是"知礼"，既然"知礼"，就不会接受季氏的祭祀。

就这些话看起来，孔丘是承认有鬼神了。但是对于鬼神的存在，他也说了些模棱两可、含糊其辞、回避问题的话。他的学生子路向他"问鬼神。"他说："未能事人，焉能事鬼。"子路又问死，他说："未知生，焉知死？"（《论语·先进》）就是说，人你还伺候不了，怎么能伺候鬼？生，你还不知道，怎么能知道死？又说："祭如在，祭神如神在。"

（《论语·八佾》）就是说，祭祖先，要十分诚敬，就好象有祖先在那里。祭外神要十分诚敬，就好象有外神在那里。又说："敬鬼神而远之，可谓知矣。"（《论语·雍也》）他敬鬼神，但是又要"远之"，这算是"智"，那么不远之就是不智了。

孔丘对于鬼神的问题的态度大概是，不明确地否认鬼神的存在，但也不强调鬼神的存在。他认为，承认有天和天命是最主要的，承认有天命，顺天命而行（即顺周礼而行），这就不需要求鬼神的帮助保护。《论语》记载说：孔丘有一次病了，他的学生子路向"上下神祇"祷告，请求帮助保护。孔丘病好后，问子路有这件事没有，子路说有。孔丘说："丘之祷久矣。"（《论语·述而》）意思就是说，他向来作事都是合乎礼的，他畏天命，顺天命，这就是祷告。他一向就在祷告，不需要在有病时祷告。翻过来说，孔丘认为，"获罪于天，无所祷也。"（《论语·八佾》）就是说，要是不畏天命，不顺天命，那就是得罪了上帝。如果得罪了上帝，到什么地方祷告都不行。

照这些话看起来，孔丘对于鬼神的存在的游疑的态度，这并不表示他有无神论的思想，因为他已明确地肯定上帝存在。

刘向《说苑》记载说："子贡问孔子：死人有知？无知也？孔子曰：吾欲言死者有知也，恐孝子顺孙妨生以送死也，欲言无知，恐不孝子孙弃而不葬也。赐，欲知死人有知将无知也，死徐自知之，犹未晚也。"（《辨物》）照这段所说的，子贡问孔丘，死的人还有没有知觉？孔丘回答说，怎么说呢？我想说死的人有知觉，我又恐怕孝顺的子孙们妨碍他们的生活以埋葬他们的死去的先人。我想说死的人没有知觉，我又恐怕那些不孝的子孙们就不埋葬他们死去的先人。

孔丘叫着子贡的名字说，赐！你要想知道死人有知或无知，不必着急，等你死了以后，你自己就会知道，到那时候还不算晚。这里所说的子贡所提出的问题，也就是《论语》所说的子路所提出的问题。照《论语》所说的，孔丘回避了这个问题。在这里所说的，孔丘也回避了这个问题，但是，他说出了他为什么回避的道理。

《说苑》的这段记载，也说明了孔丘为什么对于鬼神的问题采取模棱两可、含糊其辞、回避问题的态度。他认为，这一类的问题，不是一个理论的问题，而是一个现实的问题。他要考虑这一类问题的回答的现实意义。

孔丘的学生曾参说："慎终追远，民德归厚矣。"（《论语·学而》）曾参的这句话，合乎孔丘的精神。"慎终"说的是丧礼，"追远"说的是祭礼。照曾参说，着重这些礼，为的是要使"民德归厚"。这就是儒家所认为的，丧祭之礼的现实意义。"民德归厚"就是说，要使人民都知道儒家所说的孝悌之道，尊奉宗法束缚的框框，服从族权的统治和压迫。

在中国奴隶社会和封建社会中，族权是政权的支柱。孔丘的另一个学生有若说："其为人也孝弟，而好犯上者，鲜矣；不好犯上，而好作乱者，未之有也。……孝弟也者，其为仁之本与。"（同上）"民德归厚"就是要使人民不犯上作乱。

从这些话看起来，孔丘所考虑的现实意义，就是怎样能够最好地维护奴隶社会的秩序和奴隶主贵族的统治。说鬼神存在也好，不明白说鬼神存在与否也好，其目的是一致的。他认为怎样说能够最好地达到这个目的，他就怎样说，而无论怎样说，也都不会妨害他的根本的宗教的天命论。

就其本质而言，这就是他的一种"实用主义"的鬼神论。

第 七 节

唯心主义的先验论和英雄史观

孔丘说："生而知之者上也；学而知之者次也；困而学之，又其次也；困而不学，民斯为下矣。"（《论语·季氏》）意思就是说，生来就知道的人，是上等人。学了就知道的人，是次等人。学中遇着困难但还坚持学的人，是又次一等人。学中遇着困难因而不学的人，在老百姓中，是最下等的了。

《论语》又记载孔丘说："性相近也，习相远也。" "唯上智与下愚不移。"（《论语·阳货》）这两段，照何晏的《论语集解》本，原来是一段。朱熹的《论语集注》分为两段。但朱熹也说，应该合为一段，第二个"子曰"是衍文。这里所谓"上智"就是"生而知之者"那些"上等"的人。这里所说的"下愚"就是"民斯为下矣"那些"下等"的人。这里所说的"性相近也，习相远也"，就是那些处于中间的"学而知之" "困而学之"那些人。孔丘认为，他们在本质上是差不多的，因为他们学的努力不同，他们之间的差别就越来越大了。

孔丘又说："中人以上，可以语上也；中人以下，不可以语上也。"（《论语·雍也》）这里所谓中人，就是那些"学而知之"，"困而学之"那些人。对于这些人，只要他们努力学，也可以同他们讲那些"上智"所能知道的事情。这些"中人"以下的人，就不能同他们讲那些"上智"所能知道

217

的事情。

孔丘的这几段话，概括了他的先验论的认识论和英雄史观的历史观。

首先要说明的是对于孔丘的第一段话怎么解释。这里有一个"之"字。这个字是重要的。"之"是个代名词，它在这里是代什么的？"生而知之"所知道的是什么？按字面翻译，可以翻成生来就知道那个东西，下边那三个"之"字也可以翻成"那个东西"，可是"那个东西"究竟是什么呢？所谓"生而知之"那个"之"字大概不是指知识性或技术性的东西，而是指道德观念、政治原则这一类的东西。相当于恩格斯在《反杜林论》中所批判的杜林的道德和法的原则。

孔丘是认为，这一类的东西是有些人的心中所固有的，可以从有些人的意识中找出来。这就是先验论了。正是如恩格斯所指出的："**他在自己的意识中发现了什么呢？绝大部分是道德和法的观点，这些观点是或多或少地同他所处的社会关系和政治关系相适应的表现——肯定的或否定的，得到赞同的或遭到反对的；其次或许是从有关的文献上抄来的观念；最后，可能还有个人的狂想。我们的玄想家可以随心所欲地兜圈子……而当他以为自己制定了适用于一切世界和一切时代的道德学说和法律学说的时候，他实际上是为他那个时代的保守潮流或革命潮流制作了一幅歪曲的（因为和它的现实的基础脱离）、头足倒置的映象，正如在凹面镜上的映象一样。**"（《反杜林论》，《马克思恩格斯选集》第3卷第136页）

先验论者所说的先验的东西，其实并不先验，而只不过是现实在他的思想中被歪曲了的反映。

先验论者所以把道德观念、政治原则说成是先验的，其企图是想把这些东西说成是超阶级和超历史的不变原则。**其实，正是如恩格斯所指出的，"一切已往的道德论归根到底都是当时的社会经济状况的产物。而社会直到现在还是在阶级对立中运动的，所以道德始终是阶级的道德；它或者为统治阶级的统治和利益辩护，或者当被压迫阶级变得足够强大时，代表被压迫者对这个统治的反抗和他们的未来利益。"**

（同上，第134页）

即以孔丘而论，上面所引他的那几段话，也就是当时阶级斗争的情况的歪曲的反映，而又为他所代表的阶级服务的。他的哲学上的唯心主义先验论和英雄史观，完全是为他在政治上的"克己复礼"的反动路线服务的。

上面已经讲过，在春秋时期，按照原来奴隶社会的阶级划分，人大致分为三类，也就是说，原来的奴隶社会分为上、中、下三层。第一层，是奴隶主贵族。在这一层中还有许多等级。天子是最高的，士是最低的。第二层是庶人、工、商等自由民。最下层是奴隶。孔丘把人分为上、中、下三类。这种思想是奴隶社会中阶级划分的反映。他所说的"上智"和"生而知之者"相当于上层社会的最高一级，天子和国君。他所说的"学而知之者"，相当于上层社会的中、下层的卿、大夫、士之类。他所说的"困而学之"的人，相当于庶人、工商业等自由民。他所说的"困而不学，民斯为下矣"，"下愚"的人，相当于奴隶。孔丘说："民可使由之，不可使知之"（《论语·泰伯》），因为他们"不可使知之"，所以只可以让他们听从驱使。

孔丘用知作为标准，把人划分为三等，所谓"上智"就是生而有知的人。所谓"中人"就是可以使知的人。所谓

"下愚"就是"不可使知"的人。

孔丘用这个标准为奴隶社会的阶级划分作理论的根据。这完全是颠倒黑白，纯粹是唯心主义胡诌。阶级的划分是以生产资料的占有方式不同为根据的，是有着深刻的经济与政治上的原因的，决不是以知识的有无与多寡为标准。至于知识的问题，完全是实践出真知，奴隶们直接参加社会实践，真正有知识的是奴隶而不是奴隶主。其实是，卑贱者最聪明，高贵者最愚蠢。奴隶主贵族不让奴隶有文化，因为他们害怕，一旦奴隶有了文化，他们的反抗就更激烈。可是他却反过来胡说，奴隶生来就是愚笨，又不肯学习，所以只可是"下愚"。

孔丘认为，象他所说的文王、周公之类，就是他所说的"生而知之"的人。他认为象周礼这样整套的奴隶社会上层建筑，都是从一些道德观念、政治原则推演出来的。而这些观念和原则，是文王、周公生来就知道的。

道德规范和政治制度，归根到底都是当时社会经济状况的产物。在阶级社会中，道德总是阶级的道德。文王、周公所讲的道德以及他们要维护的政治制度，都是为他们奴隶主贵族阶级的利益所决定的。他们为维护奴隶制而制定这些东西的时候，他们所用的材料，有些是从夏、商两代的奴隶社会的奴隶主贵族那里抄来的，有些是他们为了适应他们的时代的奴隶社会一些新的情况而制定的。总之，没有他们生来就知道的东西，先天的东西。

孔丘说："殷因于夏礼，所损益可知也。周因于殷礼，所损益可知也。其或继周者，虽百世可知也。"（《论语·为政》）他梦想周以后的社会也无非是对于周礼作一些枝节上的修修补补。至于作为周礼的基本的观念、原理、原则是要万世长存的。他一生所作的工作就是为恢复周礼使奴隶制万世长存而努力。

他宣扬"生而知之"，就是这种努力的一部分。他这样宣扬，就是肯定周礼所根据的观念、原理、原则都是"圣人""生而知之"的，都是先天的，所以是超时代、超地域、永恒不变的。从而为复辟奴隶制提供理论根据。

孔丘说："我非生而知之者，好古敏以求之者也。"（《论语·述而》）又说："述而不作，信而好古。"（同上）他肯定有生而知之的人，这就是先验论。至于他自己是不是这样的人，那是另一个问题，我们在以下还要讨论。专就上面这两段话说，他肯定他自己的学问是"述而不作"，就是说，他的学问，只是传述古代的人所已经有的知识，自己没有什么创作。他相信古代的旧东西，喜欢旧东西，在古代的旧东西中寻找他所需要的东西。这倒是实话。不过从认识论方面看，这还是先验论。如果我们问，古代人的知识是从哪里来的？可以回答说，是古代"圣人"传授的。如果再问，古代"圣人"的知识是从哪里来的？那就只能回答说，是从天上掉下来的，或者是"圣人"心中所固有的，无论怎样说，这都是先验论。

孔丘说："学而不思则罔，思而不学则殆。"（《论语·为政》）在《新编》中我说，孔丘注重多闻、多见，向古代经典学习，向同时的别人学习，这就是孔丘所谓"学"，从"学"中得到感性认识。因此，他的认识论有唯物主义成分。这是完全错误的。孔丘主张向古代经典学习，向同时的别人学习，这是真的。但是，他没有说过要直接向自然界、社会和生产劳动中学习，向客观世界学习。他所说的学，充其量，也不过是从古代的典籍中和同时别人的经验中，得到一些间接的知识。而学的主要内容又是所谓"周礼"，西周的一套典章制度。这都不是从自然、社会和生产活动直接得来的。这完全说不上是感性认识，充其量，不过是一些书本知识，一些西周制度的框框、条条。这种"学"完全是唯心主义的。

在《新编》中我又说：孔丘所说的"闻一知二"，"一以贯之"，是他所说的"思"。"思"就是把感性认识提高到理性认识。这又是完全错误的。照上面所说的，孔丘所说的"学"既然说不上是感性认识，他所谓"思"，充其量也不过是无源之水，无本之木。充其量，不过是一种玄想，一种唯心主义妄想。

在阶级社会中各种思想无不打上阶级的烙印，作为一个哲学家，无论什么思想和观点，都不是没有目的的，都有一个为什么人，为什么阶级服务，走哪条路线的问题。孔丘宣扬奴隶社会的诗、书、礼、乐，确有他的一套理论，这大概是他的"思"的结果，是他的"一以贯之"。但是，这样的结果，这样的"一"，并不能使人对于自然和社会的知识，有所增益，有所提高，不能对于社会进步有所推进，反而成了人类进步的阻碍，成了绊脚石。我在我以前的《中国哲学史》和《新编》中说，这可见孔丘并不是述而不作，而是以述为作，这是孔丘对于中国文化的大贡献。这完全是站在保守、倒退路线上说的，把倒退认为是进步。这又是完全错误的。

孔丘虽然说他不是"生而知之者"，但这不过是表面上的话。实际上，他认为他自己是受了天命而来继承和宣扬西周奴隶制文化的。他从卫国往陈国去，路过匡这个地方。这个地方的老百姓把他包围起来。他说："文王既没，文不在兹乎？天之将丧斯文也，后死者不得与于斯文也。天之未丧斯文也，匡人其如予何？"（《论语·子罕》）意思就是说，文王既然不在了，文化岂不就在我这里了，如果老天爷不要文化了，为什么他又叫我这个后死者参与继承、宣扬文化的任务呢？这可见老天爷还是要文化。他既然还要文化，匡人能把我怎样？孔丘在宋国的时候，又害怕受司马桓魋的迫害。他说："天生德于予，桓魋其如予何？"（《论语·述而》）所谓"天生德于予"就是说，上帝把"圣人"之"德"生在我身上，这就是"生而知之"。他的学生们又吹捧说："固天纵之将圣，又多能也"（《论语·子罕》）。当时别的吹捧他的人也说："天将以夫子为木铎。"（《论语·八佾》）这都是说，他是"生而知之者"，上帝给了他道德、知识和使命叫他继承和宣扬奴隶主贵族的文化，更直截一点说，他就是上帝派在人间的代表。基督教的耶稣说，他是上帝的儿子，上帝派他来拯救人类。孔丘的说法与耶稣有所不同，但实质上是一类的事情。《礼记》中的《檀弓》有一段说，有一天，孔丘夜里作了一个梦，梦见他坐在房子的两个柱子的中间受供养。第二天，他告诉他的学生子贡说："夫明王不兴而天下其孰能宗予，予殆将死也。盖寝疾七日而殁。"意思就是说，一个房子的两个柱子的中间，是人君坐的地方。人君坐在那个地方，发号施令，为天下人所宗仰。孔丘认为，在他的那个时候，"天下无道"，怎么会坐在天下人所宗仰的地方？由此他想，他大概要死了。孔丘果然得了病，不过七天就死了。《檀弓》的这段的记载，意思是说，孔丘一生到处碰壁，到了晚年，他自己也知道恢复奴隶制是不行了。但他的心不死。他认为，在他死以后，天下的人还是要"宗仰"他的。

孟轲引《泰誓》说："天佑下民，作之君，作之师。"（《孟子·梁惠王下》）君是统治老百姓的，他代表剥削阶级的国家的刽子手的职能。师是欺骗和麻醉的，他代表剥削阶级的国家的牧师的职能，孟轲引这句话并且大加发挥。孔丘没有直接引这句话，但是他的意思是和孟轲一样的。他认为，古代的"圣王"，如文王、周公，都是君而兼师。这种人都是"生而知之者"，他们都是受上帝的使命来统治老百姓。老百姓必须接受他们的统治和教化，都必须服从他们并向他们学习。历史是他们这些人创造的。老百姓不过是听他们的命令，受他们的指使，是他们的创造历史的材料。孔丘认为，他自己也是这样的"圣人"之一。在活着的时候，虽然没有当上"王"，但是他自以为已经当上了"师"，并且他相信，将来在他死后，还要当"至圣先师"，坐大成殿两楹之间，吃冷猪肉。

这就是孔丘和儒家的英雄史观。

剥削阶级永远不肯承认，也不会了解，**"人民，只有人民，才是创造世界历史的动力。"**（毛泽东：《论联合政府》，《毛泽东选集》第932页）

总起来说，孔丘的认识论是唯心主义先验论。他的这种先验论是奴隶社会阶级斗争的反映。孔丘宣扬这种先验论是为他的英雄史观作理论的基础。他宣扬这种先验论和英雄史观又是为他的复辟奴隶制的政治纲领作理论的基础。

第 八 节

复古主义的文艺观和
反动的教育路线

儒家政治的原则和方针政策，有四大部分：礼、乐、刑、政。"礼"是奴隶社会（后来又成为封建社会）的典章制度和社会秩序。"乐"（实际上就是文艺）是用艺术的形式宣扬歌颂这种制度和秩序的工具。"政"是推行这种制度，维持这种秩序的行政组织。"刑"是镇压那些破坏这种制度和秩序的人的暴力手段。

这四个部分也就是列宁所说的一切压迫阶级统治老百姓所需要的那两种社会职能。礼和乐是牧师的职能，政和刑是刽子手的职能。

在这四大部分中，"乐"好比一种糖衣炮弹。在孔丘的思想体系中，这个糖弹占很重要的地位。它的艺术形式，是它的糖衣。在这种糖衣之内，包括有孔丘的保守倒退、复辟奴隶制的路线。

《论语》上有一段记载说："子谓《韶》尽美矣，又尽善也。谓《武》尽美矣，未尽善也。"（《八佾》）照这段记载所说的，孔丘评论文艺，有两个标准：一个是"善"，一个是"美"。他认为相传舜所作的《韶》这个乐舞，按两个标准说，都达到最高的水平。周武王所作的《武》这个乐舞，按"美"这个标准说，也达到最高的水平，可是按"善"这个标准说，就有缺点。

毛主席说："**各个阶级社会中的各个阶级都有不同的政治标准和不同的艺术标准。但是任何阶级社会中的任何阶级，总是以政治标准放在第一位，以艺术标准放在第二位的。**"（《在延安文艺座谈会上的讲话》，《毛泽东选集》第826页）《论语》的这一段记载，完全证实了毛主席的科学论断。显而易见，孔丘所说的"善"，就是奴隶主阶级的政治标准。他所说的"美"，就是奴隶主阶级的艺术标准。孔丘论文艺，也总是把政治标准放在第一位，艺术标准放在第二位的。

在中国历史中，历代的王朝建立以后，它的创始人或继承人，总要作些音乐、舞蹈、诗歌等文艺作品，吹捧自己的功德，以欺骗和麻醉人民。据说《韶》和《武》就是这一类的乐舞。

从孔丘的政治标准说，《韶》和《武》的差别在于什么地方呢？何晏的《论语集解》引孔安国说："武，武王乐也。以征伐取天下，故未尽善。"朱熹的《论语集注》引程子曰："成汤放桀，惟有惭德。武王亦然，故未尽善。"这是儒家的传统解释。孔丘的意思也就是如此。据传说，舜的政权，是尧让给他的。这种政权转移的方式，用从前老话说，叫"揖让"。周武王的政权，是用暴力从商朝夺过来的。这种方式，用中国以前的老话说，叫"征诛"，用现在话说，叫武装革命。

孔丘要的是反革命暴力，要的是礼乐、政刑两手，而反对革命暴力，认为革命暴力是"犯上作乱"。孔丘认为，在任何条件下，都不能犯上作乱。当时齐国的陈恒杀了齐国的国君，夺取了齐国的政权，孔丘就请鲁国的国君鲁哀公出兵讨伐。周武王灭了商朝，夺取了政权。在孔丘看起来这也是"犯上作乱"。《武》这个乐舞，正是歌颂这一类事的，所以孔丘认为，按政治标准说，《武》这个乐舞是不很好的。

孔丘以后的儒家，经常把周文王和周武王并称。可是孔丘只称赞周文王，不称赞周武王。他说：周文王"三分天下有其二，以服事殷，周之德可谓至德也已矣。"（《论语·泰伯》）他称赞周文王虽然统治了中国的三分之二，但还不背叛殷朝。他认为这是周文王的"至德"。武王伐纣，显然就是于"至德"有亏。所以他所作的《武》这个乐舞，按孔丘的政治标准说，也是不合格的。

武王伐纣，当时的顽固派也是反对的。其中的代表人物，就是伯夷、叔齐。周武王伐纣出兵的时候，伯夷、叔齐拦着他的马不让出兵。并且对武王说："父死不葬，爰及干戈，可谓孝乎？以臣弑君，可谓仁乎？"给武王加上了不忠不孝、两个大罪名。武王建立了周朝以后，伯夷、叔齐指责武王是"以暴易暴"。（《史记·伯夷列传》）毛主席说：伯夷**"对自己国家的人民不负责任、开小差逃跑、又反对武王领导的当时的人民解放战争"**。（《别了，司徒雷登》，《毛泽东选集》第1384页）可见，伯夷、叔齐完全是守旧顽固派。

这是当时的一个保守和革新两条路线的大斗争。对于这个斗争采取什么态度呢？孔丘是站在伯夷、叔齐一边，反对革新，主张保守的。孔丘向来不轻易说哪一个人可以算是有"仁"这种道德品质的。对于伯夷、叔齐，却说他们是"求仁而得仁"（《论语·述而》），推崇备至。

后来唐朝的韩愈作了一首琴歌，叫"《羑里操》，其中有两句说："臣罪当诛兮，天王圣明。"羑里，据说是纣王囚文王的地方。韩愈认为，当时文王的心情应该是，觉得纣王无论怎样对他迫害，都是由于他自己该死。韩愈所宣扬的这种奴才哲学，就是孔丘称赞文王的那种思想，也就是孔丘要求讨伐陈恒的那种思想。这种奴才哲学就是孔丘评论文艺的政治标准的具体内容。

《论语》又有一段记载孔丘的话说："子语鲁大师乐曰：乐其可知也。始作，翕如也。从之，纯如也，皦如也，绎如也。以成。"（《论语·八佾》）这里所说的是一首乐章进行的过程。这个过程有三个阶段，即开端（"始作"），展开（"从之"），及结束（"以成"）。形容这三个阶段的形容词的确切意义，现在也无可考了。可以确定的是，这是专就艺术标准说的。但是，他认为最好的音乐，首先必须在政治标准方面合格。所以他最喜欢的音乐是《韶》。《论语》记载说："子在齐闻《韶》，三月不知肉味。曰：'不图为乐之至于斯也'。"（《论语·述而》）颜渊问：怎样治理国家？孔丘告诉他说："乐则韶舞。"（《论语·卫灵公》）他听了《韶》乐，陶醉到有三个月都不知道肉的滋味。又告诉颜渊，治国用的音乐应该是《韶》这个乐舞。他为什么对于《韶》这样欣赏？就是因为《韶》是"尽善尽美"，既合乎奴隶主阶级的政治标准，又合乎奴隶主阶级的艺术标准，前者更为重要。

孔丘是最推崇文王的。他说："文王既没，文不在兹乎？"（《论语·子罕》）意思就是说，文王既然死了，文化就在我这里了。他自以为他是直接继承文王的，武王不在话下。他也吹捧周公。因为据传说，在周朝建立以后，周公制定了周朝奴隶主社会的典章制度，总而名之曰："周礼"。在孔丘的时候，"周礼"已经被破坏。孔丘一生以保护和恢复"周礼"为他的事业。在他看来，周朝的建立，有汉朝人所说的"逆取顺守"的情况。武王是"逆取"，周公是"顺守"。显然他没有象伯夷、叔齐那样公开指责武王，这也是出于他保护西周奴隶制的需要。

无论如何，孔丘对于文王、武王、周公这三个人的不同态度，明确地说明了他的保守主义、反对变革的思想。反对武王伐纣，是反对变革；拥护周公也是反对变革。他所提倡的文艺，是用以宣扬他复古、倒退复辟奴隶制的政治路线的，他反对变革，特别是用暴力的变革。

孔丘的反动思想，也表现在他对于《诗经》的评论上。他说："《诗》三百，一言以蔽之，曰：'思无邪。'"（《论语·为政》）诗就是《诗经》，其中包括三百多篇诗。"思无邪"，是《诗经·鲁颂·駉》篇中的一句诗。孔丘认为，这句诗可以包括全部《诗经》的意义。邪和正是一对道德的范畴。在阶级社会中，每一个阶级都有它的分别邪、正的标准。孔丘在这里所称赞的"无邪"就是奴隶主阶级的正。"思无邪"就是说，人的思想都要合乎奴隶主贵族的道德标准。孔丘认为，"思无邪"这一句诗包括全部《诗经》的意义。这就是用政治标准衡量文学作品的价值。在评价音乐作品时，他还提到艺术标准。在谈到文学作品时，他连艺术标准也不提了。至于政治标准的内容，当然还是他那一套奴才哲学。

《诗经》中的有些诗句，本来是与道德问题无关的。可是孔丘也要把它们同道德问题联系起来。《论语》有一段记载说："子夏问曰：'巧笑倩兮，美目盼兮，素以为绚兮，何谓也？'子曰：'绘事后素。'曰：'礼后乎？'子曰：'起予者商也，始可与言《诗》已矣。'"（《论语·八佾》）子夏所问的这三句诗，本来是说一个妇女长得好看，笑得好看，眼也好看，皮肤很白，加上装饰，更加好看。这三句诗的意思本来是很明白的。子夏问这三句诗是什么意思，大概他也是照着孔丘的文艺观，要从道德问题上了解这三句诗。孔丘回答说：绘画必须先有粉地。子夏说：礼必须在后吗？孔丘很欣赏这个回答。他叫着子夏的名字说：这个回答对于他很有启发，象这样的人才可以同他谈诗。

这一段问答，总起来说，是什么意思呢？看《论语》的另外一段就可以了解。这另一条记载："子曰：'人而不仁如礼何？人而不仁如乐何'？"（《论语·八佾》）意思就是说，人必须先有很好的道德品质，然后才可以行礼、作乐，不然礼就成为一种虚伪的形式，乐就成为一种空洞的节奏。比如绘画必须先有粉地，然后才可以在上面着色。以前我认为，孔丘的这个意思，是反对虚伪的、形式主义的礼节。其实，他是认为，仅只表面形式上行使奴隶主的礼还不够，还必须有奴隶主的道德标准作为内容。也就是不仅要在形式上完全按照周礼办事，而且要在思想上完全服从周礼。不能有任何一点违背周礼的现象出现。

《论语》还有一段记载说："子贡曰：'贫而无谄，富而无骄，何如？'子曰：'可也。未若贫而乐，富而好礼者也。'子贡曰：'《诗》云，如切如磋，如琢如磨，其斯之谓与？'子曰：'赐也，始可与言《诗》已矣，告诸往而知来者。'"（《论语·学而》）子贡提出"贫而无谄，富而无骄"，问孔丘这样如何？孔丘说：也还可以，但是，还不如"贫而乐，富而好礼"。子贡说：有两句诗说，人的修养就象治骨、角那样，先切之又磋之，又象治玉石那样，先琢之，又磨之，功夫一步一步地加细。"贫而无谄，富而无骄"好象是切和琢这一步的功夫，"贫而乐，富而好礼"就好象是磋和磨这一步的功夫。孔丘对于子贡的这一段话，大为赞赏，说：象你这样的人才可以谈诗。告诉你过去的事情，你就知道将来的事情。

这段问答也说明，孔丘讲诗总要把它归到道德问题上。他认为，穷人应该承认自己是穷人，并且还要满足于自己的穷人的地位。如果不能如此，那就是修养没到家，还要进一步修养。子贡把这个奴隶主的理论同《诗经》里边的两句诗联系起来。这一联系，孔丘大加赞赏，说他能够"闻一知二"，这样的人才可以同他谈诗。

《论语》的这一条，从讲道德问题联系到《诗经》里面两句诗。上边引的那一条，从《诗经》里面两句诗联系到道德问题。孔丘都大加赞赏，认为这样的人才可以同他谈诗。可见，孔丘的文艺路线是要把文艺同道德密切地联系起来，把道德问题作为文艺的主要内容。这就是他吹捧"思无邪"那句诗的主要意思，也就是把政治标准放在第一位。

他的道德和政治就是奴隶主的道德和政治。在春秋战国之际，奴隶主的道德和政治，已经日趋没落，孔丘要以文艺为武器把它恢复起来。这就是孔丘的文艺路线中的复古主义。这条路线就是用文艺宣扬复古倒退、复辟奴隶制的路线。

《论语》中又一条说："小子何莫学夫《诗》？《诗》，可以兴，可以观，可以群，可以怨。迩之事父，远之事君。

多识于鸟兽草木之名。"（《论语·阳货》）这是孔丘的复古主义的文艺观的比较系统的叙述。他讲的是"学诗"，怎样学习《诗经》，同时也是他的文艺创作的复古主义路线。他提出了兴、观、群、怨四点。朱熹在他的《论语集注》中，对每一点都作了说明。

"诗可以兴"，朱熹注说："感发志意。"就是说可以鼓动人的"善心"。这个"善"当然是奴隶主、封建主的"善"。何晏《论语集解》引孔安国注说："兴，引譬达类。"上面所举的子夏和子贡讲诗那二条，或从《诗经》里的诗句联系到道德问题，或从道德问题联系到《诗经》里的诗句，都是"引譬达类"。

"可以观"，朱熹注说："考见得失。"就是说，从《诗经》里面可以看见前人的成功和失败，从其中吸取经验教训，以为借鉴。这种成功和失败，主要的是就奴隶主、封建主统治人民的效果说的。

"可以群"，朱熹注说："和而不流。"这四个字原见《中庸》。《中庸》说："君子和而不流。"（第十章）朱熹解释说："凡人和而无节，则必至于流。"（《中庸或问》）"和"固然是可以引诱人民向统治者接近，但是，如果没有"礼"以维持等级制度，照儒家的说法，那还是不行的。照他们的说法，只有"和而不流"才可以维持等级制度的存在。诗有这样的作用，一方面它是配乐的，有乐的作用；但其内容又是"思无邪"，又有礼的作用。有这两种作用，就可以"和而不流"。所以诗"可以群"。

"可以怨"，朱熹注说："怨而不怒。"统治者和被统治者之间的不可调和的矛盾，必然要引起被统治者的怨恨、忿怒和反抗。孔丘认为学了诗，才"可以怨"，因为《诗经》里面的诗写的怨是没有恨的怨，更不用说忿怒和反抗了。这就是"怨而不怒"。

孟轲讨论过这个问题。《孟子》里面有一段说：孟轲的学生问孟轲说：有人说《诗经》里面的《小弁》这首诗是小人的诗。孟轲说：为什么呢？回答说：因为其中有怨。《小弁》是《诗经·小雅》中的一篇。据说，周幽王娶申后，生太子宜臼。后来又别有所宠，把宜臼废了。宜臼的师傅作这首诗，其中有怨幽王的意思。这是以子怨父，所以有人说它是小人之诗。孟轲不以为然，他说："《小弁》之怨，亲亲也。亲亲，仁也。……亲之过大而不怨，是愈疏也。……愈疏，不孝也。"（《孟子·告子下》）意思就是说，幽王废太子，是关系到国家的大事，不是一般的小错误。《小弁》的怨，是"恨铁不成钢"的怨。如果不怨那倒是对于幽王的疏远，那就是不孝。这个怨是出于对于幽王的亲爱，是孝、是仁。

上面讲过，韩愈所作《羑里操》，其中有怨，但是那个怨是文王怨他自己，不是怨他的君——纣王。

这些就是怨而不怒的例子。怨而不怒，就是奴才哲学的表现。孔丘说："迩之事父，远之事君。"就是说，学了《诗经》里这些奴才哲学，就可以照着奴隶主的道德标准"事父事君"。奴隶社会和封建社会中都有束缚劳动人民的四大绳索。君就是其中的政权的代表，父就是其中的族权的代表；奴才哲学，就是巩固四大绳索的哲学。

"多识于鸟兽草木之名"，就是说，学诗也可以得一点知识性的东西，那不过是其余事。

孔丘说："《关雎》乐而不淫，哀而不伤。"（《论语·八佾》）《关雎》是《诗经·周南》中的一篇。朱熹注说："淫者，乐之过而失其正者也。伤者，哀之过而害于和者也。"就是说，哀乐都不可太过。孔丘认为《关雎》这一篇的道德教训就在于此。

上边说过《论语》记载："颜渊问为邦"，孔丘回答说："乐则韶舞"，接着说："放郑声。……郑声淫。"（《论语·卫灵公》）郑声是当时新兴的民间音乐。孔丘排斥它，因为它"淫"，是《关雎》的对立面。

"乐而不淫，哀而不伤"，"和而不流"，"怨而不怒"，这四句话所根据的一个总的原则，是"中庸之道"。这个道认为，什么事情都不可太过，也不可不及。总要恰到好处，合乎中道，无过也无不及。但是，所谓过和不及，总有一个标准。在阶级社会中，各阶级有各阶级的标准，朱熹所说的"正"，是封建统治阶级的道德标准。

奴隶主和封建主的"中庸之道"，是欺骗劳动人民，企图维持现状，缓和阶级斗争的精神武器，用以预防劳动人民造他们的反。"怨而不怒"，这句话清楚地暴露这一点。劳动人民受了它们的压迫和剥削，还不准怒，不准反抗，这是哪一家的道理？哪里有压迫，哪里就有反抗，就要造他们的反，革他们的命，过他们的"正"，矫枉必须过正，不过正不能矫枉，哪里能有"中庸之道"？孔孟之道的一切欺骗都是徒劳的。

革命是一个阶级用暴力推翻另一个阶级的暴烈行动，它不能那样温、良、恭、俭、让。照剥削阶级的"中庸之道"看起来，这就是太过。不合乎"怨而不怒"的标准。

孔丘"中庸之道",虽然说"过犹不及",但它所注重的是"太过",不是不及。"乐而不淫,哀而不伤","和而不流","怨而不怒"都是如此。这是奴隶制即将为封建制所代替的大变动时期,奴隶主阶级对于当时的阶级斗争的反映。他们当然不会怕劳动人民的怨得"不及",而只会怕劳动人民由怨而怒,由怒而造他们的反,也就是"过"他们的"正"。

"中庸之道"是反对革命的武器,过去是如此,现在还是如此。

孔丘所讲的乐,不仅是儒家的"王道"的四大支柱之一,也是他的教育的内容的一个重要部分。

孔丘的教育的内容,有诗、书、礼、乐四大部分。上边所讲的就是孔丘关于乐和诗的理论。看这些理论,也就可以知道孔丘的教育是些什么货色了。

从五四运动时提出"打倒孔家店"以来,拥护孔家店的顽固派逐步退守,到后来还顽固地认为,无论对于当时政治上的孔丘作何评价,他在文化、教育方面的功绩总是很显著的。他是大教育家总是不可否认的。这是拥护孔家店的人的最后阵地。

我过去也是这些人中间的一个。在《新编》讲孔丘的一章中,有两节还特别守住这个阵地。

在我三十年代所写的《中国哲学史》中,我说:"孔丘则抱定'有教无类'(《论语·卫灵公》)之宗旨,'自行束脩以上,吾未尝无诲焉'(《论语·述而》),如此大招学生,不问身家,凡缴学费者即收,一律教以各种功课,教读各种名贵典籍,此实一大解放也。"(《中国哲学史》71—72页)我又说:

"孔丘自己说,他是述而不作。其实他对于当时从古代传下来的典籍,都有所发挥。他不是'述而不作',而是以述为作"。（同上,92页）

在我六十年代所写的《新编》中,我除了继续肯定这两点外,又加上一点说:孔丘指示学生的思想方法,有唯物主义的和辩证法的因素。

上面所说的第一点,是以孔丘所说的"有教无类"为根据的。对于孔丘的这句话,尽管有各种的解释,但是说孔丘招收学生不分阶级,对于各阶级的人都一律看待,这显然是不对的。照前面所讲的,孔丘对于君子、小人的区别,是很严格的。他还说:"唯女子与小人为难养也。"（《论语·阳货》）他的学生樊迟因为向他表示了一下,说想学一点农业技术,孔丘就骂他说他是小人。孔丘对于小人这样地鄙视,说他讲学能够向小人开门,这是不可能的。

《荀子》中有一段记载,可能是孔丘所说的"有教无类"的较好的注解。这一段说:"南郭惠子问于子贡曰:'夫子之门,何其杂也?'子贡曰:'君子正身以俟,欲来者不拒,欲去者不止。且夫良医之门多病人,櫽栝之侧多枉木,是以杂也'。"（《荀子·法行篇》）这段的意思是说,南郭惠子问孔丘的学生子贡说:你的先生的学生中间,各种各样的人都有,很混杂,这是为什么?"杂"大概就是"有教无类"的一种表现。混杂就是无类。如果有类,只收一类的人,那就是纯而不杂,成为清一色了。但这儿的混杂、无类,决不是超阶级的。孔丘首先是把奴隶和妇女排斥于教育之外的。他教育的对象主要是奴隶主阶级的子弟,要把他们培养成复辟奴隶制的接班人。也招了一些其他成分的人,如：商人和新兴地主阶级的子弟，其目的在于与新兴地主阶级争夺青年，使他们改变原来的立场，把他们转变为复辟奴隶制的殉葬品。孔丘的"有教无类"目的是很清楚的。子贡的回答就暴露了这一点。子贡说：孔丘"正身"在那里等着，要来的人他不拒绝，要去的人他也不挽留。怎么叫"正身"呢？当然就是"克己复礼"了。孔丘主张"克己复礼"，恢复奴隶制。凡是赞成这个主张的人不管是什么人，都可以来，他都欢迎。话说穿了，"杂"就是这个意思。孔丘就是在这个"有类"的前提下主张"无类"的。在这个前提下，凡是来的，都是要"克己复礼"，恢复奴隶制的。就这个意义说，他的学生是纯而不杂。但事实上在这些学生中间，思想行动也不会完全都一样，这就显得杂。所以子贡又解释说：好象在医生门前，有很多病人，在一个修理木材的工具旁边，有许多不直的木材，所以显得很杂。

孔丘对于古代典籍是有所发挥。但是这些发挥，是对于奴隶社会的上层建筑的阐述和吹捧。这只说明他的"以述为作"是要加强他的复古主义。他是在复古主义路线上，越走越远。对于劳动人民说，这是加强奴隶社会的上层建筑对于他们的压迫和剥削。这不是解放，这是加强束缚。在春秋战国大转变时期，法家反对和批判奴隶社会的上层建筑，这才是解放。

至于说，孔丘的思想方法有唯物主义和辩证法的因素，这种观点，正如我在本书第七节已经分析的那样，更是错误的。在第七节中已作了批判。

孔丘讲"生而知之"，这是唯心主义先验论。他教学生注重的是文，认为在古代的典籍中，有现成的东西，可以拿来使用。鼓吹钻书本，脱离实际，这也是唯心主义先验论。

哪里有什么唯物主义的影子。

更根本的问题还要看孔丘的教育，是哪个阶级的教育，他是为哪个阶级培养接班人，他的教育走的是哪条路线。归根到底就是，他的教育是为什么人的问题。

用阶级分析的方法一分析，问题就清楚了。显而易见，他是为当时所谓"君子"培养接班人，不是为当时所谓"小人"培养接班人，"小人"是他所鄙视的，不在他的教育对象的范围之内。他用以教学生的诗、书、礼、乐，都是古代传下来的东西。他"信而好古"，"述而不作"，也教学生"信而好古"，"述而不作"。他的教育路线是复古主义的路线。

孔丘的教育是为他的复辟奴隶制的政治服务的，他的教育，也是复古主义路线的教育。在当时中国社会正在从奴隶社会向封建社会转变，孔丘的政治是复辟奴隶主在政治上的统治。他的教育，也是要复辟奴隶主在文化教育上的统治。"吾其为东周乎"，这话说明了他在政治上的目的。"文王既没，文不在兹乎"，这句话说明了它在文化教育上的目的。

在揭穿了孔丘的复古主义路线于当时的政治上的表现以后，认为孔丘在文化教育上总还是进步的这种谰言就破产了。向来没有脱离政治的独立的文化教育。文化教育总是为政治服务的，也总是为政治所领导和统帅的。

这是一个规律。本文所讲的，就是这个规律的例证。顽固地死守拥护孔家店的最后阵地的人，亦可以休矣。

第 九 节
历 史 的 结 论

孔丘的思想上和行动上的复古倒退路线，受到当时没落奴隶主贵族的同情，劳动人民的反对，和以后反动的统治阶级的吹捧。孔丘要"兴灭国、继绝世、举逸民"。他所说的"逸民"，就是没落奴隶主贵族。他同情逸民，逸民也同情他。

《论语》记载说："逸民：伯夷、叔齐、虞仲、夷逸、朱张、柳下惠、少连。子曰：不降其志，不辱其身，伯夷叔齐与！谓柳下惠、少连，降志辱身矣，言中伦，行中虑，其斯而已矣。谓虞仲、夷逸，隐居放言，身中清，废中权。我则异于是，无可无不可。"（《论语·微子》）孔丘在这里举了八个逸民的名字。这八个人对于他们所处的据说是乱世的态度有所不同。孔丘分别加以评论。在这八个人中，伯夷、叔齐、柳下惠的身世，我们知道。其余的人，我们都不知道。所以孔丘评论的意义，我们也不很清楚。大致说，孔丘的意思是说，这些人的态度分为三类。伯夷、叔齐认为武王伐纣，是"以暴易暴"。他们对于周朝的统治，在思想上不屈服，在政治上不合作，认为在周朝作官是一种侮辱，不吃周朝的俸禄，在首阳山上饥饿而死。这就叫"不降其志，不辱其身"。这是一类。柳下惠、少连，在他们所谓乱世之中，作些小官，混来混去。其实已经是"降志辱身"了，在他们认为不过是混混而已。这是又一类。第三类是，介乎前两者之间，辱身而不降志。

孔丘说他和这三类都不同，他没有一定的"可"，也没有一定的"不可"，就是说，要看情况。这话是骗人的。他有一定的"可"，那就是"克己复礼"，要在东方恢复西周的奴隶制。为了达到这个目的，他不放弃任何机会。季氏叫他作鲁国的大司寇，他作了。公山弗扰、佛肸叛了季氏，找他，他也想去。卫灵公的夫人南子要见他，他也去见。他对于这些机会采取实用主义的态度。他为了恢复西周奴隶制，是不择手段的。这就是他所说的"无可、无不可"。

《论语》记载，孔丘在周游列国的时候，碰见了一些人。这些人对于孔丘说了些似乎是讥讽的话。这些人都是逸民。他们对于孔丘所说的话，似乎是讥讽，其实是同情的劝告。

这些人同孔丘一样，都认为当时是"乱世""天下无道"，从这一点上，就可以断定这些人是没落奴隶主贵族或其知识分子，不是劳动人民。

孔丘对于君子、小人的分别，是极严格的。如果这些人是劳动人民，他们所说的话，对于孔丘是讥讽，孔丘的徒子、徒孙也决不会把这些话记载入《论语》之中。

这些逸民和孔丘不同之处，是他们对于"乱世"的态度和对付的方法，有所不同。孔丘疯狂地主张恢复周朝奴隶制，向新兴地主阶级的统治，用各种手段进行反攻倒算。其他的逸民，则是以逃避的办法，向新兴地主阶级的统治进行消极的抗拒。

《论语》记载说：楚国的一个狂人在孔丘面前唱一个歌

说："凤兮凤兮，何德之衰？往者不可谏，来者犹可追；已而已而，今之从政者殆而。"（《论语·微子》）这个人是以装疯卖傻的办法抗拒新兴地主阶级的统治。他赞美孔丘，称他为凤，咒诅新兴的当权者，说他们地位不稳。孔丘在卫国击磬，有一个背筐子的人听见孔丘所奏的音乐就知道孔丘的心事。当时就背了两句《诗经》说："深则厉，浅则揭"。（《论语·宪问》）意思就是说，比如过河，水深的地方就要脱衣服，水浅的地方就不必脱衣服。意思是说，要孔丘随机应变，要灵活一点。

这些逸民大概都可以说是"不降其志，不辱其身"。对于新兴地主阶级的统治，在思想上不投降，在政治上不合作。

《论语》又记载卫国一个"晨门"。他说孔丘是"知其不可而为之。"这句话对于孔丘的言论、行动，作了一个同情的概括。"晨门"是看守城门的人，可能是一个小官。如果他是一个小官，他是柳下惠那一类的逸民。

这些逸民对孔丘的同情是很明显的。孔丘对于这些人所说的话也很有感触，对于他们也是表示同情。《论语》把这些事情记载下来，这说明儒家的人对于这种相互的同情表示赞赏。

物以类聚，人以群分。从这些相互同情之中，也可以看出来，在当时的社会大转变中，孔丘是站在没落奴隶主贵族那一边。这些人，大概就是孔丘复辟奴隶制的社会基础。

当时的劳动人民对于孔丘的态度完全不是这样。他们对于孔丘，有机会就采取直接行动，把他包围起来，向他斗争。《论语》所记载的"子畏于匡"，就是一个例子。

当时劳动人民对于孔丘的批判，也非常尖锐，打中他的要害。最显著的一个例子，就是柳下跖对孔丘进行的面对面的批判。

柳下跖是当时的奴隶起义的一个杰出的领袖。他率领了奴隶起义军九千人，所到之处，奴隶主贵族无不闻风丧胆。他们污蔑柳下跖为大"盗"，称他为"盗"跖。当时的劳动人民，拥护他，赞扬他。荀况说他"名声若日月，与舜禹俱传而不息"（《荀子·不苟篇》）。孔丘向柳下跖游说，妄图叫他放下武器。柳下跖批判他是"鲁国的巧伪人"，是最大的盗，应该称为盗丘（《庄子·盗跖篇》）。

柳下跖揭发孔丘的两条罪状，一条是伪，一条是盗。这两个字准确地打中了孔丘的要害。

所谓周礼，本来只是西周奴隶主用以维护他们的奴隶制的上层建筑，孔丘却把它说成是"放之四海而皆准，行之万世而不悖"的东西，说是没有这些东西，天下就要大乱。这就是欺骗，就是伪。

在阶级社会中，道德都是阶级的道德，没有超阶级的道德。孔丘所讲的道德是奴隶主阶级的道德。但他也把它说成是"放之四海而皆准，行之万世而不悖"的东西。这就是欺骗，就是伪。

孔丘说："君子喻于义，小人喻于利。"（《论语·里仁》）孟轲更把柳下跖作为"小人喻于利"的典型，认为凡是"喻于利"的都是跖的党徒。（《孟子·尽心上》）其实在阶级社会中，无论哪个阶级，他们的一言一行，都是为自己的阶级利益所决定的，并且为它服务的。柳下跖所以"声名若日月"，就是因为他为奴隶和劳动人民的利益进行斗争。因为他们是革命的阶级，所以公开表明自己的观点；孔丘是没落阶级的代表，所以不敢公开表明他所代表的利益。但是他却颠倒黑白，一方面污蔑劳动人民，说他们是只知道利不知道义。另一方面，又把一小撮奴隶主贵族的利益，说成是"义"，好象违背了他们的意志，就是"不义"。这就是欺骗，就是伪。

孔丘本来是主张用两手统治人民的，但是他又把自己说成是用"德治"和"礼治"的。所谓"德"本来是欺骗，就是伪。所谓"德治"也是欺骗，也是伪。

孔丘对于奴隶和劳动人民所施的一点小恩小惠，目的是为了使他们容易被使唤，这本来是最反动最狭隘的奴隶主贵族的利益，但他却说"仁者爱人"，"泛爱众"。这就是欺骗，就是伪。

柳下跖说孔丘"不耕而食，不织而衣"。叫他的学生谋求富贵，叫他们继续作寄生虫。这是天下最大的盗，应该称为盗丘。

伪和盗是一切反动的剥削阶级及其反动的知识分子所有的共同的、基本的罪行。就中国说，孔丘是为这种罪行辩护的祖师爷。柳下跖对于他的批判，也就是对于一切反动的剥削阶级及其反动的知识分子的批判。

《史记》记载说，孔丘从郑国经过，同学生们失去联系。他一个人站在东门旁边。有一个人告诉孔丘的学生子贡说：东门那边有一个人，身材形状，如何如何，"累累若丧家之狗"。子贡把这个人的话告诉孔丘。孔丘笑说：他所说的形状，未必同我相合，但他说我累累若丧家之狗，这说得对，说得对。（见《史记·孔子世家》）郑国这个人的话确实说得对。孔丘是奴隶主贵族阶级的知识分子。这个阶级没落了，衰败了，"皮之不存，**毛将焉附？**"丧家之狗，正是这种情况的形象的说明。

汉朝以后，地主阶级的政权从真老虎向纸老虎的转化，背离了革新、前进路线，转向保守、倒退路线。封建统治者把儒家的思想作为封建社会的统治思想，把孔丘推上了大成殿的宝座。历朝的皇帝都对他加官封爵。在曲阜的孔庙里，有历朝皇帝追封孔丘的碑文。其中有一篇元朝的碑文，说："**皇帝圣旨：盖闻先孔子而圣者，非孔子无以明，后孔子而圣者，非孔子无以法。所谓祖述尧舜，宪章文、武，仪范百王，师表万世者也。朕纂承丕绪，敬仰休风，循治古之良规，举追封之盛典，加号大成至圣文宣王，遣使阙里，祀以太牢。呜呼！父子之亲，君臣之义，永维圣教之尊。天地之大，日月之明，奚罄名言之妙。尚资神化，祚我皇元。主者施行。**"（参看《加封孔子制》，《元文类》卷十一）

这一篇碑文简明扼要地吹捧了孔丘对于封建统治阶级的"功绩"。孔丘对于封建统治阶级的"功绩"，**就是对于劳动人民的罪行**。对于劳动人民说，这篇反面文章**也就是**简明扼要地揭发了孔丘的罪行。

这篇碑文开头两句，就是说孔丘"总结"了在他以前的统治者剥削、压迫劳动人民的"经验"，并且为他以后的剥削阶级制定了剥削、压迫劳动人民的反动原则，即"圣道"，所以他是上继尧舜、文武等"圣王"的"道统"的，为以后的统治者树立了样板。中间几句，把孔丘捧到了吓人听闻的程度。"呜呼"以下四句说，"圣道"的要点，是加强束缚劳动人民的绳索，而还有一套"理论"以为这些绳索的根据。结尾说：要用孔丘的"圣道"以麻醉欺骗劳动人民，以维护元朝的统治。这篇反面文章，实际上是不打自招地说出了孔丘之"道"的反动本质以及中国封建社会中历代王朝吹捧孔丘的政治目的。

这篇反面文章，实际上也证实了柳下跖对于孔丘的批判的两个要点，一个是伪，一个是盗。这两个字是当时和以后的劳动人民对于孔丘所作的结论。这也就是历史的结论。

蒋介石、刘少奇、林彪吹捧孔丘，也出于同封建社会中历代皇帝相同的政治目的，也都是要"尚资神化，祚我皇……"。

我过去所写的尊孔的文章，也都是要加强孔丘的"神化"。

但是，历史的规律是无情的，被颠倒了的历史总要颠倒过来，而今果然颠倒过来了。这是毛主席亲自发动和领导的无产阶级文化大革命的胜利，批林批孔运动的胜利。

从 周 揚 到 陈 毅

最 高 指 示

"什么人站在革命人民方面，他就是革命派，什么人站在帝国主义封建主义官仃資本主义方面，他就是反革命派。什么人只是口头上站在革命人民方面而在行动上则另是一样，他就是一个口头革命派，如果不但在口头上而且在行动上也站在革命人民方面，他就是一个完全的革命派。"

"凡是錯誤的思想，凡是毒草，凡是牛鬼蛇神，都应該进行批判，决不能让他們自由泛滥。"

首 都 紅 代 会

北京外国語学院紅旗战斗大队１１５师編
社会斗、批、改联絡站印

東方紅，太阳升，中國出了个毛泽東。我們伟大的領袖毛主席，領导着中国人民經歷了漫長的战斗岁月，同內外反动派进行了沐血的斗爭。他駕駛着革命的航船，闖惊涛、战恶浪、打垮了三大敌人，建立了伟大的新中國。我們的祖国象巨人一样屹立在世界的東方，象灯塔一样照亮世界革命的道路。

但是，反动派并不甘心于他們的失敗，他們对于"亡国""共产"是不甘心的，他們必定要以"十倍的努力，疯狂的热情，百倍增長的仇恨来拼命斗爭，企图恢复他們被夺去的'天堂'。"

十七年来文艺界两个阶級，两条道路，两条路綫的你死我活的斗爭就是最突出的例証。

在資产阶級向无产阶級的疯狂进攻中，以周揚为首的一小撮反革命修正主义分子网罗社会上的牛鬼蛇神，組成大大小小的"三家村"，"四家店"，掀起一股又一股反党反社会主义的狂风恶浪，射出一支又一支的毒箭。他們是中国的裴多菲俱乐部，是无产阶級最危险的敌人。

陈毅在周記黑店中充当了一个极不光采的角色，他和周揚、田汉、夏衍、阳翰笙、林默涵、邵荃麟一伙牛鬼蛇神打得火热，为他們所刮起的反党的黑风恶浪推波助浪，为渊驅魚，为受批判的反动文人鳴冤叫屈，脱帽加冕，成了他們得力的帮凶和打手。

一、反对党对文艺的領导

"中国共产党是全中国人民的領导核心。沒有这样一个核心，社会主义事业就不能胜利。"我們一切成就的取得，都是以毛主席为首的党中央正确領导的结果。有了党的領导，毛泽东思想的領导，社会主义、共产主义才能胜利，中国才不会改变颜色，世界革命才有希望。

周揚一伙反革命修正主义分子，从他們反动的阶級本能出发，充分意識到，党的領导是他們复辟資本主义的最大的障碍。他們反这反那，明反暗反、集中到一点，就是反对党的領导。它咒駡党的領导是"一党包办"，是"旧內容，新形式"。"旧內容——封建家長統治，新形式——党委書記挂帅。"他駡党的干部是"統治者"，是"奴役者"。叫嚷要把党的文艺事业交給"党內外的专家去領导"。周揚这个閻王殿的祖师爷，这样恶毒地咒駡党，就是要党讓位，要把領导权篡夺过去，抽掉无产阶級专政的灵魂，为他們复辟資本主义开辟道路。

堂堂的中央政治局委員、国务院付总理兼外交部長陈毅老帅却謀着同一个腔調，駡我們党的領导这个根本原则，"严格的說，是封建家长式的。"說与資产阶級还不如，"連資产阶級也还有点民主"。污蔑党对文艺的領导是"胜利者"对待"俘虏兵"，是

"瞎指揮"是"外行"，是"没有把握領导成功"。駡我們党的領导干部是"毛头小孩子，乳臭未干"。要我們党"不要去干涉作家的创作。"說我們党对文艺不是領导問題，而是"服務問題"。要"少講領导两个字。"公开号召資产阶级知識分子"偏不要接受"党的改造，"偏不要接受"党的領导。

陈毅咒駡党，其用心之险恶，語言之恶毒，与周揚相比，眞是有过之而无不及。

二、反对毛主席制定的为工农兵服务的文艺方向

文艺为什么人的問題，是一个根本的問題，是一个原則立場問題。"我們的文学艺术都是为人民大众的，首先是为工农兵的，为工农兵而创作，为工农兵所利用的。"毛主席在二十五年前制定的文艺为工农兵服务的正确方針，是馬列主义在文艺方面天才的创造性的重大发展，是当代无产阶級最完整、最正确、最革命的文艺方針。对待这个方針抱什么态度，是拥护还是反对，是执行还是抵制，是区別革命和反革命，眞革命和假革命，馬列主义和修正主义的試金石。

周揚明目张胆地与毛主席唱反調，提出一个"全民文艺"的反动口号来与毛主席的"为工农兵服务"的革命口号相对抗。胡說什么文艺为工农兵服务的方向"已經过时了"。"全国人民都是服务对象，这一点和在延安文艺座談会时不同，比那时广泛了。"今天的"文艺要为各种人所接受。"

陈毅与周揚一唱一合，他說："幷不是除了工农兵外，就没有第四个人了。""工人、农民、知識分子，是我們国家劳动人民中間的三个组成部分。"好一个"劳动人民"！我們不禁要問陈毅：难道資产阶级知識分子也是劳动人民嗎？难道周揚、田汉、夏衍、之流也算劳动人民嗎？陈毅旣然把工人、农民、知識分子（当然包括資产阶级知識分子）算作是我国劳动人民的三个组成部分，那我們的文艺无疑是为他們服务的了，这与周揚的"全民文艺"不是如出一轍嗎？陈毅还要我們去演才子佳人的古戏去"間接为工农兵服务。""我們的戏要演的让那些反对我們的人坐下来看完。"从而使人得到一点"启示"，然后"去实践"。眞是荒唐透頂，无耻之极。陈毅的"間接为工农兵服务"是虚，直接为資产阶级服务是实。

必须指出：陈毅、周揚的"全民文艺"与赫魯晓夫的"全民国家"是一路货色，一胞双胎。赫魯晓夫的"全民国家"，根本一点就是取消无产阶级专政。陈毅、周揚們的"全民文艺"，根本的一点就是取消文艺为工农兵服务这个精髓，使文艺演变成資产阶级的文艺。他們的共同点就是复辟资本主义。

三、散布阶级斗争熄灭論。

周揚一伙反革命修正主义分子，为了适应資产阶级的需要，为了达到其复辟資本主义的目的，极力散布阶級斗爭熄灭論。

周揚說："我們对資产阶級已实行了和平改造。現在的問題都是人民內部矛盾的問題，不能采取阶級斗爭的办法了。"一九六一年，正当国內外阶級斗爭异常激烈，牛鬼蛇神大肆活动的时候，周揚說："我看我們的文艺队伍是革命阶級的，是无产阶級的，不是資产阶級的。"对于在历次运动中文艺界里"受批評"、"挨斗爭"的資产阶級分子，周揚說："他們是好同志。"

陈毅又合着周揚的拍子跳舞，他說："做为地主阶級，作为一个阶級，他們消灭了。""国內資产阶級作为剝削者已經消灭，資产阶級分子正在改造。"也就是在右傾机会主义分子大刮翻案风，群魔乱舞的时候，陈毅在广州会議上說："在座的文艺工作者都已經是劳动人民的知識分子"，"是人民的科学家，社会主义的科学家，无产阶級的科学家，是革命的知識分子。""在五大运动中，我們有些同志受了委屈，挨了棍子，戴了帽子，作了不正确的結論。"陈毅不仅根本否定五大运动的伟大成果，为挨了批評的資产阶級分子翻案，而且把他們視为"国宝"，当場行脫帽礼。

毛主席早就指出："无产阶級要按照自己的世界观改造世界，資产阶級也要按照自己的世界观改造世界。在这方面，誰胜誰負的問題还沒有眞正解决。"他一再警告我們：千万不要忘記阶級斗爭。陈毅公开与毛主席唱反調，而与周揚唱一个調子，这就充分証明了，陈毅根本不是一个无产阶級革命者。

四、大搞資产阶級自由化

周揚之流为了为資本主义复辟制造輿論准备，极力歪曲和篡改主席的"百花齐放、百家爭鳴"的方針，抹煞这个方針的阶級性，为資产阶級的自由化寻找理論根据，打着紅旗反紅旗。他把双百方針歪曲为反对"思想垄断"，反对"一花独放"，一家独鳴。"当一九五七年右派大举进攻时，周揚兴高采烈，他說："过去是严寒，現在解冻了。"叫喊"虽然已經解冻，但敎条主义和宗派主义还很厉害，估計目前还处于'春寒'状态，眞正春暖花开的时期还沒有到来。"周揚梦寐以求的"春暖花开时期"是什么时期呢？就是全面的資本主义复辟。

还是同一个陈毅，他大力鼓吹要"自由创作，创作自由"。这样一来，我們的社会就象陈毅所希望的那样："人人都有积极性，人人都笑逐颜开，人人都心情舒暢，人人都能够知无不言、言无不尽，人人都能够把他的这一点才力、智慧，全部貢献出来。"

249

"每个人我們都要依靠。"陈毅所說的"人人"，当然包括牛鬼蛇神，他所說的"每个人"，当然包括地、富、反、坏、右。陈毅明明知道在阶级社会里，有了无产阶级的心情舒暢，就沒有資产阶级的心情舒暢。极力鼓吹的"人人都笑逐颜开"，无非是鼓励資产阶级向无产阶级进攻。因此，他說作品有点資产阶级思想，"可以和平共处"。"不要怕杂草，世界上百分之百完全正确的东西是沒有的。"此时此地，陈毅的"自由创作"的廬山真面目不是暴露无余了嗎？陈毅大反什么教条主义，"政治概念"。主张六十年代的"天方夜談"。在六二年阶級斗争异常激烈、牛鬼蛇神大举进攻的时候，他不仅不起来煞住这股黑风，反而为其叫好，說什么"这几天天气很晴朗"。但陈毅馬上预感到政治气候将要变化，于是就忧心仲仲地說："不能指望这个天气一直这么晴朗下去，""寒潮又来了"。

周揚的"解冻"与陈毅的"天气晴朗"虽然词句不同，其內容是完全一样的，它們的实質就是为阶级敌人的猖狂进攻拍手称快。

周揚与陈毅的"创作自由"、其实質就是只許資产阶级放，不許无产阶级放；只許毒草丛生，不許鲜花出地；只許資产阶级有反党反社会主义、反毛泽东思想的自由，不許无产阶级有反击資产阶级的自由。他們的用心又何其毒也！

五、崇洋复古，反对文艺改革

周揚这个反革命修正主义分子，他在洋人面前，是西方資产阶级的奴才；在古人面前，是封建地主阶级的孝子賢孙。他主张"不断介紹外国資产阶级的文艺，要話剧、戏曲都上演《茶花女》、《罗未欧和朱丽叶》、《奥赛罗》等节目，使这些东西很快地在中国普及。"他在"挖掘遺产"的幌子下，把封建主义的东西"普及到群众中去"，讓他們"焕发着耀目的光彩，一直到共产主义时代。"他漫駡戏曲改革是"粗暴"，主张"不要去勉强"改，"以免弄得四不象。"誰要改革，就象掘了他家的祖坟，断了他家的香火。周揚对文艺改革千方百計地阻挡，咬牙切齿的咒駡，充分暴露他这个封建主义、資本主义死心塌地的保皇党的丑恶嘴脸。

陈毅拜倒在洋人古人面前，对于黄色戏、有毒的旧戏，他是来者不拒，"越黄越好"。叫嚷說："有毒还能把我們毒了嗎？"他对旧黄色川剧奉若至宝，亲自修改，命令出国演出。对于中国的"荷花仙女"更是念念不忘，直到六五年还說要演。陈毅在"挖掘传統"的幌子下，热心提倡封建主义、資本主义的东西。說一个剧团"要有上千个节目，古今中外都要有"，"唐朝的也要有，丰富得象个图書館一样"。污蔑我們的文艺是"叫花子打狗，只有一手本領"。陈毅所想象的图書館，不是别的，无非是封建主义、資本主义的大杂烩，毒草丛生的城隍庙。

陈毅对文艺改革，恨之入骨，揮午着"政治概念化、简单化、公式化，千篇一律"几根大棒，吓唬革命的文艺工作者，想一举扑灭文艺改革的熊熊烈火。他别有用心地說，"简单地了解革命，革命是革命了，意識形态也沒有問題了，但是却沒有戏看了。看戏是天天受訓，看一次还可以，第二次，我就不看了。""我的资产阶级思想，也不是一个电影所能改变的。""如果实在要演现代戏，搞一点做'药引子'就行了！"好一个"药引子"！陈毅无非是以"药引子"作为挡箭牌来对抗文艺改革，死抱住封建主义、資本主义的僵尸不放。

什么藤結什么瓜，什么阶級說什么話。在这里，陈毅的爱憎是何等鮮明啊！他所爱的根本不是无产阶级，而是資产阶級，根本不是工农兵，而是封建阶级的帝王将相，资产阶級的小姐、少爷。

六、贩卖資产阶級反动的文艺观

周揚是修正主义文艺观的总根子。

他大力推銷"人性論"。反对阶級斗爭，說搞阶級斗爭"是阶級标签主义"。主张写"眞人眞心"，写"人类亲爱"。

他提倡"写中間人物論"，反对写工农兵的英雄人物，說生活中没有"完美无缺的人"，主张写英雄人物"品質上的缺点。"

他贩卖"形像思維論"。反对馬列主义的認識論，說艺术的特殊规律是"形像思維"。

他鼓吹资产阶級的现实主义，提倡"写眞实論"。其实質就是暴露社会主义制度的所謂"阴暗面"，他疯狂地叫嚣"应該揭露我們的缺点，应該揭露社会主义制度的阴暗面"。

他贩卖"题材广泛論"。反对写中心题材，借反"题材决定論"为名，反对写重大题材。要"不表现时代"，要"题材多样化"。辱駡我們"写中心、演中心、画中心"，是"狹隘的不恰当的"。

他鼓吹"間接配合論"。說什么"服务这种說法是有毛病的，了解可以說直接配合，間接配合"。作家艺术家对党向他提出的任务，"可以接受"，也"可以拒絕"。說什么"沒有政治内容的同样也可以为政治服务。"

陈毅是資产阶級文艺观的积极鼓吹者。

他大力推銷"人性論"，反对阶級斗争。說阶級斗爭是"貼标签。""解放前，写革命战争，把反动派，帝国主义写成反面，革命人民是正面的。……今天我們社会主义人民内部矛盾就不同了，有困难，都是同志，都是革命人民，你把什么人当作反面派呢？"

他提倡写"中間人物論"。反对写工农兵英雄人物。主张写他們的缺点，說什么"所有的英雄人物，长处很多，缺点也可能很多。""写英雄也可以写他的缺点，写他的缺点更可以看出他的长处。"他还同意夏衍的意見，要写英雄人物的"寂寞""恋爱"等等。

他販卖"形象思維論"。反对作品来源于生活，而把创作說成是"文責自負"，是"精神生产"等等。

他鼓吹資产阶级的现实主义，提倡"写眞实論"。极力主张暴露社会主义制度的"阴暗面"。他說：在我們社会里"'压迫'还是有的，阴暗的东西还是有的，悲剧性的东西还是有的。""一定的阶段，一定的时間，也可能有低潮，'阴暗面'"，"不能够希望太阳里面沒有黑斑。"他要作家写这样的"缺点"。說什么"因为是事实，我們为什么害怕？"

他販卖"題材广泛論"。反对写中心題材，說什么我們不能"写中心、演中心那样来配合"政治。他以反对"題材决定論"来反对写现代重大題材，說这是"写任务"，"是很冒险的"。"办鋼鉄就要写个反映鋼鉄的戏，我历来反对这个作法"。他主张写"成熟的东西"。他的所謂成熟的东西，就是"中国近百年的历史，几千年的历史"等等。

他鼓吹"間接配合論"。說什么"为工农兵服务，有直接和間接的为工农兵服务"。說演旧戏是"間接为工农兵服务。"他煽动作家艺术家"不接受"党交給的任务，要他們"不要听"，"要抗得住。"

七、反对无产阶級的文艺批評

我們党历来是主张无产阶級的文艺批評的。毛主席号召我們"凡是錯誤的思想，凡是毒草，凡是牛鬼蛇神，都应该进行批判，决不能让它們自由泛滥。"无产阶級的文艺批評是无产阶級进行灭資兴无斗爭的有力武器。

反革命分子周揚对无产阶級的文艺批評怕得要死，恨得要命。极力为历次重大政治斗爭中被批判的牛鬼蛇神喊冤叫屈，大刮翻案风。說反右派对毒草批判是"大砍大杀"。污蔑历次运动是設置的"深淵"。什么"右派深淵、反党深淵、右傾机会主义深淵、修正主义深淵。深淵太多，一下跌入，万劫不复。"他污蔑反右傾运动中的"粗暴批評"造成資产阶级作家、艺术家，敎授"情緒紧张"。在六一年的广州会議上，他指揮田汉在开幕詞中煽动牛鬼蛇神向党"出气"，"吐苦水"。要他們"在这次会議上可以一吐为快。"

陈毅同样害怕无产阶級的文艺批評。他主张文艺批評"尺碼要宽"。他要革命的文艺工作者对毒草的批判要"笔下留情"，要"同情体諒"資产阶级作家，同他們"合作"，要为他們唱頌歌，說什么"批評要看重成績是主要的。"他污蔑文艺批評是"沒有网的网"，說是"无网之网，大网也，网死人啦。"他胡說反右斗爭是"过火斗爭"，历次政治运动"搞左了，带来了副作用。""是純粹的打击，无情的斗爭。"他汚蔑反右傾政治运动中的"粗暴、生硬"搞得資产阶级作家、艺术家"感情很痛苦"，"得罪了人"，"伤了人家的心"，还要我們党"反省"，說"責任不在作家，責任在批評家，在党的工作者，在做党政治領导工作的同志。"他公开为牛鬼蛇神抱不平，为他們翻案，他自我表白地說"我这个人喜欢代人抱不平，我要为人呼吁。在人大会堂我曾公开說过：你們哪个要翻案的，来找我好了。"于是他在广州会議上号召那些在历次运动中受批判的牛鬼蛇神"出出气"，要"使他們消了这口气，使他們出一口气，松一口气"。他还馬上为反党电影"洞簫橫吹"及其反动作者海默翻案。在这里，陈毅的立場和阶级感情又何等鲜明啊！

周揚是一个反革命修正主义分子，是旧中宣部閻王殿的大閻王。人們不禁要問：陈毅到底是一个什么样的人呢？是不是象他所講的那样他是"好同志"，是"革命家"？他講的"完全是眞理"，"是符合毛泽东思想"的？

如果他眞是"好同志"，是"革命家"；他講的"完全是眞理""是符合毛泽东思想的"，那么請問：

为什么你几次反对毛主席和林副主席？

为什么你极力貶低和反对毛主席？而又吹捧党內最大的走資本主义道路的当权派刘少奇？

为什么你千方百計地抵制和反对毛泽东思想？

为什么你极力鼓吹阶级斗爭熄灭論？

为什么你鼓吹要向資产阶级学习，大肆吹捧上海最大的資本家？

为什么你攻击历次政治运动說是搞左了？

为什么你反对三面紅旗？

为什么你大搞投降主义、修正主义的外交路綫？

为什么你鼓吹重专輕紅，白专道路，毒害青年？

为什么你积极鼓吹修正主义的文艺路綫？

为什么你在文化大革命中忠实积极地创造性地貫彻执行刘邓資产阶级反动路綫，残酷鎭压文化大革命？

事实俱在，鉄証如山，这一切的一切，只有一个答案：你根本不是什么"好同志"，"革命家"。充其量也不过是一个資产阶级革命家，一个党的同路人。你所講的根本不是什么"眞理"，不是什么符合"毛泽东思想"，而是地地道道的反毛泽东思想的謬論。对于你的反党反社会主义反毛泽东思想的錯誤言行，我們一定要批倒、批臭。

打倒篡军反党分子罗瑞卿

摘编者按

反革命修正主义头子罗瑞卿是个大阴谋家，大野心家。他勾结彭真、陆定一、杨尚昆等反革命修正主义头子结成宗党，阴谋篡党、篡军、篡政，妄图在中国实行资本主义复辟。

罗瑞卿长期窃踞了党和国家极其重要的职位，干着篡军反党的罪恶勾当，他用资产阶级军事路线反对无产阶级的军事路线，用修正主义反对战无不胜的毛泽东思想。他一贯疯狂地反对党中央、反对毛主席、反对林彪同志，对党和人民犯下了不可饶恕的罪行。

罗瑞卿出身于地主家庭，混入党内二十多年，但他的剥削阶级立场并没有得到改造，终于以党内资产阶级当权派的面目站了出来，进行篡军反党活动，作了帝国主义、现代修正主义和各国反动派的应声虫，充当了地富反坏右的代理人。罗瑞卿在历史上有许多罪恶活动，例如，在第二次国内革命战争时期，他是跟着王明路线跑的；在抗日战争时期，他是积极支持彭德怀的；建国以后，彭、高、饶反党联盟事件他也是陷进去了的。党中央、毛主席和林彪同志对他进行过多次批评教育，但他阳奉阴违，拒不改正。在这次无产阶级文化大革命中，罗瑞卿被广大革命群众揪了出来，进行批判斗争，罗瑞卿不仅不低头认罪，反而抗拒无产阶级文化大革命，竟以跳楼"自杀"向党进行要挟，自绝于党，自绝于人民。他在跳楼前写的"遗书"是向党进攻、向党反扑的毒箭。在遗书中，他连承认的部分错误也全部推翻了。

对这个大反革命修正主义头子罗瑞卿，我们必须将他揪出来斗倒、斗臭，让他永世不得翻身。为了彻底揭发批判罗的罪行，我们从"人大三红"战报上摘编如下罗瑞卿篡军反党部分罪行，供同志们斗争、批判时参考。

河大八·一八《红旗师》

一·罗瑞卿故视和反对毛泽东思想，诽谤和攻击毛主席

罗瑞卿极端故视毛泽东思想。林彪同志提出，要"把毛主席的书当作我们全军各项工作的最高指示"，罗却胡说这"不符合我们国家的体制"。林彪同志提出"毛泽东思想是当代最高最活的马克思列宁主义"，罗却胡说"不能这样讲，最高，难道还有次高的吗？难道不能再高了？最活，难道还有次活的吗？"最高最活，不好理解，外国人也不好翻译呀！"林彪同志提出"毛泽东思想是当代马克思列宁主义的顶峰"，罗却胡说，"这句话也不要这样说，对外国人影响不好。"他还不准说毛泽东思想的形成是毛主席的伟大天才，说什么"现在还有人敢再提个人天才了呀！"林彪同志提出，"读毛主席的书，

做毛主席的好战士。《解放军报》根据林彪同志的指示，总政治部根据林彪同志的文件，编成教材，作为干部、战士必修课。罗却嫌搞多了，不准印发，胡说，"万要简单，如……你们……"军委以后关于学习毛主席著作的东西太多了，罗却公开反对学习毛主席著作的活动，他公然叫嚷："九五……学习……越学矛盾越多，越学越……"罗分院一次讲话也可以怀疑。又如对《矛盾论》是"可以怀疑"，对毛主席的话也有怀疑……

对外国人宣传毛主席语录、党中央的重要指示，罗却嫌搞多了。把毛主席的著作要发给民兵，在民兵中布置学习毛主席著作任务。罗却开展学习公安学院××训练兵法，都下令不到九五九年……对罗瑞卿一再指责共产党联系……

罗瑞卿当公安部长的时候，公开反对毛主席关于阶级和阶级斗争的理论。毛主席关于阶级和阶级斗争，罗却胡说，"农民有一部分自……"毛主席分析自……

罗瑞卿当公安部长的时候，阶级和阶级斗争很激烈的。罗瑞卿把苏修的东西搬来作论据，主要是外部原因了。这是典型的修正主义观点。他这种……如在一九五九年全国……对于社会主义社会阶级斗争还是长期的，却大搞什么"无盗窃、无流氓……无火灾、无火灾……"鼓吹什么苏联内部已经……他仍然坚持错误。他不仅散布阶级斗争熄灭论，如在一九五八年……鼓吹什么苏联内部已经……

罗瑞卿当公安部长期间，阶级斗争正确的……限期破案，并且把苏修的犯罪问题彻头彻尾……是彻头彻尾的修正主义……在一个先进工作者大会上，公开说："现在基层政权在开始消亡，专政主要的……它是在开始……"

罗却多次批评《法先进工作者……基本上解决了阶级斗争的学说。现在反革命更少了，我们搞经济建设、文化建设，就这个意义上讲……现在搞经济建设，而是……基层政权主要的不要搞……始消亡。"

罗瑞卿反对毛主席人民战争思想，反对我们武装力量的传统体制，阻挠和反对建设地方武装，忽视民兵工作。主力军、地方武装的建立和加强地方军和主力军中抽出若干个师给海……的传统体制相结合，罗瑞卿却……游击队相结合。

罗瑞卿对毛主席关于……地方武装的骨干。罗瑞卿对这一极为重要的战略指示，竟然拖了近五年之久，直到一九六四年……席早在一九六〇年就明确指示，作为地方武装的骨干，既不传达，也不布置执行，六月、七月毛主席又连续两次在会议上提出这一问题，指定要从正……

255

从中抽出××个师，罗瑞卿这时提出还是抽调地方武装部队来的……

毛主席指示，在四清运动中要自始至终一再反对，并且规定，"搞民兵的任务"。罗瑞卿还反对毛主席的文艺方针。毛主席历来教导，文艺……

罗瑞卿实际上就是反对政治来代替无产阶级的政治。

罗瑞卿对我们伟大的领袖毛主席进行恶毒的诽谤和攻击，他到处造谣言、胡说阴风、故视和反对……

罗瑞卿这样故视和反对……企图用反对毛泽东思想，诽谤和攻击无产阶级的政治，力图以资产阶级的……

二、罗瑞卿推行资产阶级军事路线反对毛主席的军事路线 擅自决定全军大比武，反对突出政治

罗瑞卿擅自决定全军大比武，反对突出政治，是他力图把我们以毛泽东思想为……的资产阶级军事路线……是他的资产阶级政治代替无产阶级政治……

军委……罗瑞卿同志林彪同志……

货。他还说，九六四年的军事训练工作，是建国以来最好的一年，大比武的成绩是主要的，气可鼓不可泄，不要泼冷水。他总是散布折中主义的谬论，极端反对毛主席关于政治领导军事的光辉指示，强调单纯军事观点，说什么军事就是政治，军事政治应该並重，反对所谓"空头政治家"，说什么"政治搞不好别的就搞不好。但是，如果单纯把政治搞好，别的都不好垮下来，这种政治恐怕不能算指示政治好，是空头政治。哪里有这种政治！"一定要正确理解林总的指示"政治搞得不好打起仗来向后跑。但是，军事没有一点功夫，我们训练就是为了打仗，打得不准，一打人家扑进来，你说向不向后跑？""军事训练搞不好浪费事小，打起仗来就要亡党亡国"等等。

一九六五年十一月，林彪同志提出突出政治五项原则之后，马上又遭到罗瑞卿的反对和歪曲。罗反对把毛主席的书当作我军各项工作的最高指示。他还把"苦练过硬的技术和近战夜战的战术"这一条说成是五项原则中最重要的一条，而把活学活用毛主席著作、抓活思想等主要的几条放到次要的位置。军委已经决定把五项原则决作为一九六六年全军工作的方针，他却别有用心地强调主要是解决方法问题，说什么"不解决方法问题再好的方针也要落空"，影射林彪同志的五项原则是"瞎说一通"。

三、罗瑞卿公开向党伸手，逼迫林彪同志"让贤""让权"，进行篡军反党的阴谋活动

一九六四年的九月中旬，×××同志讲过罗瑞卿向他造谣说，林总讲他的身体不好，今后军委的工作、军队方面的事情要罗独立主持，要大胆地处理问题，不需要经常向林总请示，也不要到处去战场都看一看。查对，完全是造谣。明显地暴露了他的篡军反党的野心。现在就多抽出时间去把全国地形、战场都看一看，一旦发生战争，就要靠罗瑞卿指挥了。这件事经过查对，完全是造谣。明显地暴露了他的篡军反党的野心。

九六四年国庆节之后，第三届人民代表大会准备召开之前，罗瑞卿迫不及待地要林彪同志交位"让贤"。当时他跑到林彪同志处，在谈干部问题时，借题发挥，挡桑骂槐，声色俱厉地说："病号嘛！就是养病，还要什么事！病号"让贤"！不要干扰！"他走出房门外在走廊里还叫嚷说："不要挡路！"

一九六五年一月，第三届人民代表大会第一次会议上，林彪同志被任命为第一副总理兼国防部长。一月十七、八日，即人代会后，罗到上海私下对××同志说："想不到五个人又来出山再起了！"为了骗取林彪同志的信任，罗假惺惺地对×××同志说，"我这次认定了，今后弹打不走，打不走。我罗瑞卿死了烧成骨灰，都忠于林彪同志。"罗又到上海先和××同志跟林彪同志相反，×同志把这些话报告了林彪同志。二月今后他要相信林彪同志因罗对×××同志说××同志说许多不应该谈的话，批评了他罗下

午一到广州，就又大造林彪同志的谣言。

一九六五年二月十四日、十五日，×××同志在罗的指使下，向叶群同志讲了四条意见，希望她劝林彪同志接受。这四条意见是：第一，一个人早晚要上政治舞台，不以个人的意志为转移，不去也要去，林总将来也要上政治舞台的；第二，要好好保护林总身体，这一点就靠你们了；第三，今后林总再不要多管军队的事情了，由他们去管好了，军队什么都有了，主要是落实问题，不要再去管了；第四，一切交给罗去管，对他多尊重，要放手让他去管。×××同志还对叶群同志讲："罗总长说只要你办好了这件事，罗总长是决不会亏待你的。"×××同志提出后，叶群同志说："这样大的问题，你和我讲是不合适的，你要说，请你直接和林彪同志说好了"。二月十九日，×××同志到林彪同志处，向林彪同志讲了上述四条意见的大意，说要多尊重罗、更相信罗，军队的事情放手让罗去管。林彪同志当时严肃地批评了×××同志，并向×××同志指出了一九六一年以来罗的思想情况，是为做何及近来对罗进行批评的经过，×××同志表示他过去受了罗的骗。

罗当着许多人说"汪东兴同志说，主席讲四个第一中人的因素第一这句话缺乏阶级分析。人有好人、坏人，有这个阶级的人，有那个阶级的人。"汪东兴证明毛主席根本没有讲过这些话，汪东兴也没有对罗讲过这些话。林彪同志所提出的四个第一中人的因素第一，是就人和武器的关系来说的。这正是毛主席一贯的军事思想。毛主席对林彪同志提出的四个第一，几年来曾多次称赞。罗瑞卿还造谣说，×××病危的时候，想见一下林彪同志，但林彪同志托病不见，等到×××逝去后，林彪同志又去向死人鞠躬，去送葬，这是补过，也是做给别人看的。这完全是捏造和诬蔑！

一九六五年五月××日，即在××会议期间，林彪同志连续批评了罗瑞卿之后，罗还和反党篡军分子梁必业私下密谈，挑拨林彪同志和×××的关系，诬蔑和攻击林彪同志。

罗长期对林彪同志实行封锁。他经常以照顾林彪同志和军委各位同志身体为借口，不准别人去请示工作和汇报情况，若准去请示工作或汇报情况，他就训斥、打击，例如一九六五年九月，林彪同志由××去××之前在北京住了三天，罗瑞卿主动向×××同志打招呼说："林总今天已到北京，身体不好，叶群同志在电话上和我说，林总什么人也不见。"并说："我不去看林总了，你们也不要去。"

一九六五年四月十三日半夜，即我国第二颗原子弹爆炸的前夜，杨成武同志看到最后决定原子弹爆炸时间的文件之后，将这份文件亲手签封，交作战部的参谋送到罗瑞卿的宿舍。罗瑞卿看过后，很不高兴地对作战部的参谋说，"不是讲过了吗？军委传阅文件我负责，总参范围传阅的文件由他（指杨成武同志）负责，他管总参内部文件就行了，又搞无效劳动。"足见罗瑞卿垄断和封锁到了何等程度！

一九六五年十一月二十八日，罗瑞卿去林彪同志处，总理托他向林彪同志转达九个重要问题，他根本没有转达。林彪同志问他现在毛主席在什么地方？罗瑞卿说：「我不知道，只知道毛主席坐火车到很远的地方去了。」实际上他是刚刚在××送毛主席到××去的。罗瑞卿为了实现他篡军反党的阴谋，还背着党，会一些和他气味相投的人勾勾搭搭，吹吹拍拍。罗瑞卿和杨尚昆、杨献珍、肖向荣等阴谋篡军反党分子臭味相投，结成死党。

四、招降纳叛 结党营私、培植反党集团

军内反党篡军大头目——贺龙是罗的后台，罗是贺龙反党篡军集团的一员干将。罗的许多事情都是在贺龙的指使下做的。一将院长莫文骅打成反党分子就是罗瑞卿三人一手炮制的。莫文骅在其编写的《红七军》战斗中曾经战死的事实，又不批转林副主席，而批转彭、罗与贺的关系极为密切。罗对贺的讲话是逐字逐句的记录，贺心中有鬼，怕罗泄露机密，所以说「来嘛，随便谈谈，不作什么档案，以后不必作记录了」。贺龙在政治学院讲话中也大喊：「以后政治学院请人做报告、要经罗党长批准。」这种狼狈为奸的关系不是十分清楚吗？

彭真、贺龙、罗瑞卿等反革命修正主义集团埋在海军里的一颗定时炸弹——苏振华，在彭德怀被揭发以后，他就投靠了反党大阴谋家、大野心家罗瑞卿，成为罗的忠实帮凶。罗在南海的反毛泽东思想的谬论，是公开对抗林副主席的。对部队文艺工作的指示，但苏却说什么「总长的指示我认为很具体化了。」并亲自给他整理，把主席的文艺方针和林总指示二千份，海军就发了七百份，在海军中极力推行这一套，严重的冲击了政治。在一九六三年，罗在海军党委扩大会议上批评苏的错误时，罗公开保苏蒙混过关，罗军建议的方针。苏振华按罗的意旨，亲自起草文件，宣扬罗的反毛主席的路线。苏不愧是罗的忠实帮凶，是彭、陆、罗、杨、贺反党集团的一员干将。

政治大扒手、两面派——刘志坚，对毛主席、林副主席的指示阳奉阴违，却忠实执行刘、邓及罗瑞卿的资产阶级反动路线。九六四年十二月底，林副主席在广州作了关于突出政治的指示，是反党分子罗瑞卿玩弄两面手法，一面接受林副主席的指示，一面又参与反党大毒草，刘志坚带回北京，可不权不反，罗瑞卿篡改这个指示的讲话，是把矛头另加工，刊登在《工作通讯》上。罗在第九次办公会议上的讲话，刘志坚也采取了同样的处理方法。罗在军

是在斗争罗瑞卿时，刘志坚却打扮成扛红旗的旗手，欺骗了林副主席和革命群众。刘志坚是一个地地道道的两面派，大政治投机分子。三反分子张宗逊是彭德怀、黄克诚、贺龙的死党，与罗瑞卿的关系十分密切。一九五八年张没有很好检查自己的教条主义错误，而由彭德怀、黄克诚保护过关。一九六〇年春，在肃清彭、黄对军队的影响时，在罗瑞卿、谭政的包庇下，又混了进去。张疯狂地反对毛主席、毛泽东思想，极力反对林副主席，反对突出政治，但是却忠实推行罗的资产阶级反动路线，是罗的一条忠实走狗。一九六五年元月二日张宗逊接到林副主席突出政治挡示的记录搞，他阳奉阴违，搞两面手法。当天上午写了几句拥护林副主席的话，下午就为罗瑞卿反对突出政治搜集材料，提供炮弹，参加罗瑞卿反对突出政治的大合唱，又派人参与罗篡改林副主席的指示。张宗逊在军内推行资产阶级反动路线，与反党分子罗瑞卿合伙搞全军大比武。一九六四年春，在南京他紧随罗提出要搞大比武，在七天的会议上他反复讲了三次，而且比罗讲的更具体，更明确，更有发展。

五、包庇反革命分子和反革命亲属

罗瑞卿反对无产阶级专政，利用他所窃取的职权，包庇、纵容反革命分子及其反革命亲属。如包庇反革命特务、大汉奸潘汉年、杨帆。一九五〇年二月六日蒋介石轰炸上海的"二六"事件，就是潘、杨提供的情报。早在一九四九年就有人多次向罗报告过潘、杨的反革命活动，罗也曾到上海调查过，但到中央决定逮捕潘、杨之前，罗瑞卿一直未向中央报告过。潘、杨被捕后，罗又从生活上给以照顾。被释放后，罗又给安置工作，关怀备至。

罗瑞卿是地主阶级的孝子贤孙，与其反动的地主家庭保持着千丝万缕的联系。解放后一贯利用职权包庇其反革命亲属。一九五〇年罗回老家，当地群众要斗他的地主父亲，他给其反动老子出谋划策，叫其主动交出一部分财产，结果就被划为所谓"开明地主"，免于斗争。一九五八年罗还把他的地主姐姐接到公安部住了半年，回去时罗竟利用职权叫四川南充公安局负责招待，用小汽车送回家中。罗还把血债累累的反革命岳母窝藏起来，直到这次红卫兵抄家才把她抄了出来。

罗的连襟是个反革命，当地公安机关要逮捕他，罗竟以公安部的名义写反给当地公安机关，说他过去"立过功"。结果，不但没有受到逮捕，还受到保护。一九六二年罗回到四川老家，大摆酒席请地主、伪保长之袍哥大爷，大吃大喝，贫下中农对此强到不满。

毛 主 席 語 录

　　阶級斗爭、生产斗爭和科学实驗，是建設社会主义強大国家的三項偉大革命运动，是使共产党人免除官僚主义、避免修正主义和教条主义，永远立于不敗之地的确实保証，是使无产阶級能够和广大劳动群众联合起来，实行民主专政的可靠保証。不然的話，讓地、富、反、坏、牛鬼蛇神一齐跑了出来，而我們的干部則不聞不問，有許多人甚至敌我不分，互相勾結，被敌人腐蝕侵襲，分化瓦解，拉出去，打进来，許多工人、农民和知識分子也被敌人軟硬兼施，照此办理，那就不要很多时間少則几年、十几年，多則几十年，就不可避免地要出現全国性的反革命复辟，馬列主义的党就一定会变成修正主义的党，变成法西斯党，整个中国就要改变颜色了。

　　　　—— 《关于赫鲁晓夫的假共产主义及其在世界历
　　　　史上的教訓　九評苏共中央的公开信》44頁

編 者 的 話

天津市合成纖維厂，全套設备是捷克进口的，在一九六三年至一九六四年建厂期間来了一批捷克修正主义专家共二十一名。（連同夫人和小孩子算在一起共五十多名）。

在这期間，正好是我国人民在偉大的領袖毛主席亲自領导之下和世界各国革命人民一起坚决地反对现代修正主义的时期。是中共中央发表一至九評的时期。

捷克是跟誉赫鲁晓夫的指揮棒轉的最厉害的国家。

我厂是处于与修正主义面对面的斗爭中。在这場斗爭中发生了許多严重问题。把这些严重问题，把这些严重的修正主义罪行揭发了三年之久但是始終无效，总是揭不透。因为这些问题牵扯到的人比較多，而且他們的职位也比較高。这次文化大革命，一开始群众又起来揭发，但是天津市委派工作队甚至出动警車疯狂地进行鎮压。把揭发了修正主义的人打成了反革命，逼着写檢查，进行人身侮辱，横加罪名，公布档案，私設公堂、审訊、禁閉、威脅、利誘、恐吓、斗爭、圍攻、毒打、抄家等等。

最近一小撮反革命修正主义分子，仍然企图扼杀我厂文化大革命运动，企图把运动引向邪路，于是唆使保皇派印刷了大量的传单，散发市內，进行造謠誹謗。为了使运动步入正确軌道，我們認为不必加以駁斥。现在我們只是把群众的一部分揭露我厂严重修正主义問题的大字报提供給广大紅卫兵战士和革命同志們，以便了解事实真相。加以分析、批判。讓我們一起挖掉修正主义根子，把一个个反革命修正主义分子揪出来，斗臭斗倒，誓把无产阶級文化大革命进行到底！

高举毛泽东思想伟大紅旗
誓把反对修正主义斗爭进行到底

—— 重新抄录《寄中共中央的一封信》

为了捍卫党中央、捍卫毛主席、捍卫无产阶級专政、捍卫毛泽东思想，为着把反对修正主义斗爭进行到底，为着我厂无产阶級文化大革命运动步入正确軌道，我們重新抄录《寄中共中央的一封信》。

在当前国际上阶級斗爭十分尖銳的时候，我国伟大的史无前例的无产阶級文化大革命进入了新的高潮。

这"封信"和其他反修大字报一样，主要針对我厂以周鉄群、钟明、謝鋒等人的修正主义集团及后台老板們拒絕按毛泽东思想办企业。頑固地执行修正主义路綫，所犯下罪行的控訴书。是这一小撮反党反社会主义，反毛泽东思想的反革命集团罪恶事实的鉄証。

合成纤維厂建厂来斗爭实践証明：

是否按毛泽东思想办企业是馬克思列宁主义和修正主义的分界綫是革命与反革命的分界綫。

但是，我厂文化大革命至今搞的不深不透，冷冷清清。工作組（队）有意識地掩盖这样重大的問題，这样严重的反修問題不狠搞！这样修正主义禍根不深挖！势必在将来的某一天我們这个厂就会变成資本主义那样的工厂企业。

做为用伟大毛泽东思想武装起来的工人决不能任其这样发展下去，要挺身而出发扬大无畏的革命精神坚决冲上去。冲破一切艰难险阻，决不动搖，坚决給修正主义保皇派的老爷們严厉的惩罰，不管这些老爷們利用他們职权，使用任何阴謀和手段，不管残暴和狡猾到什么程度，也不能使我們停止前进，不管要付出多大的牺牲和忍受多少艰苦，任凭海枯石烂，我們反对修正主义捍卫毛泽东思想的鋼鉄般意志，絲毫不会动搖。

我們重新抄录这封信，将給那些修正主义老爷們敲响丧钟！我們将要看到我厂无产阶級文化大革命的高潮到来。让我們努力地学习伟大領袖毛主席《在延安文艺座談会上的讲話》《新民主主义論》《关于正确处理人民內部矛盾的問題》《在中国共产党全国宣传工作会議上的讲話》这四篇光輝伟大的著作，让我們忠实地执行这无产阶級文化大革命的綱領性文件，热情地宣传这最高指示，勇敢地捍卫党中央，捍卫毛主席！

誓死把反对修正主义斗爭进行到底！

伟大的战无不胜的毛泽东思想万岁！万万岁！

寄中共中央一封信

敬爱的中国共产党中央委員会，敬爱的毛主席：

现将一些问题向您报告，一九六四年捷克专家在天津市合成紆維厂工作时，該厂党委严重地违反党中央的政策。出卖党和人民的利益，同修正主义和平共处，洩露党和国家机密同修正主义同流合污，只讲团結不讲斗爭，采取投降主义路綫。为此事，中共华北局监委、中共天津市监委、市化工局监委組織联合工作組来我厂調查，大量事实揭发屬实后，联合工作組不宣而散，事后工作組某一成員竟然宣布："今后任何人不准提此事"。我厂至今仍走修正主义道路，领导搞小集团，互相排挤。对揭发他們錯誤的同志采取种种手段打击报复，生产上实行資本主义經营，弄虛作假，用次品充当一級品欺騙国防軍工，对党中央历次政治运动明应暗抗，文化大革命开始后按兵不动，革命群众起来刚刚揭发他們的一些问题，他們就写出了反动的"一封公开信"进行威胁，誰要給他們提意见，誰就是"謾罵党的領导"，誰就是"反革命"，党內开会他們讲党內问题，不准对外讲，誰要讲誰就是违反"組織紀律"。并組織各車間科室开大会小会批斗提意见的群众，保卫科列黑名单派人监督革命群众，恐吓群众說："无論什么工作組来，还是要厂党委解决"。

至今該厂文化大革命运动冷冷清清，群众还沒有眞正发动起来。

为了查明眞相，严肃处理，广大革命群众紛紛請求，党中央重視我厂情况，并給于具体指示。

1964年1月执行我国同捷克修正主义国家的"服务合同"捷修派来21名专家到我厂工作，我厂党委领导同捷修专家同流合污，严重地违反党的政策，出卖党和人民的利益，洩露党和国家的机密，污蔑伟大的领袖毛主席，污蔑伟大的中国共产党，实行了一整套修正主义路綫。列举几点事实如下：

一、和党中央对立，实行修正主义路綫：

专家在厂期間厂党委书記周鉄群，厂长钟明向負責宣传的同志布置了一次密令"捷修专家在厂期間不准放中央广播电台的广播，不准放紅色革命歌曲，要放一些輕音乐而且是抒情的，不叫贴带有政治性的宣传画及标語"。

在我国庆祝15周年大庆前夕，工会写好的毛主席万岁！中国共产党万岁！的标語，厂党委不让张贴，說什么为了保持厂內整洁，可是，可以贴其他标語，将写好的横幅大标語中国共产党万岁！叫涂掉，改为沒有意义和沒有阶級性的"祖国万岁"。这是明目张胆地反对党中央，反对毛主席的叛党反革命行为。违反国务院规定大摆宴会，专家老婆过生日小孩过生日等都要大摆酒宴，在宴会上党委书記周鉄群，专家办公室主任謝鋒同捷修专家的老婆拥抱接吻，同捷修专家女人摟抱着照像合影。捷修专家在我厂可以任意污辱我国妇女，厂党委不提抗議。

二、猖狂地攻击伟大的領袖毛主席，伟大的中国共产党：

捷修专家在厂期間，厂党委布置不准工人喊毛主席万岁！中国共产党万岁！的口号，不准談我国反对修正主义问题。64年5月26日专家M_{12}在酒会后喊毛泽东万岁！斯大林万岁！而我厂党委书記周鉄群和专家办公室主任謝鋒阻止讲什么，"这样作是不对的，我們是受不了的"，不让外国人喊我們伟大領袖毛主席万岁。

64年4月专家組长M_1讲"当前国际共产主义运动論战是中国和苏联两国领导人的事，不是立于两国人民的願望，我要是有权力就把赫魯晓夫、毛泽东、霍查、鉄托关到一間屋子里，直到他們吵到意見一致为止"。当时在場的专家办公室主任謝鋒却說："这样各打50大板是不公平的"。讲完哈哈大笑完了。

专家組长M_1讲："我們說諾沃提尼不对正和你們說毛泽东不对一样，这样都是不行的"。謝鋒讲："我沒有想到专家組长会后会讲这样肺腑之言，专家組长看的远，想的深，你真是为捷克人民的利益担忧"。

在国庆观礼时，毛主席走上天安門时专家用白紙作帽子带在头上污辱伟大領袖，当場的厂領导无动于衷不阻止。

捷修专家罵我国是集中营，是监獄不自由，翻譯是宪兵，技术人员是秘密警察，在場的党委书記不抗議，反而叫被罵的技术人员給专家道歉。

三、泄漏国家机密：

64年7月間，党委书記周鉄群、专家办公室主任謝鋒将中共中央絕密文件"关于与各国人民加强友好"，交給捷克专家带回捷克，这是叛党行为。将中央和刘少奇同志一再指示强調不准暴露的在天津流行的02病告訴給捷修专家。

64年3月謝鋒将我国60年經济情报，告訴給捷修专家組长讲：（即M_1）"那时我們每人每月一两油、一两肉、勒紧褲腰带"这不是正合了修正主义的口味嗎？

将我国对外工作的內部规定告訴給捷修专家，甚至遠厂党委对反修坚决的原党委书記被他們打为"大国沙文主义"的事情也告訴了捷修专家。

四、和平共处执行投降路綫：

捷修专家在厂期間，厂党委宣称什么工人同专家搞好关系，激发了专家的积极性，就学到很多具体經驗……（见一九六四年十二月十三日厂长钟明，总工程师馬师尙在"324专家对口小組"的批语）。如果在同一个问题上，与捷修专家发生了分歧或争論要无条件地听从专家的。（见64年三月二十四日钟明对对口技术员会上宣布）。

就在这些原则庇护下，捷修专家任意横行，他們說了算，我厂許多設备沒有試車驗收就叫专家走了，使我厂产品不能过关，安装结束后，移交設备写好了議定书，捷修专家不签字，周鉄群、钟明商量后，周鉄群在捷修专家組长M_1的当面撕了議定书，出卖了国家利益。

从捷克进口設备、損坏严重，按合同捷克应該賠款几十万元，由于厂党委让步捷克便不賠款了。

64年8月，捷克专家M_5用捷克大使館封条，封閉我厂空調車間房間，厂領导倒叫我方技术人员賠礼道歉。

五、和平共处，同流合污：

捷修专家来华以前是經过严格挑选，在布拉格受过三个月特殊训练，他們每人有本手册，誰违犯了回国要坐牢的，并又在莫斯科训练了一个时期，他們当中有很多是搞間諜活動的，例如：M_{16} 是捷克駐我国大使館人員，是专門进行間諜工作的。我厂領导却說这是95％，是团結的对象，并千方百計地叫不懂技术，专門搞間諜工作的 专 家 留 下 来。

我們1964年8月就向華北局写信反映这一情况，当时華北局監委，天津市監委，化工局監委組織了联合工作組，到我厂来監察，通过一年多的工作，大量情况調查属实，最后華北局監委因故責令天津市監委处理，周鐵群将華北局的人罵了，提出了处理专家工作的黑綱領，即反毛泽东思想的"讀主席統一战綫著作的笔記对捷克专家工作方針的試分析"。

天津市監委对此案迟迟不处理，在華北局的一再督促下，在今年初才处理。讲什么他們参加革命早，1933年参加革命，資格老，是革命的，专家工作成績与缺点是九个手指与一个手指的关系，专家工作没有經驗，因此不給任何处分。这一决定是天津市委书記处研究通过的，并报請華北局李雪峰同志批示了（華北局監委根本沒有见到书面材料，李雪峰同志也根本沒有批示）。

9月2日原天津市監委委員，現市工交政治部副主任師崇謙承认：問題是严重的，犯有路綫性錯誤，处理时上面压力大，下面意见不一致，所以处理的不好。毛泽东思想紅旗沒有举高，在这次运动中我一定和你們一起把反修斗争进行到底。并且于9月3日師崇謙同志和我們一起来到北京反映情况。

原工作組成員，天津市化工局監委的郭錫坤曾在干部会上讲：（宣布）"今后不准任何人提出专家工作問題……"現郭錫坤留厂工作，身負四职，（即：政治处副主任、科室党支部书記、干部科长、动力党支部书記）。

捷修专家来华后，于64年1月25日春节天津市委在俱乐部举行一次舞会，招待捷修专家，請周揚出席，周揚接见了捷修专家并对专家工作做了重要指示。（这是修正主义的指示）。

专家工作是天津市委书記处一位书記負責。

修正主义罵我們領袖的話在专家工作簡报上都有，专家工作簡报在天津市委宣传部存放很长时間，宣传部长白樺都知道。

对我厂捷修专家工作，天津市外办主任、河北省人委秘书长王屏亲自作了指示。

化工部副部长张珍抓我厂設備，設備沒有驗收，就批准专家回国，还有化工部对外司許晓。

因我厂专家工作牵扯面較广，对揭发这一問題阻力是相当大的。

由于阻力大，打击报复是严重的，在联合工作組在厂时就有打击报复。他們利用职权将反修坚强的党員統統打击走，調走了大批中上层反修坚强的党員干部。

在文化大革命一开始，他們极端害怕揭露他們的修正主义罪行，党委就策划了"一封公开信"誰給厂領导提意见誰就是謾罵党領导、攻击党。

6月24日，天津市委派白樺的老婆李虹（同修正主义有牽連）担任我厂文化大革命工作队队长，她借群众批斗坏干部，代高帽为名，将四名揭发修正主义問題的党員，打为反党分子将100多名群众打为"匈牙利事件"的反革命集团（运动中比較积极的群众），废除了群众用巴黎公社式选举出的文化革命职工代表，派警車及武裝人員，鎮压群众运动。非法審訊、私設禁閉室，禁閉群众，强制劳动。挑动群众斗爭群众。

在 6 月25日，李虹当众宣布"天津市委是紅旗，是紅綫，是革命的"。她說："这是党中央毛主席讲的"。"化工局是革命的"，"工作队是革命的"，"你們誰反对市委、反对工作队就是反对党中央反对毛主席"。认为向中央反映問題，就是孤立党中央，孤立毛主席。

在 8 月20日以前，厂区沒有一张毛主席像，没有一条"中国共产党万岁！""毛主席万岁！"的标語，厂房最高处是"誓死保卫李虹"，"跟李虹走！""最、最、最、热烈拥护以李虹为首的市委工作队"……等。

将群众运动扭轉了方向，自己有問題搞別人，掩护自己，破坏无产阶級文化大革命。

天津市委某些領导人始終支持李虹、打击群众，替李虹出謀划策。

以上俱是我认識的一部分，詳細口述。

1965.8写

天津市反修錦綸厂联合指揮部　1966.9　重新整理

267

处 理 过 程

我厂党委书记周鉄群、厂长钟明、专家办公室主任謝鋒等組成的修正主义集团同捷克修正主义专家同流合污，违反党的政策，出卖党和人民的利益，洩露党和国家的机密等罪行。我們从一九六四年八月份就开始給中共中央、华北局写信揭发了。

一九六四年十月中共华北局监委、中共天津市监委、天津市人委、中共化工局监委組織了联合工作組来我厂检查、处理。工作組成員有天津市监委委員師崇謙、干部宋生祥、市人委韋科长，化工局监委的郭錫坤。

六四年十一月十三日党內开始揭发，由師崇謙作了动员报告，经过一年多的調查，我們所揭发的材料均已属实。开始他們不承认，保守得很厉害，后来属实了，无法抵頼，开始检查。确定检查的有周鉄群、钟明、謝鋒、謝頤年。周鉄群检查完了，待钟明检查后，周鉄群、謝鋒給钟明提一些意见，互相推脫，爭吵起来。周鉄群在会上就将华北局监委的同志給罵了，说他們搞錯了，从此检查就不了了之了。在此以后，謝鋒又提出了一个反党反毛泽东思想的"讀主席統一战綫著作的笔記——对捷克专家工作方針的試分析。"作为他們的护身符。

后来华北局监委的同志因另有要事，撤回华北局，将此案处理交給天津市监委，天津市监委迟迟不作处理。华北局多次督促，最后天津市监委被迫在六五年底作了結論，六六年初将結論告訴我們：

他們参加革命早（周鉄群一九三三年参加革命），資格老，是革命的，专家工作成績是主要的，成績和缺点是九个手指与一个手指之比。专家工作沒有經驗，犯了认识上的錯誤，不給任何处分，此决定是由天津市委书記处討論通过的，上报华北局李雪峰书記批示的。

我們在今年七月初訪問华北局监委的負責同志，他們讲华北局根本就沒有見书面材料，李雪峰同志也根本沒有批示。

而后又将联合工作組成員郭錫坤留在我厂，身兼四职：政治处副主任、干部科长、科室支部书記、动力車間支部书記，他在六五年的一次干部会議上讲："专家工作已有結論，今后任何人在任何运动中不准提此事"。

所以我厂只要誰提出这件事情，就遭到打击。这一重大案件就从此告結了。

按参加处理这一个案件的負責人来讲，开始将毛泽东思想紅旗举得高，后来在处理中、在上面的压力大、下面意见不統一、多数人不同意，所以毛泽东思想紅旗沒有举高，沒有处理好，可是我們从六月二十四日以后向市委反映多次，市委是无动于衷的，我們现在提出，供革命群众批判以便得出結論。

天津市反修錦綸厂联合指揮部

我厂有二十多名捷克专家，这里和修正主义的斗爭是面对面的斗爭，可是在这場斗爭中，我厂党委书記周鉄群（化工局副局长），厂长钟明、专家办公室主任謝鋒等人不与修正主义斗爭，反而与修正主义和平共处，和修正主义站在一起，被修正主义拉下水，与修正主义同流合污，事实如下：

立 場 問 題

1.不让贴毛主席万岁的标语，不让贴中国共产党万岁的标語：64年10月1日前，是我国十五年大庆前夕，工会馮世友同志写好了毛主席万岁和中国共产党万岁的标語，要在厂內贴，可是厂长办公室的人传达了书记和厂长的意见，不让贴毛主席万岁和中国共产党万岁的标語，說是为了保持厂內的整齐清洁，这是党委书記周鉄群和厂长钟明的指示，有指示的文件証明（馮世友証明），不让贴毛主席万岁的标語，不让贴中国共产党万岁的标語，这是在干什么？十五年大庆，全世界的劳动人民都尊敬伟大的領袖毛主席，都歌頌伟大的中国共产党，可是周鉄群、钟明等人连"毛主席万岁"和"中国共产党万岁"的标語都不让贴，这是对毛泽东思想的背叛，就是背叛毛主席，就是背叛党，就是修正主义，就是反对最敬爱的領袖毛主席，就是反对党。

2.不让收听我国中央广播电台的广播：

不让收听我国中央广播电台的广播，不让車間里装播音喇叭，不让轉播我国中央广播电台的广播，让播送輕音乐，此事（馮世友証明）、党委书記周鉄群和厂长钟明指示的文件也可証明。

我国中央广播电台的广播遍于全世界，是誰阻止我們的广播，是誰干扰我国的广播，只有敌人才这样作，就是因为我国的广播宣传馬列主义，宣传毛泽东思想。周鉄群身为党委书記，为什么这样作？钟明身为厂长，为什么要这样作？这更露骨地表明了他們是修正主义，他們是反党，反社会主义，反毛泽东思想的。

3.把中央的文件送給了外国人：

64年7月間在合成纖維厂开会，传达了中央关于与各国人民加强友好的文件，由党委书記周鉄群传达，該文件是中央的机密文件，上级要求传达完毕后立即收回，但是传达完毕后，外国人要这个文件，专家办公室主任谢鋒把这份文件的翻譯底稿送給了外国人（M_1的夫人），（翻譯招熾尧証明），是經过招熾尧的手送給的，絶密的文件为什么要送給外国人？外国人带回捷克，洒露了国家的机密。周鉄群、谢鋒、钟明等人就是如此地和修正主义勾结，出卖了国家的利益。

4.外国人喊毛主席万岁，反說人家不应該：

64年5月26日在工厂三楼举行酒会庆祝生产，在酒会上M_{12}喊"毛主席万岁！喊斯大林万岁！"事后我給谢鋒汇报，谢鋒說："M_{12}不应該这样，他这样作我們受不了"。（閻林喜同志証明）。M_{12}这样作是应该的，而且M_{12}說："我不怕，我是天主教徒，我回去掉脑袋都没有关系，我就是要喊毛主席万岁！"周鉄群作为党委书記也认为M_{12}不应这样作。周鉄群8月19日与M_{10}谈话，說M_{10}比M_{12}处理得好，让M_{10}不要象M_{12}那样作，M_{12}是什么样的，M_{12}就是公开喊毛主席万岁的人，M_{12}并不怕，M_{12}作得对，就应該，那么为什么不要象M_{12}那样作呢？M_{12}本人回国都不怕，我們怕什么，这就說明了周鉄群的投降，就是修正主义。

5.刘少奇主席在国宴上讲話，专家組长M_1不拍手：

269

64年10月国庆大典，举行国宴庆祝我国十五周年，专家出席了宴会，在这样隆重的宴会上，刘主席代表国家讲話，专家組长M_1不拍手，这是有意侮辱我們的国家，就是坚定的修正主义分子，但是书記周鉄群却对M_1团結，誇讲，称贊，拍馬，逢迎，簡直把外国人M_1捧到了天上，这是什么立場，就是修正主义。（陈仁起同志証明）。

6.M_1在天安門的观礼台上戴着紙帽子：

64年10月1日，专家在北京参加我国十五周年国庆大典的观礼，在观礼台上，M_1竟然戴着用紙迭起来的一頂帽子，这是有意地侮辱我們的国家，M_1就是坚定的修正主义分子，可是周鉄群书記却对M_1一再地称贊，誇讲，捧到天上，为何这样，这就說明了周鉄群是修正主义（陈仁起同志証明）。

7.把外国人捧到天上：

64年5月28日下午，捷克大使館的商务专員帕哥尼尔来到合成纤維厂，书記周鉄群在捷克官員的面前捧M_1，誇讲地說："以M_1为首的专家組工作得相当好，工作得很认眞負責，M_1和我合作得亦很好，有什么問題，我們二人一談就解决了。"

捷克官員說："我們挑选組长是很郑重的，M_1有三个优点和很好的品质，第一，政治思想觉悟高，因为帮助首先要政治上的帮助。……"

周鉄群还說："我补充他另外两个优点，第一，M_1懂得技术，幷有实际經驗，第二，群众关系好。……"

M_1是組长，不懂技术，是一个政客，来我国后专門鬧事，誣蔑我国，挑拨是非，是坚定的修正主义分子，可是周鉄群书記却在捷克的官員面前大肆夸讲，簡直把他捧到天上。这是什么目的，什么立場？

8.把全厂的組織机构名单給了外国人：

64年元月份，专家組长M_1要我厂全体的組織机构名单，书記周鉄群命令让写出了全厂詳細的組織机构名单，其中包括保卫科、干部科，还有各科的正副科长的名字，这是我們內部的組織情况，是絕密的，可是让翻譯出来后，連翻譯底稿都送給了外国人，周鉄群为什么要这样作，目的何在？对修正主义为什么如此地亲热？

9.外国人罵我国是集中营：

专家M_{14}罵我国是集中营，是监狱，不自由，此事党委书記周鉄群等人知道，因为我向党委汇报过，幷且談过我的看法，請求領导向外国人提出此事，可是周鉄群幷不理，为什么不向外国人提出抗議呢？反而說外国人好等等。这是什么目的？

10．外国人罵我們的翻譯是宪兵、技术人員是秘密警察、車間主任是"泥塑人"：

专家組长M_1当周鉄群的面大罵我們的翻譯是宪兵，技术人員是秘密警察，車間主任是"泥塑人"，外国人竟敢当着书記周鉄群的面无理地大罵中国人，书記周鉄群作为一个中国人为何不反駁，不但不反駁，还是笑脸相陪，备有酒荣，人家一边罵，周鉄群却一边不住地大喝酒，事后周鉄群还让被罵的技术人員去給M_1道歉，这是什么立場，显然是維护修正主义，就是修正主义。

11．誣蔑毛主席的理論：

党委书記周鉄群、厂长钟明，主任謝鋒等人对坚定的修正主义分子 M_1、M_2、M_3、等不斗爭，一再妥协，和平共处，竟和修正主义站在一起，說要团結他們是根据毛主席的話"团結95％以上的人"，这是特大的錯誤，对毛主席的話进行歪曲，誣蔑毛主席的理論。

12．对外国人让步，当面撕毁了議定书：

合成紆維厂安裝結束后，外国人要签訂議定书，以便移交安裝的設备，写好了議定书，外国人无理取鬧不签字，于是党委书記周鉄群与厂长钟明商量着让步，于是周鉄群在M_9的面前撕毁了已經写好的議定书，給M_1說不签訂了，作了无原則的让步，这样作是出卖了国家的利益，太屈膝了，給国家带来了恥辱。

13．表揚M_1：

64年3月底，主任謝鋒与M_1談話，M_1說："我要是說諾沃提尼不对，正如你們說毛澤东不对一样，都是不行的。"

謝鋒不但沒有反駁，相反表揚M_1說："这是肺腹之言，你看的远，想的深，为捷克人民利益着想。"主任謝鋒对坚定的修正主义分子就是如此地表揚。（簡報26期）

14．一两油、一两肉問題：

64年3月底，主任謝鋒和M_1談話，談到我国60年經济生活困难时，謝鋒說："那时我們每人每月一两油，一两肉，勒紧褲带。"

外国人一来就了解我們的情報，了解我們的具体数字，外事紀律中不允許給外国人告訴具体的数字，謝鋒也知道，为什么要告訴外国人呢？明明是討外国人的好。

15．中国出人，苏联出武器：

64年3月底，主任謝鋒与M_1談話，謝鋒說："我国抗美援朝时，与苏联有协定，中国出人，苏联出武器。"这是內部的东西，从来都沒有在报纸上登載过，为什么要把此事告訴給外国人呢？就是泄露国家的机密，討修正主义之好。

16．把內部的規定告訴給外国人：

外国人随意照我国的相，有意侮辱我国，有一次遭到了我的阻止，可是謝鋒說我阻止得不对，随后給外国人道歉，幷把我国內部的規定告訴給外国人，謝鋒对M_1說："我国能让看的，就能让照。"这是我国国务院內部机密文件中的規定，由內部掌握，可是謝鋒竟将此項国家机密告訴給外国人。

17．怕小册子落到外国人的手里：

64年10月，謝鋒对一个翻譯說："把所有的小册子都收回来，不然落到外国人的手里就麻煩了。"我們的小册子作用很大，是宣传馬列主义，宣传毛泽东思想，专門向外散发，可是謝鋒却怕小册子落到外国人的手里，要收回小册子，这是什么目的，就是不愿意宣传馬列主义，不愿意宣传毛泽东思想。

18．外国人誣蔑我国邮局扣押了他們的信件：

64年5月間，曾經有几天的時間沒有来信，有几个专家沒有接到家信，于是几个专家（M_{13}等）誣蔑說是我国的邮局扣压了他們的家信，这是无事生非，无理取鬧，可是主任謝鋒等人还派人到天津邮局去查，不相信本国的邮政工作，相信外国人的话，外国人明明是有意胡鬧，不反对外国人，相反地还为外国人帮忙去查自己国家的邮局，这就是

271

替外国人办事。

19．支持越南問題：

在厂的外国人不参加反美支持越南人民的集会，相反地党委书記周鉄群在当天晚上备酒請专家組长，专家組长M₁一边吃酒，一边罵我們的干部，周鉄群不但不反对，还是笑脸相陪，只顾喝酒。

天津市举行反美支持越南人民的集会，天津市的領导請专家参加，可是专家拒絕参加，他們不反帝，也不支持越南，可是周鉄群为何当晚备酒請M₁呢？

20．不貫徹党的自力更生方針：

党委书記周鉄群，厂长钟咀，主任謝鋒等人从来都不貫徹毛主席和党提出的自力更生的方針，什么都是依靠专家，依靠洋人，眞是离开洋人就不能过活，依靠洋拐棍，把洋人当作"圣人"，把洋人捧上了天。

一、和修正主义和平共处：

1．专家組长（M₁）公然侮辱我国人民最伟大的領袖毛主席，64年4月間，一天晚上，办公室主任謝鋒到专家組长（M₁）的房間里去，M₁公然在謝鋒面前說："我要是有权力，我就把毛泽东和赫鲁晓夫关起来，关到一間房子里，一直让他們的分歧统一为止。"修正主义在我国囂张到何等地步，竟敢公然在我国侮辱我国最敬爱的領袖毛主席，謝鋒作为一个中国人，为何不当場提出抗議呢？事后我們給謝鋒提，可是謝鋒竟公然为修正主义辯护說："M₁就是这样，他是自由主义，他不只是說毛泽东，他还說了赫鲁晓夫，"修正主义把当代共产主义运动的最伟大領袖毛主席与共产党的叛徒赫鲁晓夫相提幷論，明是侮辱，可是謝鋒还为修正主义涂脂抹粉。

2．中央有一份关于与各国人民加强友好的文件，上級指示尽快地給专家传达，可是这份文件到厂之后，党委书記周鉄群和专家办公室主任謝鋒不重视，竟有意拖延，不給专家传达，如：拖了很长时間不理，翻譯出来之后，誰也不过問，将近一月，最后上級催了，到七月份才传达，全厂技术人員，翻譯和专家在一起开会，在大会上宣讀了这份文件，专家組长M₁当場提出："你們的文件中所提的修正主义国家，究竟指的是那些国家？我深信我們捷克全体专家，捷克共产党員坚决地站在捷克共产党一边。"周鉄群与謝鋒不讲话，不回答，相反地却笑脸相迎，与到会专家共同步出会場，接着全体专家在另一个房間里开会，而我厂却没有任何布置。

3．在专家工作中，办公室主任謝鋒总是把个人摆在組織之上，抹煞党的作用，如：修正主义的专家（M₇、M₁₄、M₁₉、M₂₀等）把謝鋒称父亲，他們說："主任謝鋒对我們很好，经常組織我們参观，对我們照顾得很周到，他是我們的父亲。"这是謝鋒揮霍浪费，无原则地招待他們，翻譯在会上提出此事后，謝鋒幷未提出相反的意见，反而笑逐顏开，欣然允諾，当之无愧。

4．这批捷克专家很坏，在我国专門收集情报，照相不怀好意，企图侮辱我們，专家（M₁₇、M₁₈）以前照相，我給他們作了解释，可是他們不听，64年3月間，有一天，专家（M₁₇）在北洋桥附近，照我們的破蓆篷子茶摊，当时茶摊上坐着几个穿破衣服的劳动者(三輪车夫)，当場遭到了我的阻止，事后专家便撒布謠言誣蔑我，說我是个坏翻譯，主任謝鋒不理，反而批評我，說我阻止的不应該，并給专家道歉，我說：“这豈不等于前方打胜仗，后方陪款。”于是謝鋒对我更不滿，还批評我，过了几天要撤換我，不让我作翻譯，我提出相反意見，我說：“这样作是屈服，会使修正主义高兴。”但謝鋒不理，反而对我更为不滿，随后便对我打击报复。

5. 接着我阻止专家照相之后，第三天到新港去参观，在船上和专家一起照相，专家（M13）当場用手推开我，不要我在一起照相，这是侮辱我，当时謝鋒与我幷排，他不理，反而对专家笑脸相迎，謝鋒作为一个中国人，为什么不表示态度呢？

6. 党委书記周鉄群和专家办公室主任謝鋒把专家与他們捷克政府的矛盾轉化成为专家与我国政府的矛盾，如：专家（M10）的夫人因病不能来我国休假，他提出让他的女儿代替他的夫人，按合同规定，他們的子女超过十八岁，不能来，这很明确，合同是他們政府与我国訂的，专家（M10）不滿这个合同，不滿他們的政府，不滿专家組长M1，他与他們捷克政府有矛盾。后来（M10）給党委书記周鉄群和謝鋒提出此事，M1也帮着提，因为周鉄群和謝鋒經常到专家的房間里去，去了就喝人家的酒，还收了人家的許多“礼品”，被人家拉下了水，吃了人家的嘴软，人家提出无理的要求，他們怕伤情面，于是答应下来，給上級讲情，可是中国技术进口公司未批准，于是（M10）大怒，非常不滿，不滿我們的国家，誣蔑我們的国家，如：組織专家去北京参观了一次大会堂，结果M10竟誣蔑我們的国家說：“你們的国家为少数几个人一年只开几次会的房子修的很好，可是你們国家的工人却住着泥土房子”。等等。翻譯（裴敏）証明，但是謝鋒直到现在，还說专家（M10）好，此事专家招待所候所长証明。

7. 炭疽病問題：

专家（M11）胳膊上有点小伤，在天津医院检查，医生說可能是炭疽病，翻譯沒有翻譯出这个病名，这是对的，把住了口，但是过了几天，主任謝鋒信口开河，代表工厂，給捷克专家組长（M1）說这是炭疽病，于是（M1）就抓住了我們的把柄，借题发揮，大作文章，使劲地攻击，說我国有传染病，从捷克大使館叫来了医生，提出无理要求，要消毒，买我国的皮大衣也要消毒，否則不許带回捷克去。就是这样地誣蔑我們的国家，结果搞得我方很被动。謝鋒为什么要給专家談出此事呢？明明是为了討修正主义的好。

8. 送款問題：

党委书記周鉄群，主任謝鋒主张給修正主义专家（M9）送款，一次送人民幣100元，以专家生活困难为名，实际上专家生活幷不困难，每日工資100多元，請示上級，化工部未批准，结果謝鋒还不滿意，翻譯（閻林喜）証明。給修正主义送款是什么立場，为什么要拿人民的錢去买修正主义的好，这里有不可告人的秘密。

9. 有几个专家在翻譯面前說我国不自由，象监狱一样，翻譯（閻林喜証明），修正主义在我国竟敢誣蔑我国，丑化我国，党委书記周鉄群、主任謝鋒不理，我曾給党委提出此事，可是无有下文。

10. 专家（M14）于64年4月間在我厂冷冻車間扔糖，企图侮辱我們，我給办公室提，謝鋒不理。

11. 64年4月間，专家（M₁₄）在汽車上公开罵我們大街上給专家招手致敬的小孩是流氓，我給謝鋒提，他不理。

12. 专家在我們車間里不礼貌，动脚动手，对女同志下流，违反我国的民族習慣，发生多次，（我厂保卫科証明），可是党委书記周鉄群、主任謝鋒不理，不采取任何措施，也不給专家提，最后发展到公开侮辱我們的妇女，如：64年7月間，一天晚上，专家（P₅）在車間里，公开抱着一位姑娘的胳膊說：“跟我一起睡覚去。”当場翻譯未言語，也未提出反抗的意見，翻譯回办公室后，反将此事当作笑料取乐，过了几天，这个翻譯也学专家，竟对一位女同志說：“跟我一起睡覚去。”此事张瑞生同志証明，此事以后就算不了而了。

13. 专家（M₇、M₁₁、M₁₈）、六月份回国，他們造謠說我国北京友誼宾館趁他不在房間的时候，检查了他們的行李，此事也是不了而了。

14. 修正主义对我們很厉害，一步也不让，一个疯子打破了汽車的玻璃，当天捷克大使館就向我国外交部提出了抗議，此事的发生，党委书記周鉄群、主任謝鋒有責任，翻譯早就发現街上有疯子，可是周鉄群、謝鋒几个月都不召集翻譯人員开汇报会，只管去北京，去北戴河、参加宴会，送礼，吃飯，喝酒等等，至于专家上下班行車安全問題，一概置之不理。

15. 留专家（M₁₆）之事：

专家（M₁₆）在捷克駐华大使館工作过几年，能讲些中国話，这个专家什么都不懂，工人們反映不够2级工的水平，他是捷克共产党員，一来就收集我国的情报，还监視他們的非党員专家（M₁₂、M₁₅），大家反映这不是专家，是特务，合同已滿，已无事，可是謝鋒代表工厂，正式出面，給M₁₆說要留下他，另一方面欺騙上級，說M₁₆有工作，需要等等，后来經我一再坚持，他不敢留下这个特务，因为事情太明显了，结果没有留下这个特务，可是謝鋒对我愈加不滿，有一次竟公然对我威胁地說：“你給化工部汇报去，你給中技公司汇报去。”通过这件事，赤裸裸地暴露了謝鋒的眞正面目。

16. 小孩子围专家吐口水之事：

党委书記周鉄群、主任謝鋒对专家上街安全問題，从来不理，如：一次随便派了两个翻譯，一个翻譯穿的衣服比专家穿的还怪，小孩子好奇，一边看专家，一边看翻譯，另一个翻譯平日就好出洋相，都压不住陣，小孩子围上来，不解釋，反而怪里怪样地跑，这样小孩子不知是怎么回事越来越围的多，最后就发生了吐口水之事。

17. 让外国人任意搞情报活动：

这些修正主义专家专門收集我国的情报，公开拍摄电影，搞走了很多东西，有一张照片，只拍了一个卖螃蟹的膝盖下的一个大补丁，外国人就这样地侮辱我們，可是周鉄群、謝鋒熟視无睹，反而慫澱，翻譯阻止，反而批評，甚至撤换。

捷克专家带来了万能胶，配方与配料都是保密，因天津化工研究所曾派人来我厂，搞他們的密方，但是没有搞到手，有一次我从专家那里搞到了配方和配料，因为与工人一起搞来的（冷冻車間工人张承明証明），事后汇报給工厂领导，可是领导不管，以后連配方与配料的瓶子都扔掉了。

18．几个专家提出台湾問題，香港問題，說我国不解放台湾，不解放香港，是弱的表現，这与赫魯晓夫的說法完全一样，明是侮辱我們，可是周鉄群、謝鋒不理。

二、大肆揮霍、鋪張浪費

1.开宴会的次数过于頻繁，应开的开，不应开的也开，不批准的也开，找理由开，如专家的夫人和小孩子回国也要开宴会，而且是大型的，竟超过半百多人，一次花費400多元，酒錢在外，这次宴会，化工部就未批准，专家組长（M₁）拒絕参加。

2.經常請专家喝酒，以拜訪为名，到专家的房間里去，周鉄群、謝鋒去了就請专家喝酒、抽高級烟，吃花生等，次数无法統計，天津飯店証明。

3.专家在厂上夜班，有时晚下班，于是党委书記周鉄群借故請专家吃飯喝酒，次数无法統計，天津飯店証明。

4.宴会，便餐，請喝酒，还不够，竟在办公室內，在办公时間，党委书記周鉄群与专家談問題，还要大摆其酒，扯皮沒有完，一坐就坐一个下午，要喝一个下午，什么事都以酒为先，好像沒有酒就不能解决問題，此事服务員可証明。

5.和专家不論談什么問題，一直不断地供应高級中华烟，专家工作中大肆揮霍，鋪張浪費，讲排場，讲闊气，摆架子，都是党委书記周鉄群，主任謝鋒主张的。

6.专家过生日，不但給买礼，而且备席設宴，花錢为他們过生日，祝寿，我們提过，但是无效，还是要这样作。

7.为了讲闊气，讲排場，在极炎热的三伏天要搞綠化，不管生产，从北京运来了最好的松树，定員还不到一千六百人的工厂，竟花費了七千多元买树，栽的树都死了，因为天气太热了，这是违反自然規律，这不是在修工厂，是在修花园。

三、接受专家的"礼品"：

1.国务院有明文規定，涉外人員守则十二条中規定，不得同外国人接受礼品，这是紀律，可是許多人收了专家的許多"礼品"如高級尼龙衫，尼龙褲，更严重的是专家办公室主任謝鋒，3月份一天晚上，去专家組长（M₁）的房間里去，M₁給謝鋒的夫人送許多"礼品"，如：高級尼龙衫，高級尼龙褲子，尼龙圍巾，尼龙手套等等，謝鋒竟然收下，送这些东西，并非以 M₁私人名义送的，而是捷克国家的，这不是"礼品"，是賄賂，专家組长M₁的手段很厉害，对謝鋒拉攏，謝鋒就被拉下水，专家工作中一让再让，不坚持斗爭，与修正主义站在一起，謝鋒总是給人家告訴了什么，不然人家不会以这样的厚"礼"送給他。

2.修正主义追求美国生活，追求西方生活，如拿到美国的一枝香烟，都感到无上光荣。专家（M₆）給翻譯（常正文）送了美国香酒，竟然收下，反而感到光荣、給别人夸讲，謝鋒不管。

3.专家侮辱我們的翻譯，送旧"礼品"，旧鉛笔，針綫包送給（朱琴和），想卖而卖不掉的旧皮鞋送給（董廷貞）。

四、洩露国家机密：

1.四月份一天晚上，专家办公室主任謝鋒在专家組长（M₁）的房間里，說："如果我們的干部在你的面前犯了大国沙文主义，那就調离。"这是我們国家内部的事情，是国家的机密，那么为什么随随便便不顾国家的利益，不顾民族的利益，**泄露給外国人呢？究竟是受了誰的指使去談这些問題呢？**

2. 关于02病問題：

上級指示，坚决不許把此秘密泄露出去，可是我厂党委书記周鉄群、厂长钟明、主任謝鋒根本就不重視此事，不很好地传达布置，7月份一天，全車間里的人都去打02病的预防針去了，专家（M₅）去車間，发現沒有人了，于是問卢工程师："工人們都到哪里去了？"卢工程师用一根手指头在胳膊上作了打針的表示，接着专家（M₅）就明白了，于是就說："都打針去了。"

3. 关于02病問題，九月我厂布置了穿白衣的医生在大門口检查02病的预防注射証，每个車間的門口也有专人检查，厂內办公楼过厅里挂着宣传消毒的画片等等，这些事情，我們事先提过好几次，希望不要这样作，怕把此事泄露出去，可是周鉄群、钟明、謝鋒不理，还是要这样作，于是专家都发現了这种情况，专家（M₁₅）去仓庫（16日），仓庫的門鎖了，他发現这种迹象，于是就說："是霍乱"，"是霍乱"，一直把这话重复了四次。

4. 接着专家組长（M₁）給我方来了一封信，要求我們給专家作同样的预防措施，他从北京捷克大使館叫来了医生，給专家打針，因为他們知道了是霍乱病，这是书記周鉄群、厂长钟明、主任謝鋒不重視上級的指示而泄露了国家机密。

五、在外国人面前低三下四，有失国体，有损国家荣誉：

1. 党委书記周鉄群、厂长钟明、主任謝鋒經常到专家的房間里去，去了就喝人家的酒，次数无法統计，天津飯店証明。

2. 3月份一天晚上，主任謝鋒去专家組长（M₁）的房間里，喝过了酒，M₁一边盖好瓶子的盖，一边問謝鋒还喝酒不喝酒，这明是侮辱，可是謝鋒說还要喝。

3. 八月份一个星期日，书記周鉄群，厂长钟明，主任謝鋒去专家招待所，无事請专家吃餃子，专家拒絶，M₃說他肚子痛，M₈說他不愿意吃，有一天敲了M₃的門，M₃在家，不开門，不愿意接待。

4. 开宴会，有的专家經常拒絶参加，如M₃、M₁₀等不愿意参加，党委书記周鉄群还一再地亲自去請。

5. "五一"劳动节，天津举行酒会，王秘书长請专家，M₃、M₈、M₁₆拒絶参加，也不去北京，领导請不参加，这是不識抬举，不懂人情，不去就算了，可是我厂领导"五一"时出面，在起士林宴請了专家。

6. 經常找理由請专家，如专家过生日，我們买礼，人家不請，反过来我們請人家，备席設宴，为专家作生日，給修正主义祝寿，搞修正主义万岁，如M₃、M₉，当时我提过相反的意见，可是无效，这样作太屈膝了。

7. 专家組长（M₁）提出什么就是什么，按合同规定，星期六下午专家得上班，可是M₁提出无理要求，要求星期六下午不上班，结果党委书記周鉄群等人同意，于是全体专家每周星期六下午都不上班，但是工資照付，一直是这样。

8. 八月份一次宴会上，总工程师謝頤年和专家M₂₀談話，M₂₀諷刺挖苦地說："平常見了你，你不高兴，今天在这里为什么如此高兴，你怎么不管建議呢？"謝頤年还笑着説："我不懂电气。"M_{20}又説："你是总工程师呢！"这明是侮辱。

六、弄虚作假、欺騙上級：

1.专家簡报問題，这是給上級看的一份簡报，由謝鋒一手包办，凡是重要的問題，都由謝鋒起草，就是别人写的，也要經过謝鋒的手，别人写进去的东西，謝鋒要删掉，他不給党委看，更不給翻譯看，如以上种种事情根本不給簡报中写，上級来人，也不給知道。

2.許多专家无事了，按合同規定，期限已滿，应該走了，車間反映也应該走了，如专家M_{17}、M_{14}、M_{10}、M_{16}等，沒有事去車間乘凉，甚至在办公时間，在办公室內睡觉，虽經翻譯数次提出，可是周鉄群、钟明、謝鋒等不理，相反地还給上級説需要。每日一个专家，我們国家要花費140多元，怎么能如此弄虚作假，欺騙上級。

3.上級来人检查工作，眞正的問題不給上級知道，只怕上級知道，研究問題也是背着上級，如化工部来人检查，就是这样的。

4.党委书記周鉄群、厂长钟明、主任謝鋒平常請专家喝酒、吃飯、吃其他的东西，这是不合規定的，这笔錢无法报銷的，所以都出在宴会的帐上，这样银行来人查帐也查不出来，就是这样弄虚作假，欺騙上級。

天津市反修錦綸厂联合指揮部　64.9.

請中共中央来合成纖維厂弄清眞像

　　1964年10月捷修专家回国后，当时华北局与天津市委、化工局联合組成的一支工作組在厂約半年左右的时间，召开了全体党員大会多次給本单位前領导揭发了許多反党反毛主席的事实，工作組掌握情况很多，有人証物証，幷有文字（簡报），完全属实，后来华北局所来的人不清不楚的撤走了，不向党員做交待就将工作組撤銷了，一直到65年底天津市委監委負責同志来厂在党員大会上宣布了錯誤的結論，說什么专家工作成績是主要的，錯誤也是严重的，經华北局批示不給予任何处分等，这种主观的結論是包庇反党反社会主义分子的，問題很明显，旣然錯誤是严重的又不給任何处分原因何在？特别是原工作組成員之一×××，现在我厂工作，一次处理馮士友与陈学之糾紛的干部大会上說专家工作是九个指头与一个指头之差，这个說法与事实对头嗎？我們认为此問題是大是大非問題，是走資本主义修正主义道路問題，这是严重的阶級斗爭和两条道路斗爭問題，我們不能漏掉一个反革命修正主义分子，所以要求中央来合成纖維厂弄清眞实情况，作出正确的結論。

　　难道說合成纖維厂沒有三家村黑店嗎？

　　在建厂期間有捷克修正主义国家派来21名捷修专家，这些人在来我国之前在苏联受过修正主义訓练，在我厂約一年左右的时间，我厂以周鉄群为首的謝鋒等人同捷修专家搞同流合污，不遵守党的政策，胡作非为，誣蔑我党，誣蔑我們伟大的領袖毛主席，向修正主义洩露国家秘密等等，举几个例子說明如下：

　　一、M_1說要把毛泽东、赫魯晓夫、鉄托、霍查关在一間屋子里，让他們意见求得一致再放他們出来。我厂謝鋒說这样各打50大板是不公平的。說我国在困难时一人一个月吃一两油、一两肉，如此……

　　二、謝鋒經周鉄群同意将国家一份机密文件交給捷修专家带走了，据說将我厂中层以上的干部名单也交給捷修带走了。

　　三、捷修专家在北洋桥照我們的丑像时，一位翻譯阻止，回来受到謝鋒的批評和打击。

　　四、謝鋒接受捷修专家M_1許多礼物这是送謝鋒夫人的。

　　五、周鉄群在花天酒地席位上穿M_1夫人的火箭鞋，周鉄群和M_1夫人照了一对洋相片。

　　六、謝鋒对捷修M_1組长說朝鲜战爭我国出人，苏联出武器等。

　　七、牛鬼蛇神总是言行一致的，互相吹棒。周鉄群与謝鋒总是一唱一和，配合的很好，如謝鋒說："周鉄群是一个政治家又是一个組織家。"而周說："謝鋒是一个很有才干的人，是我厂独一无二的人材，准备給他提升为副厂长。"又如64年第四季度設备工作安排会議上，周、謝二人表演的很好，周鉄群正讲到設备保养問題，这时謝鋒手拿一个机器零件走到讲話台前两人好象是說相声一样，一左一右逗捧起来，謝鋒原話："专家对設备的磨损有意见，外国人看见很痛心，很关心我們的設备，他們很重視保养設备，可是中国人不注意保养等等"。这时紡絲車間的領导就离开了会場，这是对修正主义的宣揚，对我們干部的侮罵，当时買主任很难受。揭周鉄群和謝鋒有五愛好：

（1）愛好酒肉拉攏；

（2）愛好吹棒討好；

（3）愛好殷勤迷惑；

（4）愛好物质引誘；

（5）愛好女色誘惑。

八、周和謝把专家与他們捷克政府的矛盾，轉化为专家和我国政府的矛盾，如M_{10}的夫人因病不能来我国休假，他提出让他女儿代替，按合同規定，他們的子女超过18岁不能来华，这很明确。合同是两国政府簽定的。M_{10}不滿这个合同，也不滿他的政府，不滿专家M_1，他与他的政府有矛盾。后M_{10}給周、謝提出此事，M_1也帮助提，因周和謝經常到专家房子里去，去了就喝人家的酒，还收人家的礼物，被人家拉下去，吃人家的嘴软，拿人家的手短，人家提出无理要求，他們怕伤情面，而于是答应下来，可是中国技术进口公司未批准，于是M_{10}大怒，非常不滿我們的国家，誣蔑我們国家，如組織捷修专家去北京参观人民大会堂时，結果M_{10}誣蔑我們国家說："你們国家为少数几个人，一年开几次会的房子，修的很好，可是你們国家的工人却住着泥土房子等等"。（袭敏証明）但謝仍說M_{10}好。

九、关于送款問題：周鉄群、謝鋒主张給M_9送款，送人民幣110元，以专家生活困难为名，实际上专家M_9生活不困难，每日工資100多元，請示化工部未批，結果謝鋒很不滿意（閻林喜証明），給修正主义送款，这是什么立場？为什么拿人民的錢买好？这里有不可告人的秘密。

十、有几个专家在翻譯面前說我国不自由，像监狱一样（閻林喜証明）修正主义竟敢在我国誣蔑和丑化我国，周鉄群謝鋒不理，刘翻譯曾經給党委提出此事。

十一、M_{14}于64年4月間在我厂冷冻車間扔糖，企图侮辱我們，刘翻譯汇报，謝鋒不理。64年四月間M_{14}在汽車上公开罵我們大街上給专家招手致敬的小孩子是流氓，刘翻譯向謝鋒提出他不理。

十二、专家M_1在我們車間里对女工不礼貌，动手动脚，对女同志說下流的話，违反我国民族习慣，发生許多次，（厂保卫科証明）可是周鉄群不理此事，也不采取任何措施，也不向专家提出警告，最后发生到公开侮辱妇女，如64年七月間一天晚上专家P_5在車間里公开抱着一位姑娘的胳膊說："跟我一起睡觉去"，当場翻譯未言語，也未提出反抗的意見，翻譯回办公室后，反将此事当着笑料取笑，过了几天这个翻譯也学专家，竟对女同志說"跟我一起睡觉去"此事以后就算不了而了之。

十三、M_7、M_{11}、M_{18}64年六月分回国他們造謠說我国北京友誼宾館趁他們不在房間里的时候，检查了他們的行里，此事也是不了而了之。

（按）在建厂期間我厂前党委有五讲五不讲：

讲技术，不讲政治，

讲团結，不讲斗争，

讲吃喝，不讲生产，

讲主观，不讲民主，

讲排場，不讲节約。

难道說合成纖維厂沒有三家村黑帮嗎？（續）

　　按：合成纖織厂三家村黑帮不是偶然的。是有組織有領导的，有幕后指揮者給他們的营业执照，幷有通风报信者。因此我們必須坚决同那些牛鬼蛇神斗爭到底，在捷专未来厂前和在厂期間，化工部領导和省市委书記都一再囑咐我們："合成纖維厂不但有按装建厂任务，而且有反修斗爭任务。"指示的很明确，可是以周鉄群钟明为首的一小撮不按照上級指示去做。坚持同修正主义搞和平共处、同流合污，与修正主义同穿一条褲子，蓄意出来为他們打掩护的各样人，我們要警告你这一小撮人，不論你們怎样花言巧語，蒙蔽群众，不論你如何詭辯，也不論你們幕后指揮者是誰，我們坚决和你斗、斗到底，事实鉄証是任何人抹煞不了的。

　　十四、中央有一份"关系与各国人民加强友好"的文件，上級指示要尽快地給专家传达，可是周鉄群等人竟有意拖延，直至上級催了，才传达，这次召集有中层以上干部、技术員、翻譯和全体捷专参加。在会上有周鉄群宣讀了文件，然后专家组长 M_1 当場提出："你們国家的政策，我們不能完全同意，你們的文件中所提出修正主义国家是指的那些国家？我深信我們捷克专家，捷克共产党員坚决地站在捷克共产党和捷克政府这一边，最后用你們說的話来結束我們的讲話，全世界无产者联合起来。"这时周鉄群也不答辯，相反的却鼓掌，笑脸相送，共同走出会場。

　　十五、捷修专家（$M_{17}M_{1}$,$M_{19}M_{20}$等）把謝鋒称为父亲，他們說："謝鋒主任对我們很好，經常組織我們参观，对我們照顾很周到，他是我們的爸爸"。而謝鋒喜笑颜开，欣然允諾，当之无愧？

　　十六、炭疽病的問題：M_{11}胳膊上有一小伤，經医生检查說可能是炭疽病，翻譯未翻把住了口，几天后謝鋒对 M_1 组长說：这是炭疽病，于是 M_1 就抓住我們的把柄，借題发揮大作文章，說我国有什么传染病，从捷克大使館叫来了医生提出很多无理的要求，誣蔑我們国家，弄得我方很被动，翻譯把住了口，为什么謝鋒要談出此事呢？

　　十七、留 M_{16} 在厂的問題：M_{16} 住中国大使館多年，能讲些中国話，他什么都不懂，不够二級工的水平，他一来就收集我国的情报，他是监視专家行动的特务。周、謝等人都知道此人的身分，合同期滿沒事情做，为什么給 M_{16} 留下来，后有的翻譯坚决提意見，才叫他走了。

　　十八、铺张浪費，請客送礼：宴会不应办的也办了，未經批准，大事揮霍，如 M_3 过生日也設宴会，专家夫人回国也設宴会，M_8 夫人回国請客，人家不去，再三再四的請人家，攤摆的大，花錢多，有酒有菜，有烟有菓，拜訪专家带礼品，有夫人的专家去北戴河，单身专家留在家，請他們吃餃子，人家有意見不去，有的說睡觉，有的装肚子疼等等，他們不去吃，結果买了水菓汽水等送去。

　　十九、曾經有一次晚上周鉄群与 M_1 在三楼喝了一晚的酒，在厂內食堂炒了 好几个荣，談了很多的話，M_1侮罵我們的干部：化学車間馬主任是泥塑人，并发恨要打紡絲車間的買主任。而周鉄群沒有一点反抗的語言。

二十、車間空調的門封了，連我們人都不让进去，专家M_{14}把門打开給他的夫人看，并罵我們工人，这是为什么？中国人都不能看，他們外国人就能看？

这些三家村的堡壘，开始时是非常頑固的，革命者向他們进攻，他們固守陣地反抗，后来經过数十次地激烈战斗，攻垮了他們的工事。摆出了事実，他們无言可答，无話可說了，才勉强的向革命者投降。投降后，它們同盟者內部出現大混乱大內战，到后来它們的后台老板用巧妙的办法，做出不給予处分的錯誤決定，才結束了一場內战。

难道說合成纖維厂沒有三家村黑帮嗎？（續）

通过无产階級文化大革命运动，在斗爭中学习，对問題的看法更透彻一些，对以周鉄群为首的三家村黑帮越看越显明，越看越露骨，下面继續揭发他們反党反社会主义反毛主席的事実：

廿一、捷修专家組长M_8对謝鋒說："我要是說諾握提尼的不对，正如你說毛泽东不对一样，都是不行的"。謝鋒对M_1說："你看得远、想得深，你是为捷克人民利益着想的"。按：这是肺脏之言。

廿二、周鉄群在捷克大使館的官員們面前大捧M_1，說M_1非常之好。双方对談时，可以看出同流合污到了极点。

廿三、周鉄群和謝鋒对专家工作人員說，M_1的困难很多，你們要体貼他的处境和困难。按：修正主义搞我們的鬼，还說处境困难，要体貼他。这是什么問題。

廿四、关于毛主席指出要团結95％以上的人論点問題。周鉄群謝鋒他們对外国修正主义的人也要团結95％以上。按：他們把修正主义都作为团結的对像，不分敌友，完全团結，认敌为友。

廿五、捷修誣蔑我国說拆了他們的信件，并誣蔑說我国扣了外国人的信，还要我方到邮政局去追查，他們这样随便誣蔑，可是不加以遣責，反派人去邮政局检查。結果我国根本沒有此事。按：謝鋒明明知道我国宪法规定，人人通信自由，謝鋒为什么派人去邮局检查呢？

廿六、我国外交部发的宣传反修小册子，是专門对外宣传的，可是謝鋒不准給捷克专家看。

廿七、有个別专家如M_{12}喊：毛主席万岁，周鉄群与謝鋒說不应该这样，并对M_{10}說："你不要象M_{12}那样"等等。

廿八、一次专家到北京去，在北京时，在中山公园見到了刘主席。謝鋒在简报上写到，专家同刘主席"遭遇"。

廿九、64年由周鉄群謝鋒等人与专家到北京参加国庆观礼时，在天安門前观礼台上，見到毛主席登上天安門时，捷修专家就将紙做的白帽子戴上，侮辱我們伟大的国家，侮辱我們伟大領袖。可是周鉄群謝鋒不作反映，还是北京单位揭露的，周鉄群同謝鋒仍然說这些修正主义好。丧失国家主权。

卅、周鉄群对捷修总是无原則的让步，曾有一次当M_1的面撕毁議定书。表示对他的信任。

揭发到此，告一阶段，待后轉題再續

小結語：

以上三十条材料根据群众揭发，紀录部分摘要。完全属实，有据可查。从材料中的性质来看，周鉄群謝鋒等人是彻头彻尾的修正主义，是反党反毛主席反社会主义的反动分子，是鉆进党內的資产阶级代表人物。修正主义集团內的伙計們包庇反党分子說："专家工作成績与缺点是九个手指与一个手指之比的問題"。請你拿出二百七十条来說明和駁倒这三十条吧，这些伙計們說："专家工作已經結論了，今后在运动中不准再提此事。"难道这样严重的問題怎能不提不揭呢，这关系到我們党和国家变不变顏色的問題，关系到我們党和国家命运和前途問題，按照三家村伙計們的意見，岂不是把黄鼠狼养在鸡窝里嗎？把毒蛇养在被巢里嗎？到现在还有好多人沒有觉醒，被他們迷糊住了，告訴这些右傾机会主义者，你們不能站出来揭发、斗爭，也沒有什么了不起，有这些材料能够充分說明他們的反动的罪行。

天津市反修錦綸厂联合指揮部

66.9.

天津市合成纖維厂严重的修正主义問題

所牽扯到的人如：

天津合成紆維厂：
1、周鋏群（原天津市化工局副局长兼天津市合成纖維厂党委书記）
2、钟　明（天津市合成維紆厂厂长）
3、謝　鋒（原合成紆維厂专家办公室主任）等等。

天津市化工局：
1、张博（天津市化工局局长）
2、李　虹（天津市化工局党委书記，市委派驻合成紆維厂工作队队长，是白樺之妇）

天津市外事办公室　　某些負責人

天津市委　　白樺（天津市委宣传部部长、天津市付市长）及某些主要負責人。

前北京市委外事办公室某些負責人。

中央化工部：
1、张　珍（副部长）
2、徐　晓（对外司司长）

中共中央宣传部： 周　揚（前中共中央宣传部副部长）

牽扯了这些人，而且他們的职位都比較高，紅卫兵战士們和革命同志們，以前揭发几年，能揭透嗎？不能，凡是揭发問題的都遭到了打击报复。

呼　　吁

給全市革命青年的一封信：

　　一場史無前例的无产阶級文化大革命的熊熊烈火，正以气吞山河、风卷残云之势席卷着几千年来一切剝削阶級的旧思想、旧文化、旧风俗、旧习惯，席卷着那些走資本主义道路的当权派和一切反动的"学术""权威"們，烧毁了資产阶級、封建残余势力强加給我們的精神桎梏。为我們走共产主义道路打开了突破口，响亮地吹起了向旧世界挑战的冲鋒号。

　　我們做为劳动人民的后代，无产阶級专政的捍卫者，新世界的主人！我們深深感到党和毛主席的英明伟大，深深感到沒有党沒有毛泽东思想，我們就一分钟一秒钟也不能生存，深深感到当前无产阶級文化大革命是一场資产阶級复辟和无产阶級反复辟的你死我活的阶級搏斗，深深感到我們现在肩负着把革命继往开来的光荣职責！我們满怀着这样的革命激情，热烈地响应党中央和毛主席的伟大号召"凡是錯誤的思想、凡是毒草，凡是牛鬼蛇神都应該进行批判，决不能讓它們自由泛濫。"批判了李欣（天津市市长胡昭衡）所写的《老生常談》杂文集。

　　李欣在这杂文集中，疯狂地咒罵我們伟大的党，咒罵我們敬爱的領袖毛主席，含沙射影地攻击总路綫、大跃进，咬牙切齿地誹謗无产阶級专政，比邓拓写的《燕山夜話》有过之，而无不及。这杂文集好象一把沾滿剧毒的匕首，恶狠狠地刺向我們伟大的党，刺向我們伟大的領袖，刺向今天的社会主义制度。我們从六月廿五日批判，到七月五日送到天津日报社，日报负責人表面上說什么："你們这种革命精神很好，值得我們学习。""稿子很长，需要审查，回去后耐心等待"等等。采取软囚的办法把稿子扣压起来，不予发表。我們几次打电話，他們借口工作忙，沒看完或上級正在审查决定。直至今天那稿件犹如石沉大海，杳无音信。我們不禁要問天津日报到底是为誰办的报紙？！是为无产阶級政治服务的嗎？！我們批判資产阶級当权派、反动学者的文章你們不刊登，你們到底刊登什么文章呢？！你們是想庇护他們，把一顆定时炸弹继續埋在党中央和毛主席的身边嗎？！再联系一下文化革命初期，天津日报一直跟不上形势，打的、批的都是一些死老虎，发表的一些社論也很有問题。党中央指示文化革命方向是一斗，二批，三改，政权問题是革命的根本問题，天津日报却竭力把运动拉向右轉，要我們批判資产阶級"权威""祖师爷"，而对鑽进党內的資产阶級代表人物如何批判却闭口不談，为他們继續走資本主义道路提供口实，推波助瀾。偷换了人民日报社論的精神实质，我們要大喝一声，不許你偷天換日！你这样做，只能是欲盖弥彰，更早地露出你們的狐狸尾巴！我們呼吁全市革命青年起来，一同批判反党反社会主义反毛泽东思想的大毒草《老生常談》，批判走資本主义道路的当权派，批判一切牛鬼蛇神，批判天津市委，天津日报右傾机会主义路綫錯誤。

舍得一身剐，敢把反党分子胡昭衡拉下馬！

天津毛泽东主义战校（原十六中）"紅革"紅卫兵（李昕，李建生）

一九六六年八月十三日

写 在 前 面

上次我們发出呼吁后，在全市引起了很大的反响，得到了广大革命青年的热情支持。同学們紛紛来訪，迫切地要求我們把批判材料立即刻印出来，公諸于世，看看庐山眞面目。《老生常談》中毒草丛生，篇篇有問題，加上我們认識水平所限，根本不能把这株大毒草批深、批透，再加上写稿子时十分焦急。想到早一天把这顆定时炸弹挖出来，就对党中央毛主席的威胁少一天。所以时間比较倉促，只找了一些典型的例子，就这样，这份稿子还长达一万七千字左右。

现在我們在新新印刷厂工人同志的大力支持帮助下，把这份材料印出来公布于众，請阶級弟兄、紅卫兵战士們和革命的师生們起来批这棵大毒草，彻底挖掉这顆埋在党中央和毛主席身边的定时炸弹。

天津毛泽东主义战校（原十六中）"紅革"紅卫兵（李昕、李建生）

一九六六年七月五日

《燕山夜話》的攣兄弟

——評李欣的《老生常談》

前 言

一九六一年一月，吴晗的《海瑞罢官》"破門而出"，紧接着在同年三月，"三家村"的总管邓拓"上馬"，《燕山夜話》登台主演，与此同时，早在二月投生的《老生常談》也随之伴演了。

《老生常談》是李欣在一九六一年到一九六三年間所写的政論性杂文。当时正值国內外阶級敌人向我党猖狂进攻之际。为什么在一九六一年李欣突然不辞劳苦的"挤用了星期日、旅途、夜間、午休甚至黎明等三余时間。擱下前几年慣用常使的詩歌号角，拿起更适应当前思想斗争的政論匕首而"要发揮些战斗作用"呢？这是有他不可告人的政治阴謀的！

一九六一年春，"三家村"黑店的掌柜、伙計，齐声呼喊什么："春风蕩娜""春雷欲动""在春季就要开始大干。"眞是馬对驴叫，驴也知音。在这猖狂一时的牛鬼蛇神大合唱中，吴晗做了"破門而出"的急先鋒，李欣也当了"跳出井来"的毒蛤蟆。李欣还声言"不过是本着有一分热发一分光的精神所做的微薄貢献而已。"就这样他与"三家村"的兄弟們吹响了反共的法螺，布好了进攻的陣势。

《老生常談》与《燕山夜話》"互相呼应"如出一轍，我們把它与《燕山夜話》发表的日期和所談的內容稍加对照，便不难发现《老生常談》与《燕山夜話》是一对双胞胎、攣兄弟。《燕山夜話》中反党反社会主义的黑話滿卷；《老生常談》里攻击毛泽东思想的"鬼話"

285

連篇，确有同工异曲之妙，所不同的是邓拓以"杂家"面目出现，李欣则以政治家、革命前輩的姿态出现；《燕山夜話》以传知識讲笑話为名，而《老生常談》則挂着馬列主义、毛泽东思想的金字招牌，公开打出政治旗号。但他們唱的却都是一个基調：反党反社会主义，反毛泽东思想。

《老生常談》的《代序》和《后記》是帮助我們"理解""察悟"书中道理的钥匙。李欣的"政論七首"均有"弦外之音"且"又是有的放矢的"。他在《代序》中就做了十分露骨明朗的表白，怎样向党发起挑战和进攻呢？怎样才能使"鬼話""可以新颖有力"呢？"只要說得恰如其分，恰合时机，切中要害，就能使人得到某种启发"。李欣实在是狂妄、恶毒之极。从全书我們可以清渐地看出李欣是站在极端頑固的反动立場上与人民为敌至死的，明显地流露出他真实的反动情感，摆出一付杀气腾腾，凶神恶煞的样子，把"投枪"和七首对准了我們伟大的党，歇斯底里似地发泄对党和毛主席的刻骨仇恨，有时声嘶力竭地抽泣几声，好象方消心中之怨，有时气势汹汹地大罵几句，好象方解心头之恨。

李欣是有計划有步驟地发起进攻的，他与邓拓等人一唱一合，配合默契，在与邓拓之流疯狂地攻击伟大的党、伟大的毛泽东思想的同时，李欣还把他自己和他的伙伴多年来反党反革命的"切身經驗"系統整理，合盘托出，在販卖反党黑貨的同时兜售他的反革命策略，指导他們的黑店买卖。

尽管李欣挂着馬列主义、毛泽东思想的金字招牌，装出一付大讲革命道理的样子，然而再狡猾的狐狸也要露出尾巴，任何妖魔鬼怪也逃不出毛泽东思想的阳光。我們有毛泽东思想这一有利武器一定能戳穿李欣的画皮，使他的反党反毛泽东思想的丑恶嘴脸，暴露于光天化日之下。

下面将李欣的《老生常談》中的一些"鬼話"編排出来，附加我們认識于后。

(一)"拿起""政論七首"，刺向我們伟大的党

1.汚蔑毛泽东思想是"老一套"，"脱离实际"

"一般情况下，人并不爱听老生常談，特别是某些青年人。这問題，我以为要具体分析。从讲者角度来检查，除了內容有些可能不正确的以外，就是話是老話，談来談去老一套，脱离实际，人云亦云，并非老調新弹；'話說三通淡如水，'听不出新鲜东西，如耳旁风，人不爱听。这的确是应该注意的。讲話是要人听的，人不耐煩听，听不下去，就收不到效果，达不到說話的目的。人若不听，說它有什么用呢！"

　　　　　　　　　※　　　　　　　　　※　　　　　　　　　※

"某些高見深論也变成常識，一些常識也在新陈代謝地变化着。年青的人，对已有的常識，需要继承、分析，批判和提高。应该懂得：常識中有謬误有偏見；"

　　　　　　　　　※　　　　　　　　　※　　　　　　　　　※

"至于用毛泽东思想的观点方法解释問題，針对我們日常工作和生活中的具体問題讲些革命道理，'惩前毖后，治病救人'，本来不应把它視作'老生常談'的。在某种情况下我之所以把它叫作'老生常談'，弦外之音，不过要人懂得，对具体事物作做具体分析，不可望文生义。"

《"老生常談"新解（代序）》一九六一年初稿，一九六二年十一月整理

按：顯然是一篇惡毒地別有用心地攻击我們伟大領袖毛主席的咒語。大談什么"讲者"讲的尽是"老一套"，"脫离实际"、"話說三篇淡如水"，視毛主席的話為"老生常談"，你這无非是在咒罵我們的党，其用意煽动人們不要听党的話，不要听毛主席的話。嫌我們党說的多了，要我們党"休息"，让他們大肆放毒，李欣大讲"高見深論也变成常識""常識中也有謬誤也有偏見"，他指的高見深論說穿了就是指馬列主义毛澤东思想。李欣还对党大嚷大叫"人不爱听"的話。"說他有什么用呢！"李欣所說的不正和邓拓要我們党"什么話都不要說"的論調如出一轍嗎？

2.为現代修正主义者帮腔作势，讓我們党"痛改前非"。

"在不論規模程度都是前无古人的革命斗爭和建設工作中，由于經驗不足，缺点和錯誤总是难免的。所有道路都是人走出来的，其中一帆风順的少，历經多次反复才到达目的地的却属大量。經驗，不論来自成功或失败，对于来者和后人都是一样宝貴。可見，事情不在于有前非，而在于改前非，尤其在于痛改前非"。

"所謂痛改，就是吸取經驗，彻底改正錯誤，而不是揭了疮疤忘了痛。有痛处才能想到病，才能想到碰壁，或者才能意識到受了敌人打击。眞正痛了才不諱疾忌医，才'吃一塹，长一智'，才能从斗爭中吸取教訓。痛改，改的就彻底。痛改前非，消极因素就可能轉化为积极因素，坏事也就成了好事。"

"即使在十个指头中，属于一个指头半个指头的毛病，也应郑重对待，切实吸取經驗教訓。"

"至于敌人，幸灾乐祸，甚至吹毛求疵，群犬齐吠，那是另一回事。"

《痛改前非》　　　　　　　　一九六一年三月三十一日

按：一九六一年三月，我国正面临着暂时的經濟困难，与此同时我們为了捍卫馬列主义眞理，与現代修正主义者和国內外一切反动派展开了針鋒相对的斗爭。李欣也为現代修正主义者帮腔作势，要我們党"痛改前非""吸取教訓"，显而易見他的用心就是要我們党开倒車，走資本主义复辟的死路。

3.諷刺我們党不分好坏，"似是而非"

"我們这些做父母的，按年龄說早成年了，对事物的了解也有許多还保留着孩子的看法：說好都好，說坏都坏，看不見具体事物的差异，看不到事物的发展趋势，也看不出对立物的轉化可能性。这情况，和待养受教的儿童就不同了。担負着生产工作和革命斗爭重任的人，如果对情况若明若暗，看問题似是似非，从需要出发，按感情办事，持皮毛之見，武断孤行，那影响就大多了，会給事业带来程度不同的損失和危害。

在复杂的社会現象中，形似好事的未必是好事。并且，事物都在发展过程中，好的未必全好，尚有不足之处有待努力；坏的未必全坏，尚有可取之处可資借鉴。好坏在一定条件下，还可以轉化。好事办过头，会成坏事；好話讲过份，会出毛病。坏事吸取教訓，可以得到教益；消极因素，善于利用，可以化为成积极条件。"

《好人坏人》一九六一年九月十日

按：一九六一年正是国內外阶級敌人向党进攻最猖狂的时候，在这股反革命逆流中，李

欣也积极走在前面，"充当一员闖将"，发起了向党向社会主义的进攻，說我們党"按年龄說早成年了"但是"对事物""还保留着孩子的看法"，說我們党罢了右倾机会主义者的官是"持皮毛之見，武断孤行，"是"說坏都坏"，"看不見具体事物的差异"和"发展趋势。"

恶毒地攻击总路綫、大跃进、人民公社三面紅旗是"形似好事，未必是好事，"好事办过头，会成坏事"。咒罵毛泽东思想是"好的未必全好"，"好話讲过份，会出毛病"。

4.誣蔑我們党"說些言不在行的話"

"一天，在阿尔山森林鉄路的一个小站上，我走进职工家里，桌上并排摆着四个水瓶，瓶外标着'防火水'……林业局一位負責同志也发了点議論："这有点形式主义'我当时絲毫沒有怀疑这一說法的正确性。"

"我对四瓶防火水有了新的想法。平心而論，我們由于初步印象所发表的議論是不够正确的。"

"置身事外的人，缺乏利害关系的感受，不能同甘共苦，只是吹毛求疵，洗垢索瘢，这样的人，其实是无权批評的。我认为，在某些場合，与其說些言不在行的言，还是讓逊点好。所謂'主事者迷，旁观者淸'，在特定条件下，有他一定道理；如果极而言之，似乎脱离实践缺乏利害关系的人，懂得的倒要多些，那就变成謬論了。

进一步說，星星之火，可以燎原。林区火灾，往往发生在一些零星烟火上。四瓶防火水对于扑灭星星之火，还是很有用的。"

《四瓶"防火水"》

一九六二年五月廿一日阿尔山

按：从这篇文章就能看出李欣"以小喩大"之能事了。他說的是"防火水""喩"的却是我們伟大的党。"我以为，在某些場合，与其說些言不行的話，还是讓逊点好。"这跟邓拓叫喊的：要我們党"必須赶紧完全休息，什么話都不要說，"唱的不正是一个調子嗎？眞是无独有偶，这难道仅是偶合嗎？他还以囂张的反革命气燄妄图"扑灭星星之火""扑灭"社会主义革命。

5.諷刺我們党內的批評和自我批評是"好医生治不好自己的病。"

"常因小事急躁，发些无原则的脾气，事后每感愧悔，觉得自己涵养差，不虚心，欠民主，太簡单。有时也从认識方面找原因，挖思想意識根子，但总是不深刻，沒有抓住痛处。所以，往往检查多，改正少，求成急，收效慢。'过而不改，是为过矣'，虽說'能見甚过'，又敢于'內自訟咎'，但蘖根未除，終是隐忧。"

"方法不能千篇一律，必須因人制宜。但是什么方法好，还必須从实践中摸索得来，不能靠个人随意挑选。因为这是给自己治病，个人选择，避重就輕，顾首畏尾，总是有的。俗話說，好医生治不好自己的病，大概就是这个道理。"

"条件之一，就是自己願意听取批評，聞过则喜，平易近人，造就听到不同意見的机会。"

※ ※ ※

"……深感毛病恶劣，非改不可。"

《以人为鉴》一九六一年九月十日

按：李欣反复諷刺一些人"发些无原则的脾气，""涵养差""欠民主""太簡单"，并暗中指出这些现象是在对敌斗争中和领导与群众关系中发生的，他是在讲自己嗎？不是，他在咒罵我們的党，咒罵毛主席。

李欣含沙射影地污蔑我們 党內的 批評和自我 批評是"避重就輕"，"顾首 畏尾"，是"好医生治不好自己的病。"

6.誣蔑和攻击毛主席"脑胀头大"是"犯主观自大狂的病人"。

"唐太宗李世民有句話說得好：'人，苦不自覚耳。'（《新唐书·魏征列传》），现在看到这話，仍是活生生的。

看不到自己的缺点，听到他人正确批評后，仍然自以为是，这是苦于不自覚，脱离实际情况，說些蠢話，表現些丑态，办些傻事，这是苦于不自覚；碰到悬崖峭壁，眼前无路，仍盲目撞去，这是苦于不自覚；抓到真理，不能坚持，輕輕放过，这是苦于不自覚；以感情代替政策，认为自己就是真理，武断一切，这是苦于不自覚。这类事件，說来还有很多。

至于把自己的错誤过失，归罪于不自覚，而不肯认真检查，这当然是一种不老实的态度。真正处于不自覚状态的人，往往无自知之明，甚至还强不知以为知呢！"

"也有这样情况，由于一叶障目，利欲 迷心，自滿 自囿，无所 用心 等等原因，认識停滞，总也达不到自覚境地。"

"从自覚陷入不自覚，也是常有的事。自覚的敌人是驕傲，是自以为是。'子絶四——毋意，毋必，毋固，毋我。'（《論語·子罕第九》）不靠臆想办事，不靠武断办事，不固执己见，不自以为是，孔子反对的这四点，这倒是他給与犯主观自大狂的病人的一付良葯。一个人，每逢胜利滿握、光輝遍体时，脑胀头大还是常有的現象。只要脑子不清醒，自覚状态就减弱和消失了。保持自覚才能力求进步。保持自覚的好办法是謙逊謹愼，实事求是。这一点，正是毛泽东思想的特色。"

《論自覚》一九六二年八月二十七日

按：一九六二年七月二十五日邓拓抛出了他最恶毒的反党反社会主义的杂文《专治"健忘症"》，李欣歇斯底里发泄对党和我們伟大領袖毛主席的刻骨仇恨，罵我們党"脱离实际情况，說些蠢話，表現些丑态，办些傻事，这是苦于不自覚，"李欣污蔑和攻击我們敬爱的領袖毛主席是"犯主观自大狂的病人，"还借孔子之語开了"一付良葯。"說主席是"真正处于不自覚状态的人，往往无自知之明，甚至还强不知以为知呢！"在文章开头就提出"人，苦不自覚耳。""现在看到这些仍是活生生的。"

他自知这篇文章太露骨了，心中有鬼，文章結尾强挤上两句"好話"后，不得不点出一句："这一点，正是毛泽东思想的特色。"但是李欣欲盖弥彰，这画龙点睛之一笔，正道出他内心之語！这一句正是他要对前面一席話的一句概括。

7.极力貶低毛泽东思想的巨大威力，把毛主席著作比作"半部《論語》"

"……以一知半解来武断一切，那就是錯誤和危险的事了。"

"实际上，一字高明，一技見长，均可以为师。可見，一知半解如果善于运用，也可以发挥一定作用。怕的是，有了一知半解，自命不凡，自以为是，夸大一知半解作用，自称滿腹經綸，甚至說出来类似'半部《論語》定天下'的話来，那就显得 荒唐 可笑了。'半部《論語》定天下'的說法，虽說古已有之，这話当然是荒謬的……。我看，錯誤在于，把半《論語》当作治国平天下的百科全书，认为半部《論語》之外，不需 其他 学識，半部《論

289

語》之內，都是万应灵葯。这种观点，**既使处在封建社会，也是迂腐之见，非碰壁不可的。**这话是夸大一知半解作用的典型。自古及今，哪里見过半部《論語》能定天下的人！可惜，这种腐儒精神，现在也沒有完全絕迹。"

《一知半解》 一九六一年夏秋之交

按：毛主席的书是全世界人民革命的法宝，是战无不胜、攻无不克的鋭利武器，是强大的精神原子弹。李欣污蔑毛主席著作是"半部《論語》"不能"定天下"。我們說毛泽东思想是一切工作的最高指示，我們就是用毛泽东思想定天下的。但李欣却說："自古及今，哪里見过半部《論語》能定天下的人！可惜，这种腐儒精神，现在还沒有完全絕迹。"

8. 咬牙切齿地把毛泽东思想比作"毒蛇"，发泄他的刻骨仇恨。

"許多人怕蛇，不敢挨蛇，更談不上吃蛇。其实，蛇不仅可食，而且入药。熟悉蛇性的人，敢于捉蛇，杀蛇，养蛇和玩蛇，甚至把它視作山珍海味。怕蛇的人就不同了，不仅望而生畏，而且在蛇出沒的地方，坐臥不安。这和不同环境中人的生活习慣有关，也是和人对蛇的知識多少分不开的。当人对蛇的接触增多，掌握到蛇的习性时，也就不怕了。"

"可是，問題幷不这样簡单。有的人，不慎被蛇咬伤一次，大惊小怪，以后见到草绳也害怕起来。蛇咬当然使人害怕，被毒蛇咬更其危险。問題不在于怕不怕蛇咬，怕咬幷不见得就不被咬；而在于能否克服和防止这一灾害。对付蛇咬的办法，在于深刻了解蛇的习性及其行动规律，而不是杯弓蛇影，草木皆兵。蛇咬是坏事，善于总結經驗，接受教訓，可以化凶为吉，甚至把蛇作成对人有某些作用的东西；否则，蛇的苦毒可就大了。心中有鬼，鬼一定会多起来的。"

"譬如，有些干部，在反对瞎指揮之后，就 不 管 理 了，以放任自流为得計，认为不指揮就可以不犯錯誤。其实，瞎指揮是錯誤，不指揮也是錯誤。在某种意义上說，这种錯誤更大些，不仅正面經驗得不到，反面經驗也没有。說穿了，这也是遭遇蛇咬之后。害怕草绳的表现。"

"有的同志，在反对浮夸作风之后，連提鼓干劲也心虚了，似乎偃旗 息 鼓才是 实 事求是，'煩脑皆为强出头'，越积极麻烦越多。这都是同一毛病"。

"如果知难而退、作茧自縛、顾虑多端，其趋势将是愈来愈糟，成不了什么气候的。"

"和怕鬼一样，怕草绳也是一种錯誤思想。"

《一年被蛇咬，十年害草绳》一九六一年十一月二十九日

按：一九六一年，牛鬼蛇神紛紛出籠，（把一批又一批的毒箭射向我們党和社会主义）向党、向社会主义发起了全面的进攻。在一 九 六 一 年十月"三家村"黑店公开营业，这时期，反革命黑軍师李欣的"中軍帳"也坐不下去了。把他的沾滿了剧毒的"政論七首"《一年被蛇咬，十年怕草蝇》狠狠地刺向我們党，刺向社会主义。

在掀起这場股妖风的时候，这些资产阶级代表人物，一方面竭力为牛鬼蛇神的出籠呐喊助威，大力开路，里应外合，一方面配合国內外反动派和现代修正主义者，涂脂抹粉，妄想为右傾机会主义分子重新登台制造輿論。

邓拓在一九六一年十一月十日，在《伟大的空話》里，攻击毛泽东思想为"陈詞滥調"对毛泽东思想恨之入骨。十几天后，黑軍师李欣发表了《一年被蛇咬，十年怕草绳》，文章中恶毒地攻击毛泽东思想为"蛇"大談"捉"、"杀"、"养"、"玩"、"吃"，对所謂

的"蛇"也就是对毛泽东思想充滿了刻骨的阶级仇恨。

毛主席和党在一九五九年提出反对瞎指挥,反对浮夸作风,提倡干部深入群众,調查研究,可是李欣却搧动性地說犯了这些錯誤的人是"遭遇蛇咬"。李欣唯恐天下不乱,恶毒地咒駡党中央和毛主席,以达到他混水摸鱼的目的。并提出对付蛇咬的办法,在于深刻了解蛇的习性及其行动規律"。"对蛇的接触增多、掌握蛇的习性时,也就不怕了。"李欣就是这样"再三复四"地传授反革命"經驗"的。

李欣同时还为罢了官的右傾机会主义分子打气,"鼓干劲"。"不惧被蛇咬伤一次",不足以"大惊小怪","以后见到草绳也害怕起来"的作法是完全錯誤的。在这里,"草绳"指的是什么?就是指党的基层干部,指革命群众。告訴这些右傾机会主义分子更不应该害怕"草绳",不要"偃旗息鼓",要一鼓作气,"强出头"。否则"其趋势将是愈来愈糟","成不了什么气候的"。

一九六一年十一月二日,《燕山夜話》的《古代的漫画》里說:"对鬼的諷刺,实际上却是对人的諷刺。"李欣在这里却說:"和怕鬼一样,怕草绳也是一种錯誤。"这明显地为右傾机会主义者打气,叫他們不要怕"草绳",不要怕革命干部和革命群众,誓死与人民为敌。

9.做垂死前的哀鳴:梦呓毛泽东思想是"可以战胜并消除的"。

共产党員的誕生和发展也是这样。不論出身于非无产者或无产者,都是来自旧社会;即使是生长在革命环境中或来自共产党員的家庭里,由于社会处于改造过程中,反革命的,錯誤的和落后的影响此伏彼起,并且不断散布和扩张着它的影响,所以每个共产党員身上都不免带来一点或感染一点坏东西。这些陈旧意識、腐朽影响和肮脏东西是可以战胜并消除的。"

《活到老改造到老》

——重讀《論共产党員的修养》有感

一九六二年八月

按:一九六二年八月是党的八届十中全会召开的前夕,黑軍师感覺形势不妙,不对头了,就急忙提醒邓拓黑帮,"由于社会处于改造过程中,反革命的,錯誤的和落后的影响此伏彼起,并且不断地散布和扩张着它的影响,"社会主义的中国,毛泽东思想越来越广泛地深入人心。李欣看到这些情况,咬牙切齿,恨之入骨,恶毒誹謗攻击毛泽东思想是"反革命的,錯誤的和落后的影响",是"陈旧意識,腐朽影响和肮脏东西,"李欣疯狂之至,做垂死前的哀鳴毛泽东思想是"可以战胜并消除的。"

10.借"英明君主李世民"这具僵尸攻击我們的党"趾高头大"

"取得政权以后的共产党員,特别当了領导干部之后,更应该注意自己的鍛炼改造。由于經过斗争夺得政权,常常荣光遍体,胜利滿目,往往揭了疮疤忘了痛,趾高头大,丧失应有警惕,……"

"在封建朝代中被誉为英明君主的李世民……"

"李世民終究不愧为中国封建社会中出类拔萃的统治者,他懂得,'人以銅为鏡,可以正衣冠;以古为鏡,可以見兴替;以人为鏡,可以知得失。'(《資治通鉴·唐紀》)这就是他成功的重大原因之一。"

《活到老改造到老》

——重讀《論共产党員的修养》有感

一九六二年八月

按：公开抹煞了阶级和阶级斗争，因为社会上互相矛盾的力量，在斗爭中互相渗透，互相影响，甚至于"互相改造"，請問：誰"改造"誰？李欣含沙射影地攻击我們伟大的党的領导，辱罵我們党"趾高头大"，应該"注意自己的鍛炼改造"，要象"英明君主李世民"那样"以人为鏡"。

11. 謾罵我們党"染上一种职业病"是不懂装懂，文过飾非

"孔子是中国历史上最伟大的教育家之一。在他那种历史条件下，他主张'有教无类，幷且在实际教学中，因材施教，随其材器而使之，对不同性情、志气的徒弟实施不同的教育。我还感兴趣的，是他主张建立的师生关系，很有'教学相长'精神。例如，他最喜爱大弟子顏回，常用贊美的話表揚他，但也曾这样对他批評說：'回呀，他对我沒有帮助呀，我說什么他贊同什么。'（《論語·先进第十一》）可以看出，他是主张，在师徒之間，可以开展批評，提出不同意见的。如果学生对老师所讲的，不問是非，完全随声附合，对为师的人幷无帮助。我爱吾师，我更爱眞理，'当仁，不让于师'（《論語·卫灵公第十五》），这才是正常的师生关系。試看，他在《論語》其他篇章中，还有些主张：'对君主的話要分清事非，对一乡众人的話也要分清事非，善者从之，好之；不善者违之，恶之'（《論語·子路第十三》）。甚至于，因为他去看过风流美丽的卫灵公夫人，子路表示不高兴，他便当着这位大弟子的面，指天明誓：'我如有曖昧之事，天打五雷轰！'（《論語·雍也第六》）那么，学生对老师的話，可以'和而不同'，学习而不盲从，这很可能就是他的本意了。"

"这种教育思想是卓越的，和他的'学而不厌，誨人不倦'，'循循然善誘人'的主张配合起来，成为中国教育中关于师生关系的优良传統。这一理論，认为老师閨道在先、业有专攻，应受到学生尊敬，在教学中起主导作用。学生要尊敬老师，向老师学习，学而不厌。如果学生……不认眞讀书，老师不循循善誘，那是不对的。但是，人非万能，决难保万无一失，即使老师在学識上或經驗上也有不足之处，须以教学相长，达到共同提高。教育人者不仅应先受教育，打好基础，先走一步，才能起老师的主导作用，而在教学实践中，尚须閨过则喜，不耻下問，以补教学的不足和缺陷。显然，这样做对师生都有好处，可以更好地完成教学任务。"

"……当教师的，也容易染上一种职业病，为了維持师长尊严和个人威信，在学生面前不懂装懂，文过飾非。在今天社会主义学校里，建立新的师生关系尊师爱生，教学相长，就可以逐步解决旧社会在这方面遺留下来的問題，把上述原则发揚光大。教学相长犹如挑李春风，沒有春风熏陶，不見桃李爭艳；沒有百花芬芳，也显不出惠风和暢。因此，我們的学校既要提倡尊重老师，充分发挥老师的积极性，教导学生刻苦学习；又要实行教学相长，帮助老师不断进步。"

"不論是誰，能听下去不同意见，择其善者而从之，总是好的。在新社会，領导者、干部，凡和老师起类同作用的人，都需要注意这一点。"

《教学相长》 一九六一年九月八日

按：李欣此时极力地吹棒孔子，說他是"中国历史上最伟大的教育家之一"，贊揚封建教育制度是"卓越的"，但醉翁之意不在酒，他讲的并非是"教学"之道，他正是想把"君主""教师"比做我們的党。他一面大肆鼓吹孔子，一面謾罵我們的党"染上一种职业病"是"不懂装懂，文过飾非"，并声言："对君主的話要分清是非"，让"在新社会，領导者，干部，凡和老师起类同作用的人，都需要注意这一点"。很显然，他就是在恶狠狠地辱罵我們的党！

12。誹謗总路綫，大跃进是"只有良好愿望，坐而論道""弄虚作假"

"做事业和求学識，都离不开'认眞'态度，这就是要脚踏实地，埋头苦干，这就是要'衣带漸寬終不悔，为伊消得人憔悴'。有了坚实的基础才能一蹴而就，才能立竿見影，才能豁然貫通。这叫做'鉄梁磨銹針，功到自然成'。只有良好的願望，坐而論道，或者投机取巧，弄虚作假，其結果不是毫无作为，便是自找苦头，这道理，难道还需要更多的証明么！

事物的发展有其內在规律，可以促进，不能拔苗助长；必須多快好省，但要做艰苦踏实的努力。"

《立竿見影》一九六一年五月六日

按：邓拓在一九六一年十一月发表的《两则外国寓言》誣蔑我們的大跃进是"吹牛皮""說大話"，在事实面前"碰得头破血流"。而李欣在《立竿看影》中唱的就和邓拓完全是一个調子，而且是比邓拓更隐晦，更凶狠，較邓拓有过之而无不及。更值得我們注意的是李欣这篇文章的发表較《两则外国寓言》还早半年。李欣眞是所謂"抓住风行一时的活思想发出自己針鋒相对的議論。"相形之下，邓拓在这方面还稍显逊色呢！

李欣胡說我們的总路綫，大跃进是什么"只有良好願望，坐而論道""投机取巧，弄虚作假"。并且还摆出一凶神恶煞的样子，威胁和质問我們的党，說："这道理，难道还需要更多的証明嗎！"好一副凶狠的样子，对于李欣这样頑固地站在反动立场上与人民为敌到底的人，沒有必要給他做"更多的証明"的。事实做了最好的回答，工农兵口誅笔伐把邓拓們批得体无完肤，那也就是对李欣的当头一棒。"毫无作为""自找苦头"的正是李欣！

13。大駡我党在大跃进中"废話川流""糟蹋劳动人民的許多时間"。

"这还属于个人得失，如果牽涉到集体，珍貴或者浪費工农兵及其干部的劳动时間，那关系就更大了。所謂提高劳动生产率，节約国家財富，最根本的問題是时間問題。劳动創造价值，社会有效劳动时間的多寡，也可以說就是国家財富的多寡。所以說，劳动时間的节省是最大的节省，劳动时間的浪費是最大的浪費。我看，这一严重問題，并未引起有关領导的普遍关怀。"

※ ※ ※

"关于領导，实在值得注意，确有这样一部分人，即不重视也不善于珍重群众的劳动时間。'吃不穷，穿不穷，計划不到一輩子穷'；劳动时間的最大浪費，一方面来自某些領导做事沒計划或者計划不好。另一方面，乱开会，瞎指揮，文牘丘集，废話川流，也糟蹋劳动人民的許多时間。还有一个方面，就是不重視劳动組織及劳动效率，人浮于事，事倍功半，也白白丢掉了許多宝貴时間。"

※ ※ ※

"曾子每日三省己身。如果我們培养这种习慣的話，我主张其中一定列上一条：今天是

293

否有由于疏忽大意，官僚习气，隋性作怪或者言不及义，招致来自己和大家的劳动时间和工作时间的损失。"

《寸阴是竞和分秒必爭》一九六一年五月二十三日巴颜高勒

按：一九六一年四月三十日，邓拓抛出了《爱护劳动力的学說》，紧接着在五月二十三日李欣放出《寸阴是竞和分秒必爭》。邓拓說我们在大跃进中"不爱护劳动力"李欣即随声应合，大駡我党"即不重視也不善于珍重群众的劳动时间"幷且还心怀恶毒地辱駡我党"乱开会，瞎指揮，文牍丘集，废話川流，也糟蹋劳动人民的許多时間。"李欣如何敌視我們的大跃进，在此亦可略見一斑了。

14.恶意地諷刺我国的落后面貌是改不了的，是"打不掉"的。

"有这样一个故事：'赵世杰，半夜起来打差別'。赵世杰半夜睡醒，跟他老婆說：'我做了个梦，和别的女人一起，女人是不是也做这梦？'他老婆說：'男人女人都是人，有甚差別！'他随即把老婆痛打一顿。飽以老拳，是把男女生理上的共性消除不了的。因为这类'共性'和'差別'是即打不出来，也打不掉的。"

※　　　　　※　　　　　※

"最近时期，我們往往听到这样的話：'他即能办到为什么你办不到！''那个地区能做到这样，为什么这个地区就不能呢！'……以一种对情况不加分析的要求和說法，强加于人，盲目指揮，这样做就是錯誤的了。其所以不正确，是因为不实事求是；这是唯心主义的观点方法，而不是辩証唯物論的观点方法。譬如，女人能生孩子，对男人也可以同样要求嗎？……显然，这样做是荒謬的，因为它忽視了对具体情况的具体分析。"

《从"男女有別"談起》一九六一年六月

按：用极其低級庸俗的例子，来說明一个中心問題，人有其"共性"，但都有"差別"。这种"差別"是无法改变的。言外之意，他是說我国一穷二白的經济状况和工农、城乡、体力劳动和脑力劳动的三大差别是改变不了的，說我国永远只能停留在这个落后水平上。毛主席會說过："外国有的，我们要有，外国沒有的，我們也要有。"这話充分反映了我国人民的英雄豪迈气概，而李欣却肆意誣蔑毛泽东思想，說主席的話"忽視了对具体情况的具体分析"是"荒謬的"，"錯誤的"。

15.丑化我們的党"沒有老实态度""自觉不自觉地粉飾自身"。

"經过一段斗爭过程之后，回头观察一下，自己是怎样走过来的，增加了什么，丢掉了什么，还保有什么，很有意思，也非常必要。只要观点正确，幷以老实态度对待自己的过去，这种反省就不仅能增加自我改造的信心，而且可以去掉对自己的一些不正确的看法，特别是虚夸观点。一般地說，人往往缺乏自知之明，幷且容易忘掉自我的本来面貌。經过时間磨洗，事物的来龙去脉消逝掉了，后果前因也不分明，在历史回忆中只剩下一些孤立的突出的东西。如果缺乏辩証观点，又沒有老实态度，就会割断历史来估量自己，自觉不自觉地粉飾自身。"

《百年树人》一九六二年元旦中午

按：李欣对我們的党旁敲侧击，說总路綫、大跃进的伟大成就是"一些孤立的突出的东西。让我們党"以老实态度""反省一下","增加了什么，丢掉了什么，还保有什么"，誣蔑我們党有"虛夸观点""自觉不自觉地粉飾自身"。

16.对我們的党冷嘲热諷，誹謗我党干了"刻舟求劍"的"蠢事"。

"刻舟求劍很显然是蠢事。……毛病出在哪里？出在看不到形势的变化。"

"看来这是笑話，实际上，在我們的工作和生活里，这类毛病还不少。"

"解放以后……困难是有的，有时困难还很多，困难来自那里？"

"……农业生产的发展不仅要受自然条件的影响，而且还有曲折起伏。因此，以农业为基础的生活也会有升降变化。"

"'随年景吃飯，随年景穿衣'，这句俗諺，今天仍有它的道理。"

"'不怕年饉，就怕連饉'。如果連年遭灾，困难就更大些。"

道理說透了，即簡单又明白。懂得它有助于克服困难；不懂得它就会发生刻舟求劍的毛病。"

"……实际上，往往发生一些政策規定和具体任务存在某些矛盾的事情，这些矛盾可能来自任务提出的不全符合实际，可能来自政策規定的不太适合情况，也可能来自实际情况的新变化或意外变化。总之，这类矛盾是存在的。因此，我认为，首先是承认它，其次是解決它。""以刻舟求劍精神执行政策，同样会碰釘子。"

《刻舟求劍》一九六二年一月三十日

按："随年景吃飯，随年景穿衣"，"这句俗諺"，在我們战胜三年自然灾害后的六二年初，李欣还强調"今天仍有它的道理，"这显然是別有用心的。五九年——六一年我国遭受了連續三年的严重自然灾害，李欣趁伙打劫，煽风点火，誣蔑我們党干了"刻舟求劍"的"蠢事"，沒有"从实际出发""碰釘子"了。从李欣文中可以十分清楚地看出，他是要說："困难来自"我們党的领导，是由于我們党"政策規定的不太合适"犯了"刻舟求劍"的"毛病"，所以我国才"連年遭灾"，幷威胁我們党"首先是承认它"，李欣恶狠狠地誣蔑我們的党，挑拨党和群众关系，貶低党的威信，蓄意煽动群众反对党的领导，妄图顛复党的领导和无产阶级专政。

17.負隅頑抗，鼓励黑帮分子要不怕"一时孤立"要有"强項硬骨"的精神。

不在乎'十目所視，十手所指'，也不在乎千夫喧囂，千夫指責，首先是因为我代表着眞理。声势可以虚张，有势未必有理；合乎'天理'人情，有理走遍天下。敵曲我直，我自气壮，那怕一时孤立！"

"沒有坚定立场，不是和广大人民同命运共呼吸，就不能在烜赫一时、貌似强大的敵人面前横眉而立，大义凛然，志不可夺，心不可撼。沒有其知灼見，不是坚持眞理，就不能在混淆是非，危言聳听的敵人誣蔑下鋼骨冰心，冷眼观察：'看尔横行到几时？'"

《横眉冷对千夫指》一九六三年一月八日

按：八届十中全会敲响了这一小撮牛鬼蛇神們的丧钟，但李欣一伙儿贼心不死，为了准备东山再起"卷土重来"，为了掩护这些将帅們退却，黑軍师李欣給小卒們下了最后一道死令，要坚决頂住，要他們"不在乎'十目所視，十手所指'，也不在乎，千夫喧囂，千夫指責""那怕一时孤立"，幷鼓励同伙儿們要有"强項硬骨""大智大勇"的精神。让他們坚守反革命陣地。肆意誹謗我們是"有勢未必有理"，"烜赫一时"，"貌似强大"，充分表現出李欣誓死不变的反革命立场。

二、传授反革命策略

1. 李欣反革命經驗十分丰富，足智多謀，是"三家村"伙計們的"未卜先知者"，反革命手腕十分高明，两面三刀，毒辣透顶，下面我們看看他是如何传授反革命經驗的。

"'舍正路而費由'，这当然是不好的。但投机取巧之所以錯誤，并不在于'机'和'巧'，也不在于寻机求巧。'机'是有利条件和关鍵时刻，应当看得清，拿的准，'巧'是窍門和經驗結晶，应当找到它，掌握它。在一定情况下'机不可失，时不再来'和'窍門滿地跑就看找不找'，这种话，确实是有重大指导意义的話。不过要达到上述要求，沒有刻苦踏实的实践和学习是办不到的。常說熟能生巧，就是这个道理。"

《业精于勤》　　　一九六一年二月十八日

※　　　　　　※　　　　　　※

"形势大好，前途光明，是肯定无疑的。"《談斗志》一九六一年三月三十日

"在春光明媚的大好天气里，让祖国的花朵盛开吧！"《养子不敎不如不要》

一九六一年六月一日

※　　　　　　※　　　　　　※

按：一九六一年牛鬼蛇神刮起了一陣陣黑风，掀起了一股股黑浪，李欣不愧为反动老手，嗅觉十分灵敏，他聞到了气味，大叫"形势大好，前途光明"大談"有利条件和关鍵时刻应当看得清拿的准""机不可失，时不再来"李欣得意地认为他們的春天已到，鼓动牛鬼蛇神破門而出。

"杜甫談到他的創作，曾說'讀书破万卷，下笔如有神'对这句话的理解不可簡单化。我认为仅是讀书破万卷，是不能下笔如有神的。杜甫之所以成为不朽的詩人，还是同他那充滿血泪的时代和充滿血泪的生活，以及他在詩歌創作实践方面的辛勤努力分不开的"

《业精于勤》　　　一九六一年二月十八日

"今天的时代，是属于敢于打鬼人的时代。"

《見怪不怪，其怪自敗》一九六一年三月三十一日

"……不断夺取胜利。即使在大好形势下，松懈斗志。也是对我們的事业不利的。"

《談斗志》——給一位青年同志的信

一九六一年三月三十日

"什么是怪，怪就是不合理的事物。"

"破除迷信，就是見怪不怪，一些来自个人幻觉的怪，是可以自敗的；那些由于无知产生的怪，也不能以假象惑人。但是，仅仅停留在这一步，有些人为的怪，是自敗不了的，即使对于不明眞象的怪，也沒彻底解决問題，如求根本解决問題，还必須調查研究，探明眞

象，打破沙鍋紋（問）到底，摸透這怪象之底。'子不語怪、力、亂、神'（《論語·述而第七》），躲避問題，并不能眞正解決問題；不談它，并不等于迷信破除，思想解放。对于人为的自败不了的怪，还须把他打败。这一点很重要。不怕鬼，是好的，这还不够，还要敢于打鬼。敢于打鬼，才能使鬼怪露出本来面目，才能明白鬼怪原形，才能破除迷信，提高对宇宙万象的科学知識水平。"

《見怪不怪，其怪自敗》一九六一年三月三十一日

按：李欣在这时大談杜甫的事迹，是有着他不可告人的政治目的的，他把自己比做杜甫，借死人之口恶毒地咒駡今天的社會是充滿血泪的时代，疯狂的发泄阶级仇恨，咬牙切齿把我們比喻成鬼。李欣在这里借題发揮，大談"无知产生的怪"，大談"人为的怪"把社会主义社會歪曲成所謂不合理的制度。李欣含沙射影地叫喊什么"今天的时代，是属于敢于打鬼人的时代。"毒就毒在这里，他所提的打鬼是和我們所提的打鬼有着根本的区别。要对我們进行反攻倒算，鼓励他的"杂家兄弟們"要有理想，不怕鬼，大无畏。这和邓拓所提倡的"反抗精神"有什么不同之处？

2. 交待任務，傳授策略。

"困难可以产生，可以发展，可以消灭。困难的性质不同，困难的结果也不一样，敌人所面临的根本困难是无法克服的，我們所面临的困难是发展中的困难。我們的任務，是使敌面临的困难加大、加快、加剧，使其发展直至敌人的死亡；在另一方面，是使我們面临的困难縮小减轻，直至完全克服或轉化为积极因素。"

《知难而退》　　一九六一年五月九日

按：疯狂的反革命叫嚣，我們的国家当时遭受了三年严重的自然灾害，面临着巨大的困难，这时阶级敌人猖狂向党发动一个又一个的攻击，李欣也紧忙向反革命黑帮們交待任務，說我們党面临的困难是无法克服的，叫黑帮們千方百計把我們党和人民面临的巨大困难加大、加快、加剧，使其发展直至我們的"死亡"。

※　　　　　※　　　　　※

"'近处怕鬼，远处怕水'，这怕是和迷信与无知联系的。对一切可以引起危害的力量都是这样，只要人眞正了解了它，就有信心和办法战胜它。对于我們革命者来讲，实际中的困难，沒有克服不了的，只要情况明，决心大，方法对。"

《知难而退》　　一九六一年五月九日

"……长期坚持也需要点毅力。由此联想到，如果打算长期坚持和普通推广一件事情，定要使人形成习惯蔚为风气；反之，如果打算彻底改革和彻底破除一件事情，也要移风易俗，以后把这想法仔細琢磨一陣，认为其中确有道理。"

《习慣成自然和移风易俗》　　一九六一年五月二十一日

按：当时，廖沫沙在一九六一年三月九日抛出了反革命复辟理論《唯变所适論》，他高叫着"当时"是"社会历史的大变化"李欣則应和道这是一場"革故建新""彻底改革或彻底破除一件事情"的斗争，鼓励他的伙伴們"情况明""决心大""方法对"。

※　　　　　※　　　　　※

297

"对困难有了正确分析，有了正确的态度，不論勇往直前，不論退而后进，不論待机而动，都能化险为夷，克难致胜。从这个意义上讲，知难而退对于我們革命者是不存在的。"

《知难而退》　　　　一九六一年五月九日

"事物复杂，任务繁重，做法还需分个輕重緩急，用力当然也有大小深浅。""不讲策略，不讲步驟，乱抓一起，当然不行。但是，着手一件事业，只要大小关联，巨細一体，就要通盘认眞对待，不宜顾此失彼。一字失著，滿盘皆輸，这是有的。即使看来无关重要的細节，如果疏忽大意，也会造成无形的重大损失，"

《熟視无睹与充耳不聞》　　　　一九六一年六月

"斗爭是这样，学习也是这样。欲有所得，必須留心，精神貫注；至于深造，还須刻苦鑽研。"

《熟視无睹与充耳不聞》　　　　一九六一年六月

按：一九六一年六月，"三家村"黑店斜集了一批牛鬼蛇神，在后台大老板的指使下，刮起了一陣大黑风。廖沫沙在六月十日在《前綫》上发表了《調查和算賬》，鼓动牛鬼蛇神到基层去算賬，旣要查旧賬，又要算新賬。此刻李欣急忙抛出了《熟視无睹与充耳不聞》这篇杂文，这是煞費苦心的。他系统地整理了自己多年来的反党經驗，叮嘱众牛鬼蛇神們，和共产党作战不要"不讲策略""不讲步驟""乱抓一起"幷还告誡他的主子"着手一件事业……要統盘认眞对待，不宜顾此失彼。""要考虑周密"一字失著"滿盘皆輸"如果疏忽大意，也会造成无形的重大损失。"

※　　　　　　※　　　　　　※

"'坐井观天'，当然不是好事。有些人因見識狹小，常受这种批評。我以为可以批評，但对情況須作具体分析。应当受批評的，幷不是生活在井或者被迫坐在井底，仰首探望一綫天空的人；而应当是把井作为整个天地，井中观天，断言天就这么大，对天是伟大的說法矢口否认，以为自己沒見过的东西就不存在的人們。"

《坐井观天》　　　　一九六一年夏秋之交

"'井'的局限性是可以突破的；实际上，人类在历史发展中已經突破許多了。"

《坐井观天》　　　　一九六一年夏秋之交

"知道坐在井底，是不够的，还要跳出来，走进广闊天地。这时，'坐井观天'才起了根本变化。"

《坐井观天》　　　　一九六一年夏秋之交

按：这时，反共參謀长李欣看到黑店兴隆时期已到，他代表"三家村"向杂家兄弟們下了第二道帅令，"井的局限性""已突破許多了""无論生活在井底，或者被迫坐在井底，仰首探望一綫天空的人；"应該立即"跳出来，走进广闊天地。"

"当前实际工作中，有些干部存在着害怕鞭打'快牛'的思想。有的怕当'快牛'，认为先进吃亏；有的怕鞭打'快牛'，在督促先进单位力争上游以及百尺竿头更进一步时顾虑很大，害怕拉垮先进。这类思想有具体分析加以正视的必要。"

"这样培养一些的安于落后懦夫，对于反动统治阶级是十分有利的。"

"爭上游要鼓足干劲，要作艰苦努力，要吃些苦头，要付出血汗代价，这是很自然的。世界上哪有高枕而臥，垂手可得的成果呢！"

《鞭打快牛》　　一九六一年十二月二十五日

按：形势不断的发展，光"跳出井来"还是不够的，必须立即上陣，李欣感觉他們内部还有很多潜力可挖，于是就劝告那些黑店的头目們不要怕把先进"拉垮"，暴露，要身先士卒，还要"鞭打快牛"，推动一点，以带全局。

※　　　　　※　　　　　※

"沒有手的人来設計假手，这等于要巧妇做无米之炊，困难是明摆着的。但是，有志者事竟成，他經过三年的艰苦奋斗，終于实现了自己的理想，他有了一副十分灵巧多种用途的假手。从此，他不仅解决了自身的痛苦，又继續为其它残废人服务，成为国内外闻名的整形专家。徐学惠的假手就是他給安装的，这假手能写字、梳头、刷牙、吃飯、打字、劈木柴、做針綫活和釘釘子"

"类似这样事例，古今中外并不乏見。他們为了克服自己面临的灾难，不屈不挠地斗爭，終于摸索出来給病人治病的方法。所謂久病成医，就是說的这么一回事。"

《久病成医》　　一九六二年元旦之晨

"洛瑪諾夫的經历，有几个关鍵：一、失去双手之后，还要双手；二、当时当地沒条件按装假手，自己想办法；三、有志气，不惜千辛万苦，克服重重困难；四、自己有了灵巧的假手之后，继續全力为人民服务。洛瑪諾夫的精神我以为就是，要坚持工作，就必須具备工作条件；失去工作条件之后，努力恢复工作条件；当时当地缺乏工作条件，决心去創造工作条件；获得工作条件之后，充分运用它进行工作。看来这里已具有全部正确对待工作条件的观点和方法。这就是久病成医的道路。"

"有久病可以成医的观点方法，在其它革命工作中也是适用的。"

《久病成医》　　一九六二年元旦之晨

按：一九六二年元旦是吳晗在《說浪》中，抑制不住內心的狂热，热烈欢呼半年多来冲击着社会主义的一股黑浪，他兴致勃勃地叫喊这股浪可眞大。邓拓在《今年的春节》中更加赤裸裸的說："北风带来的严寒季节很快就要解冻了。"这时，李欣利令知昏地认为"經过三年的艰苦奋斗，終于实现了自己的理想，他有了一副十分灵巧多种用途假手了"，李欣总结了这几年取得胜利的經驗，系統地列成条文，我們可逐条分析一下，看看他骨子里讲的是什么貨色！

一、失去双手之后，还要工作，还要双手；

被推翻的資产阶级、封建残余势力，是无产阶级专政的对象，他們失去了"政权"这双手，李欣疯狂地号召"沒有双手，还要工作，还要双手"也就是还要夺回他們的政权，妄图在中国实行資本主义复辟。

二、当时当地沒条件安装假手，自己想办法；

299

当时当地沒条件篡夺領导权，沒法复辟，但要"自己想办法"一定要把今天的社会拉向资本主义复辟的黑路。

三、有志气，不惜千辛万苦，克服重重困难。

他們的反革命本性决定了他們要誓死阻挡历史車輪前进的"志气"，"不惜千辛万苦""克服重重困难"夺回他們失去的天堂。

四、自己有了假手之后，继續全力为人民服务。

夺取了政权，实現了資本主义复辟之后，就必須立即为那些反动的势力服务，要不这样，就会得不到这些"人民"的拥护。

※　　　　　　※　　　　　　※

"当然做到这样，确不容易，要消磨很多时間，战胜严重困难，遭受多次失败。对得了重病和已經残废的人来讲，路就是这样明摆着；是战胜疾残，还是屈服于它呢，是这样利用时間，还是那样任生命浪费；是这样战胜困难，还是那样受困难熬煎，是不甘心失败，走向胜利，还是听天由命，直至死亡。所有在这方面获得成果的人，都是有頑强斗志，敢于破除迷信，千方百計定要达到目的的人。"

《久病成医》　　　一九六二年元旦之晨

按：一九六二年正是黑风大刮，李欣认为高潮已到，树起招魂幡。鼓励那些"得了重病和已經残废的人"即被专政的一切牛鬼蛇神不甘心失败"千方百計要达到目的。"

※　　　　　　※　　　　　　※

"存在矛盾，必然会有斗爭，存在着压迫，必然会有革命。存在落后，必然会有改进。这些社会現象是不以人的主观意志为轉移的。但是，在这些社会現象的发展过程中，人的主观意識并不是被动消极的因素。"

《雄心壮志》　　　一九六二年一月十五日

"軍事家如此，其它家也是这样。在时代洪流中，不仅合乎潮流起促进作用或者逆流反水起倒退作用，对社会发展的影响根本不同；就是同一追随时代前进的人，是随波逐流或是乘风破浪，其作用也大不一样。"

《雄心壮志》　　　一九六二年一月十五日

"沒有大志的人，眼光浅短，意志消沉，小有成就即故步自封，稍受挫折则一蹶不振。这样的人，怎么能将革命事业进行到底呢！这样的人，怎么能不在强大的敌人和困难面前屈服或者知难而退呢！"

《雄心壮志》　　　一九六二年一月十五日

按：在今天社会中，在我們国家里，无产阶级是統治阶級，是压迫和消灭一切牛鬼蛇神、一切吃人豺狼的阶级。李欣却丧心病狂地喊叫"存在压迫，必然会有革命"，他要革我們的命，要推翻我們的政权。不仅如此，他还号召那些其它"家"們起来"逆流反水起倒退作用"。当时，1961年1月吴晗在《北京文艺》上发表了《海瑞罢官》戏中叫喊"海青天"即右傾机会主义份子的"罢官"是"理不公"右傾机会主义者应当回来主持"朝政"，貫彻他的修

300

正主义綱領，这是"三家村"的"兄弟"們的共同心情。李欣也积极出謀划策，叫那些被罢了官的右派們不要"稍受挫折，則一蹶不振。"如这样下去，"怎么将'革命'事业进行到底呢"？实质是說怎么能使資本主义复辟这样"伟大"的事业进行到底呢？李欣亲自在后面压陣，让他們在"强大的敌人"和"困难面前"不要"屈服和知难而退。"

※　　　　　　※　　　　　　※

"鸡叫天也亮，鸡不叫天也亮，不管'司晨'的雄鸡呼唤与否，黎明总是要到来的。"

"为了黎明的到来，有的人枕戈待旦，有的人聞鸡起舞，有的人'黎明即起，洒扫庭除'。一日之計在于晨；早晨就要盘算一下整天的事情"。

"晨起洒扫，須有朝气，讲求清洁。有这志气，才耐得住春秋风雨、多夏寒暑，而持之以恒；才經得'起晚婆婆罵、起早丈夫說'这一类家庭磨炼，而行之若素。"

《黎明即起，洒扫庭除》　　　一九六三年一月十九日

按：邓拓曾送給小头目揚述一首詩，其中有句云："岁月有穷願无尽，四时检点听鸡鳴"。李欣心領神会主子的旨意，馬上写了一份决心书，表白发自內心的由衷之情，要时刻枕戈待旦聞鸡起舞等待反革命复辟的到来。李欣还坚定的表示要"耐的住春秋风雨，多夏寒暑"經得起"起晚婆婆罵，起早丈夫說"这一强大的政治压力，隐蔽，潜伏下来伺机再干。

※　　　　　　※　　　　　　※

"……不論成功的經驗，或者失敗的經驗，都可以化为有用的知識。特别是失敗的經驗，即所得'教訓'，尤其珍貴。它使我們警惕，聪明，懂得怎样做是正确和怎样做是錯誤，給我們創造了避免失敗走向成功的条件。所謂'失敗是成功之母'，道理就在这里。自古及今，完全不犯錯誤的聪明人是沒有的，最聪明的人是善于在实践中学习經驗敎訓的人……修正錯誤，坚持眞理，百折不挠地奔向奋斗目标，这样的人，才是大智大勇的人。"

"由于自身的缺点錯誤所引起的失敗，可以給与我們有益的教訓。……对于难以避免的缺点和錯誤，我們尙須提高警惕，努力防止和减少损失，幷在遭到失敗的时候，坚定信心，切实吸取敎訓，避免再蹈复轍；"

"……常言，到处留心皆学問，我看特别要留心这些学問。"

"善于取'經'，可得'正果'"

《事非經过不知难》　　　一九六二年九月

按：一九六二年九月，李欣见形势不妙，忙向难兄弟下达一道帅令，在退却时，要"坚定信心"，要总结历次失敗的經驗，不論成功的經驗，或者失敗的經驗，都可以化为有用的知識。特别是失敗的經驗，即所謂"敎訓"，尤其珍貴。幷要他們"到处留心""善于取經"这样才可以"提高警惕"变得"聪明"，要"創造"避免失敗走向成功的条件。只有做好这些才可以"避免再蹈复轍。"

※　　　　　　※　　　　　　※

"可是有些同志，由于思想作风上的主观方面性，只看表面，不看本质，只见树木，不见森林，走馬观花，随声附和，不认眞調察研究，缺乏眞知灼见，于是就对形势发生种种錯誤

301

看法。結果在面临新的情況时不是自以为是，就是张惶失措。看不到缺点和問題，不严肃对待錯誤，那当然是危险的！把烏云遮日当作天地易色，把成績为主說成錯誤为主，那就完全錯了。"

《划界限》 一九六三年二月

按：形势急轉直下，李欣給他的众儿孙，开了一付顺气丸，要牛鬼蛇神你不要"只看表面不看本质"，"对形势发生种种錯誤的看法"，不要"在面临新情況时"，"张惶失措"，"把烏云遮日当作天地易色"，"把成績为主說成錯誤为主"。

"列宁在1916年，发表过內容类似的两篇文章。在文章中，当他盛赞了无产阶级的妇女儿童在保卫巴黎公社的战斗中，同男子幷肩作战的英勇行为之后，他說，'在未来的推翻资产阶级的战斗中，也不可能不是这样。'接着他正确描述了无产阶级的妇女，在反对帝国主义的侵略政策和战爭政策时，决不会只是咒罵一切战爭和軍事行动，只要求废除武装。"眞正革命的被压迫阶级的妇女，决不会扮演这种可耻的角色。他們会对自己的儿子說："你快长大了。人家会給你枪。你要拿起枪来，好好地学軍事。'无产者需要这門科学，……是为了反对本国的资产阶级，为了不是靠善良的願望，而是用战胜资产阶级和解除它的武装的办法来消灭剥削，貧困和战爭。"

"列宁讲这話时的形势和当前情況当然有很大不同；但是，他所頌贊的被压迫阶级的革命妇女以阶级斗爭观点和社会主义革命道路教育下一代的精神，直到今天，仍然需要大大发揚。"

《把革命火把交給孩子》
——談青少年阶级教育
一九六三年五月

按：一九六三年五月李欣感到形势逼人，不得不做事后准备，要把"革命的火把"即资本主义复辟的火把交給"孩子"們，把他們的反革命观点、资本主义复辟妄想传給"孩子"們，幷且还要把"枪"交給孩子，让他們去步反革命的后尘。参谋长黑軍师李欣說："他所贊頌的被压迫阶级的革命妇女以阶级斗爭观点和社会主义革命道路教育下一代的精神，直到今天，仍然需要大大发揚。"請問，在无产阶级专政的今天的新中国里，誰是被压迫的阶级肯定来說，就是资产阶级和封建残余势力，是地富反坏右，是一切牛鬼蛇神。显然他指的"被压迫阶级的革命妇女"就是代表这些人的。因此，这些人要用资本主义复辟的"阶级斗爭观点来教育下一代的精神"是要继續进行的，"直到今天，仍然需要大大发揚"的。

※ ※ ※

"脫胎换骨的思想改造是个轉化过程，阶级立場模糊可以轉化为明确，动摇可以轉化为坚定，錯誤可以轉化为正确，甚至在一定条件下，来自反动立場的人也有可能轉化为革命。但是这个轉化过程不仅有曲折，而且可能反复，也就是說，不进则退，明确还可以轉化为模糊，坚定还可以轉作动摇，正确还可轉成錯誤，革命者也可能蜕化为反革命。"

《三談活到老改造到老》 一九六三年七月十日

按：一九六三年七月廖沫沙发出了《身后事怎么办》的哀鳴，李欣也要解甲归田了，他隐譏的說"不进则退"，"明确可以轉化为模糊"，"坚定还可以轉作动搖"，"正确还可以轉成錯誤"，"革命者也可能蛻化为反革命。"暗地指示那些牛鬼蛇神們，伪装进步，潜伏下来，以等待东山再起。

※　　　　　　　※　　　　　　　※

"把散見在报刊上的'老生常談'編輯成小册子送到讀者面前，本来用不着作者再說什么了。出版社有个意見，想让我写上几段話，帮助讀者了解这些'老生常談'的由头和写作背景，我觉得有道理，在这方面作者和讀者交流一下思想，是不算画蛇添足的。"

"第二、由于国际、国内斗爭的需要，有些活思想，是当时当地不便彻底揭盖子的，我談时只作思想触及，或以小寓大，或由此及彼，也有将古喻今，提供讀者一点看法。好在，国内外形势不斷发展着，我們的革命事业也在迅速前进。到什么山唱什么歌，老生常談的形势內容是会随着思想斗爭的需要而发展变化的。"

《后　記》

一九六三年七月三十日

按：一九六三年七月廖沫沙发出了"身后事怎么办"的哀鳴，"李欣觉得升天"的时候到了，便写了一篇遺囑，給他的家小們留下一张寻找《老生常談》中"財宝"的清单。李欣唯恐别人不懂得他那些含蓄深远的道理，他在后記中写到"有些活思想当时当地不便于彻底揭盖子的，我談时只作思想触及或以小喻大，或由此及彼，也有将古喻今"这些話就是我們打开《老生常談》这所迷宫的钥匙。

李欣的"退兵計"是高邓拓等人一招的，一九六二年九月党的八届十中全会敲响了牛鬼蛇神的丧钟。邓拓等人"三十六計，走为上計"溜之大吉了，李欣也知此时形势不妙，然而李并不急于"偃旗息鼓"停止营业，而是到什么山，唱什么歌，把黑旗新加了一层伪装，把鼓声压得低沉一些了，直至一九六三年七月才和廖沫沙一起先后"解甲归田"。

李欣还异常"謙虚"地說什么自己的"論点决不是完美无缺""登峰造极"的，哪里，你的功劳和"貢献"一点儿也不能給你抹煞的，通通給你記在帐上!

毛主席教导我們："**凡是反动的东西，你不打，他就不倒。**"我們要和一切牛鬼蛇神做你死我活毫不妥协的斗爭。"舍得一身剮，敢把皇帝拉下馬"不管你是什么"权威"不管你有多高职位，只要你反对毛泽东思想，反对党的領导，反对社会主义，我們就絕不能放过你們，一定要把你們統統揪出来，斗垮，斗臭! 我們有战无不胜，攻无不克的毛泽东思想，就一定能获得最后胜利!

一九六六年七月五日

天津毛泽东主义战校（原16中）

"紅革"紅卫兵（李昕，李建生）

注：此文早在七月五日写成，由于某些人阻挠所以到今天才印刷出来，希望同志們鉴諒

303

向我社党总支資产阶級
反动路綫猛烈开火

> 资产阶级反动路线，是反对群众路线。是反对群众自己教育自己，自己解放自己的路线，是压制群众，反对革命的路线。这条资产阶级反动路线，不是把斗爭矛头指向一小撮党內走资本主义道路的当权派和社会上的牛鬼蛇神，而是指向革命群众，采取各种方式，挑动群众斗群众，挑动学生斗学生。
>
> 　　　　　　　　　　　　　　　　　　　　　林　彪

我社自进入文化大革命以来，在党总支的領导下，执行了資产阶級反动路綫，严重地压制了广大群众的革命积极性，成了文化大革命的一股阻力，对于这条资产阶級反动路綫及其影响，必须坚决肃清。

編委会　梳辮子　乱箭齐发　四点指示

这一場文化革命是触及人們灵魂的大革命，是群众起来自己教育自己，自己解放自己的大革命。但是，党总支在运动开始，对这場文化大革命的深远意义是不理解的，不认眞的，党总支墨守旧的章法，执行了从上級党委貫下来的資产阶級反动路綫。

首先：四点指示：

1．不写大字报写小字报。
2．不开声討会开座談会。
3．不用文艺形式揭发。
4．組織大字报編委会。

这"四点指示"，是給群众划框框，封群众口、压制群众革命积极性的反动的"指示"，它与党中央毛主席提出的四大（大鳴、大放、大字报、大辯論）是相对立的。由于党总支在我社忠实地貫彻执行了这"四点指示"，至使我社运动与全国革命形势相比是冷冷清清的。

第二，孙吾川从运动开始的动员报告起就把上級党委布置的所謂"乱箭齐发"搬到我社，"乱箭齐发"是一个反动的口号，它的矛头，不是集中指向那些走资本主义道路的当权派，而是把箭射向群众。作为总支委員的陈旭，曾在工厂行政組长会議上說："大家有什么都可以贴，当然給总支贴也可以"从这里可以看出，总支的指导思想，已經远远落在群众后面。乱箭齐发的效果非常坏，在揭发走資本主义道路当权派的同时，点一些同志的名，弄得这些同志很紧张，"乱箭齐发"是个扭轉大方向的反动口号，党总支必须作深刻檢查。

第三，与此同时，在总支的領導下，我社组成了两个"編委会"（工厂一个，科室編輯部一个）。編委会負責整理大字报工作，上級党委的"四点指示"是向編委会作了傳達的。由于有編委会，有些同志貼大字报有顧慮，怕編委会通不过，实际情况也证明，編委会扣压了一些大字报。这种編委会实質上是党总支貫徹执行資产階級反动路綫的一种工具，必须彻底批判。

第四，在編委会进行工作中間，曾搞过"大字报汇編"因为大字报弁不都是給走資本主义道路当权派提的，也有給群众提的，所以这种大字报汇編，实际上是扭轉大方向。另外，在"乱箭齐发"的号召下，所提出的意見，实际上涉及到一些群众問題。提出"梳辮子"，同样是扭轉大方向，压制群众的鳴放，限制一些同志的革命积极性。

怕字当头，对革命、生产的領導处于軟弱无能的地位

党一再敎導我們是"敢"字当头去掉"怕"字，尤其是作为一个机关、企业单位的党的領導，更应該挺起腰杆子，領導运动，領導生产。但是我社以孙吾川为首的党总支，运动一开始，就抱着一付挨打的姿势，軟弱无能，"怕"字当头。

首先，不引火烧身。运动初期曾有几位同志貼过一張"轟轟烈烈与冷冷清清"的大字报，与此同一些同志提出了不同看法。在这时，孙吾川应該站在党的立場，站在对运动負責的立場，把火引到自己的身上，引到党总支的身上。但是党总支和孙吾川沒这样作，不表示态度。使得爭論的双方都感到压力，沒有在大方向一致的前提下团結起来，对此問題党总支应負全部責任。在群众将林、張、徐、陈、章的問題揭出来以后，总支理应召集全厂职工，揭发他們的問題，同时号召全体革命职工，把火烧到自己身上。总支为什么不敢这样作呢？是不是害怕？是不是害怕革命的群众运动？

第二，不敢領導革命。八月底孙吾川从河北宾館开会回来，就躱在屋子里，根本不見群众的面。开的什么会不告訴大家，今后怎么搞，也不告訴大家，只貼了一張表态的大字报，放弃了对运动的領導，这是非常錯誤的。这样的作法实际上就是对党的革命运动抱着不負責任的态度，造成无政府状态。

两个文革小組选出来以后，在很长一段時間內党总支沒召集两个文革小組开会，直到后来文革小組找到了孙吾川才召开了文革小組联席会。文革是要在党的領導下进行工作的，总支对文革采取这种莫不关心的态度实际上是对革命运动，听之任之，不負責任。

第三，不敢領導生产。我社是生产精神食糧——毛主席著作的重要陣地，放弃了对生产的領導是犯罪的。运动以来，生产下降了，（見"十一·三捍卫毛澤东思想战斗队"大字报），甚至在前一段時間有个別人，个別环节，不坚持生产崗位，脱离生产。按中央提出的抓革命、促生产的标准衡量，是个錯誤。毛主席著作是搞文化大革命批判資产階級反动路綫的銳利武器，削弱了主席著作的生产就是削弱无产階級的革命力量。这一严重后果，党总支必须負全部責任。

不相信群众　不依靠群众

毛主席教导我们說："我們任何时候都不要离开群众"，"革命战爭是群众的战爭，只有动员群众才能进行战爭，只有依靠群众才能进行战爭""离开了群众我們就一事无成。"

在当前这场史无前例的无产阶级文化大革命中，新問題、新事物不断出现，各級党組織和領导人只有自始至終当群众的学生，才能永远站在运动的前面，領导运动朝着毛主席指引的方向前进。可是，我社的党总支和孙吾川，在这场文化大革命中却不相信群众，不依靠群众。

首先，檢查历年来出版的图书，沒发动全体工人和全体干部。从党总支来看，好像只有編輯同志們能檢查书，实际上，这項工作每个工人，每个干部都有責任。而广大的工人同志比起一般知識分子看問題更尖銳。試問党总支，为什么这么重要的工作只叫几个編輯参加，而不相信广大工人和干部群众呢？

第二，在总支的領导下曾召开过老工人座談会，听取老工人对运动的意见，这样做当然好。但总支更应該发动青年工人，他們是革命闖将，沒有框框，应充分发动他們起来革命。我們觉得，党总支在发动群众工作上干部发动的多，工人发动的少；在干部中編輯部发动得多，科室发动得少，这样就不可能形成真正的群众运动。这是資产階級反动路綫突出一例。

第三，搞神密化，是不相信群众的又一表现。党总支对运动很不理解，因而在运动中有对职工分成三六九等的现象，这样就使得有些人感到党信任自己，而另外一些人则有换整的思想。这场文化革命是触及人們灵魂的大革命，每个人都要在这場革命中重新接受檢驗。是革命的，是不革命的，还是反革命的，只能通过运动才能看得清楚。所以作为党总支应認真地发动每个人，認真对待每个同志的意见。比如：在部分同志自发起来砸了美术組的石膏"洋鬼子"之后，就应該及时指出这一活动中"神秘化"的缺点，总支不但没有指出这样的缺点，而且在一系列工作上，如：編写大事記、参加印制毛主席著作誓师大会、向市委报捷等一些活动中都是指定部分人参加。这样作的指导思想，实际上是总支主观地給群众划了框框，不相信群众自己会在斗爭中增强識別力，把自己看成了"諸葛亮"而把群众看成了"阿斗"。这是变相压制群众的表现。

总之，我們党总支运动以来所执行的資产階級反动路綫是严重的，在比較长的时間里使得群众运动变成运动群众。我們觉的不解决这个問題，群众就发动不起来，就不会在我社出现轟轟烈烈的局面，党的領导就軟弱无力，文化大革命就不能取得彻底胜利。所以，只有彻底批判資产階級反动路綫，才能把无产階級文化大革命进行到底。党总支和孙吾川必须对以上問題作出深刻檢查，向群众交代。

以毛主席为代表的无产階級革命路綫万岁！

无产阶級文化大革命万岁！

中国共产党万岁！

毛主席万岁！

天津人民出版社毛澤东主义紅卫兵

1966．11．25，

从群众討論中,看新河
儲油所事件的眞象

—毛主席語录—

群众是眞正的英雄,而我們自己則往往是幼稚可笑的,不了解这一点,就不能得到起碼的知識。

《"农村調査"的序言和跋》

石油站新河儲油所,在一小撮坏分子的操縱和挑动下,发动了严重的阶級报复事件。他們抓住四清工作队工作中的一些缺点和錯誤,倒轉文化大革命的斗爭鋒芒。用种种苦刑对工作队員和革命职工实行白色恐怖。"天津市財經学校毛泽东主义紅卫兵調査队"的《特急呼吁》发出后,激起了我站广大革命职工的义憤。他們一面調査事实眞相,一面营救受难同志,发揚了崇高的无产阶級感情。为了从这一事件中总結經驗,吸取教訓,我們按照十六条"讓群众自己教育自己"的精神,利用一定的时間,組織我站职工进行了鳴放揭发和辯論。同志們都以毛主席思想和十六条为武器,观察和分析这一事件的始末。我們認为,群众看的很准,分析的很对,他們的行动就是对一小撮坏蛋的有力回击。为了便于全市紅卫兵和革命同志对整个事件有个全面的了解,我們将趙俊美等十二名同志的大字报全文发表如后,請广大革命同志、广大革命师生进行品評。

天津石油站文革委員会

1966年9月21日

严厉駁斥新河儲油所前文革筹委会的
謬 論 和 謊 言

一、欢 呼 胜 利

新河儲油所的无产阶級文化大革命，經过一場尖銳、深刻和反复的斗爭以后，终于使无产阶級和革命的左派，重新掌握了政权，建立了新的文革筹委会和紅卫兵組織，营救了被迫害的革命同志，驅散了白色的恐怖气氛，使毛泽东思想的伟大紅旗，飄揚在新河儲油所的上空。这是无产阶級文化大革命的伟大胜利，是毛泽东思想的伟大胜利。这一胜利，使我站全体紅卫兵、革命职工感到欢欣鼓舞，讓我們同声欢呼这一伟大胜利，欢呼毛主席万岁！万岁！万万岁！

二、敌人在垂死掙扎

敌人已經失败，但是还沒有死，还沒有臭。他們还在那里負隅頑抗，垂死掙扎，要阴謀，放暗箭，造謠言，在絕望中抓"借口"、找"理由"。他們好象落在水中的亡命徒一样，拼命地抓几根稻草，来挽救自己复灭的命运。他們叫嚣：

（一）前文革筹委会的"大方向是对的呀！" "成績是主要的呀！" "看問題要一分为二呀！"說什么"过去运动冷冷清清啦，后来群众起来了，运动就热热鬧鬧、轟轟烈烈啦"什么"揪出黑帮分子啦！"等等。

（二）說什么九月十六日清晨，来了"来路不明的暴徒"，到新河儲油所"搶走"四清工作队的"黑帮分子"啦！

（三）說什么不少单位到新河儲油所"挑动群众斗爭群众啦！"、"挑动职工斗爭学生啦！"

大叫大嚷，声嘶力竭，到处呼救。真是可鄙！可恶！可恥！可笑！

三、严 厉 駁 斥

毛主席教导我們說，敌人是不会自行消灭的，是不会自行退出历史舞台的。"宜将剩勇追穷寇，不可沽名学霸王"对！我們一定听主席的話，乘胜追击，进行围攻，把那些隐藏較深的、打着"紅旗"反紅旗的阶級敌人一个个揪出来，把他們斗倒、斗垮、斗臭，对他們实行无产阶級专政。

下面我們来揭发、暴露和駁斥新河儲油所前文革筹委会的一些謬論和謊言：

（一）你們所要的是什么样的"热热鬧鬧、轟轟烈烈"？

无产阶級文化大革命的目的，是一斗二批三改。衡量运动好坏的标准，我們認为主要是看这个单位的革命群众是否真正发动起来了，是否敢想、敢說、敢鬧，进行大鳴大放，大辯論，是否把資产阶級的右派分子和鑽进党內走資本主义道路的当权派，都揪出来，并斗倒、斗垮、斗臭。这才是运动的大方向。

因此，"热热閙閙、轟轟烈烈"是有阶級性的，是有目的性的，如果說，毫无立場、毫无阶級性的講什么"热热閙閙、轟轟烈烈"是完全錯誤的。在这种錯誤思想的指导下，新河儲油所前文革籌委会所領导的文化大革命，不就是出現了坏人横行霸道、牛鬼蛇神抬头，資产阶級分子十分活跃的"热热閙閙"的局面嗎？而广大的革命群众、老工人則敢怒不敢言，遭到迫害压制，冷冷清清。因此，你們正是群众运动的最大压制者。

所以，无产阶級文化大革命只許左派造反，不許右派翻天，只許革命者轟轟烈烈，不許反革命"热热閙閙"，你們所拥护的东西，确确实实是我們所要反对的东西，問題就是这样鲜明地摆着。

（二）你們所吹嘘的是什么样的"成績"？

你們极力吹嘘的，首先是那张４７人的"革命"大字报，我們抛开其一些别有用心的人的阴险目的外，仅就其內容来說，也不过是高淑英同志的入党問題和她的生活作風問題，这张大字报与当前文化大革命的目的来衡量，也不过是一张一般性的人民內部矛盾的大字报，为什么你們对这张大字报評价如此之高呢？不难理解，因为里边有"王国璽走后門"、"高淑英施美人計"等这样聳人听聞的謊言和煽动性的詞句，凭这些你們可以把高淑英同志打成牛鬼蛇神，剃光头，受刑罰，可以把王国璽等同志打成"黑帮分子"。

把四清工作队搞成黑帮，把王国璽等同志打成"反革命分子"，是你們极力吹嘘的"伟大功助"。

我們知道，王国璽同志是一个老党員，老同志，一貫热爱党、热爱毛主席，对革命事业忠心耿耿，在領导新河儲油所的四清运动中取得了很大的成績。虽然在文化大革命中犯了严重錯誤，这是由于他对这个运动"不理解"、"不認眞"、"感到突然"，因而在客观上起了压制群众运动的作用，但这是在１６条公布以前发生的，也絕不是什么"黑帮"、什么"反革命"，現在你們也承認性質还未定下来，群众还未进行討論。那么，我們不謹要問，既然性質都未定下来，群众还未討論，为什么将他們进行毒打，受刑囚禁，失去自由，戴了帽子到塘沽区、天津市进行三次遊街。

現在眞相大白了，４７人大字报的"革命性"和你們的"成績"，就是"武"字当头"打"字当头，把人民內部矛盾打成敌我矛盾。你們所吹嘘"革命性"和'成績"就是对党中央和毛主席制定的十六条，进行肆无忌惮的破坏。

（三）你們用"白色恐怖，来維持你們的政权。

眞理永远在无产阶級手里，因此无产阶級不怕眞理，不怕批評，不怕辯論主張文斗。資产阶級反动派，他們最怕眞理，最怕辯論，最怕文斗，所以在他們掌权后，只能用白色恐怖来維持其統治。你們采取的手段，不也是这样嗎？

你們用白色恐怖来逼供革命的同志，来恐吓那些胆小的变节分子和叛徒，来压制工人群众的舆論和呼声，来扼杀眞理，以此来达到你們的統治。

你們的刑罰是驳人听聞的，你們的打人，是远近聞名的。

你們糾集一些人，到我們站里来二次，就打了二次，还想打我們的工作队，責問我們"为什么不打牛鬼蛇神，"眞是杀声四起，拳打脚踢，大概你們沒有健忘吧！在八月二十七日，你們在站里大打出手的时候，过路的革命群众都看不下去了，和你們展开一次辯論，你們眞不愧是破坏十六条的"英雄"，院里打不成，就到后面打，以逃避群众对你們的譴責。

我們站里受你們的委托，八月二十七日派二个同志，从北大港把安泰送到新河，你們在門口不問青紅皂白，就把安泰毒打一頓，一面打人，一面还气势洶洶地問我們二位同志是干什么的，当說明来意后，你們还怒目相对，說："沒有別的事就走吧！"你們連水也不讓喝，連大門也不讓进，正在这时，我們見到一帮人，把王国璽等工作队，折磨得混身泥浆，不象人样，押送进門，这种怵目惊心的恐怖場面，我們是亲眼目睹的見証人，当时我們竟不敢設想这是在新中国社会主义企业的大門口，因此，我們也完全理解你們为什么不讓我們二个同志进大門的心情。

你們現在說："打人不对了，我們今后不打了"說的多么輕松呀！党中央公布十六条以后，你們还打了一个多月，况且你們不是一般的"打"，而是实行法西斯的暴行。犯了罪，一句話就完了，办不到，一万个办不到，我們一定要清算这笔血債！

（四）你們在搞反革命的阶級报复。

你們不但把革命的同志打成"反革命"，把內部矛盾搞成敌我矛盾，而且还把革命的积极分子統統打成"保皇派"，在新河儲油所当个"保皇派"，真是不得了。得挨斗、挨整、挨揍，也得剪头发，也要被抄家。在新河儲油所，誰要說个"不"字，誰要有不同意見，連口服心不服都不行，都要成为"保皇派"。

你們开斗爭大会，台上是資产阶級分子、坏分子、有問題的人，台下站的低头的紅五类、革命同志，只要台下有人一声喊，就会有人上台挨整、剪头发。

你們名义上叫四清工作队員和牛鬼蛇神互相打咀巴，实际上却是叫牛鬼蛇神出气耍威風。牛鬼蛇神是四清工作队領导革命群众揪出来的，现在你們却叫牛鬼蛇神打工作队，請問：他們是带着什么样的阶級感情，用什么力量来打这些革命同志？

你們这种反革命的阶級报复的罪行，使人听了无不义愤填膺，热泪滿眶，你們打的不是工作队，而是打的整个无产阶级。你們的滔天罪行是逃脱不了人民对你們的惩罰的！

（五）你們破坏了正常的业务和革命秩序。

在你們掌权下，什么"抓革命，促生产"，根本不在你們的脑子里。在8月25日，我站派×××領导同志前往新河儲油所商談中央安全检查組检查油库的事情，你所的領导接見了他們，在商談中，你們糾集一些人闖入办公室，不問情由，无視領导，杀气騰騰，拍桌瞪眼，大叫大嚷，命令他們都劳动去。鉴于新河儲油所的白色恐怖，革命秩序已被破坏，处于无政府状态，我們为了保护中央安全检查組成員的安全，只好中止了这次检查。这个事件，也应由你們来負完全責任。

（六）你們只好靠謊言度日子。

你們搞白色恐怖，搞資产阶級专政，搞流血事件，革命的同志命在旦夕，紧急呼吁書从新河儲油所传送出来。阶級兄弟心連心，不少单位的紅卫兵聞訊前往調查营救，这是天經地义的事情，是赴湯蹈火也要干的事情。我們决不允許三輪二社的惨案在新河儲油所重演。因此，我們完全支持塘沽財貿和小学教师紅卫兵調查队的行动和他們9月17日的揭发。

1、明明是塘沽財貿、小学教师紅卫兵，你們却說是"来路不明"；

2、明明是下午六点鐘到，你們却說是"深夜"；

3、明明是有介紹信，你們却說是"闖入"；

4、明明是你們允許工作队員有自由，你們却說是"搶人"；

5、明明是紅衛兵，你們却說是"暴徒"；

6、明明是營救受伤的同志前去治疗，你們却說是"精心策划的阴謀"；

你們眞不愧是最大的謊言家，你們眞不知人間还有羞恥事。

（七）駁所謂"挑动群众斗群众"、"挑动职工斗学生"。

9月16日的辯論大会，我們也是参加者。你們所說的"挑动群众斗群众"、"挑动职工斗学生"，完全是一派胡言。

新河儲油所前文革籌委会的路綫，是执行前所謂"大会临时主席团"中一小撮人的反革命的路綫。因此，所犯的錯誤是方向性的、路綫性的、敌我性質的，不可饒恕的。这些错誤，与北京串联学生徐治文、王成有、杜云峰的包办代替和瞎指揮分不开的。因此，这場严重的阶级斗争，完全是由你們挑起来的。既然你們发出呼吁"欢迎各单位革命同志到我所調查了解研究"，我們与你們是一个单位的，与新河儲油所的革命职工是同呼吸、共命运的，因此，我們去了，調查了，研究了，就应該亮明观点，弄清大是大非。要进行大辯論。要辯論，双方都应該站在台上，动口动笔，这完全符合十六条。过去你們把"剪头发、举手、罰跪、打人都說成是'辯論'"，现在你們又把"站在台上动口动笔的辯論，說成是'斗爭'"；过去你們斗争革命同志是摩拳擦掌，杀气腾腾，现在你們在台上站几小时，就叫"宛"了，"委屈"了，害怕了。这未免太不公平了吧！眞是"只許州官放火，不許百姓点灯"极尽顚倒黑白之能事。

有理的站出来辯論；沒理的向眞理低头；

有錯誤的要当众检討；有罪的要彻底清算；

行凶的要坚决鎭压。

这就是我們的严正立場！

害怕沒有用，靠謊言来維持生命更沒有用。

最后我們高呼：

伟大的无产阶级文化大革命万岁！

伟大的中国共产党万岁！

伟大的毛泽东思想万岁！

伟大的領袖毛主席万岁！万岁！万万岁！

天津石油采購供应站革命职工

赵俊美、王世明、于敬賢、孟昭賢、
王克池、陈鈞英、李玉山、王幼华、
李雁書、于世宏、欧阳桂生、郞文凊。

一九六六年九月二十一日

撥开迷雾　澄清事实

揭"八·二六事件的由来和形成"的幕后

《拨开迷雾　澄清事实》

—揭"八·二六事件的由来和形成"的幕后

最 高 指 示

彻底的唯物主义者是无所畏惧的，我們希望一切同我們共同奋斗的人能够勇敢地負起責任，克服困难，不要怕挫折，不要怕有人議論讥笑，也不要怕向我們共产党人提出批評建議。"舍得一身剮，敢把皇帝拉下馬"，我們在为社会主义共产主义而斗爭的时候，必須有这种大无畏的精神。

《在中国共产党全国宣傳工作会議上的讲话》

这个軍队具有一往无前的精神，它要压倒一切敌人，而决不被敌人所屈服。不論在任何艰难困苦的場合，只要还有一个人，这个人就要继續战斗下去。

《論联合政府》

前 言

馬克思主义的道理，千条万緒，归根結底，就是一句話："造反有理"。

革命无罪，造反有理。我們就是耍为革命而造反，就是耍炮轰天津市委！

猛轰，猛打！揭开天津市委的盖子，矛头所向——钻进党內的走資本主义道路的当权派。天津市委的反，我們造定了！

革命左派同志們：集中火力瞄准司令部——天津市委开炮！开炮！！猛裂的轰！！！

誰是我們的敌人？誰是我們的朋友？这个問題是革命的首要問題，也是文化大革命的首要問題。"

我們坚信，我校的赤卫队絕大多数队員是革命的，是好的，革命的大方向是一致的。工人阶级是文化大革命的主力军，是革命学生的坚强后盾，是最热烈地支持我們的。在毛澤东思想偉大紅旗下，我們互相支持，互相信賴，团結一致，沿着毛主席所指引的大道前进，前进！

同志們我們这份材料于12日整理材料写成，进行若干补充，准备鉛印。但是，遭到天津市委无理、百般阻撓。在我們找到中共华北局后，天津市委不得不答应給我們印，于是，这份材料終于和广大革命同志見面了。

革命的同志們，紅衛兵战士們：

我們抑制着万分憤慨的心情，为了澄清事实真相，耐心地閱讀了"八·二六事件的由来和形成"。（簡称《二六事件》）

《二六事件》的編造者，說什么"八·二六事件"是以北京紅旗学校甄常华为首的一小撮"破坏份子"一手策划的"反革命"罪恶活动，企图将制造"八·二六"流血事件的罪魁禍首轉向他人，栽脏于紅衛兵战士甄常华身上，为市委一小撮反革命份子开脱罪責。将北京紅卫兵和天津"八·一八"紅卫兵打成反革命。十六条中明确指出：这次运动的重点，主要的是整那些混进党內走資本主义道路的当权派。大学、中学，小学学生的問題一律不整，为了防止轉移斗爭的主要目标，不許用任何借口，去挑动群众斗爭群众，挑动学生斗爭学生，即使真正的右派份子，也要放到运动的后期酌情处理。我校赤卫队在一小撮人的操纵下，把斗爭矛头指向甄常华和"八·一八"紅卫兵，就是明目張胆地破坏十六条，踐踏十六条。

毛主席教导我們說：

"对于人民的缺点是需要批評的，……但必須真正站在人民的立場上，用保护人民、教育人民的滿腔热情来說話。如果把同志当作敌人来看待，就是使自己站在敌人的立場上去了。"

甄常华等紅卫兵是有缺点的，但是革命的大方向始終是正确的，要是别有用心地抓住小辮子不放，攻其一点，全盘否定，甚至将革命的学生打成反革命，我們坚决反对。

天津市委一方面鎮压学生，亲手制造了欧打革命学生的流血事件；另一方面，利用我校赤卫队中一小撮扒手，捏造了大量的謠言，煽动了不明真相的群众斗爭学生，轉移主攻方向。

同志們，我們仔細地看閱一下赤卫队的傳单，不难从中发现問題。八月二十八日，赤卫队辟謠声明，一口咬定："赤卫队根本沒参加那天的大会。"說什么八·二六事件的消息，是以后听說的，赤卫队員全体正在校內学习，根本不知道。而九月二日发表的"八·二六事件的由来和形成"却全面系统地介紹了"八·二六事件"，就連市委大楼外的情况，也无一不知。前后自相矛盾。"搬起石头砸自己的脚"，赤卫队的辟謠声明正辟了自己所写"八·二六事件的由来和形成"的謠！例如：九月二日赤卫队散发的傳单中倒数第十八行中写道："上午，下午所制造的一系列打人事件，全体队員都在本校开会学习，根本沒有到市委門前去。說我們打了他們，显然是弥天大謊。"

在这里，我們請問赤卫队：你們参加那天大会了嗎？你們的"代表"在市委大楼里"开会"，怎么会知道外面的情况？是誰給你們介紹的"八·二六"事件的一切經过？？？

"二六事件是天津市委鎮压学生革命运动的铁证。

自"八·二六"事件以后，天津市委极力地散布流言蜚語，顚倒黑白，混淆革命和反革命的界限，利用革命群众对党和毛主席的无限热爱，挑起了工人斗爭学生，群众斗爭学生的事件，扭轉了主攻方向，将我市文化大革命运动引向歧途。在市委的阴謀策划下，我校赤卫队一小撮人极力地孝忠"主子"，充当了天津市委的傳話筒。

十六条中指出，"有些有严重錯誤思想的人們，甚至有些反党反社会主义的右派分子，利用群众运动中的某些缺点和錯誤，散布流言蜚語，进行煽动，故意把一些群众打成"反革命"。革命的同志們，我們要大喝一声："謹防扒手！！！及时揭穿他們要弄的这套鬼把戏！！！

为了有利于澄清事实的真相，首先看看我校赤卫队和四清工作队的关系。

我校四清工作队前一阶段行动实踐证明，四清工作队不能再继續領导文化大革命，他阻碍了我們文化大革命的发展，是文化大革命的阻力。

工作队的錯誤如下：

① 严重的違反党的策政，在运动一开始，就对給校領导写大字报的同学 組 織 圍 攻，批斗。对在运动一开始犯了些认識錯誤的同学进行了批斗。

② 給学生釘框框，束縛革命学生的手脚，以达到他們不可告人的目的。如：定出一天规划，上午学习，下午討論，晚上写大字报等等，把学生限制在框框中，不能叫学生发挥敢想，敢說，敢做，敢闖，敢革命的革命精神。

③ 扣压首长、省、市委的来信，(即指示)。报告不給傳达或拖延时間傳达，使同学不能及时得到上级的指示，不能把运动引上正确的道路。如：我校四清队一次竟傳达三个报告，使同学难以領会透报告精神。(这是填鸭式的)

④ 違背最高指示。我校四清工作队张队长在报告中說："工作队是党派来的，反对工作队，就是反党反党中央，反社会主义。"压制学生給校領导和工作队贴大字报。有意压制革命。

⑤ 打击革命学生，在运动初期，給学生排队，分左、中、右派。总結黑材料。

⑥ 四清工作队在运动中，企图一手包办，亲自指定学生成立"編委会"，企图将我校文化大革命一手操纵起来。

⑦ 扣压外校給我校的信件。如：八中，七十四中，十六中等。并用"軍工"单位为借口，阻撓革命串联。

......

我校的四清工作队在当前的这場史无前例的文化大革命中阻碍和压制革命运动，犯了方向性、路綫性的錯誤。广大的革命学生曾多次給市委去信，坚决要求迅速解决这个問題。但市委对于广大革命学生的要求，却熟視无睹，一直沒来人，更沒有解决。可是最近市委突然地关心起来，八月二十日，李中垣副市长等三人以"宣讲十六条"为名来到我校。請同志們仔细看一看下面的时間表，市长到我校以后一系列的事情的发生以及赤卫队的成立，工作队的撤出，难道能說是时間上的偶合嗎？

八月十八日，省市委联合通知，关于"撤消工作队整訓"。

八月十九日，我校"八一八"紅卫兵正式成立，发布宣言。

八月二十日，李中垣副市长一行三人到我校"学习"，"宣讲十六条"。

八月二十一日，"十八日省市委通知"发到我校。(校領导扣压)

八月二十二日，专业队联合提出成立"赤卫队"的倡議。

八月二十三日，"赤卫队"正式成立，开誓师大会。

八月二十五日，李副市长作长达"三十七分钟的宣讲十六条报告"，职工代表宣讀省市委通知，工作队正式撤出。

很明显，市委派李副市长，借宣傳十六条之机，将四清工作队有組織，有計划地保护出校，并网罗"得力"分子，在市委操纵下，成立了这个大名鼎鼎的"赤卫队"。

毛主席說："什么人站在革命人民方面，他就是革命派，什么人站在帝国主义封建主义官僚資本主义方面，他就是反革命派。什么人只是口头上站在革命人民方面，而在行动上则另是一样，他就是口头革命派，如果不但在口头上，而且在行动上也站在革命人民方面，他就是一个完全的革命派。"

（一）这是干革命吗？

我校赤卫队于八月二十三日晚成立，在四小时之間发展队员四百余人，速度之快，空前絕后，眞可謂罕見。

A.抵抗党的阶级路綫，抹煞阶级性。赤卫队出身、成份极其复杂，出身资本家的侯福云，楊启芳……社会流渣楊紹玉，反动剝削阶级家庭，黑五类出身的狗崽子們都带上了臂章。叫他們"杂牌軍"，"花五类"，难道还冤枉嗎？不貫彻党的阶级路綫，实质上就是现代修正主义"全民国家"，"全民党"謬論的翻板，怎么反不得？

B.歪曲党的重在表现的政策。一味强在"表现好"的就行。（能加入赤卫队），执行重在表面的修正主义方針。

C.篡改毛主席亲手制定的十六条。《八、八决定》中明确指出，"經过运动后达到团结百分之九十五以上的干部，团结百分之九十五以上的群众"赤卫队认为，先把人都团结起来后帮助，再清洗，这样，全部拉入組織，与最高指示針鋒相对，运动一开始，就团結了两个百分之九十五。

D.毛主席教导我們："不破不立"赤卫队却說什么"先成立組織，后再澄清"，公然对抗毛澤东思想。赤卫队先戴上袖章成立，以后数日才发布宣言，世界上哪有像我校赤卫队一样的組織，只要签名就是队员。

（二）赤卫队言论集。

① 在八月二十四日晚十点二十分，我們和赤卫队員邢楶利說"八、一八紅卫兵十九日成立的，为什么还要成立一个赤卫队呢？"他說"赤卫队的成立，是因为有的同学成立了紅卫兵和紅外圍，有的同学无依无靠，我們不能看着不管。所以，我們把他們組織起来了。"

按：不难看出，赤卫队成立是拉一伙，打一伙。

② "在四清工作队和党总支的正确領导下，把无产阶級文化大革命进行到底！"

按：公开叫嚷不要党中央的領导。我們认为，党中央就是党中央，一个地区，一个单位的党組織，就是一个地区，一个单位的党組織。只有在以毛主席为首的党中央的正确領导下，才能取得无产阶級文化大革命的彻底胜利。

③ "在赤卫队的領导下，高举毛澤东思想偉大紅旗，将无产阶級文化大革命进行到底。"

按：歪曲党的領导，篡夺无产阶級文化大革命的領导权。

④ "保卫天津市委！""保卫四清队"，"赤卫队万岁"。

按：这是十足的反动口号！我們只有保卫党中央，毛主席，我們要高呼"中国共产党万岁！""毛主席万岁！万万岁!!"

⑤ "赤卫队的精神将使我們的国家和人民永保革命的青春"，"赤卫队的革命行动是任何頑固的旧势力阻当不了的洪流。"

按：窃用紅卫兵的名誉，篡改人民日报的詞句。

⑥ "赤卫队給我們指出了前進的方向，它(赤卫队)是我們的共同理想和願望。" "他們这帮学生（紅卫兵）太囂張了，得把他們的气焰打下去。" "这帮学生胡說撒毒，这得叫我們专业队駁斥他們。"（赤卫队以专业队为主体組織起来的）

按：赤卫队員的言語不愼泄露天机，赤卫队成立的眞面目，大家不就很清楚了嗎？一句話就是"与紅卫兵对抗"。

大字报登选：

我們不能看着不管

目前，我校的无产阶級文化大革命，正在轟轟烈烈地开展起来，广大的革命师生正以极大的革命热情投入这一偉大的运动。党指示我們，要抓革命，促生产。但是，我校的情况是怎样呢？革命是否抓起来了？生产是否促進了呢？沒有！我校的八月份的任务，尤其是車装任务，面临着完不成的局面，我們认为，这不仅是我們一个学校完不成生产任务的問題，它直接影响到国家計划和国防建設，这样做的結果，只能使敌人和那些不怀好意的混蛋們高兴。我們工人阶級是国家的主人，不能看着不管，不能做让敌人高兴的事情。我們决心克服一切困难，保证完成八月份生产任务。我們的行动是：在完成本职工作的前提下，全力支援車装生产組，上班时間干，下班时間干，不分工种，能干啥就干啥，我們一定要，并且一定能够把生产任务完成，这是我們的誓言，請党考驗，我們一定要使文化大革命和生产双丰收，我們相信：广大眞正革命的学工一定会和我們共同完成八月份生产任务。

民兵治安队，民兵射击队，民兵消防专业队
66.8.18.　（赤卫队的倡議者）

按：毛主席敎导我們"政治是統帥"。政治統帥一切。政治工作放在一切工作的首位。当前这場文化大革命，就是要使毛澤东思想更广泛地为群众所掌握，進一步促使人的思想革命化，進一步把精神力量变成改造社会，改造自然的巨大物质力量。

抓生产，放革命，以生产压革命，我們坚决反对，一万个不答应！！

革命与生产：

"我校完成280軍工生产C615車床任务就能成为大庆式企业。"

"生产好，革命就搞的好"，"左派学生進車間"，"一天工作八小时。干！无产阶級文化大革命的大旗你就扛起来了"……

按：仅以上的事实，充分证明赤卫队是以生产压革命，妄图压制轟轟烈烈的文化大革命。

（三）赤卫队讲"我們是革命的"。

好吧！即然是"革命"的，就算一个。革命者为什么在开会时，将礼堂門窗紧閉，高呼："我們是革命的"，"化悲痛为力量"，连扩音器都不敢用。革命！光明磊落，无所畏惧。可你們怕的要死！毛主席是我們心中最紅最紅的太阳！而你們开会不挂主席像，但"赤卫队"旗帜会場矗立。批斗会"囍"字当头，赤卫队的操纵者，你們居心何在！

这也是"革命行动"？

"彻底的唯物主义者是无所畏惧的"三番五次請你們辯論，为什么不敢？赤卫队口称"坚持真理"，"越辯越明"，初一小学生到我校登門与赤卫队辯論，赤卫队员赵华、黄秉一进行圍攻，将她們斗哭了，这种"辯"——斗也算革命行动吗？事实无情地抽打你們的嘴巴子。赤卫队的組織是地地道道的杂牌军，目的是压制紅卫兵的革命造反精神，与市委串連一气抵賴事实，充当了市委的爪牙。

近日，赤卫队搖身一变，忙碌起来了，成了市委門前的"常客"，造謠、誣蔑，褐尽全力效忠"主子"操尽心机。市委借我校赤卫队之口，抛出了《八、二六事件的由来和形成》又指使其工作人員迫不及待地"破門而出"到处煽黑風点毒火，汽車、摩托車散发《八、二六事件》的傳单，为其張目，基层单位傳达、学習、討論，挑起了工人斗学生，轉移了目标，掩盖天津市委鎮压革命学生，制造流血事件的罪恶本质。

（四）铁证如山，不可抗賴

毛主席說："共产党人必須随时准备坚持真理，因为任何真理都是符合于人民利益的；共产党人必須随时准备修正錯誤，因为任何錯誤都是不符合于人民利益的"。

所謂《一場經过周密計划的圍攻李中垣同志的阴謀》李中垣二十日来我校群众热烈欢迎副市长讲話，宣傳毛澤东思想。他却說："我沒有什么可說的，沒調查，沒发言权，来到你們学校觉得热乎乎的"，"堂堂"副市长，不热情宣傳最高指示，却說："沒有什么可說的"，难道宣傳最高指示也要作調查研究嗎？副市长与学工談話，送烟递火好不"客气"，高高在上的市委"首长"根本不了解毛澤东时代的青年。

学工对此批評，赤卫队却美其言曰："礼节"。痛楚相共，不打自招。

八月二十日～八月二十五日，工作队"撤出"，赤卫队成立，独攬大权。副市长"大功"告成。掩群众耳目，二十五日晚上用三十七分钟"宣讲"（念、不全）了十六条。絲毫不联系我校具体問题，而对劝业場、破四旧、砸教堂很感兴趣，极力贊揚。社教运动和文化大革命如何相結合是我校急需解决的問題，可李中垣，有眼无珠，《八、八决定》的第十三条只字不提。紅卫兵和革命学生对李副市长的五天"蹲点"很有意见，递条子，要求解决一些問题。李假借"喝点水，再上来解答"不辞而别，偷偷溜掉，在校門口被我校学生拦住，李說到大連道（又一校址）又說开会，經过与河北宾館联系李确实八点有会参加，但市委秘书处再三表示："如果需要李留下解答問题，会議可以另行傳达。"此时北京紅卫兵从天大串联回校，閒訊后，从大連道赶到会場，共同要求解答問题。副市长和同学們談笑徐徐步入会場。这就是赤卫队揚言：經过"周密策化"布置好的"阴謀"真相。会議由"八一八"紅卫兵主持，北京同学自願参加，（自始終坐在台下前四排）李副市长在解答問题中观点含含糊糊，竟連"革命与生产沒有主次之分""不貫彻党的阶级路綫的組織是不是違背十六条"都不明确表示态度，所答非所問，毫无阶级观点地說："凡是群众的自发組織我們都支持"。拖延时间·企图蒙混过关。这时赤卫队员馮恩庆站在椅子上，大喊大叫（他在外面說，咱把队伍拉进去，正被我紅卫兵去厠所回来听见）

紅卫兵对他破坏极为不滿，使会場混乱，赤卫队借机气势汹汹疾步闖入会場，直奔主席台。四清工作队党支部趁机活动，好不协調！我們及时地揭穿了赤卫队的卑鄙鬼計。

为了使会继續开下去，沒有与他們爭論。赤卫队恶意未湿将队全部撤走。会議继續进行，赤卫队再耍阴謀，二次整队进入礼堂坐在左、后排，并大喊大叫"紅卫兵刁难市长"。我們問李："是不是紅卫兵刁难你？"他說："都是干革命嗎，不是刁难。"李副市长多次要发言澄清这一誣蔑，全被"沒調查，别发言"的赤卫队喊叫声打断了。难道市长的亲身体受也要"調查"？沒跟你們"研究"就不能发言嗎？蛮不讲理。結果双方对喊口号，但紅卫兵先停了喊口号。但赤卫队仍大呼口号"横扫一切牛鬼蛇神""不許右派翻天""赤卫队万岁""不准刁难市长"李中垣副市长在台上，你們喊这句口号的目的是什么？会議无法进行。经市长同意派两名紅卫兵护送回市委。途中，赤卫队以"保护市长"为名竟将两名紅卫兵推的推，拉的拉地赶走。赤卫队把市长"护走"。造成会場混乱使会議无法进行的不是别人正是赤卫队。顛倒黑白倒打一耙。

說什么"甄常华等人操纵会場"对李"百般刁难"奉告赤卫队的无耻之徒，混水摸魚办不到，事实是抵賴不了的。赤卫队退出会場立即奔向市委大楼，胡說什么"紅卫兵在学校把市长打了并吐了血，你們这种行动和說法就是表示在学校打了副市长并吐了血。但在你們九月二日的傳单中提到把市长糾纏到十二点钟，甄常华等人还在台上打了李中垣，致使李中垣同志高血压复发晕倒在地，送往医院又吐了血。"在傳单中也尽其造謠，肆意誣蔑。事后经市委工作人員王文质证实紅卫兵沒有打李市长，也沒吐血。那种"甄常华等人在后台还打了李中垣同志"的謠言也不攻自破，不值一駁。九月二十五日李中垣到八一八紅卫兵指揮部，亲口說："沒打我，你們还保护我。"在这里我們正告赤卫队那些别有用心的一小撮家伙們，靠造謠生活是活不长的。同时，也正告李中垣，你在八月二十五日站在台上亲眼看到工人斗学生，学生斗学生，为什么看着不管？！你身为堂堂的副市长为什么置之不理？

天津市公安医院診断明书 断字第　　号

姓名：李中垣　　　性別：男　　　年齡：50　　門診号　118143

印象：低压糖

初步診断：

处理意見：　患者于8月25日晚11点来我院急診经检查神清血压148/88MMkq心电图正常心率84次/分肺正常肝大肋下1公分脾不大

1966年9月5日　　　主治或住院师孙××

毛主席說："世界上只有唯心論和形而上学最省力，因为它可以由人們瞎說一气，不要根据客观实际，也不受客观实际检查的。唯物論和辩证法則要用气力，它要根据客观实际，并受客观实际检查，不用力气就会滑到唯心論和形而上学方面去。"

所謂《甄常华等人阴謀策化下制造借口，又挑起一場打、斗工人的血案》

八月二十六日下午天津八、一八亦工亦农要武学校的紅卫兵小将們，到我校进行了串联，参观了我校修正主义的老窩——团委。下楼后，議論团委和赤卫队，一个小同学,一面搞铁块,一面說:"赤卫队是杂牌军,一角五"此話被赤卫队員娄秀琴听到了,她就破口罵道:"紅卫兵是流氓。"革命的紅卫兵不可辱!于是亦工亦农的小将們,就和她激烈的爭論起来,革命的小将們問她:"为什么罵我們紅卫兵是流氓?"娄被問得張口結舌,无話可答,王秀凤(赤卫队員)一看見形勢不妙,借有事将娄叫入繪图室,小将們继續要求辨論,在大家的压力下,她走了出来,紅卫兵又問她,当娄被問的理屈詞穷时,破口大罵:"你們是反革命""是流氓""是工人阶級的败类""混蛋"并还理直气壮地說:"干嗎吧!說了怎么办"于是辨論更加激烈了,当时紅卫兵萧敬敏(亦工亦农)給娄水喝,她不喝,用手一扛,水濺了她和别人一身。这时王福安、張国祥、焦占杰,等几个闖进辨論場,想把娄劫走,外校紅卫兵不充許,一方向外 挤,一方不让走。(我校学生、紅卫兵大部分在外圈沒发言)張国祥几个人被挤到資料室門口,第二台阶上,張用脚踢了我校三年級学生二脚(这个同学站在第一台阶上,和張相换着)用手打人,引起部份同学的不滿(非紅卫兵)在混乱中,張的衣服不知被誰撕了。他們都跑进了資料室在群众的压力下,不得已出来辨論。出来后在混乱中,有人踢了張国祥的搪,据赤卫队了解說是坏人钻空子,学生苏××踢的(非紅卫兵,外圍)冲突結束在四点二十分,張进了屋子坐在凳子上。有一部份同学和張辨論,問張为什么 先打人,踢人,張不表示态度,吸了二支烟以后才送医院。經調查病情并非如赤卫队傳单所逃的,"渾身抽搐伤处青紫,小便不通,"只是局部按痛。赤卫队先生們,你們这样如此地夸大病情,只能欺骗群众,但骗不过医生。(关于打人之事赤卫队也不得不承认是坏人钻空子)。

赤卫队的一小撮阴謀家們:当时甄常华跟本不在場,不知甄常华的"装蒜"二字从何而来。赤卫队的先生們在你們的傳单中,为什么不将甄常华不在場,張国祥打人,娄秀琴罵街,打張的不是紅卫兵这些情况写上?濫用在甄常华的阴謀策化下制造借口,又挑起一伤打斗工人的"血案"等阴謀,妄图利用我們工人阶級深厚的阶級感情,挑起工农革命群众和紅卫兵的关系,实现工人斗学生,学生斗学生混战一場,轉移主攻方向,以达保其"主子"过关的目的。

毛主席教导我們:馬克思主义者看問題,不但要看到部分,而且要看到全体。一个虾蟆坐在井里說"天有一个井大"这是不对的,因为天不止一个井大。如果他說:"天的某一部份有一个井大"这是对的,因为合乎事实。

所謂《在甄常华等人的策化下,凭空制造了一个所謂"砸主席像"事件》

在八月二十六日上午九点多,我們向现在的赤卫队三分支提出了要求,要求三分支的人,把我們原来的教室騰出来,給同学,学习,写大字报,当做紅卫兵的办公室(这教室是四清工作队,学工队占用)四清队撤出后,本应由鑄工三年級同学使用,但三分支占用了。我們和宋維民交涉,宋維民說:"和赤卫队商量研究,咱們好办!(其实三分支的人都在办公室)等了半个钟头后,宋維民才回来,王紀昌提出赶快挪,要在十一点半前騰出来,不搬我們替你們搬,他們这才被迫外搬,我們要求帮忙,他們不让,后来我們都出去了。他們在屋面不知搞了些什么鬼,不一会就搬东西。屋里的材料大多数搬完了。我們进去三个人想看是否有修正主义的书籍,后来在西南角上发现一堆烂紙破盒子,破教具当时打开里面,都是破烂,韓荣英說:"都沒用"把箱子搬走了,这时发现石膏主席像在箱子底下已碎裂，林新珍、朱金銘（紅衛兵）看到主席像碎裂悲痛地哭了，唐文章說："四清清出來的"當時同學很氣憤沒保持現場，把主席像拿了出去，叫全體的革命同學和廣大的工人同志們看一看我校四清隊對主席像是怎樣愛護的。我們去找三分支的負責人趙華，在赤衛隊的大隊部找到了趙華，說："趙華，在你們屋子裡發現了破裂的主席像你有權力給我們調查清。"趙華說："這不是我們砸的是你們紅衛兵砸的！你們嫁禍于人，誣蔑好人。"在場的赤衛隊大部分人都說："紅衛兵砸的。""是給我們扣帽子"，我們叫他下來，把他知道的事情向全體工人和學生講清；誰把主席像損壞的。我們下了樓，趙華也跟著下了樓。他要求在院內辯論，大家一致要求在校門口辯論。門口有很多的工人要知事實真象。趙華不出去，站在高處大喊："你們誣蔑好人，這是一個大陰謀！同志們不要上當！"這時有一個280工作人員對他說："你先別喊，現在還沒有確定是誰砸的，你先出去看看。"趙華才無可奈何地向外走。可是剛走了幾步被趙郁林攔住，大喊："你們沒權利叫他出去！"趙華趁機回到原處，在後面的赤衛隊大部分隊員站好隊，高呼口號，大唱歌曲《團結就是力量》。當時大家看趙華被攔，有幾個鐵管工人進入校內問：說誰不讓！把趙郁林、趙華拽出去了，根本沒有打。

被損壞的主席像在三分支的屋子裡，許多同學都哭了，一致強烈要求查明真象，揪出破壞者。事情發生在三分支，趙華是負責人，是責無旁貸。赤衛隊既然不知道是什麼時間、地點、什麼情況下碎裂的，為什麼對紅衛兵的行動不支持，反而百般阻攔。緊急集合高喊口號："橫掃一切牛鬼蛇神！"恬不知恥地胡叫亂喊："赤衛隊萬歲！"大唱歌曲，縱情鼓掌，對主席像被毀毫無痛心之意。你們的階級感情哪里去了？這也許是你們"誓死保衛毛主席"的"革命行動"吧！

在"二六事件"中寫道："甄常華帶領""指使紅衛兵""召集一伙""批斗趙華"。赤衛隊別有用心的家伙們，你們耳朵爛了，眼睛也瞎了嗎？竟連事實也置之度外了！你們借"混亂"為名，大書特書，憑空描寫了一場工人被"圍攻批斗""挨打、打傷"的情況，把紅衛兵打成"反革命""法西斯組織"，挑起不明真象的部分工人對紅衛兵不滿。

毛主席說：

"在階級社會中，每一個人都在一定的階級地位中生活，各種思想無不打上階級的烙印。"

《关于欧打革命干部邢棋琦的問題》

八月二十六日晚上，邢在市委會場上造謠說："李副市長在勞二半被紅衛兵打吐血了。"群眾問他，你看見了嗎？是哪個單位的？邢說："我在一宮工作"，在場我校學工揭穿說："李副市長的事他沒看見，他在造謠。"群眾對他破壞文化大革命的行為非常氣憤，將其拉到台上問他為什麼造謠。群眾一致要邢低頭，他不低頭，有人按了邢的頸部、根本沒有打，可是邢大喊頭痛頭暈經在場大夫檢查。心臟正常。邢仍大喊頭痛，于是將他送往醫院，赤衛隊的"謀士們"什麼"綁架""誣蔑""毒打""暈倒在地""不省人事"不管多少惡毒的語言，只能是狂費心機，事實決不會出于幾個造謠分子的"怜憫"而改變。事後赤衛隊的傳單中說："你們打的什麼人"？把邢塑造了一個不屈"光榮戰士"形象。赤衛隊的政治投機分子，耍陰謀是騙不過醫生的診斷，有意地編造，將邢吹捧上天借以迷惑群眾攻擊紅衛兵，對造謠分子不加痛斥，反而及力保護，你們的立場到哪里去了？什么"綁架""毒打"……事如所指邢早已一命烏呼，亡之也！邢对紅卫兵的憎恨和他是被抄資本家是分不开的。

毛主席說：对于人民的缺点，是需要批評的，……但必須眞正站在人民的立場上，用保护人民、敎育人民的滿腔热情来說話。如果把同志当作敌人来对待，就使自己站在敌人的立場上去了。

所謂《我校八·一八紅卫兵遵照甄常华的布置和經驗打了运动重点人》什么"草菅人命，随便把人打死"

让全市、全国人民看一看所謂的原电工教师張登瑞，問題尙未定案的重点人到底是什么人。

張登瑞年三十四岁，本人一貫道三才，母亲为坛主，点傳师。他几年披着人民教师的外衣，使用了无耻手段殘害女性，罪大恶极，文化大革命中极不老实，經常同反党分子叶家玉外出。八月二十八日去搜牛鬼蛇神（北京，天津的紅卫兵被阶级敌人暗杀事件，使我們提高了警惕）紅卫兵在宿舍里找到了張登瑞，在桌上放有点心，水果，对他說："現在人民对你专政你还吃好的？"当时他就往后退，紅卫兵飞快地轉到他身后，发现桌子上有把剪刀把他推开，我們发现他企图行凶，在他床前书架上搜出一把韌刀，妄图阶级报复，将他带到辯論室，用皮带抽打了一頓。二十九日沒打，三十日上午审問張供出：利用少女无知心理，奸污女性四十余名，逼死两条人命，以上張供不諱。十点多钟張不語，送往医院治疗无效，八月三十日十二点死去。二十八日当夜对其他两个牛鬼蛇神进行了搜查，反党分子李福基用主席像包雨衣。紅卫兵問为什么这样作？他說："我恨毛主席，爱蔣介石。"在审問的过程中張誣，"誰革命杀誰。"李更露骨地交出了六个黑名单。

在二十八日夜里打牛鬼蛇神时赤卫队长高文富問八·一八紅卫兵孙××張登瑞是怎么回事？孙答：他想杀人，高文富說"該打，人够嗎？不够我們这有人，这回咱們的大方向一致了"！又对盖××說像張登瑞这样人該打！我們忘不了赤卫队对我們的支持。还說什么反党分子叶家玉被打折一根肋条，辯論时赤卫队员李士峰說："在医院診断照像肋条沒折，在傳单中我們写了肋条折了。关于打折十根木枪連赤卫队员們都不相信。革命的同志們，敌人磨刀霍霍要杀我們的头，他們要敢动刀枪，强大的无产阶级专政絕不是摆样子的，坚决鎭压。

十六条中指出："在这样大的运动中，他們难免有这样和那样的缺点，但是他們的革命大方向始終是正确的。这是无产阶級文化大革命的主流，无产阶級文化大革命正在沿着这个大方向继續前进"。

我們坚决听毛主席的话，按最高指示办事，敢于斗爭、善于斗爭，在游泳中学会游泳，在大風大浪中鍛炼成长改正缺点，坚持文斗、不用武斗。自此之后，我們始終也沒用武斗。

赤卫队的阴謀家們，在你們的傳单中，对这几个重点人的反党罪恶只字不提，他們的几千張大字报，有許多是出自于你們之手，你們如此怜憫他們的目的是什么？你們把八·一八紅卫兵和北京紅卫兵打成反革命一无是处，而替那些牛鬼蛇神喊冤訴苦，由此可以见你們已經墮落到什么地步。

（一）关于"闖"的問題。

在八·二六事件以前，北京紅卫兵和天津的紅卫兵战士，曾多次到市委門前要求见万曉塘同志或市委負責同志，要求解决，天津市为什么屢次出现群众斗群众，工人斗学生，天津运动主攻方向问题……違背十六条的事件，而市委置置不管。市委負責同志是怎样对待北京和天津紅卫兵呢？无論如何，也不接见。从市委往人民礼堂推，又从人民礼堂往市委推……就这样三翻五次把革命同学指来指去。最后还是拒絕革命同学的迫切要求。（八月二十五日下午給万曉塘同志下了通諜，要求在二十四小时内接见）八月二十六日下午五点多，我們北京和天津三百余名紅卫兵，紅战友，来到市委門前，派二十名代表，要求接见，但市委內的赤卫队员（約二十名）排成二排堵住門口，不让进。在这种情况下，我們出人交涉，我們說："不让进你們派出一个能負責的同志，給我們解决問題也可以。

結果市委人員又采取什么态度呢？即不派人，也不让进。就这样拒絕了紅卫兵的要求。最后，告訴市委人員"如果你們不让我們进。我們就闖。"可是还不让进，于是我們就往里闖，闖的时候，市委人員喊："保卫天津市委"。前两人闖进后，首先扶住偉大領袖毛主席的塑像。第三个就是徐国恩，后面的同学就进不去了。徐国恩拾起一块磚头，往地上一摔"啪"的一声响，門前的赤卫队员一楞，在这一刹那，代表們就涌进了市委內。到了第二道門，也有二、三十人把守不让进，我們继續交涉說："你們不让进，派出一个負責人商磋一下。"他們說："不让进"！我們說："如果你們叫我們进去，去一切后果由紅卫兵負責。如再不让进，我們就闖，出一切后果由市委負責。"等二十分钟后，路海从里面出来說："叫我們进去两名代表。我們二十几名紅卫兵坚决要求都进去。徐国恩問路海"前几天我問你"保卫天津市委"这句口号有沒有问题？你不表示态度，现在，还要請你表示一下态度。"路海說："这句话是保卫市委机关的。"徐說："我沒問你别的，这句口号有沒有问题？"路海不表示态度。徐說："这句话違背最高指示，你堂堂市委負責人員不表示态度。"继續交涉，还不让进，我們又闖，还进不去。又調来二十名紅卫兵战士。最后从左門闖了进去。市委人員出动，捉拿我們，罵我們是"反革命"，"搞反革命暴乱"，"闖事"，"破坏"。他們拉我們，打我們，随即出现流血事件。我們"闖"，这种形式不太好，很容易叫坏人钻孔子，但是，我們"闖"是一种革命行动，方向是正确的。正像十六条所指示的那样："在这样大的革命运动中，他們难免有这样那样缺点，但是他們革命大方向始終是正确的。""闖"！也正体现了革命青年敢于斗争，敢于革命的精神，誰要違背以毛主席为首的无产阶级革命路綫，違背了毛澤東思想，我們就坚决造他的反，造反到底。

同时，也总結了經驗，我們不但要敢于斗争，敢于革命，也要善于斗爭，善于革命。革命的同志們：

我們在游泳中学会游泳，在革命中学会革命。我們善于不断总結經驗，做得对的，我們要坚持下去。如因缺乏經驗而做得不妥善的，那就要及时改正。

（二）关于"枪"的问题：

紅卫兵多次要求接见，市委負責人为什么不接见？江青同志对我們說过："你們多会需要我們，我們就出来。"难道市委不允許紅卫兵进，就允許杂牌军的"赤卫队"和我校犯有方向性，路綫性錯誤而拒不檢查的工作队进嗎？何況我校四清工作队已在25日撤出，工作队的李穆宏还为什么和我校赤卫队一起开"秘密会"？又說 什 么 "机密文件"难道市委的"机密文件"还和我校的赤卫队一起研究吗？到会的究竟是什么人物？袁淑珍（职員出身）李猛（小业主出身）当我們闖进后，他們吓呆了，慌忙收拾"机密文件"丢掉一卷傳单，赤卫队既然說是向市委反映情况，那是正大光明的事情，可我們进去，为什么那么慌慌張張，急忙收拾"机密文件"呢？我們认为这里有鬼，（平时我們怀疑市委和我校赤卫队有联系，这次证实了），所以我們夺了"机密文件"李穆宏的笔記本，把桌子上的傳单，书包夺了过来，但紋絲沒动，当即由北京人大附中紅卫兵和市委一个姓孟的負責人派一辆小轎車护送到中央，我們要了卡車去中央，把傳单交給了張春桥、姚文元、王立同志每人一張，傳单內容是揭穿"北京紅旗学校甄常华破坏无产阶級文化大革命的罪行"是八月廿四日写的，在廿六日发现，校內和社会上始終沒有見到的傳单，竟在市委大樓里发现。可見市委和我校赤卫队开的是什么"秘密会議"！

（三）关于"砸"的問題：造謠先生們！你們造的未免太过火了吧！八日晚我們有几个当事者到人民礼堂，訪問专門解釋八、二六事件的当事者了解情况，可笑的很，我們向这位当事者市委工作人員苏林提出了一些問題。他根本不解答，請看一段对話：

苏林：他們进去以后，乱打乱砸，把桌子上的三十多个茶碗和茶壺都砸碎了，还有二个人砸窗逃走。

当事者：砸了东西，你們保留了現場沒有。

苏林：当时我們迷迷糊糊的，沒想到这点，砸完后就都扔了，留那干嘛！

当事者：沒照像嗎？

苏林：沒有。

当事者：听說当时他們把徐国恩被打情况照了像，难道沒提醒你們嗎？

苏林：这这……我們什么也沒想到。

从这几句簡单的談話中，可以看出一些問題，市委难道会把仅有的一点可怜的证据扔掉嗎？赤卫队造謠专家們，告訴你們，冲入市委大樓以后，会議室的茶壺、茶碗都拿到后窗台去了。一个沒砸、一个沒打。照片为证，铁证如山，奉劝你們，你們沒有看見的事情就不要凭空捏造了。

关于打人的問題：

当时紅卫兵冲进的时候，苏汉海出来拦攔，不知怎样跌倒，但倒后有意抱住紅卫兵的腿大喊"紅卫兵打人"！"紅卫兵打人"！紅卫兵見他如此耍賴，都从他的身旁迈了过去。而市委工作人員苏林讲："工作人員苏汉海被紅卫兵打伤，許多人都从他身上踩过去，事后医院急診結果后背凝血、前胸六处踩伤，"究竟此人病情如何，請同志們参閱一下病历，可見其造謠之能事了。

天津市　　医院
診断証明书

門診号　12193129

姓名：苏汉海　性別：男　年龄：29　职业

八月二十六日晚九时四十分，由数人送来訴被打伤来檢查。

檢查：識清、合作、两侧瞳孔均等大、光反射好，耳鼻无异常流液、口咽无出血、頸直軟、甲狀腺不大、气管居中軟度鸡胸、右肩右胸有綫狀 3—4 厘米长之三条(擦伤) 左腋部有淤斑，左前臂有綫狀划痕。心肺未见异常、肤部平坦、无腸型蠕动波、呼吸运动良好，无破伤、无肿块、无压疼、腸鳴正常、四肢关节无奇形、功能正常、各种反射良好、无病理反射出現、血压130/90毫米汞柱。

請內科何大夫会診心肺无异常。

处理：1）住院观察 1—2 天

2）开診断证明书两份　　　　　　　郭文堂

9.1.自述腹部痛已大为減輕、左臂部份較右侧高起、无明显之波动，有些压痛，体溫不高。　　　　　　　　戴华勤

9.2.病人要求出院与主任商量可以走、但下午病人又找主任，因机关不同意出院，再住院几天，曹主任同意，又把病历拿回。

戴华勤

天津市公安医院診断証明书　　（公章）

二六事件。是天津市委鎮压紅卫兵鎮压革命的滔天罪行。天津市委鎮压革命学生的革命运动，是抗拒中央指示，明目張胆的破坏文化大革命。毛主席說：世界上只有唯心論和形而上学最省力气，因为它可以由人們瞎說一气，不要根据客观实际检查的。唯物論和辯证法，则要用气力，它要根据客观实际，并受客观实际檢查的不用气力就会滑到唯心論和形而上学方面去。

我們本着不誣賴一个好人、也不放过一个坏人，澄清眞理的精神，評論下列"眞理"

《由他（甄常华）的破坏我們的軍工无法进行，已全部停产》我校部分学工于八月十八日由京取經归来，学习了北京同学的革命造反精神"敢"字当头，大破大立，針对我校是半工半讀性质研究了如何抓革命、促生产按十六条办事"充分发动了群众，妥善安排，就能保证文化大革命和生产两不誤，保证了文化大革命的时间，也妥善安排了生产。八月二十日全校基本上恢复了生产。到八月二十二日专业队提出成立赤卫队的倡議后，車間工人（受指使的），任意占用生产时间，开会，写大字报，車間工人廖廖无几，严重影响生产，到八月二十三日赤卫队成立，車間根本就看不见工人的影子了。赤卫队的一小撮操纵者有意識地停产，把全部精力用在于紅卫兵的对抗上，以致全校生产瘫痪。

赤卫队把停产說成是由于他（甄常华）的破坏，請問甄常华能使一个学校停产，其"罪行"可見不寻常"有意破坏"，赤卫队为什么不坚决捍卫十六条"抓革命，促生产"，反而积极响应停工停产，与"現形反革命分子"同流合污？

赤卫队的停产决不是因"革命"所需要，而是"形势"所需要。几个"无法无天"的学工竖起了紅旗，造反了，要炮打四清工作队，炮轰市委，市委吓的要死，敢紧网罗得力分子竖起花旗（杂牌军）要压制、要反对、保市委第一，責任往甄常华、徐国恩身上推。打成反革命，使我校眞正停产的，不是别人，正是天津市委——一小撮走资本主义道路的当权派。

325

（三）北京紅旗学校的紅卫兵好得很！

北京紅旗学校紅卫兵，把北京紅卫兵的敢字当头的革命造反精神带給了天津同学，他們时时处处宣传最高指示，他們是搧革命之風点革命之火来的，是造反来的，是造资产阶级的反，造修正主义的反，造一切不符合毛澤东思想的反，反对包办代替。炮轟司令部，因而刺中了赤卫队的幕后的要害，遭到他們的反对，将北京紅旗学校的紅卫兵打成反"革命"是不足为奇的。

《文化大革命是群众領导群众，党中央和毛主席也不能領导》这是恶毒地誹謗和誣蔑，甄常华同学宣传十六条，宣传最高指示，自己起来鬧革命，在运动中自己教育自己，自己解放自己，反对任何形势的包办代替，反对保姆式塡鴨式的領导方法，刺痛了在四清队和党总支領导下将我校无产阶级文化大革命进行到底，那帮人的痛处，击中了他們的要害，于是就暴跳如雷、肆意的攻击、誹謗，这也是能令人理解的。

标榜革命的赤卫队先生們，甄常华散布"反动言論"你們当場不揭，对破坏文化大革命行动怎么无动于衷呢？告訴你們，收起你們的鬼把戏吧！你們的阴謀决不会得逞的！

《抓革命，促生产是彻头彻尾的修正主义》

这是誣蔑！是誹謗！断章取义！事实是怎样的呢？在八月十八日以王克儉，李猛，郭瑞兴，等五十三人（现在赤卫队員）联名写的题为"抓革命，促生产"的大字报（詳細內容见附信一）其内容談到"生产和革命沒有主次之分"这难道不是彻头彻尾的修正主义論調，又是什么呢？而赤卫队員还说什么在必要的情况下，可以牺牲个人休息时間，利用业余时間搞文化大革命，上班干、下班干，不分工种干，能干啥就干啥，干、干、干、一句話就是以生产代革命，以生产压革命，当时甄常华同学说："抓革命，促生产"这張大字报是彻头彻尾的修正主义論調这又有什么可以指責的呢？就连"赤卫队"队員唐文章也承认"赤卫队"是断章取义，是誣蔑。你們是革命的，见他"放毒"为什么不当場把他揪下台来？他讲完之后你們为什么鼓掌欢迎？你們这种行动是对革命负責吗？

《中央说，先搞革命，再搞生产》

此話我們实在不知从那說起，实在沒听說过，請你把甄常华"放毒时間，"地点仔細地告訴我們以便我們"帮助你們把这个""冒充中央""对抗最高指示"的"修正主义""反革命分子""批倒斗臭"，敬等嘉音。

《北京半工半讀都停产了，天津市为什么不停呢》

实情是有人問：半工半讀学校停产不停产？甄常华回答：天津情况我不了解据我了解，北京市的半工半讀大部分都停产了，我們学校在六月分就停产了，国家交給你們的任务要完成的得完成，但决不能影响文化大革命。"赤卫队现在的論調，是别有用心地歪曲。

《现在生产出的武器是給修正主义的，现在造出的武器是杀我們的》

甄常华同学宣传十六条的时候，提到文化大革命是一場复杂、激烈的斗爭，它关系到千百万人头落地的問題。

关系到我們国家变颜色的問題，如果我們不去抓革命，只搞生产，国家一但变了颜色，像苏联那样，那么我們的产品、枪炮质量再好，能支援越南人民的革命斗爭吗？难道这样的言論是誣蔑我們的国防生产，为美帝効劳嗎？赤卫队的用心何在？不言而諭。

《破坏党的政策》

甄常华說："要相信自己的力量，按十六条办事，就一定能搞好本单位的文化大革命。"根本沒有破坏党的政策。

相反的是赤卫队破坏了党的政策，同学們和工人辯論硬說成是"批斗""鬧分裂"把罪名加在甄常华身上，顚倒黑白，赤卫队的險境心里多么恶毒！

《辱罵市委領导同志，誣蔑群众組織，》

"赤卫队"煞有眞地誣蔑甄常华"明目張胆"漫罵市委領导，为什么不将漫罵的原話讲出来呢？为什么不摆事实？借原不堪入耳（略）为名，溜之大吉！妄想。假如事如所謂，摆出原話，作个"反面教員"又有什么不好呢？赤卫队即然是"革命"的，为什么違背最高指示？不貫彻阶级路綫，歪曲中央指示，提出"先立后破"在运动一开始就团结两个百分之九十五的謬論，这样的組織不該罵嗎！我們說提得对，罵得好，这是捍卫毛澤东思想的革命行动！

《周总理和我說你們到天津造反吧！》

靠造謠过日子混不长，周总理也沒和甄常华說过这句話，甄常华也沒讲过。周总理支持革命学生搞革命串联，人人皆知，旣使說过此話又有什么不对的呢？难道造反无理嗎？請赤卫队的先生們重溫一下主席的教导。

同志們！现在我們举一实例，就足以說明赤卫队站在什么立場上，"赤卫队"贴了許多的大字报（詳見附信二）罵北京红卫兵是"反革命""修正主义分子""放毒虫"要把他們哄走，就在这些大字报出现不久，八月二十四日下午三点左右在軍工車間門口赤卫队呂玉玲說："快别叫李福基写大字报了。"晚上八点左右，我校的牛鬼蛇神，反党反社会主义份子——李福基贴出了一張题为《請北京红旗学校来的家伙滾蛋》的大字报，（詳見附信三）其内容和赤卫队的观点沒有絲毫之差，同志們，毛主席說："我认为，对我們来說，一个人，一个党，一个軍队，或者一个学校，如若不被敌人反对，那就不好了，那一定是同敌人同流合汚了，如若被敌人反对，那就好了，那就证明我們同敌人划清界限了，如若敌人起劲地反对我們，把我們說得一塌糊涂，一无是处，那就更好了。那就证明我們不但同敌人划清界限，而且证明我們的工作是很有成績的了"。赤卫队的实质是什么呢？让大家给它下个結論吧！

（四）九六辯論会：

九月三日辯論会上，我校红卫兵战斗小组的一个同学，訂在六日召开辯論会，他不能代表八·一八红卫兵（战斗小组和八·一八是两个組織，）他本人的决定根本无效。

二六事件的当事者只有北京，红卫兵和天津红卫兵与市委。赤卫队是第三者，沒有权力和我們辯論，另外他們贴出的海报，只是单方面的。沒通知我們，从以上两点看，我們八·一八和北京红卫兵完全有权不参加六日辯論会。

最重要的是，天津市委搞的九六辯論会，是在市委做了几天輿論以后，迷惑了广大群众，是一个群众斗群众的大会，企图蒙混过关，这样的大会，能参加嗎？

再有六日下午二点，市文革，魏民、吳凤岐等一行三人到我校研究辯論会的問題，做出决定，在六日晚七点在市体育館开，晚上我們八·一八和北京红卫兵甄、徐、班等人都到了体育館，（在四点多那时，早有部分八·一八紅卫兵在体育館布置会場了）我們在那等了三小时，不见人来，多次打电话，让他们市委来体育館，并派人到市委大会，说明此事，但大会根本不让发言。

革命同志們，你們不辞辛苦的远道而来，有的是从下午两点就等，一直到晚上你們的革命热情值得我們学习，但是会議沒开，后果应由市委負責。

（五）是否继續开。

我們认为八、二六事件，当事者是我們和市委，八日、九日我們和他们研究了如何继續开的问题，我們提出了六个条件，他们一个也不答应，（市委出人辯論，地点、时間，維持秩序条件）以后，辯論会是否开，主要看市委的态度如何了。

"下定决心不怕牺牲，排除万难，去争取胜利！"

天津市的紅卫兵战士們，工人同志們，革命群众們，集中火力，万炮齐轰司令部，揭开天津市委的盖子，揪出钻进党內走資本主义道路的当权派。

天津市委的反，我們造完了，"舍得一身剮，敢把皇帝拉下馬"战无不胜毛澤东思想为武器，我們坚信，天津市的工农兵群众能撥开迷雾，看清天津市委的真面目，群起而攻之，这些钻进党內走資本主义道路的当权派們必将砸烂，必将被搗毁，政权必将掌握在广大的工农兵革命人民群众手中！

革命的造反精神万岁！

让我們以革命战士冲鋒陷陣的姿态，迎接我市无产阶級文化大革命高潮！

让我們在毛澤东思想指导下夺取无产阶級文化大革命的更大胜利！

中国共产党万岁！

战无不胜的毛澤东思想万岁！

偉大的領袖，偉大的导师，偉大的統帅，偉大的舵手，毛主席万岁！万岁！万万岁！！

天津市劳动局第二半工半讀中等技术学校

八·一八紅卫兵　　　　1966年9月12日

抓革命，促生产，

附信一

目前我校有部分同学认为咱校只抓生产不抓革命，我們认为是极端错誤的，生产和革命沒有主次之分。我校的280生产和C615车床是越南战場急需的产品。支援越南人民革命行动是我們社会主义公民的神圣职責！你們不参加生产就是反对越南人民的革命行动。……

王克儉，李猛等53名学工（现赤卫队成员）

附信二

再问甄常华你了解我校的真实情况嗎？你正像主席所說的那种人，有許多人'下车伊始'就哇啦哇啦地发議論……十个有十个要失败。"

我們正告你：放毒够了，想逃跑，沒門！！！

赤卫队部分队員66.8.24.

质問甄常华？？

你学习十六条了嗎？你在我校无产阶級文化大革命中充当了什么角色？

赤卫队部分队員8.24.

呼吁：

全校革命师生粉碎修正主义分子甄常华等人的反革命的言行！革命的师生行动起来，投入到这次向打着紅旗反紅旗的反革命分子开火的斗爭中去！我們要拿起笔杆子，把反革命分子批倒、斗臭、治服。不获全胜，决不收兵！

赤卫队8.24.

附信三

請看我校反党反社会主义分子李福基的大字报

請北京紅旗学校来的家伙滾蛋！

从北京紅旗学校来的那几个家伙，以革命串联为名，以欽差大臣自居，以党的政策的解釋者自居，招搖撞騙。一进学校，就哇哇乱叫，像太上皇那样瞎指揮。他們口口声声要以毛澤东思想为行动的指南，要以十六条作为文化革命的行动綱領。但却胡說什么"抓革命促生产是修正主义的謬論。"这难道是十六条規定的嗎？这不是明目張胆地反对十六条嗎？这不是公开煽动我校学工放弃生产嗎？这不是企图破坏我校軍工任务（这是偉大的政治任务）又是什么？

你們还宣揚什么"最高指示和十六条就是党的領导。""北京可以随便把工作队拉出来斗。"你們在我校宣揚这些的目的是什么？你們是抽象地在口头上拥护党，却在具体行动上反对党的領导，你們是打着"紅旗"进行投机，請問："你們对我校的情况了解嗎？你們了解我校十一个月来的"四清"和文化大革命的进行情况嗎？你們了解我校广大师生在坚强、正确、革命的工作队領导下闹革命的情况嗎？你們以北京某些被阶級敌人篡夺領导权的学校当作标本，把那里的"經驗"当作"灵丹妙药"来兜售，妄想撈点什么回去增加自己的政治資本。奉劝你們这些想一夜之間就飞黄騰达的投机分子，你們的幻想将像肥皂泡一样破灭。我們广大师生将坚决保卫我校的工作队，保卫我校的四清成果。任何阴謀詭計都将不能得逞。

你們还是尽快收起你們的幻想，滾回北京去搞你們的文化革命吧！

革命的欢迎！不革命的滾蛋！

保卫党的領导！保卫革命的工作队！

李福基（8.24.）

毛主席語录

革命不是請客吃飯，不是做文章，不是繪画綉花，不能那样雅致，那样从容不迫，文质彬彬，那样溫良恭儉让。革命是暴动，是一个阶級推翻一个阶級的暴烈的行动。

"舍得一身剮，敢把皇帝拉下馬，"我们在为社会主义共产主义而斗爭的时候，必須有这种大无畏的精神。

共产党人必須随时准备坚持眞理，因为任何眞理都是符合于人民利益的；共产党人必須随时准备修正錯誤，因为任何錯誤都是不符合于人民利益的。

大 字 报 选 登

看，李文全充当了什么角色

市委門前开了一場大辯論，是由孙大圣和市委約定而召开的，結果由于訂的定期孙大圣沒有去而告終（孙大圣原名叫徐国恩）可在这期間李文全充当了什么角色，让大家看一看。

一天夜里一点多钟，我正在家中睡觉，突然外边叫門，机关去了一辆摩托車，接我們有紧急任务，結果我們去了三、四个人到机关，把任务接过来一看是傳单。內容是闡明一下八二六事件的經过，是針对孙大圣他們所发的傳单，大約搞了七千份（結果只发了一少部分）。过了两天的晚上突然李文全叫我們說来几个紅卫兵，到楼上有事。我們去了四、五个人一看，是我們印发的傳单，他叫都拿到鍋炉房去銷毀，燒了大約有五、六千份，事后，我想，这个事不对头，为什么这样鬼鬼祟祟呢？同时又連到我們那天夜里搞这文件时，二、三点钟又調来了二、三百工人說是保卫（市委）机关，实际上是对付紅卫兵，是对付学生。这种情况不能不引起我們的注意，谷云亭在一宮曾經透露过說："市委是幕后的"这些問題联系起来，不难看出这是一个大阴謀，这是公然与十六条相对抗。林彪同志在最近的一次讲話說的很清楚，不許挑动学生斗爭学生、群众斗爭群众，他們的所做所为違背了这一指示，这是一个方向性的錯誤，坚决要求市委做詳細的調查研究，做出严肃的处理而李文全在这里起了一个帮凶的作用，公然不顾十六条、違背十六条、盲目执行市委錯誤路綫，和李文全善于抬轎子都是大有关系的。

李文全必須做出交待，要求革委会严肃处理，这是一个原則性的問題，即然是原則問題，就必須严肃处理，

希望知情者，勇于揭发。

赵文华，于达，胡金柱

八一八紅卫兵抄于天津档案管理处大字报

彻底的唯物主义者是无所畏惧的，我們希望一切同我們共同奋斗的人能够勇敢地負起責任，克服困难，不要怕挫折，不要怕有人議論譏笑，也不要怕向我們共产党人提出批評建議。

—毛澤东—

大字报选編

第九十六期

天津大学文化革命办公室

1966．9．5．

从李曙森的"自白"看"八一三紅卫兵"

前　言

　　八月二十四日下午，"天津大学紅卫兵"第一大队部分紅卫兵巢了黑帮头子李曙森的老巢，从中获取黑帮头子李曙森的大量書信及其他有关材料。从其大量書信及材料分析中使我們不难看到，在这史无前例的触及人們灵魂的无产阶级文化大革命中，不可能不遇到种种阻力。正如中共中央关于无产阶级文化大革命的决定中所指出的"这种阻力目前还是相当大的，頑固的"。但是，大量事实說明，在毛泽东思想武装起来的广大革命群众面前，任何阴謀家及保皇派的面目都将彻底暴露。最后的結局只能是头破血流，身败名裂，以彻底失败而告終。

　　目前我們天津大学的运动和全国一样，由于阻力较大，斗爭出現了多次反复。广大革命师生为之展开了热烈而尖銳的爭論和斗爭，但值得注意的是：尽管李曙森这个反党反社会主义反毛泽东思想的反革命修正主义分子已被我校广大革命师生揪了出来，但其一小撮保皇派的活动还是极其猖狂，千方百計在为其主子效劳。特别是八月七日以来，一小撮保皇派活动更为囂张，他們更加明目张胆地刮阴风，造謠言，挑起群众斗群众，企图混战一場，保其主子李曙森过关。每一个革命的同志，都应該深思，黑帮头子李曙森为什么还敢那样猖狂？有些人甚至大叫大嚷李曙森是死狗！他眞的是死狗嗎？不！他还絕不是死狗，而是一条咬人的疯狗！

　　下边我們先公布黑帮头子李曙森于八月十八日写的一份"自白書"，这正是黑帮头子李曙森及其一小撮保皇派伺机反扑的大暴露。它无情的給了那些到处游說"李曙森是死狗"

的人一記响亮的耳光。我們說这样看問題的人，不是別有用心，就是严重缺乏阶級斗爭观念的糊塗虫。

另外值得深思的是，一小撮保皇派为什么在"八·七事件"后（八月十一日晚）在几分內就策划成立了"八·一三紅卫兵"組織？这个很长时間未得解决的問題，从黑帮头子李曙森的"自白書"中也同样得到了明确的答案。

毛主席教导我們："一个人，一个党，一个軍队，或者一个学校，如若不被敌人反对，那就不好了，那一定是同敌人同流合污了。"对照主席这段教导，是誰与黑帮头子李曙森站到了一起？是誰被黑帮头子李曙森所利用？不就很清楚了嗎？

下边是黑帮头子李曙森"自白書"（一封私人書信）的摘抄，望革命的同志仔細一讀，認真分析。

《对我的問題，八·七事件已达頂峰，八、十三河北日报点名，已是最后一着。斗爭会还可能再开几次，如此而已，大概没有什么新花样了。

形势早已在逐漸变化，突然袭击性，人身迫害的八·七事件，就是在形势迅速变化情况下发生的。

八·七事件是坏事，也是好事，紅卫兵（按：指"八·一三紅卫兵"）就是它的产物——对八·七事件不滿。现在在目前条件，表面上不会，也没有人敢于出来为我辯护，但是却开始以不同的形式，甚至是反对我的名义在如此做着。我堅信运动发展到一定阶段，某些条件出现时，是会有一定数量群众出来为我說公道話的，講真实情况与事实的。

事物轉化是需一定条件的，现在条件当然尚未成熟，看情况也可能还要一、二，三、四个月的时間。条件是什么，目前也还模糊不清。校內当权派的某些人的問題，大量彻底搞出来，省市領导机关某些当权派的問題揭出来，中央重要負責人来了解情况，发现問題，全国运动发展到某一阶段发展趋向改变。重点工作不同，中央有新指示，主席出来公开講話等等，还有可能予見不到的什么情况。

……

我說要經受得住考驗，得到鍛煉是什么意思呢？就是要在任何情况下保持与发揚共产党員应有的堅定意志与立場，在不顺利的倒霉时，不为威势屈服，不顺应不合理的要求。不做什么一个堅定的革命者不应做的事，如叫說："自己是黑帮"，我回答我李曙森是共产党，如叫我敲小鼓小鈴，以示屈服，我堅不干，以后叫別人干，不再要我干了，叫我跪，我說："头可断，不可侮"，主席没有这一条，主席下令可以。叫我与倪說出什么，以示屈服，才讓回家吃飯，我高呼"共产党万岁"……，昨天会也还硬問我是否資阶代理人，我沉默，他們不敢堅持了，也还有要跪下之呼声，得不到支持而不响了。

仍需保持堅定意志，准备牺牲一切的，我早已写好了給主席的信，以便万一我被打死，或在心脏支持不住而倒下，永不醒来时，倪征去中央呼吁用，以便弄清問題，免得我不清不白含寃于九泉之下，死不瞑目。

我曾想給你也写封信，留交倪征，以便我真的与世永絕时，送给你，我贊許我有一个患难之友，我告訴你，你見到信时，我已你永別而长眠于土下了，我要你相信，烏云是絕不会永远遮住太阳的，春天是会露出来的，前途是光明的。

我觉得你不要怕，第一、你没有什么事可怕，个人思想認識有些毛病，幷非政治問題。第四、过去逼你是为了整我，现整我高潮已近結束，你当然也快无事了。第五、八·七事后不会再如此事一样要人上台了。即使去，首先也不是你，而后最后一个，……千万不要跪，保持应有人格。要做严寒的松柏，不畏風霜，不怕冰冻。

放心，我不怕死，我頑强，我可应付一切。》（按：本信是八月十八日写的）

后　記

同志們，从以上黑帮头子李曙森的"自白書"摘抄中，我們可以看到，阶級斗爭是极其尖銳复杂的，阶級敌人是不会自动退出历史舞台的。他們将利用各种手段伺机反扑。

毛主席教导我們："在拿枪的敌人被消灭以后，不拿枪的敌人依然存在，他們必然地要和我們作拚死的斗爭，我們决不可以輕視这些敌人。如果我們現在不是这样地提出問題和認識問題，我們就要犯极大的錯誤。"

毛主席还教导我們："各种剝削阶級的代表人物，当着他們处于不利情况的时候，为了保护他們現在的生存，以利将来发展，他們往往采取以攻为守的策略。或者无中生有，当面造謠，或者抓住若干表面現象攻击事情的本質，或者吹捧一部分人，攻击一部分人；或者借题发揮，'冲破一些缺口'，我們处于困难地位。总之，他們老是在研究对付我們的策略，'窺視方向'，以求一逞。有时他們会'装死躺下'等待时机，'反攻过去'。他們有长期阶級斗爭經驗，他們会做各种形式的斗爭——合法的斗爭和非法的斗爭。我們革命党人必須懂得他們这一套。必須研究他們的策略，以便战胜他們且不可書生气十足，把复杂的阶級斗爭看得太简单了。"

請同志們按毛主席的教导，去明辩是非、洞察一切。今后，我們还将向大家提供黑帮头子李曙森及其一小保皇派的有关信件及材料，供革命同志参考。

天津大学紅卫兵第一大队

一九六六年八月三十一日

发 人 深 思
——評李曙森的"自白書"

中共中央十六条决定指出："文化革命既然是革命，就不可避免地会有阻力。这种阻力，主要来自那些混进党内的走資本主义道路的当权派……。"在我們学校里，这种阻力主要来自李曙森黑帮集团。

"八·七"事件后的大量事实証明了中共中央的指示是千眞万确的。当前我們学校矛盾的实質，正是这种阻力和反阻力之間的冲突。革命的师生員工和"八一三紅卫兵"的革命同志們，讓我們心平气和地来分析一下最近所发生的一切吧！如果我們不是抱有成見，仔細的想一想就会晃然大悟：

九月一日把黑帮头子李曙森的"自白書"公布出来，可以說明許多問題。

一、"八、七"事件之后

"八·七"事件之后，在我校发生了許多令人深思的事情。把这些事情与黑帮头子李曙森的"自白書"联系起来分析，可以发現一些秘密。

第一、李咒駡"八·七"事件是突然袭击性的"人身迫害"。

他对革命师生員工恨之入骨。"八·七"事件之后，八月九日当机系同学斗争黑帮头子李曙森的时候，从五楼广播室里传出"李曙森快要死了"等口号。当夜在李宅前前后后有重兵守卫，以保证其不受"人身迫害"，这是为什么？

第二、李說："……現在，在目前条件下，表面上不会，也没有人敢出来为我辯护，但是，却开始以不同形式，甚至是反对我的名义在如此做着……。"

"八·七"事件之后，有人开始以"先辯后斗"形式为李辯护，并喊"先辯后斗不是不斗，辯是为更好的斗……。"这种以反对李的名义的"先辯后斗"迷惑不少人，以致成为"八一三紅卫兵"的奋斗目标之一。尽管如此，也逃脫不了破产的命运。

第三、李說："'八·七'事件是坏事也是好事，'紅卫兵'就是它的产物。"不言而喻，这里指的是"八一三紅卫兵"，因为十八日以前我校只有"八一三紅卫兵"（李的信是八月十八日写的，"天津大学紅卫兵"是在八月二十五日成立的）。我們从"八一三紅卫兵"成立的前后，即"罢黎传声的官"→"先辯后斗"（黎与李单独辯論，黎与党委委員和李辯論）→"罢苏庄的官"→成立"八一三紅卫兵"。也可以看出"八·七"事件后形势的剧变。一小撮保皇分子，果然乘了这股風，大力施展阴謀，以致成为李曙森翻案的希望。

第四、李說："……八月十三日河北日报点名是最后一着。"而"八一三紅卫兵"有的大字报說"'河北日报'点名是个大阴謀"，并声称"省委有問題"。再看李待机翻案，他所謂的条件是："……校内当权派的某些人的問題，大量彻底搞出来。"而"八一三紅卫兵"中一小撮保皇派硬要把苏庄打成反革命，而且总想采取"强有力的行动"，予謀"流血事件"或严重的"群众斗群众"等事件。对省委、市委施加压力。在这种思想指导下，悍然对抗省委八月二十五日会議的指示精神。并說："刘子厚講話是个大阴謀……。"其一向标榜主攻方向"明确"的人，倒为李曙森翻案創造条件，真是令人不解，令人不解？

第五、正当全校革命师生員工狠斗黑帮头子李曙森的时候，"八一三紅卫兵"中竟放出什么李是"死狗"，想轉移目标。与此同时，李声称"我不是黑帮分子"。并說："我是共产党員"，气焰十分嚣张！这是为什么？

二、揪出一小撮保皇派

一小撮保皇派，污蔑說："苏庄是保李曙森的"。有目共睹，在苏庄同志的領导下，发动全校革命师生把李曙森这个黑帮分子揪出来，并主张斗倒，斗垮，斗臭李曙森，这倒成了保皇派。而那些千方百計地保护李的人身安全，并設法为李辯护，而不斗（至今无行动）李曙森的人，倒成了最革命的，这不是天大的奇聞嗎？有的人說，这封无头无尾的信，說明不了什么問題。竟有人說："收信人可能是苏庄"，无怪乎苏庄这么容易变成一个"現行反革命分子"啊?!反正一切罪責皆归苏庄，这是罢官的重要条件。还是仔細看看信吧！蠢人才認为苏庄是收信者。

警告一小撮保皇派，你們可能发表一个"此地无銀三百两"的声明，也可能反咬一口。但是，事实总是事实，賴是賴不掉的，你們发表的声明越多，就越漏馬脚，失败就越快。将来你們可能說，主观上沒有保李的意思（这样的人占大多数，鉄杆保李的只是少数），但你們的所做所为已完全站在李曙森的立場上了，該觉醒了。

三、致紅五类

"八一三紅卫兵"中紅五类同志們，想想最近发生的一切吧！当你們为"先辯后斗"的观点鼓掌的时候，当你們参加"罢苏庄官"的游行队伍的时候，当你們在瞬間就成立"八一三紅卫兵"的时候，当你們参加控訴苏庄大会的时候，当你們参加斗苏庄会的时候，你們是否察觉到一小撮保皇分子正是利用了一部分革命师生的革命热情，猖狂活动。当然你們是不願意这样想的，你們也可以举出許多"事实"来証明"八一三紅卫兵"无人操縱，認为是群众自发运动。是的，这种想法是自然的。如果你們已經認識到有坏人操縱，当然也不会参与那些活动了。但事实总是事实，事实胜于雄辩。"八一三紅卫兵"就是被一小撮保皇派操縱了。希望你們能冷靜地考虑一下。

如果再坚持下去，不管你們的主观意图如何，客观上就是帮助了保皇分子，就是站在保皇立場上說話。

紅五类子弟是最听毛主席的話的，毛主席說："凡是敌人反对的，我們就要拥护；凡是敌人拥护的，我們就要反对。"我們应該牢牢記住这句話。呼吁你們，擦亮眼睛，明辨是非，揪出一小撮保皇派来斗垮、斗倒、斗臭，将无产阶级文化大革命进行到底！

化工系前卫战斗队
一九六六年九月二日

把破坏十六条的人揪出来

"八·二六"事件是"八·一三紅卫兵"中的一小撮保皇分子的大暴露，他們竟敢明目张胆地破坏中共中央关于文化大革命的英明决定，广大革命师生同志們，我們决不許这群妖魔鬼怪繼續兴风作浪，要把他們揪出来斗倒、斗垮、斗臭。

一、十六条中指出"誰是我們的敌人？誰是我們的朋友？这个問題是革命的首要問題，也是文化大革命的首要問題。"

"八·一三紅卫兵"中的一小撮保皇分子，他們对革命同志公認的报帚上已經点了名的黑帮头子李曙森却关心备至。为了保駕李曙森，他們提出"先辯后斗。"他們点将率兵去李家看門守卫，为李黑帮的人身安全操尽了心。可是，对校文革主任委員苏庄同志，横加莫須有的罪名，冠以"黑帮分子"、"現行反革命分子"等大帽子，不顧几千名革命师生的反对，强行劫持苏庄幷对他进行百般辱罵、毆打、实行残酷的武斗。一切革命的同志們，我們想想这是什么性質的問題。毛主席說："世上决沒有无緣无故的爱，也沒有无緣无故的恨。""八·一三紅卫兵"中的一小撮保皇分子，你們爱的是誰，恨的又是誰呢？你們的行动充分的暴露了你們保皇派的丑恶咀脸，事实証明，你們这一小撮人的行动是阶級报复，是对革命的反扑，是公开的破坏十六条，你們的罪行是洗不掉的，这笔帐迟早要清算的。

二、十六条中指出"人民群众中有不同意見，这是正常的現象。几种不同意見的爭論，是不可免的，是必要的，是有益的。群众会在正常的充分的辯論中，肯定正确，改正錯誤，逐步取得一致。"

"八·一三紅卫兵"的指揮者，你們学过十六条沒有，如果你們学过的話，你們为什么不执行呢？你們口口声声說："我們最听毛主席的話，誓死保卫毛主席，保卫党中央。"可是你們对毛主席亲自主持制定的十六条，不但不执行，反而横加破坏。对待苏庄同志，很明显有两派意見之爭，我們的代表早跟你們商量，我們要求进行辯論，来取得統一認識，可是你們拒不接受。幷公然釆取暴行。不仅如此，你們对反对你們作法的人都恨之入骨，釆取威胁、恐吓、戴高帽子的手段来压制，你們才是压制群众意見的罪魁祸首，你們的罪行是掩盖不了的。

毛主席說："什么人站在革命人民方面，他就是革命派，什么人站在帝国主义封建主义官僚資本主义方面，他就是反革命派。什么人只是口头上站在革命人民方面而在行动上则另是一样，他就是一个口头革命派，如果不但在口头上而且在行动上也站在革命人民方面，他就是一个完全的革命派。"你們决不是什么革命派，也不是什么口头革命派。

三、人民日报社論中指出："无产阶級文化大革命，是一場触及人們灵魂的思想斗爭和政治斗爭。这場斗爭要文斗，不要武斗。眞理在无产阶級手里。即使对資产阶級右派分子也要文斗，不要武斗。"

"八·一三紅卫兵"的"骨干分子們"，你們的行徑违反了这一指示，你們为了把自己意見强加于人，不择手段，不仅謾罵、攻击、造謠誹謗，而且发展到更加严重的地步，你們打伤了工人，打伤了革命学生，破坏了机器设备。你們坚决地执行了你們的指揮者的意图，当了他們的打手，你們犯了罪，如果你們頑抗到底，群众是不会饒恕你們的。

毛主席說："在一般情况下，人民內部的矛盾不是对抗性的。但是如果处理得不适当，或者失去警觉，痲痺大意，也可能发生对抗。"你們要深思主席这段話，不要再負隅頑抗，你們走錯了路，犯了罪，如果老老实实，及早悔悟，人民会原諒你們的，否则，沒有你們的好下場。

四、"八·一三紅卫兵"中的眞正革命的同志們！看到你們昨天的行动，我們感到痛心，在昨天斗爭苏庄大会上，你們中間紅五类子弟携起手来保卫会場，在会場內部却掺杂許多不三不四的人，他們有的是資产阶級孝子賢孙，有的是大右派的后代，有的是反动"权威""教授"的忠实門徒。你們在保卫誰呀，你們保卫那些修正主义苗子，保卫那些伺机反攻倒算的家伙，讓他們张牙舞爪来斗爭我們的同志。你們錯了，你們不要再执迷不悟了。我們衷心地希望你們悔悟过来，重返革命队伍。

这里我們要警告那些别有用心的兔崽子、狗孙子們，你們不要装蒜，不要混葱，你們尾巴是盖不住了，不許你們翻天，如果你們不老老实实，我們定将你們砸个粉身碎骨。

"八•一三紅卫兵"昨天的行动，完全是违反十六条的，破坏了十六条，这些罪行必須彻底揭露、批判和清算。革命师生同志們！我們要擦亮眼睛，把这一小撮坏蛋們揪出来砸他个稀巴烂。

焊接教研室　孙仁德等十余人

一九六六年八月二十七日

※　　　　※　　　　※　　　　※

按：

"天津大学紅卫兵"第一大队公布了黑帮头子李曙森的"自白書"之后，"八•一三紅卫兵"中某些人立即借此攻击謾罵校革委和广大革命师生，而不去揭露李曙森的反革命气焰，現选出其中之一，供广大革命师生员工欣赏与分析。

戳穿《从李曙森的"自白"看"八一三紅卫兵"》的大阴謀

我們本着得到一点"教益"的心情仔細地看了保苏派的这张大字报，适得其反，我們实在看不出李曙森与"八•一三紅卫兵"有什么联系。保苏干将們满以为从李曙森的"自白"中捞到一棵救命的"大树"，不加分析地大肆宣揚，实际上是站到了黑帮头子李曙森的立場上，充当了李曙森的喉舌，替黑帮头子办了一件好事，（这一点連李曙森自己也办不到。）揭露李曙森是假，保駕李曙森，攻击"八•一三紅卫兵"是眞。

偸鷄不戎失把米，保苏派的大字报恰恰暴露了一个大阴謀！

（一）攻击"八•一三紅卫兵"充当李曙森的传声筒！

作者不惜笔墨，用了几乎一半的篇幅，公开了什么"李曙森的'自白書'"，不加批判的大肆宣揚李曙森的"共产党人的坚强意志与立場"，"不为威武屈服"，"保持应有的人格"，宣揚李"不怕死"！

从李曙森的"自白"中我們看到李的反动气焰是多么囂张！你們的作法，正中李的下怀，适合黑帮头子的需要。我們說千句万句你們都听不进去，而对黑帮头子的"自白"奉为至宝，信以为眞，借以攻击革命同志。我們要問，你們的立場站到那里去了？我們要向你們大喝一声：你們的屁股坐歪了！

（二）李曙森的反扑是苏庄一伙假批斗、眞包庇的必然如果。

从运动以来．苏庄就极力替李××塗脂抹粉，极力为李××开脱罪責，（这方面材料詳見揭发的大字报），苏庄批斗李曙森是借以保存自己，是不得巳而为之。这种假批斗眞包庇的結果，必然会导致李的反扑，我們要說眞正助长李反动气焰的不是"八•一三紅卫兵"，恰恰是大地主苏庄及其一小伙保皇分子，任何人想借李××的"自白"，把种种莫須有的罪名强加在"八•一三紅卫兵"头上的阴謀是决不会得逞的。你們只能是搬起石头砸自己的脚；你們根本沒有能力把李××斗倒、斗臭，实际上在苏庄一伙的包庇下，也根本不可能斗倒、斗臭。

你們在李××的反动气焰面前无計可施，步步退讓，不断妥协，没有办法，把責任一下子推在"八•一三紅卫兵"头上，这充分証明你們內心的空虛！事实証明，苏庄包庇李××的反革命罪行不清算。不踢开苏庄这块絆脚石，李××就不会被彻底斗倒、斗臭！

我們这次运动的重点是整党內走資本主义道路的当权派，我們要向你們大喝一声：你們的大方向錯了！

八•一三紅卫兵　　赵廉清
量 三 乙 战 士　　王全有、戴家齐
一九六六年九月一日

革命无罪，造反有理

——从天津市的文化大革命看天津市委

天津市的广大工农兵，革命的师生，革命的紅卫兵以及来津串联的革命同志們，你們好！

目前，以毛澤东主席亲自領导的无产阶級文化大革命，正以雷霆万鈞之势，冲击着钻进党內走資本主义道路的当权派。全国的形势好得很，发展的趋势更是好得很！

但是，阻力是不可避免的。正如十六条指出的："这种阻力主要来自那些混进党內走資本主义道路的当权派，同时也来自那些旧的社会习慣势力。这种阻力目前还是相当大的，頑强的。但是，无产阶级文化大革命毕竟是大势所趋，不可阻擋。大量事实說明，只要群众充分发展起来了，这种阻力就会迅速被冲垮。

我們經过前一阶段較长时間的观察、分析，发现了不少令人費解的問題。对此，我們想談談自己的观点，希望广大工农兵，革命群众，紅卫兵同志們，和我們一道，鉴于天津市委的問題，对照最高指示，深思，再深思，不难从中发現問題，从而更好的将无产阶级文化大革命进行到底。

第一个阶段：五月十四日，天津市委抛出了"四項原則"，这四項原則完全是大学部长宋碩和北京大学陆平黑帮，鎮压革命运动的黑指示的翻版。这是天津市委一手策划的鎮压革命的第一大罪状。

六月一日、二日的人民日报社論发表后，本市广大工农兵，革命的知識分子和革命的干部，以毛澤东思想为指南，以大字报为武器，发揚了敢闖的精神，舍得一身剮，敢把皇帝拉下馬。向一切牛鬼蛇神进行了猛烈的进攻，但是，天津市委公然对抗人民日报社論，在他們的黑指示下，出現了一系列的工作队，工作組鎮压革命群众事件。什么"反对工作队，工作組就是反党反社会主义，就是反革命。""工作組就是党中央，毛主席派来的。"等等，流言蜚語滿天飞。

总之，是当权派們反不得，揭发不得。只許你揭发学术权威，不許你提走資本主义道路的当权派。你只要反，就"扣"你个现行反革命、右派。学生当中分类，排队好不热闹。这把剛剛点燃的革命之火，被天津市委的黑指示无情的鎮压了。但是，主席教导我們說："星星之火，可以燎原。"是的，革命的烈火是永远也扑不灭的。

第二阶段，十六中事件：

十六中的革命闖将們，发揚了敢想，敢說，敢做，敢闖，敢革命的大无畏精神，向天津市的司令部——天津市委打出了第一发炮彈，立即触犯了天津市委的資产阶级老爷們，馬上由常委委員組織部长馬瑞华出馬，前去鎮压，并且穷凶极恶地派出了32名全副武裝的公安战士。又发动了全市的大中学生进行圍攻，声討十六中的革命学生，甚至尚现了严重的欧打事件，天津市委連夜召开了各工作組的領导会議，公开出面，进行了反革命的鎮压革命活动。

与此同时，天津市委还組織全市的学校，对反对市委的革命师生，如女一中、十九中、女四中等进行圍攻。将革命师生，打成反革命，右派，黑帮。深思啊！同志們！市委的組織部长有沒有軍权！为什么又派了130多人的工作团去十六中！是干什么去！起了什么作用。

这第二把革命的烈火——十六中告全市公开信，也被天津市委鎮压了！毛主席說："这个軍队具有一往无前的精神，它要压倒一切敌人，而决不被敌人所屈服。不論在任何艰难困苦的場合下，只要还有一个人，这个人就要継續战斗下去。"

是的，我們一定要按照主席的教导，継續战斗下去！

第三阶段：八·二六流血鎮压事件：

野火是燒不尽的，革命的烈火总是要点燃的！

毛主席說："馬克思主义的道理，千条万緒，归根結底，就是一句話，造反有理……"

"革命不是請客吃飯，不是作文章，不是繪画綉花，不能那样雅致，那样从容不迫，文质彬彬，那样溫良恭儉让。革命是暴动，是一个阶级推翻一个阶级的暴烈的行动。"

天津市委对于揭发他們的革命师生，百般刁难，百般压制。市委門前森严壁垒，市委接待站，軟磨硬泡，对他們来說，革命的大字报贴出后，是視而不見！对揭发大会是听而不聞！

北京和天津的紅卫兵，以敢于向旧世界宣战的大无畏的革命精神，于八月二十六日下午，以解决問題平等协商的态度，来到天津市委門前，提出了一些合理的要求。但是市委全然不理，一切拒絕。于是，在二十六日晚，发生了紅卫兵"闖"市委事件。

十六条明确指出，在这样大的革命运动中，他們难免有这样那样的缺点，但是，他們的革命大方向始終是正确的。

八·二六事件，是革命师生的革命行动。他們的行动好得很。八·二六事件是个大好事，他們闖出了天津市的一个新形式。扭轉了天津市委控制的文化大革命的方向。他們闖得对，闖得好，你不符合毛澤东思想，我們就该闖。

对于这一革命的形动，首先，在天津市委大楼里，发生了市委人員欧打紅卫兵的流血事件。对此革命行动采取了野蛮的鎮压。事后，天津市委采取了新的，更阴险的手段，以非八·二六事件当事者——劳动局第二半工半讀赤卫队（现毛澤东主义紅卫队）为工具，竭尽其造謠之能事，开动了几乎全市所有的宣传工具，大造謠言，混淆是非界綫。弄得满城風雨，遍及全国。而对相反的意見，百般刁难，不給印发。公开說："反市委的材料不給印"。挑起了严重群众斗群众的事件。严重的是，市委不但充当了劳二半赤卫队的后台，而且还組織各工厂的党的基层組織发动全市的工人、学生、学习劳二半赤卫队的造謠文献"八二六事件的由来和形成"。挑起了更严重的群众斗群众的事件。

与此同时，为了保卫天津市委，还組織各工厂的工人建立了一个龐大的保卫队。有輪流值班的，还有待命出发的。时机一到，奔赴市委"維持秩序"。請同志們想一想，这是什么性质的問題。

継此之后，在天津市委門前，連續出現了九二、九三、九四、九五、九六的辯論会，天津市委第一书记万晓塘亲自出马。这样就挑起了更大的群众斗群众的事件。

就这样，市委的目的已得。——扭转八二六事件的大方向，将北京和天津的紅卫兵打成反革命。使天津的无产阶级文化大革命走向歧途。

第四阶段：九一八揭发市委大会。

毛主席說："宜将剩勇追穷寇，不可沽名学霸王。"

革命的闖將們，沿着革命的大方向继續闖下去，闖到最后的胜利！我們就是要造一切不符合毛澤东思想的反！造反！造反！一反到底!!!

九月十八日由天津东方紅軍校、长征中学、延安军校部分紅卫兵和劳二半八一八紅卫兵等十五个学校在人民体育場联合举办了揭发市委大会。这是天津自无产阶级文化大革命开展以来首次大型揭发市委大会。天津市委第一书記万晓塘同志，第二书記赵武成同志及市委负責人周茹、李定等同志出席了这次大会。这个大会，革命得很！成功得很！好得很!!!革命的紅卫兵闖將們大大地发揚了"舍得一身剮，敢把皇帝拉下馬"的共产主义大无畏精神！大长了革命造反者的志气，大灭了资产阶级当权派的威风！可是，有些别有用心的混蛋們，利用万晓塘同志十九日晚突然病逝为借口，全盘否定了这个革命的大会　誣蔑这个大会是个黑会，是炮打无产阶级的司令部，誣蔑这个大会是被一小撮没有改造好的地、富、反、坏、右分子操重着，……幷大肆开动造謠机器，印发了大量歪曲事实的傳单，流毒甚广，影响极大直至全国各地。又一次在全国范围內将革命的紅卫兵打成反革命。幷公然动用人民体育場，天津市委宣傳部，支部生活編輯部等宣傳机构。請看！天津市委充当了什么角色？

自九月廿一日至九月廿五日，在劳动局第二半工半讀学校前出现了天津罕見的連續五天的群众圍攻、声討，幷批斗革命学生事件。五天之中，市委門庭若市，人群汇集于此、一声令下队伍集合，队长跳出，口哨齐备，迈着"整齐"的步伐，高唱革命歌曲，浩浩蕩蕩来到劳二半技校。大会临时主席即刻选出，扩大器，辯論台，場地早已准备完毕，对劳二半八一八紅卫兵圍攻长达十小时之久，共到单位达六十二个之多。什么軍工生产卓間，军工生产图紙啊！全然不顾了。頃刻之間燒餅、果子等飲食，赤卫队奉上。一切一勾……配合的如此默契！真乃"神"也！五天之中，有許多不明身份的人，肆意挑畯，竟然让我們紅卫类出身子弟跪下。有的人竟动手打了劳动局二半的学生　紅卫兵战士（八·一八）向他們宣傳十六条，他們說："这个是謬論"声称要砸烂你們这些小牛鬼蛇神　小反革命……，解散你們这个反革命組織（注：八一八紅卫兵是紅五类子弟为主体的革命組織）誣蔑我們害死了万晓塘，幷揚言"血債要用血来还"竟連公安局工作人員也出了大字报要法办八一八紅卫兵战士　圍攻之时，对我們八一八紅卫兵战士指名点姓好不熟悉，市委人員孙××在下面煽风点火，好不"热閙"。

赵武成同志，周茹同志，李定同志，都是九一八大会的参加者，为什么对挑动群众斗群众的祸根——謠言。不加批駁，待紅卫兵問到他們，回答是："辟不辟謠是我們的事，我們已經給你們作"工作"了嗎？群众到你們那儿去是群众起来了，是群众运动，我們不能制止"真是混蛋的邏輯！群众斗群众是群众运动嗎！天津市委工交政治部，此时也抛出了工交政治对八一八紅卫兵的几点看法，露骨地說："利用我們偉大的統帥毛主席在八月十八日接見百万革命群众的大好日子为名——八一八紅卫兵，怎么能說不

341

是革命的組織呢？我們相信，你們会正确朝着忠于毛主席，忠于毛澤东思想，忠于党中央，忠于党的各级組織，忠于人民的方向发展。"并且还說到"在炮轟司令部的問題上，虽然矛头不准，但表現了"敢"字当头，但是"善"字方面，还要努力学习的，比如你們攻击的刘子厚和万曉塘同志，明显看出这是錯誤的"，这更是混蛋，是打着紅旗反紅旗的邏輯。我們八一八紅卫兵是一个革命的組織，它不但取决于它的名字，而更重要的是取决于他的行动是革命的。八一八紅卫兵就是敢为革命而造反！天津市委的反，我們是造定了！你不符合毛澤东思想我們就造反到底！！！你們能保刘子厚、万曉塘沒有問題嗎？揭发不得嗎？炮轟不得嗎？老虎屁股摸不得嗎？我們揭发他們的問題就是方向錯了嗎？我們的誓言是："誓死保卫以毛主席为代表的无产阶級革命路綫"！！！

你們要我們"忠于党的各級組織"。你这是一句反动的口号！言外之意，就是让我們老老实实、伏伏貼貼地听从你們的摆布。正告你們！不行！一万个不行！难道你們走資产阶級反动路綫，和毛主席为代表的无产阶級革命路綫作对，我們还听你的摆布嗎？我們忠于的是毛主席！保的是以毛主席为首的党中央！反的是你們这些可耻的混蛋們！天津市委对革命造反者采取的是扼杀鎮压手段，**外部出动人員，挑动不明真相的群众进行圍攻、批斗，实行白色恐怖。内部以市委联絡員为工具，大施压力，分化瓦解八一八紅卫兵組織。企图内外加攻，扑灭这团革命的烈火。

毛主席亲切地教导我們："共产党員对任何事情都要問一个为什么，都要經过自己头脑的周密思考，想一想它是否合乎实际、是否真有道理，絕对不应盲从，絕对不应提倡奴隶主义。"

同志們：我們要冷靜地想一想，天津市的文化大革命，一斗二批三改進行的怎么样？各单位都揪出了几个黑帮分子？难道真的沒有問題嗎？为什么在天津出現了那么多群众斗群众的事件，諸如：各单位两派对立，市委門前的辯論会……，难道都不是事实嗎，天津市委内揪出了几个黑帮？为什么都是单干戶？难道和市委沒有联系嗎？……

是，我們要仔細分析分析。文化大革命一开始，天津市委抛出了四项黑指示，鎮压革命师生。后来，对天津市的文化大革命的三把烈火：十六中学"告全市书"的烈火，"八二六"事件，九一八大会，進行了血腥的鎮压，肆无忌惮地挑起了巨大的群众斗群众事件，出現不少流血事件。

"紅旗"杂志社論指出："有极少数人采取新的形式欺骗群众，对抗十六条，頑固地坚持資产阶級反动路綫，极力采取挑动群众斗群众的形式，去达到他們的目的"。

你挑动群众斗爭群众，就是对抗十六条，就是坚持資产阶級反动路綫，就是反对以毛主席为首的无产阶級革命路綫。不难看出天津市委在无产阶級文化大革命中，自始至終贯彻的是一条資产阶級反动路綫，始終是違背毛主席指示办事的。

当前，天津市委使出了他們的两面手法。一方面对天津市的革命造反派，主动提出向同志們檢討，企图重蹈如十六中事件一样，檢查一下就完事大吉。另一方面，对于各工矿企业的革命造反派百般压制，百般刁难，不許他們造反！我們一定要識破他們的两面手法。继續战斗到底！

鉴于天津市的目前形势，我們有以下几点看法，倡議，供同志們参考。

一、更高地举起毛泽东思想偉大紅旗

我們最最敬爱的領袖毛主席是当代最偉大的馬克思列宁主义者，毛澤东思想是当代**最偉大的馬克思列宁主义。**

紅卫兵的最高統帅是毛主席，行动指南是毛澤东思想

毛主席是我們心中的最紅最紅的紅太阳，我們对毛主席无限热爱，无限忠誠，无限**信仰，无限崇拜。我們的任务是誓死保卫毛主席，誓死保卫以毛主席为首的党中央！**

大海航行靠舵手，干革命靠的是毛澤东思想。革命的紅卫兵，要在无产阶级文化大革命中，努力学习毛主席著作，在用字上狠下功夫，不折不扣地执行十六条。在斗爭中**学会斗爭，在游泳中学会游泳。将毛澤东思想真正学到手，落实到行动上。**

二、坚定地依靠党的領导

毛主席說："**領导我們事业的核心力量是中国共产党，指导我們思想的理論基础是馬克思列宁主义。**""**中国共产党是全中国人民的核心，沒有这样一个核心，社会主义事业就不能胜利。**"

中国共产党，是以毛澤东主席为首的无产阶級革命党，我們必須坚定的依靠党的領导，才能取得无产阶級文化大革命的彻底胜利。

党的領导，体现于毛澤东思想的領导。对于基层党組織，你按毛澤东思想办事，按**党的方针政策办事，就服从你的領导，你不符合毛澤东思想，就造你的反。**

对于基层党組織，我們希望你們勇敢地站起来，站在运动的前列，敢于放手发动群众。**鼓励群众批評自己工作中的缺点和錯誤，才是真正的好同志。**

三、革命的紅卫兵要向解放軍学习

人民解放軍，**是毛主席亲手締造的人民軍队**，是最忠于毛澤东思想的軍队。紅卫兵**是解放軍强大的后备軍，要努力向解放軍学习。**

向解放軍学习，就是学习解放軍，对党、对毛主席无限的忠誠，最听毛主席的話，高舉毛澤东思想偉大紅旗。

向解放軍学习，就是要学习他們的三八作風。在大風大浪里鍛炼成坚强的无产阶級革命战士。

四、緊緊地掌握斗爭的大方向

十六条明确指出："**这次运动的重点是整党內走資本主义道路的当权派。**"我們一**定要掌握住这个大方向。**

炮打司令部，就是炮打一小撮走資本主义道路的当权派。斗爭的矛头絕不能指向所有的干部，更不能指向群众。

五、正确处理人民內部矛盾

毛主席說："在我們面前，有两类不同性质的矛盾，这就是敌我之間的矛盾和人民內部矛盾，这是性质完全不同的两类矛盾。""党內如果沒有矛盾和解决矛盾的思想斗爭，党的生命也就停止了。"

各个紅卫兵組織之間的矛盾，是客观存在的，他們之間的矛盾，大部分屬于人民內部矛盾的范圍內。观点不一的各紅卫兵組織，应当本着团結的願望，坚持真理，修正錯誤。不要互相中伤。在大方向一致的前題下团結起来。

但是，我們絕不能是无原則的团結。要通过正常的辯論，以斗爭求团結，达到真正的团結。

六、警惕有人把革命群众打成反革命。

要把紅卫兵揭发司令部，炮打司令部同一小撮沒改造好的地富反坏右，炮打我們无产阶级司令部严格的区分开来。

压制群众运动的司令部，絕对不是无产阶级的司令部。这样的司令部，一定得轰，不轰不行。近来有些人，篡改林彪同志的讲话，混淆敌我界綫。公开的将紅卫兵打成一小撮沒改造好的地富反坏右五类分子，这是方向的錯誤，路綫的錯誤，决不允許这样做。

七、貫彻，执行党的阶級路綫。

毛主席說："在阶级社会中，每一个人都在一定的阶级地位中生活，各种思想无不打上阶级的烙印"。

我們党的阶级路綫是：1、有成份論；2、不唯成份論；3、重在表現。

对于剝削阶级家庭出身的人，必須和家庭划清思想界綫，深刻地进行思想改造。认清你老子的剝削本质，首先得革你老子的命。团結在紅五类周圍，跟着党和毛主席鬧革命。否則，只有死路一条

对于紅五类子女，要正确的掌握党的政策，要帮助他們进行思想改造，和我們一道，共同鬧革命。在斗爭中考驗他們，最后达到团結百分之九十五以上的干部，百分之九十五以上的群众。

八、工农群众和革命学生在毛泽东思想旗帜下团結起来。

在无产阶级文化大革命中，我国的广大工农群众和革命学生，斗爭的目标是共同的。革命的大方向是一致的。我們应当同呼吸，共命运，在战无不胜的毛澤东思想旗帜下，互相鼓舞，互相学习，互相支持，互相信賴。爭取文化大革命的偉大胜利。

革命的紅卫兵，要堅决地向工农兵学习，学习工农兵对党对毛主席无限热爱的阶級感情，要学习工农兵以天下为己任的国际主义精神。

广大的工农兵和革命的学生，要在毛澤东思想旗帜下团結起来，共同向反动的資产阶級路綫开火，斗垮党內走資本主义道路的当权派。共同完成一斗，二批，三改的任务。

九、欢迎革命的串連。

我們热烈欢迎外地革命师生到天津进行革命的串联。交流革命經驗，他們的行动好得很！

到津的革命师生，絕大多数是革命的，是好的。当然，他們有一定的缺点，但是他們的革命大方向始終是正确的。如果有人抓其一点，否定全盘，我們坚决不答应。对于将外地学生打成反革命的人，应立即在一定的范圍內給以平反。（全市性的在全市平反，全国性的要在全国平反）

革命的串联是件大好事，必将促进文化大革命的进一步发展。

十、向資产阶級反动路綫猛烈开火。

紅旗杂志十三期社論明确指出："毛主席亲自主持制定的《关于无产阶級文化大革命的决定》即十六条，是两条路綫斗爭的产物，是以毛主席为代表的无产阶級革命路綫战胜資产阶級反动路綫的产物。……有极少数人采取新的形式欺騙群众，对抗十六条，頑固地坚持資产阶級反动路綫，极力采取挑动群众斗群众的形式，去达到他們的目的。……如果继續过去的錯誤路綫，重复压制群众的錯誤，继續挑动学生斗爭学生，不解放过去受打击的革命群众，等等，那就对抗和破坏十六条，在这种情况下怎么能正确地进行斗批改呢？要不要批判資产阶級反动路綫，是能不能貫彻执行文化大革命的十六条，能不能正确进行广泛的斗、批、改的关鍵。

社論指出：你压制群众，继續挑动学生斗学生，不解放受打击的革命群众，那你就是和十六条相对抗，你貫彻的就是資产阶級反动路綫．就不能进行斗批改。所以資产阶級反动路綫一定得彻底批判．肃清它的影响。

天津市委。自文化大革命以来，公开違反毛澤东思想，压制革命群众，挑动学生斗学生。貫彻的完　　一条資产阶級的反动路綫。他們自称自己是无产阶級的司令部。要誓死保卫天津市委。他們自己給自己一記响亮的耳光！你一語道破了——你不是无产阶級司令部。你所站的立場是資产阶級立場。一定要造你們的反！一定要批判！彻底批判、肃清！！

結　束　語

天津市委的反，我們造定了！一反到底！！！

你們現在妄图要弄新的阴謀，手段，欺騙群众，压制群众，办不到！告訴你！一万个办不到！！！

不管你們使用的是欺騙的手段，还是强力压制的手段。我們都能以战无不胜的毛澤东思想为武器，識破、戳穿你們的阴謀詭計！"宜将剩勇追穷寇，不可沽名学霸王。"

让暴風雨来的更猛烈些吧！

无产阶級文化大革命万岁！

革命造反精神万岁！

偉大的中国共产党万岁！

战无不胜的毛澤东思想万岁！

偉大的导师、偉大的領袖、偉大的統帅、偉大的舵手

毛主席万岁！万万岁！！万万万岁！！！

天津市劳动局第二半工半读中等技术学校

八·一八红卫兵

1960.10.18

勘　誤　表

第一頁．第六行：原：〔同时也来自那些旧的社会习惯势力。〕
　　　　　应改为：〔同时也来自旧的社会习惯势力。〕
　　　第六行：原：〔只要群众充分发展起来了，〕
　　　　　应改为：〔只要群众充分发动起来了。〕
第二頁．第九行：原：〔不論在任何艱難困苦的場合下。〕
　　　　　应改为：〔不論在任何艱難困苦的場合。〕
第□頁．□：坚定地依靠党的領导
　　　第□行：原：〔"中国共产党是全中国人民的核心。〕
　　　　　应改为：〔"中国共产党是全中国人民的領导核心。〕
第六頁：五：正确处理人民内部矛盾，
　　　第□行：原：〔"在我們面前，有很多不調協的矛盾。〕
　　　　　应改为：〔"在我們的面前有很多的矛盾。〕
　　　□：依靠、□□众的智慧，
　　　第□行：原：〔□□□□□□〕
　　　　　应改为：〔□□□□。〕
第五頁．□：□□□□□□□□□□□□。
　　　□□□，□□□□□，□□□□□□。
□□□□□□□□□□，□□□□□□□。

严厉駁斥新河储油所前文革筹委会的
謬 論 和 謊 言

一、欢 呼 胜 利

新河储油所的无产阶级文化大革命，經过一場尖銳、深刻和反复的斗爭以后，终于使无产阶级和革命的左派，重新掌握了政权，建立了新的文革筹委会和紅卫兵組織，营救了被迫害的革命同志，驅散了白色的恐怖气氛，使毛泽东思想的伟大紅旗，飘揚在新河储油所的上空。这是无产阶级文化大革命的伟大胜利，是毛泽东思想的伟大胜利。这一胜利，使我站全体紅卫兵、革命职工感到欢欣鼓舞，讓我們同声次呼这一伟大胜利，欢呼毛主席万岁！万岁！万万岁！

二、敌人在垂死掙扎

敌人已經失败，但是还沒有死，还沒有臭。他們还在那里負隅頑抗，垂死掙扎，耍阴謀，放暗箭，造謠言，在絕望中抓"借口"、找"理由"。他們好象落在水中的亡命徒一样，拼命地抓几根稻草，来挽救自己复灭的命运。他們叫嚣：

（一）前文革筹委会的"大方向是对的呀！""成績是主要的呀！""看問題要一分为二呀！"說什么"过去运动冷冷清清啦，后来群众起来了，运动就热热鬧鬧、轟轟烈烈啦"什么"揪出黑帮分子啦！"等等。

（二）說什么九月十六日清晨，来了"来路不明的暴徒"，到新河储油所"搶走"四清工作队的"黑帮分子"啦！

（三）說什么不少单位到新河储油所"挑动群众斗爭群众啦！"、"挑动职工斗爭学生啦！"

大叫大嚷，声嘶力竭，到处呼救。眞是可鄙！可恶！可恥！可笑！

三、严 厉 駁 斥

毛主席教导我們說，敌人是不会自行消灭的，是不会自行退出历史舞台的。"宜将剩勇追穷寇，不可沽名学霸王"对！我們一定听主席的话，乘胜追击，进行闱攻，把那些隐藏較深的、打着"紅旗"反紅旗的阶级敌人一个个揪出来，把他們斗倒、斗垮、斗臭，对他們实行无产阶级专政。

下面我們来揭发、暴露和駁斥新河储油所前文革筹委会的一些謬論和謊言：

（一）你們所要的是什么样的"热热鬧鬧、轟轟烈烈"？

无产阶级文化大革命的目的，是一斗二批三改。衡量运动好坏的标准，我們認为主要是看这个单位的革命群众是否眞正发动起来了，是否敢想、敢說、敢闖，进行大鳴大放，大辯論，是否把資产阶级的右派分子和鑽进党內走资本主义道路的当权派，都揪出来，并斗倒、斗垮、斗臭。这才是运动的大方向。

因此，"热热闹闹、轰轰烈烈"是有阶级性的，是有目的性的，如果说，毫无立場、毫无阶級性的講什么"热热闹闹、轰轰烈烈"是完全錯誤的。在这种錯誤思想的指导下，新河储油所前文革筹委会所領导的文化大革命，不就是出現了坏人横行霸道、牛鬼蛇神抬头，資产阶級分子十分活跃的"热热闹闹"的局面嗎？而广大的革命群众、老工人则敢怒不敢言，遭到迫害压制，冷冷清清。因此，你們正是群众运动的最大压制者。

所以，无产阶級文化大革命只許左派造反，不許右派翻天，只許革命者轰轰烈烈，不許反革命"热热闹闹"，你們所拥护的东西，确确实实是我們所要反对的东西，問題就是这样鲜明地摆着。

（二）你們所吹噓的是什么样的"成績"？

你們极力吹噓的，首先是那张４７人的"革命"大字报，我們抛开其一些別有用心的人的阴险目的外，仅就其内容来说，也不过是高淑英同志的入党問題和她的生活作風問題，这张大字报与当前文化大革命的目的来衡量，也不过是一张一般性的人民內部矛盾的大字报，为什么你們对这张大字报評价如此之高呢？不难理解，因为里边有"王国璽走后門"、"高淑英施美人計"等这样聳人听聞的謊言和煽动性的詞句，凭这些你們可以把高淑英同志打成牛鬼蛇神，剃光头，受刑罰，可以把王国璽等同志打成"黑帮分子"。

把四清工作队搞成黑帮，把王国璽等同志打成"反革命分子"，是你們极力吹噓的"伟大功勛"。

我們知道，王国璽同志是一个老党员，老同志，一貫热爱党、热爱毛主席，对革命事业忠心耿耿，在領导新河储油所的四清运动中取得了很大的成績。虽然在文化大革命中犯了严重錯誤，这是由于他对这个运动"不理解"、"不認眞"、"感到突然"，因而在客观上起了压制群众运动的作用，但这是在１６条公布以前发生的，也絕不是什么"黑帮"、什么"反革命"，現在你們也承認性質还未定下来，群众还未进行討論。那么，我們不謹要問，既然性質都未定下来，群众还未討論，为什么将他們进行毒打，受刑囚禁，失去自由，戴了帽子到塘沽区、天津市进行三次遊街。

現在眞相大白了，４７人大字报的"革命性"和你們的"成績"，就是"武"字当头"打"字当头，把人民內部矛盾打成敌我矛盾。你們所吹噓"革命性"和'成績"就是对党中央和毛主席制定的十六条，进行肆无忌憚的破坏。

（三）你們用"白色恐怖"来維持你們的政权。

眞理永远在无产阶級手里，因此无产阶級不怕眞理，不怕批評，不怕辯論主张文斗。資产阶級反动派，他們最怕眞理，最怕辯論，最怕文斗，所以在他們掌权后，只能用白色恐怖来維持其統治。你們采取的手段，不也是这样嗎？

你們用白色恐怖来逼供革命的同志，来恐吓那些胆小的变节分子和叛徒，来压制工人群众的輿論和呼声，来扼杀眞理，以此来达到你們的統治。

你們的刑罰是驚人听聞的，你們的打人，是远近聞名的。

你們糾集一些人，到我們站里来二次，就打了二次，还想打我們的工作队，責問我們"为什么不打牛鬼蛇神？"眞是杀声四起，拳打脚踢，大概你們没有健忘吧！在八月二十七日，你們在站里大打出手的时候，过路的革命群众都看不下去了，和你們展开一次辯論，你們眞不愧是破坏十六条的"英雄"，院里打不成，就到后面打，以逃避群众对你們的譴責。

我們站里受你們的委托，八月二十七日派二个同志，从北大港把安泰送到新河，你們在門口不問青紅皂白，就把安泰毒打一頓，一面打人，一面还气势汹汹地問我們二位同志是干什么的，当說明来薏后，你們还怒目相对，說：「沒有別的事就走吧！」你們連水也不讓喝，連大門也不讓进，正在这时，我們見到一帮人，把王国璽等工作队，折磨得混身泥浆，不象人样，押送进門，这种忧目惊心的恐怖場面，我們是亲眼目睹的見证人，当时我們竟不敢設想这是在新中国社会主义企业的大門口，因此，我們也完全理解你們为什么不讓我們二个同志进大門的心情。

你們現在說：「打人不对了，我們今后不打了」說的多么輕松呀！党中央公布十六条以后，你們还打了一个多月，况且你們不是一般的「打」，而是实行法西斯的暴行。犯了罪，一句話就完了，办不到，一万个办不到，我們一定要清算这笔血债！

（四）你們在搞反革命的階級报复。

你們不但把革命的同志打成「反革命」，把內部矛盾搞成敌我矛盾，而且还把革命的积极分子統統打成「保皇派」，在新河储油所当个「保皇派」，真是不得了。得挨斗、挨整、挨搡，也得剪头发，也要被抄家。在新河储油所，誰要說个「不」字，誰要有不同意見，連口服心不服都不行，都要成为「保皇派」。

你們开斗争大会，台上是資产階級分子、坏分子、有問題的人，台下站的低头的紅五类、革命同志，只要台下有人一声喊，就会有人上台挨整、剪头发。

你們名义上叫四清工作队員和牛鬼蛇神互相打咀巴，实际上却是叫牛鬼蛇神出气耍威風。牛鬼蛇神是四清工作队領导革命群众揪出来的，現在你們却叫牛鬼蛇神打工作队，請問：他們是带着什么样的階級感情，用什么力量来打这些革命同志？

你們这种反革命的階級报复的罪行，使人听了无不义憤填膺，热泪滿眶，你們打的不是工作队，而是打的整个无产階級。你們的滔天罪行是逃脱不了人民对你們的惩罚的！

（五）你們破坏了正常的业务和革命秩序。

在你們掌权下，什么「抓革命，促生产」，根本不在你們的脑子里。在8月25日，我站派×××領导同志前往新河储油所商談中央安全检查組检查油庫的事情，你所的領导接見了他們，在商談中，你們糾集一些人闖入办公室，不問情由，无視領导，杀气腾腾，拍桌瞪眼，大叫大嚷，命令他們都劳动去。鉴于新河储油所的白色恐怖，革命秩序已被破坏，处于无政府状态，我們为了保护中央安全检查組成員的安全，只好中止了这次检查。这个事件，也应由你們来負完全責任。

（六）你們只好靠謊言度日子。

你們搞白色恐怖，搞資产階級专政，搞流血事件，革命的同志命在旦夕，紧急呼吁書从新河储油所传送出来。階級兄弟心連心，不少单位的紅卫兵聞訊前往調查营救，这是天經地义的事情，是赴湯蹈火也要干的事情。我們决不允許三輪二社的惨案在新河储油所重演。因此，我們完全支持塘沽财貿和小学教师紅卫兵調查队的行动和他們9月17日的揭发。

1、明明是塘沽财貿、小学教师紅卫兵，你們却說是「来路不明」；

2、明明是下午六点鐘到，你們却說是「深夜」；

3、明明是有介紹信，你們却說是「闖入」；

4、明明是你們允許工作队員有自由，你們却說是「搶人」；

5、明明是紅卫兵，你們却說是"暴徒"；

6、明明是营救受伤的同志前去治疗，你們却說是"精心策划的阴谋"；

你們真不愧是最大的謊言家，你們真不知人間还有羞恥事。

（七）駁所謂"挑动群众斗群众"、"挑动职工斗学生"。

9月16日的辩論大会，我們也是参加者。你們所說的"挑动群众斗群众"、"挑动职工斗学生"，完全是一派胡言。

新河儲油所前文革籌委会的路綫，是执行前所謂"大会临时主席团"中一小撮人的反革命的路綫。因此，所犯的錯誤是方向性的、路綫性的、敌我性質的，不可饒恕的。这些錯誤，与北京串联学生徐治文、王成有、杜云峰的包办代替和瞎指揮分不开的。因此，这場严重的阶級斗争，完全是由你們挑起来的。既然你們发出呼吁"欢迎各单位革命同志到我所調查了解研究"，我們与你們是一个单位的，与新河儲油所的革命职工是同呼吸、共命运的，因此，我們去了，調查了，研究了，就应該亮明观点，弄清大是大非。要进行大辩論。要辩論，双方都应該站在台上，动口动笔，这完全符合十六条。过去你們把"剪头发、举手、罰跪、打人都說成是'辩論'"，现在你們又把"站在台上动口动笔的辩論，說成是'斗争'"；过去你們斗争革命同志是磨拳擦掌，杀气腾腾，现在你們在台上站几小时，就叫"寃"了，"委屈"了，害怕了。这未免太不公平了吧！真是"只許州官放火，不許百姓点灯"极尽顛倒黑白之能事。

有理的站出来辩論；沒理的向真理低头；

有錯誤的要当众检討；有罪的要彻底清算；

行凶的要坚决鎮圧。

这就是我們的严正立場！

害怕沒有用，靠謊言来維持生命更沒有用。

最后我們高呼：

伟大的无产阶級文化大革命万岁！

伟大的中国共产党万岁！

伟大的毛泽东思想万岁！

伟大的領袖毛主席万岁！万岁！万万岁！

天津石油采購供应站革命职工

赵俊美、王世明、于敬賢、孟昭賢、

王克池、陈鈞英、李玉山、王幼华、

李雁書、于世宏、欧阳桂生、郞文清。

一九六六年九月二十一日

反动的围攻，鍛煉出革命的左派，这是历史的辩証法。

——摘自《紅旗》十四期社論

清华大学大字报选

（蒯大富同志的大字报）

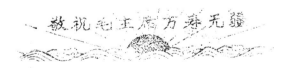

清华大学井岡山紅卫兵宣傳队編

前　言

在这本集子里，我們收入了蒯大富同志在文化大革命期間的一部分大字报。

蒯大富——清华大学工程化学系三年級的一个普通的学生，共青团員。

蒯大富同志和許多革命左派一样，在革命的道路上不是一帆风順的，他曾受到了旧势力殘酷的迫害和那些资产阶級老爷們的疯狂鎮压。王光美，为了鎮压蒯大富，使尽了造謠、污蔑、监禁、围攻、釘哨，等等卑劣手段。但是，这一切，对一个真正的革命者来說，正像蒯大富同志自己所說的："效果等于零。"

反动的围攻，鍛炼出革命的左派，这是历史的辩证法。在王光美的白色恐怖之下，蒯大富同志始終沒有屈服，他活学活用毛主席著作，用一篇又一篇的革命大字报，向资产阶級反动路綫展开了猛烈的进攻。

这些大字报，充滿了革命的造反精神，充滿了革命大无畏的豪情。这些大字报使那些资产阶級老爷們发抖，使一切革命造反者得到鼓舞和力量。

这些革命大字报归结到一点，就是活学活用毛主席著作的结果。毛主席的书是我們闹翻身干革命的法宝。什么时候学了毛主席的书，什么时候就会心明眼亮；什么时候不学毛主席的书，什么时候就要迷失方向。那些保守势力有这样那样的后台老板，而我們紅色造反者唯一的依靠就是战无不胜的毛澤东思想！

我們印发蒯大富同志的这些大字报，就是让我們学习他活学活用毛主席著作的好經驗，学习他革命造反的大无畏精神，同时，也希望蒯大富同志能坚持活学活用毛主席著作，造反到底，革命到底！

我們是旧世界的造反者，我們是毛主席的紅卫兵。

为了誓死保卫毛主席，迫害、鎮压，何所惧?！一片丹心向阳开。

我們受打击、遭迫害能造反，形势好轉还要造反；做"平民、百姓"能造反，当了"官"还要造反；做少数派时候能造反，成了多数派更应該造反！反！反！反！一直反到毛主席的革命路綫在全世界取得最后胜利！

未来的世界是属于我們的！

革命的造反精神万岁！

我們最最敬爱的領袖毛主席万岁！万万岁！！

清华大学井岡山紅卫兵宣傳队

目　录

人　物　表

叶　林：国家經委副主任，原清华大学工作組組長。

周赤萍：国家冶金部副部長，原清华大学工作組副組長。

楊天放：国家林业部副部長，原清华大学工作組副組長。

王光美：中共中央办公厅工作人員，清华大学工作組不普通的 "普
　　　通工作組員"。(实为高級顧問)

薄一波：中共中央政治局候补委員，国家經委主任，是叛党叛国的
　　　大叛徒，解放前化名在国民党报紙上写了一篇臭名远揚的
　　　自首書。

賀鵬飞：賀龙同志的儿子，原清华大学临时筹委会主任。后自我罢
　　　官。

刘　濤：刘少奇的女儿，原清华大学临时筹委会副主任。后自我罢
　　　官。

　　　　×　　　×　　　×　　　×

蔣南翔：中共中央候补委員，高教部部長，原清华大学党委第一書
　　　記兼校長。

刘　冰：清华大学党委第一副書記。

胡　健：清华大学党委第二副書記。

何东昌：清华大学党委第三副書記。

艾知生：清华大学党委第四副書記。

（以上均为原职，現均停职）

一、工作組往哪里去？

一場严重的斗爭又开始了！

清华大学无产阶級文化大革命工作組是九日晚上进校的，当日晚上，当我們听到这个消息后，我們高兴得跳了起来。但是，我們只高兴了几个小时，工作組到校已整整六天了，大批工作队員都干了些什么呢？是否促进了我校文化大革命？是否能把我校文化大革命引向最后胜利？这是每个革命左派，广大师生必须认真考虑的問題，下面我們提出一些現象和分析供大家思考。

一、运动方向问题

九日晚到十日晨，一夜之间从前頑固的保皇先生們都突然"嘩变"紛紛起义，"我們受骗了"的大合唱登台表演了，各系打狗队十、十一日紛紛出去，很多狗被打得落花流水，夹尾而逃。十二日高教部各兄弟院校来声援我們，貼了些大字报，而我們学校大字报的数量急剧下降。到了十三、十四日由于連續开会討論叶林同志报告，两次到三次，除社教战綫上的同志贴出一部分大字报外，清华園內一片冷冷清清，大有运动趋于尾声之势，革命左派非常着急！运动向左轉了还是向右轉了？

二、依靠谁

左派不香、右派不臭，左派没有树立起威信。在依靠誰的問題上，工作組犯了严重的错誤，他們来的这几天，就我們班上来说，没有找过左派小組的一个成員談过一次話。他們的活动很神秘，就現在已經組成的領导班子来看，許多班（包括有广播电台、工化系几个班）不是左派占优势，而原来是保皇派的成員占优势，这是严重的大方向問題。

三、奇怪的李世权事件

大家知道在工作組进校两天后，李世权挺而走险竟打出一張极其反动的大字报，我們认为这决不是瘋狗跳墙，也决不可能是孤立的偶然事件，这是反动派瘋狂反扑的征兆。对于这样一个現刑反革命，我們把他从公寓里拖到阶梯教室开斗爭大会，工作組同志百般阻拦不让开，幷提出三条：①让大家知道；②让大家都写大字报；③我們一定处理李世权事件。

我們要問工作組，斗爭反革命的大会不让开，却拼命扩大他的影响（反动大字报保留到十二日上午十点、到处轉抄）。关起門来自己处理，我們怀疑这是否有問題，我們坚决要求工作組把李世权放出来让全校同学开斗爭大会，糊里糊涂过关是不行的。

四、自控系一张大字报

自控系张根旺同志在三号楼贴出一张大字报，現抄录如下：

工作組一同志說："你們大学生觉悟太低了，没有一点政治头脑。""你們可以算是高級知識分子了，做法一点也不高級。"說"群众是一群乌合之众，像一群羊一样。""組織性紀律性太差了，"又說"戴高帽子是国民党作风，农民可以这样做，你們不能这样做，这是无能的表現。"又說"你們这样做，你們中毒太深了，说明你們主席著作学得太差了"。

我們无法想象这样的話是出自工作队队員之中，他竟对广大革命群众破口大駡，我們要告訴这位同志，你罵我們，我們不在乎，但是你罵我們貧下中农，我們不答应；你罵我們偉大領袖毛主席，我們就要和你拼命！

請工作队領导同志立即核查此事是否属实，如果属实必须馬上开除这个工作队員，并向全校作檢討。

五条大棒

钻在党内打着"紅旗"反紅旗的資产阶级代表人物，他們为了阻撓文化大革命，常常揮舞着五条大棒：一曰"放"。叶林同志报告中曾反复强調要大揭发大批判；口上是这么說了，实际行动上怎么样呢？大字报急剧减少了，前天打出的数张对工作组有怀疑的大字报，被工作組采取的殘酷手段压下去了；原按我們估計，在十五日将出現一場关于工作组性质的大辯論，但并沒有出現，为什么呢？从我們工化系来看可以得到解答，蒯大富是我班的代表，同时也是班上对工作组怀疑最大的一个，当他把怀疑提給工作组时，工作組立刻对他施加"疲劳战术"，从十三日起早上报告、第一次討論，下午排队看大字报，晚上八点三十分以前第二次討論，八点三十分至十一点开代表大会，十四日上午第三次討論，下午二点三十分至五点开筹备会，五点至八点开代表会，九点至十一点组長会，十五日剛起床早飯沒吃，通知說开"緊急会議"，上午准备，下午斗爭会，晚上还建議开，同志們：难道这就叫"放"嗎？只准你們在台上作报告，不給我們喘息机会来写大字报，同意你們的意見开綠灯，不同意你們意見的开紅灯。

二曰"先立后破"。工作组同志几天来拼命强調，首先要組織起来，組織起来当然好，但是我們前面說过，有好些地方組織系統严重不純，你們"立"的是什么东西？我們要开斗爭会你們不准。我們抓住大黑帮戴高帽子游街，你們阻拦。我們画漫画、写对联、出杂文、揭露黑帮阴謀，你們說，东讲一句，西讲一句，这叫什么斗爭呢？你們破的又是什么呢？先立后破的大棒子你們举起来了。

三曰反对左派学閥。各系组成打狗队，到处找狗打，你們說这是打击面过大。化901班，刘才堂12号向工作组提出詳細建議，14号得到工化系副组长張茜薇回答："刘才堂，你太主观了！"从前我們冒着人头落地的危險，和保皇党进行斗爭，今天我們抬头了，罵他們黑帮，可是我們的广播和叶林同志的报告反复强調"不罵人"斗爭游街不允許，連罵黑帮也不允許，我們要問工作组，中央有过不罵人指示沒有。

反对左派学閥的大棒子你們举起来了。

四曰"純学术討論"。十三号晚八点三十分工化副组长張茜薇同志召开据說是左派会議，会上他說"修正主义最危險，我們要識破他，你們同学尤其是高班同学，中毒太深了，你們要从自己个人的亲身体会来挖修正主义根子，使群众运动向深度和广度发展。"第二天天亮，有同学通过自己体会来系統的整理批判清华的修正主义教育路綫，在保皇党分子的气焰还十分嚣张的情况下，工作组要把我們引到哪里去？这难道不是变相的純学术批判嗎？

五曰"在真理面前人人平等"。工作組領导同志反复說：真理在我們手里，政权在我們手里，我們要摆事实、讲道理，把理由說充分，他們自然不神气。他們以此阻止我們开斗爭会，不让游街示众，甚至以此来阻拦我們开斗爭現刑反革命李世权大会，好像那些頑固的保皇派也能和我們一起坐下来进行說理斗爭，我們不会上当的；我們知道，在我們向保皇派反击时，他們跟踪監視圍攻，开黑名单、攝黑相片，造黑档案，对我們进行資产阶级专政，他們从来沒有和我們讲道理，更談不上什么平等，今天我們抬头了，工作組却口口声声要我們同黑帮摆事实讲道理，眞理是有阶级性的。我們讲的是无产阶级眞理，他們能听得进去嗎？凡是反动的东西，你不打，它就不倒，对阶级敌人只有采取专政。在眞理面前人人平等的大棒子你們举起来了。

"錯誤言論人人有份""混战一場"这是一个大阴謀，左派是有一些錯誤的，但他們和右派的反动言論根本不同，而我們工作組同志怎么說呢？"左派中毒太深了"、"太主观了"，沒有秩序，右派受骗了，多数是盲目执行者，因此有些左派不得不在那里清除毒素，右派却以为自己是盲目执行者、受骗了，逍遥自在，沒事干，岂不是"錯誤言論人人有份"，·混战一場嗎"？这条大棒你們也举起来了。我們十分痛心，北京新市委派来的工作組是帮助我們搞文化大革命的，可是，他們却拿起了资产阶级代表人的五条大棒，在左派头上揮舞，清华大学的文化大革命往哪里去？我們无法設想。

关于六月十三日大会

六月十三日清华大学召开无产阶级文化大革命大会，对叶林同志的报告提出下面三个問題。

（1）东风压倒西风問題。在十三日清华园內是否眞正是东风压倒西风？清华园內政权是否眞正在左派手里？

（2）关于百分之九十五党团員是要革命的提法上在十日前，滴水不漏，清华大学上层組織能否这样提？它会产生什么后果？

（3）叶林同志强調說我們要建立良好的革命秩序。是否意味着我們原来的秩序不好。斗爭会游街等无紀律。在轰轰烈烈的群众运动中，什么样的秩序叫革命秩序，毛主席在《湖南农民运动考察报告》中是怎样說的？

大会三个发言者是什么样的人，他們的身份历史表現，工作組调查了沒有？据我們所知，教职工在九号前很少几个人反对校党委，他們怎么稀里糊涂上台发言的？那个教师代表竟說出我們"无限信賴工作組"这句极錯誤的話，更令人气憤的是沒有毛主席万岁的口号，发言稿工作組审查了沒有，我們要求重放大会录音，公布三个发言者的身份。

回答几个問題

一、有人說"我們无限信賴工作組！"同志們，你們错了，我們无限信賴的是党中央，无限信賴的是毛主席、是毛澤东思想。在工作組的性质未搞清楚之前，提出这样的口号是不負責任的，不也曾有人說过"我們无限信賴校党委"？事实是怎样呢？是黑帮。我們学校的工作組究竟怎么样，还不能下结论，此时就提出"无限信賴工作組"不能不算是阴謀。任何人都要在这場文化大革命中經受考驗，工作組尤其这样。

二、有人說："工作組的成績很大，剛一来局势就大变，我們說局势大变不是工作組的成績，而是党中央、毛主席的威望使黑帮胆寒，是革命左派的斗爭，使保皇派們丧魂，他們才不得不"起义"、"投降"。

我们的决心

我們赶上了这次文化大革命。我們感到很幸福，我們沒有經驗，这沒有关系，因为我們有偉大的毛澤东思想作为武器，毛澤东思想是革命的望远鏡和显微鏡，誰要是反对

357

毛澤东思想，我們就反对誰，不管他威望有多高，不管他是什么人，我們一定要和他斗到底，把他斗垮斗臭！

同志們，我們正在进行一場严肃的阶級斗爭，这場斗爭是非常曲折的、复杂的。我們必须念念不忘阶級斗爭，念念不忘高举毛澤东思想偉大紅旗，横扫一切牛鬼蛇神！

我們相信只要我們用毛澤东思想武裝起来，敢于斗爭、善于斗爭，我們相信就一定能胜利。

一切愿意革命的人們，在毛澤东思想的基础上更加紧密地团结起来！

让我們高举毛澤东思想的偉大紅旗乘胜前进！

无产阶級文化大革命万岁！

中国共产党万岁！

毛主席万岁！

化 九零二　蒯大富　孟家驹

一九六六年六月十六日

蒯大富批写在："大家想一想"这一張大字报上的一段話

"革命的首要問題是夺权斗争，从前权在校党委手里，我們和他們斗，把它夺过来了。現在权在工作組手里，那我們每个革命左派就应当考虑，这个权是否代表我們？代表我們则拥护，不代表我們，则再夺权。

刘才堂同志的大字报向我們提出了这样一个严肃的問題，好得很！对党有利！为人民帮了忙！"

化 九零二　蒯大富

一九六六年六月二十一日

二、叶林同志，这是怎么一回事？

公元一九六六年六月二十二日，在清华大学发生了一件实在难以理解，但又非理解不可的特大奇事。

（一）

6.21下午工化系召开革命师生大会，斗爭黑帮分子滕藤。大会最后，工化系工作組組长楊維哲同志讲了話。她說，"現在斗爭形势大好。（1）大长无产阶級左派、革命群众志气，大灭资产阶級保皇派的威风；（2）无产阶級革命队伍初步建立起来了；（3）大字报揭得更深了，质量更高了，数量更多了；（4）斗爭会的水平更高了；（5）保皇派土崩瓦解了、分崩离析了。"她还說："我們要堅定依靠革命左派，团結95％以上的群众，团結95％以上的干部，分清階級界限，分清革命与反革命的界限。" 最后她說："我們工作上还有缺点和錯誤，欢迎大家提出。"

对于楊組長的講話，在六月二十二日上午八点我班已进行初步討論，同学們对工作組提出了一些意見，其中主要有："工作組落后于群众"，"沒有時間写大字报"，"直到現在还沒有比較具体的安排，明天的事今晚才安排"等等。

中午，我班組長蒯大富突然接到工作組黄昌甫同志的通知，說下午两点继續討論楊組长的报告。于是蒯大富就立即通知全班同学下午在三院三零六討論。

<h2 style="text-align:center">（二）</h2>

下午二点十五分大部分同学已到教室，此时，負責化九的另一名工作队队員曹欣同志匆匆跑来，她对蒯大富說："还不快准备？王光美同志要参加你們的討論！"全班同学听了，莫不兴奋已极，立即行动，扫地的扫地，打水的打水。到二点三十分，已准备就緒，蒯大富不放心，就問曹同志："王光美同志来参加我們的討論，我們要注意什么？"曹同志答道："沒有什么，大家还和平常一样討論，充分发表自己的意見。"

說时迟，那时快，此时从誠斋方向来了一个女同志，由一个戴眼鏡的女学生（像秘书）陪着。大家都以为这人就是王光美同志，到了面前，認識王光美的人才知道不是王光美同志，但心里想，这位干部肯定是王光美周圍的人。为礼貌起見，我們沒有問她的身份。而不認識王光美同志的人，却以为这位同志就是王光美同志，心里真有說不出的高兴。多少心里話要向領导同志說啊！

二点四十分，会議主席蒯大富宣布討論开始，針对楊組長的报告，充分发表自己的意見。大多数同学，抱着对党中央的无限信任，暢所欲言，对我校工作組提出尖銳的批評。其中有不同意楊組長对形势的估計，認为不能那么乐观；領导班子，尤其在高班严重不純；大字报数量减少了；保皇派并沒有土崩瓦解；工作組縮手縮脚，压制群众运动；工作組落后于群众；沒有組織我們学社論；对同学提的意見不予答复；工作組同志怕群众，登在四层楼上瞎指揮；沒有安排、行动盲目……等等。

但我們班上有的同志警惕性特别高，他們怀疑来人到底是誰？在会議开始和中途曾递条子給那位女同志，請求說出身份，那位被一些同学認为是王光美同志的人，两次均沒有答复。

会議就在热烈的討論和爭論中进行到最后。这时，那位女同志发言了，"我是强斋秘书組的，姓崔，大家叫我老崔好了"同学們大失所望，有的同学十分气憤。不过那位所謂"王光美同志"——强斋秘书組崔某却滿載而归，将我們班的底差不多都摸去了。

<h2 style="text-align:center">（三）</h2>

一个严重謠言就产生了！

开始說王光美同志要来，后来却来了个秘书組同志，这是为什么？

我班部分同学認为，这絶不是简单的侮辱領导同志，这里面可能有阴謀！

大家記得，工作組一进校曾宣布：听到謠言要追查到底！于是組長蒯大富派出鮑长康和李世雄两同志去强斋校工作組詢問。

二十二日下午六点四十分他們到了校工作組，李世雄問："王光美同志今天下午来了沒有？"答曰："不知道"。

問："如果王光美来，叶林同志可能知道；我們求見叶林同志。"答曰："不在，开会去了"。

对于这样一个大謠言，我們滿以为工作組同志会給我們滿意的回答，但是我們想錯了，他們只給我們的同志坐冷板凳，整整坐了四个钟头！

在四个钟头內，我們看到工化系工作組組长楊維哲同志，副組长張茜薇同志，在强斋前路上奔波。工作队队員曹欣同志（就是那位告訴我們王光美同志来了的人）在八点三十分和十点十五分，两次进出强斋，并在十点十五分負責我班工作的黃昌甫同志也到了强斋。

在这四个钟头內，又經常有人出入接待室，走来走去，不知有何貴干，并有人盘問我們来的用意，而对我們的問題始終不作正面的回答。

正当我們坐冷板凳坐得实在不耐煩的时候，十点四十分曹欣、黃昌甫二同志找我們会談。此时蒯大富、孟家駒也到了那里。

我們問：原来你說王光美同志要来，怎么来了一个强斋秘书組同志？

曹答：工化系办公室听电話听錯了。

問：怎么錯？

答：他把"联絡組秘书要来"听成"王光美同志要来。"

問：我們不相信这也会听錯，

曹反問：你們問这个干什么？

我們答：我們要追查謠言。誰接的电話？

曹答：办公室同志，我是听他告訴我的。

我們說：我們要見他。

曹犹豫半天，才說："好，老黃陪你們去，我留一会儿馬上就来。"

我們說：不行，你与我們一起走。

曹无法，說："那我先騎车走了"，飞馳往化学館而去。十分钟后，我們步行到化学館四楼工化系工作組办公室。只听里边屋子喊喊喳喳地議論，我們又坐了十分钟冷板凳。工化系副組长張茜薇，带着曹欣、黃昌甫还有两个工作組同志来与我們会談，此时已是二十二日深夜十一点十分。

張茜薇問：你們是什么目的？

我們答：想追查謠言。

問：哪里来的謠言？

我們反問：你們还不知道嗎？

張答：不知道。（？——我們真想不通！）

下面我們簡述了一下过程。最后問她"把'联絡組秘书要来'听成'王光美同志要来'我們不相信。"

曹插言：听錯就听錯，这有什么不相信。

黄接：当然可以听錯啦！完全可能啊！

我們問：你們相信？

張答：我相信！

曹接：我也相信！

我們問：你們敢負責任？

張答：我們負責任，（幷說：上次王光美来过一次，前两天听說以后来清华，我們所以听錯了。）

我們說：你負不了責任！我們要見办公室接电话的同志。能不能見到他？

張避而不答，硬往別的問題上扯，我們不放过这个关键問題。問她：“可不可以見他？”（此时十一点十五分）

沉默五分钟。

又沉默了5分钟，張茜薇轉身到隔壁內室去，曹欣跟着出去，然后他們相继出去了。

反正我們冷板凳坐慣了的。我們又坐了三十一分钟冷板凳。曹才从隔壁內間慢慢进来。

我們問：“可不可以見到办公室打电话的同志？”

曹毅然答道。“張茜薇叫我来告訴你們，具体工作的同志，不可接見！”

我們說：“好了，我們走了。”此时为六月二十二日十一点四十六分。

这就是事情的全部过程，我們郑重声明一下：以上过程全部眞实，我們以生命来担保！

　　化九○二　蒯大富　鮑长康　李世維　孟家駒　曾文尤
　　　　　　　謝位珍　吳汀浩　陈新生　卞有为　邵凱胜
　　　　　　　　　　　　　　　　一九六六年六月二十三日翌晨

（四）

我們坐了五个钟头的冷板凳，得到了什么呢？

得到了“我們听錯了”的回答。

本来，我們不用分析，大家就显而易見，得到自己的結論。但我們仍分析几点。

1.把“联絡組秘书要来”錯听成“王光美同志要来”大家根据常識判断一下，是否有这等事？

2.关键在于这件事清华大学工作組从上到下都应該知道。

王光美同志要来我校，非同小可；而她要参加某一个班的討論，更非儿戏。此事既然工化系工作組知道了，那么校工作組就不可能不知道，事实正是这样，是强斋工作組的崔××頂替了王光美同志参加了我班的討論。不知是誰暗中使了个偸梁換柱之计，竟对王光美同志也冒名頂替起来了，此人是誰？又抱着什么目的？难道这只是政治上不严肃嗎？还是另有什么阴謀？以叶林同志为首的校工作組，請你們迅速作出回答。

大家知道我們曾于六月十六日出了一份大字报《工作組往哪里去》，提出了問題，让大家思考。本来我們还有大批材料有待陆續发表，可是这么一来，将我們的材料搞走了相当一部分，我們觉得很遺憾。

3.大家知道，校工作組把造这个大謊言的責任全推到工化系工作組办公室听电话的一个人身上，而他們借口"具体工作的同志"拒絕接見。我們要問，到底有沒有这样一个人？

同志們，問題只能說到这儿，我們也不想再进行分析。…………

三、給北京輕工业学院革命师生的一封信

亲爱的北京輕工业学院全体革命师生員工、全体同志們：

以蒋南翔为首的黑帮分子已經被揪出来了，这是毛澤东思想的又一个偉大胜利，战无不胜的偉大的毛澤东思想万岁！

經过几天来的你死我活的斗爭，清华园經历了翻天复地的变化，許多人經受住了考驗，成长起了一支坚强的无产阶級革命派队伍，但也有不少人丧失了立場，受敌人利用，成了資产阶級的保皇派，这对你們对我們对全世界都是极其严重的历史教訓，本着对革命彻底負責的精神，我們非常关心你校文化大革命的斗爭形势，尤其听了你校一些同志的介紹之后，我們更感到不安，觉得更加有必要把我校的情况介紹給你們，用毛澤东偉大思想作指导，想一想，比一比，得出你們自己的結論，揪出眞正的大大小小的黑帮分子，把无产阶級文化大革命进行到底。

（一）高举毛澤东思想伟大紅旗，用阶級斗爭这个武器分析一切。

这場文化大革命的最大特点就是反党反社会主义的資产阶級代表打着"紅旗"反紅旗，嘴里讲的是毛澤东思想，实际干的修正主义黑货，所以，决不能把某个人或某个党組織的話就作为是听中央毛主席的話，这是把文化革命进行到底的关键。一切黑帮分子惯会利用同学对党中央毛主席的无限信賴来迷惑同学，使同学不知不觉就当了資产阶級的保皇派，大家要特别提高警惕，尤其要认眞学习六月一日以来的人民日报社論，和六月七日的中国青年报社論，特别是六月七日的中国青年报社論，对当前教育界文化革命有极大的指导作用希望同学們认眞学习。

（二）抓住根本，有根据的大胆怀疑，追到底

有疑問不能解决，解釋不通，就必须大胆怀疑，怀疑錯了，无损于校党委的一根毫毛，怀疑对了，黑帮分子就滑不过去，这是对革命认眞負責的态度。宁肯冤枉一个好人，也决不能放过一个敌人，如果校党委姓"馬"，心中沒有鬼。就不会怕怀疑。我們为什么要进行这一切的批判呢？因为这是巩固无产阶級专政所絕对必须的，是建设社会主义和共产主义所絕对必须的，是合乎历史发展规律的。（六月九日人民日报社論）毛主席說："共产党员对任何事情都要問一个为什么？都要經过自己头脑的周密思考，想一想它是否合乎实际，是否眞有道理，絕对不应盲从，絕对不应提倡奴隶主义。"（整頓党的作风）怎样判断一个校党委是姓"馬"还是姓"修"呢？有人說要看成績，要看自己的成长过程，幷且用主席的話来证明："不但要看干部的一时一事，而且要看干部的全部历史和全部工作，这是識别干部的主要方法"，我們說主席的話讲得很对，但是只适用于人民內部矛盾，对待黑帮分子根本不适用，如果一个人革命了九十九天，但在最后一天叛变了革命，这个人还是反革命，所以要从"质"上来考虑，而不是从"量"上

来考虑，而且如果校党委是黑帮的話，这成績又是一种什么样的成績呢？成績是表面現象，要善于透过現象看本质，看一个党委是姓"修"还是姓"馬"，要从三个本质問題上去考虑：（1）对毛澤东思想采取什么态度，是承认还是抵制、是拥护还是反对，是热爱还是仇視，这是眞革命还是假革命，革命和反革命，馬克思列寧主义和修正主义的分水岭和试金石。（六月七日人民日报社論）举一个例子，蔣南翔說毛澤东思想是：当代馬列主义的高峰，（不是指頂峰）是活的（不是指最高最活的）馬列主义，这是抵毀毛澤东思想，这种关键字眼就得扣、扣到底。（2）你是眞贊成社会主义革命，还是假贊成社会主义革命，还是反对社会主义革命，必然要在怎样对待无产阶级文化革命这个問題上表現出来。"这是触及灵魂深处的大革命（六月二日人民日报社論）""是放手发动群众、还是压制群众运动，在这場文化大革命中，是区别无产阶级革命派和保皇派的一条分界綫。"（六月七日中国青年报社論）（3）教育路綫，是貫彻无产阶级教育路綫，还是資产阶级教育路綫，培养出来的学生是眞正听主席的話，还是表面上听主席的話，实质上听的是校党委的話。

（三）看蔣南翔的校党委在这次文化革命中用了些什么手法来向革命派反扑

（1）"加强領导"蔣南翔的口号之一：

利用一整套修正主义党团組織控制輔导员以上的党团干部，使他們統一行动，深入到班级，以加强領导为名，把群众的积极性引入歧路，把斗爭的性质拉向"人民内部矛盾"。

（2）迴避政治問題迴避要害問題，把文化革命的重点轉向資产阶级权威身上，放走了危害最大的黑帮，另外，揪出一大堆死狗出来让我們打，組織大批人馬去批判××和中宣部×××的大字报，另外还揪出校内的反革命分子、右派、蛻化分子，分散同学的注意力，达到轉移視綫的目的。

（3）两手策略。"两个口袋"一个放，一个收，根据形势交换着两手，"放"是为了裝門面，"收"是为了保存自己，这样企图使运动朝他們所控制的方向进行。

（4）校党委给自己下結論，为通过运动定調子，把同学限定在人民内部矛盾上来向校党提意见。

（5）政治迫害。首先把当前大革命和反右（一九五七年）斗爭并列起来，以右派帽子来压制左派，并且派出大批爪牙抄写左派的黑名单和左派的大字报，准备运动过后反击、倒算，而且还以党籍和干部問題来吓唬左派，据我系輔导組供认运动后什么人不能轉正，什么人不能入党，什么人可以入党，名单都已确定好了。特别严重的是他們对全校聞名的左派同学拍照象进行圍攻政策，人身攻击。

（6）施放烟雾彈。組織政治敎研組等校党委的忠实走狗，写长文章，宣傳党委是如何与北京旧市委和"三家村"黑店进行針鋒相对的斗爭的。还組織一些"四好班"大写几年来的成长过程，話外之音就是清华党委是正确的。

（7）封鎖消息

严密封鎖北大聶元梓等同志的大字报。

（8）盗用工人名义。利用工人对毛主席深厚的阶级感情，組織他們大写肯定党委是正确的大字报，并且鼓励全校同学向工人学习，利用反右时的社論标题："工人起来說話了"，来向左派施加压力。

（9）吹毛求疵。对左派大字报中某些材料不确切的錯誤，大做文章，攻击左派，是拒絕調查研究，对革命极端不負責任，政治投机，做买卖。

（10）党委声称，在党中央对清华党委下結論之前，必须服从党委領导。这完全是放屁，我们的最高領导只有一个，就是伟大的毛澤东思想。……

同志们，战友們，起来战斗吧！要以极其严肅认真負責的态度对待这次文化大革命。这是一場你死我活的严肅的政治斗争，如果这次让一个牛鬼蛇神滑了过去，就会对全世界人民犯下不能饒恕的罪行，中国就会出赫鲁晓夫式反革命政变，各国被压迫人民不知要多死多少人，多受多少苦难，世界革命的胜利又不知要推迟多少年。同志们，运动开始时期，革命派总是占少数，但是，不用怕，眞理在我们这边，毛主席和党中央在我们这一边，我们有战无不胜的毛澤东思想，眞正的馬列主义者是无所畏惧的，"舍得一身剮，敢把皇帝拉下馬"。对待任何事，包括工作組在內都要用毛澤东思想来分析一下，凡是違背毛澤东思想，不管什么样的"权威"，我們都要全党共誅之，全国共討之。

我們对毛主席对党中央要无限信賴，但无限信賴工作組这个口号是錯誤的，极有害的。祝同志们在文化大革命中站稳立場，用毛澤东思想作一切行动的最高指示，做一个坚强的无产階級革命派。

横扫一切牛鬼蛇神！

无产階級革命派万岁！

誓死保卫党中央！

誓死保卫毛主席！

战无不胜的毛澤东思想胜利万岁！

清华大学工程化学系化九零二班战斗小組

蒯大富、吳浩汀、李世雄、孟家駒、邵凱胜

卞有为、陈新生、謝位珍、史复有、鮑长康

四、关于六月二十七日大会声明

1.不管怎么样，这次大会起碼客观上是一次政治迫害大会。我希望这是由于工作組調查不周所犯的錯誤，但願不是預谋的政治迫害。

建議大家好好学习《做无产阶级革命派，还是做資产階級保皇派》一文，对照我校目前情况，再认眞分析、思考。

2.我非常体諒，非常理解大多数師生員工对我采取的态度。如果对待反革命，应該这样。你們现在对我恨之入骨，駡我，你們做得对，做得好！

3.昨天晚上大会的发言者，（除我以外）采取了捏造事实，无中生有，造謠撒謊，歪曲事实，断章取义，小事化大，乱下結論等各种卑鄙手法。我将逐个澄清。不过这表明了他們是非常軟弱的。

4.高压政策，本身就是軟弱的表现。不过，我再一次表明，对我的效果为零！要我承认我是反革命分子，这永远也办不到！就是上了絞刑架，我也将宣布，我是革命者，是坚决革命到底的！

5. 现在是无产阶级专政，党中央和毛主席在我們身边。我有一千条，一万条理由相信，这股黑风将被压倒，我自己是什么样的人，終会弄清楚。

6. 党中央和毛主席在群众中享有极大的，不能动摇的威信。毛澤东思想的威力是无穷的，群众的觉悟水平是很高的。我們的叶林同志，不要錯誤估計形势。

7. 再誠恳進叶林同志一言，这样的大会，从根本上来說，是否对文化大革命有利？望您考慮，很可能起着很大的压制作用。

三思啊，同志們！

蒯大富
一九六六年六月二十八日

五、致刘才堂、王鉄成等同志

刘才堂、王铁成及一切曾經支持我、同情我的同志們：

现在，我們面临着一场极其严峻的考驗！

我坚信，我們在前一度时期，几乎全是坚强的革命者。但是，在叶林同志的高压政策下，你們有的动摇了，有的投降了，有的正在檢查自己所犯的"罪行"。你們口上虽然这样說，手上虽然这样写，但实际上，我相信，你們絕大多数人，心里并不承认自己对人民犯了什么"罪'。因为事实本身就是这样。你們从前的革命精神，是任何人也抹杀不了的！

如果你們暂时迫于高压，不得不有所屈服；我可以原諒你們。

如果你們眞的死心踏地投降过去，味着良心出卖自己的同志，那么，革命将来饒不了你們！

我已經对你們說过多次，我們的对手很軟弱；在无产阶级专政之下，他們不敢把革命派怎么样；看样子，他們气势汹汹，实际上是紙老虎，怕我們怕得要死。群众暂时被蒙蔽，他們終会醒过来的。我們为了对党中央、毛主席彻底負責，必须发扬大无畏的革命精神。解放前，在白色恐怖下，英雄的革命先烈出生入死抛头顱、洒鲜血换来了今天的江山，难道我們接班人，在无产阶级专政下，还有什么值得畏惧的嗎？

我衷心地希望你們，在这艰苦的、关键的时刻挺住，火速的革命車子到了急拐弯处，要坐稳！防止摔出去，跌个粉碎！

我也不强求那些坚决背叛我們的人。但我要告訴你們，你們只能出卖我們的材料，决不能出卖我們革命的灵魂！記住，革命的大风大浪，将遢滌出一切渣滓！

最后，我要指出，尽管暂时剩下我一个人，我也要坚决战斗到底！只要清华園內还有一个牛鬼蛇神！我要留在这里，坚决将他橫扫出去！不达目的，死不瞑目！

同志們，站起来，把腰杆子挺直，党中央和毛主席全力支持我們！让我們把革命的大旗举得更高，团结起来，勇敢地战斗·吧！最后胜利一定属于我們！

誓死保卫党中央！

誓死保卫毛主席！

誓死保卫毛澤东思想！

誓死保卫无产阶級专政！

誓死保卫社会主义！

中国共产党万岁！

毛主席万岁！万万岁！

（贴于六六年六月二十八日下午）

蒯大富

一九六六年六月二十八日

六、致叶林同志

叶林同志，您好！

今天，我想对您說几句話。

1. 說实在的，我压根儿沒有想到，"小小的"蒯大富竟有如此"威力"，不得不使工作組要集中全部精力要把他"压"下去。声势之大是空前的，全校写大字报对付一个人，游行，示"威"，开全校大会，广播等大手段都使上了。这样的声势对蒋南翔都沒有使过，不能不使我感到"幸福"。

殊不知蒯大富"又臭又硬"，死不屈服。你大概有点心虚了吧？如果心中还很踏实，还有手段沒拿出来，那很好，我等着。順便說一句，我将用我使得出的一切手段应战。

2. 你說过："向工作組夺权，这不是向无产阶級夺权嗎？""向无产阶級夺权就是反革命行为"。"蒯大富要夺工作組的权"，言下之意，蒯大富就是反革命。在您的启发下，"打倒反革命分子蒯大富"的口号滿天飞。

我想，您是老革命了。什么是反革命，您一定很清楚。那您凭什么說我是反革命呢？"向工作組夺权"这句话我从未說过，是您强加的。那么凭什么呢？就凭我把毛主席关于政权的思想具体应用到学校来嗎？难道就凭我有根据地怀疑工作組？难道就凭我提出"要考驗工作組"嗎？难道就凭我提出"工作組的大方向上有严重的錯誤"嗎？等等，就凭这些我看不能給我戴上反革命的帽子吧。

何況，你們并沒有用大量事实和充分道理来证明你們的"大方向完全正确"，是"毛澤东思想的方向"，反而让那帮捏造事实、歪曲事实、胡說八道的人大放厥詞，对我进行无耻的攻击。我不能不表示遗憾。

但愿这是您由于調查不周所犯的錯誤，而非常不希望是你安排的政治迫害。

3. 叶林同志，請您睁开眼睛看一看，到底都是誰在全力支持你們？那些从前是保皇的人，摇身一变为"革命左派"，那些投机革命分子成为你們最得力的助手，甚至原黑帮打手叶路等一群，也大叫大嚷："坚决支持叶林同志！"而那些一直是眼睛最亮的真正左派，对你們提了些正确的意见，你們就视为眼中釘，肉中刺，大打出手，施加政治压力，使得他們不得不檢討，交代什么"罪行"。我見此非常痛心！我想，这也是您——真正的革命者所不愿意看到的情況吧。

4. 看看"六·二二事件"以后的情况吧，原来，还有不少同志敢于向工作组提意见，而现在由于高压政策，誰还敢对工作组說半个"不"字呢？你們一来就拼命树立对您和工作组的迷信和盲目崇拜。以后六月二十七日，大会发言有人喊出"反对工作组就是反对党中央"这样极端反动的口号时，台下鼓掌不算，主席台上竟有多人报以热烈的掌声。我实在难以理解。这种高压政策，使人們感觉到一种恐怖气氛。我不禁想起当时校黑党委的高压政策，使人不敢发言，他們怕交不了帳，慌忙命令同学"提意见"，处于目前，我們学校这种情况，叶林同志，我真替您担心，如果您不謊报的話，您怎么向北京新市委交帳？怎么样向党中央毛主席交帳？

5. 我希望您好好抓一抓工作组。尽快"統一思想"，已有可靠的迹象表明，在工作组內，有同志支持和同情我們。要抓就抓在前面，抓晚了后怕到一定时刻，工作组內真正的革命的同志，要起来揭发你們领导所犯的严重錯誤。

敬爱的叶林同志，时間紧的很哪，赶紧安排好計划，准备下一步吧，我耐心地等待着。不知怎么的，我的信心越来越足。拿起毛选，就说得毛主席在身边似的。

祝您身体好！

致

革命的敬礼！

蒯大富
六月二十九日

七、六月二十四日晚七点半
清华大学"革命左派"同工化系九零二
班学生蒯大富等进行大辯論
下面是蒯大富第一次发言

我是化九零二的。姓蒯。叫蒯大富。

我首先念一段主席语录。在整頓党的作风一文中的一段："共产党员对任何事情都要問一个为什么，都要經过自己头脑的周密思考，想一想它是否合乎实际，是否真有道理，絕对不应盲从，絕对不应提倡奴隶主义，"今天会議，我讲一讲自己的态度。

我們自己认为我們是保卫党中央、保卫毛主席的；我們是从想到中国人民、世界人民，尤其是那些正在战斗、正在受苦、流血的世界人民，从这一点出发，所以我們要不放过任何一个可疑的事情，对任何一个可疑的事情都要追查到底。如果按党中央指出的要横扫一切牛鬼蛇神，所以我們要特别提高阶级警惕性，防止有敌人滑过去。毛主席教导我們："革命的根本問題是政权問題，上层建筑的各个领域，意識形态、宗教、艺术、法律、政权，最中心的是政权。有了政权，就有了一切。沒有政权，就丧失一切。因此，无产阶级在夺取政权之后，无論有着怎样千头万緒的事，都永远不要忘記政权，不要忘記方向，不要失掉中心。忘記了政权，就是忘記了政治，忘記了馬克思主義的根本观点，变成了經济主義，无政府主義、空想主義，那就是糊涂人。无产阶級和资产阶級之間在意識形态領域內的阶級斗爭，归根到底，就是爭夺領导权的斗爭。"因此，有的同志向我們提出质疑：在刘才堂同志贴出大字报，向工作組提意见时候，我就在他的下面加了一个小批。我說：革命的首要問题是政权，从前我們为什么把矛头指向校党委，因为从前校党委把持着这个政权，但是这个政权是不是无产阶級的，我們当时在沒弄清的情況下，我們是要质疑的，所以我們要指向校党委。有人批評我們，敌我不分，枪口要一致对外，但我們沒有理他們，在党和毛主席的支持下，在毛澤东思想光輝的照耀下，我們把他們斗垮了，政权夺过来了。现在，政权已轉到北京新市委派来的工作組手里，北京新市委派来的工作組一般的說可以信賴。但是在我們系发现的問题来說，已經有些疑問沒有澄清，有些問题沒有解释清楚。今天工作組来了很多同志，参与我們事情的很多同志也来了。那我們非常欢迎，希望今天的会議把疑問澄清，澄清了我們就一点怀疑也沒有了。如果不澄清，我們以后还要怀疑下去，我們对这个問题的态度，并不是說黑帮。我們从来沒有說过这个观点。在問题沒有弄清之前，我們是有怀疑的。这就是存疑，是我們对工作組的基本态度。

下面我想說一說，六月二十二日，也就是六·二二事件。我先讲六月二十二日这件事的前后經过。下面自己认为关键地方都讲。如果有同志认为你不讲，有的地方漏掉一些事实，同志們提出来我还可以澄清。

今天我們会議討論的中心問题：大会是由誰挑起的，今天的大会是可以澄清的。因为当事人基本上都在这儿。在六月二十二日中午，我們工作队員黄昌甫同志通知我，下午二时半继續討論二十一日楊組长在那天审判滕藤黑帮子大会上最后的讲话。要我們班继續討論。于是，我一吃完饭就立刻通知化九零二全体同学下午二点半在三院三零六討論。在下午二时一刻我已經到了那里，大部分同学也到了那里，这个时候，负責化九的另一名工作队員曹欣匆匆跑来。在楼道里对我一个人說："你們下午討論吗？"我說："討論。"他說："你們还不快准备"，我說："什么事？"他說："王光美同志今天参加你們的討論"。当时我高兴得跳起来，立刻回到教室里。澄清一下这个事实，这个經过，在当时楼道里只对我一个人讲的，旁边沒有人在場。后来我跑到教室里以后，把这件事向大家宣布一下，特别高兴，很多同学去問××同志，××同志回答說："可能就来，也可能不来。"这时隔了相当长一段时间。我們听了这个消息，特别高兴，我們扫地、打水、擦桌子，准备迎接王光美同志来参加我們的討論。这个时候，二个同学到三院中門去准备迎接王光美同志。我以为她是从强斋方向来的，所以在三院南边派二个同学等。（听不清）等了很久还沒有来时，我也出去了。我走到三院中門的时候，从誠斋方向来了几个人，其中有一个现在已澄清了，是强斋秘书組的崔同志。她旁边跟着一个女青年，像秘书。还有一个可能是金同志，我們就不管了。反正是二个人来了。我认識王光美同志，我們之中现在还有不知道是不是王光美同志，我平常早就认識，十九日下午来的时候，我也看见了，所以我一眼看见那个人不是王光美同志。当时金同志也在三院中門左右，好像在对大家說"王光美同志不来了"。这句话不是通知我，而是就这么說了一句，我作为一个听众，我是听得见这句话，"王光美同志不来了。"当时听到的还有化九零二的几位同学。但此时大部分同学都已坐在教室，他們并沒有听到"王光美同志不来了"这句話。

当崔秘书他們几个工作队员，有老黄同志、金志目，还有那个秘书，他們在前面走的时候，我跟在后面的。他們到教室后，我也到教室了。我坐在我的位置上。有很多同志向我质問：你作为一个大会主持者，你为什么不向大家宣布"王光美同志不来了"。王光美同志到底来不来我是不知道的。我只見金同志說了一句話："今天王光美同志不来了"这句話，我是听到了。但是最后确定来不来，我不知道。来的这个人，我当时根本不知道是强斋的秘书组崔同志。关于我当时是怎么想的，如果这个同志不是王光美同志（已經肯定不是王光美同志），但肯定是王光美周圍的人，是亲信，（这样提好不好，大家可以提出）反正是王光美同志周圍的人，那是王光美让他参加我們的会議的，当时，我們是很高兴的。但我作为一个同学，虽然是会議主席，我认为我不便于向大家宣布王光美同志不来，如果要宣布应是工作队员宣布，或秘书同志宣布，或者是她自己声明，但我作为会議主席能不能向大家宣布，大家是可以理解这点的。我认为我当时是不能宣布的。因此，在这种情況下，我說宣布会議开始，会議开始讨論楊组长同志的报告，我們班对工作组还是有較多意見的，因此，开始时有些冷场，后来討論得很热烈，对工作组提了許多意見，有些意見提的非常尖銳，但是当时我們班上同学，对于来人的身份是不清楚的，因此他們心里有些怀疑。在开始时就递了一張条，大意是这样："同志，請你說出自己身份"。沒有得到回答，在过了一段时間以后，又递了一張条子（另一个同学写的条子）"同志，請你暴露自己的身份，否則我們对大是大非的問題……"。（听不清）第二張的条子沒有得到回答。大家在这个时候，有的同学把崔秘书当作王光美同志了，因为他們在照像上看是有相似之处，并不是如某些人說的一点也不像。我另外說几句，为什么在这个会議最后还有同志认为是王光美同志呢？事实上，在我們班上，存在着这样一小部分人，我們班上还有少数同学认为是崔秘书面容和王光美同志差不多相仿，头发是短头发，也是比較胖，所以虽然戴了眼鏡，但我們这样讲，領导干部是不經常戴眼鏡的，在工作的时候，是可能戴眼鏡的。所以，說句老实话，有些同志想照片越想越像，所以把他认为是王光美了。就是认識王光美的同志，知道他不是王光美同志，那就这么样呢！大家也这样想，大部分同学可以这样想，就說我自己吧，我认为他是王光美同志派来的人，而不是我們学校里强斋秘书组的同志。这一点想法，我們班上大多数同学都是这样想的。而这一点事实上，大部分同学絕对不会把她当成强斋秘书组的同志。我們对工作组当时提了意見，其中有下面几点：不同意楊组长同志說形势大好，这个領导班子，尤其是高班严重不純，大字报数量并不是增多了，而是更少了，保皇派并沒有土崩瓦解，工作组縮手縮脚压制群众运动，工作组落后于群众，沒有組織我們学社論，对同学提的意見不予答复，工作组害怕群众，蹲在四层楼上瞎指挥，沒有具体安排，行动非常盲目等等。这些意見我們认为是非常尖銳的，为什么我們这样提意見，因为我們抱着对党中央毛主席无限信任，对于这个王光美派来的同志，我們也是非常信任的，所以我們提出这些意見，就是把我們这些看法都說出来。最后，会議的最后进行，两个工作队员发了言后，大家問来人是誰，这个时候，那位来的同志被某些人认为是王光美同志的，被大部分同学认为是王光美派来的人发言了："我是强斋秘书组来的，我姓崔，大家叫我老崔好了。"当时好多同学听了，大失所望，有的同学十分气憤，这件事情，我們大家可以认为，开始說王光美同志要来，后来又說可能来，可能不来，最后不但連影儿沒有，却来了一个强斋秘书同志，对于这件事，我們是抱着很大怀疑的，为到底这件事是从那儿来的为什么产生这件事？我們怎样回答他的怀疑，当时我們几个同志会后商量了一下，說这件事情一定要調查清楚，因为我是班上的组长，我派了我們两个同志，一个叫鮑长康，一个叫李世雄。两个人到强斋秘书组。强斋接待处問了这件事。在二十二日下午六点四十分他們到了校工作组，李世雄就問"王光美同志今天下午来了沒有？"有位同志答道："不知道"，又問："如果王光美同志来，叶林同志可能知道，我們求見叶林同志。"答曰："不在，开会去了"他又說："可能开会了。"对于这样一个重大事件，被我們认为是謠言的事件，我們滿以为得到工作组同志热情的滿意的答复，但是我們完全想錯了，他們只給我們的两位同志坐冷板凳，整整坐了四个钟头。在这四个钟头內，我們看到工化系工作组组长楊維哲同志、副组长张茜薇同志在强斋前面路上走：一个騎車，还有我們化九工作隊員曹欣同志，就是告訴我們王光美同志来了的人，在二十二日晚上八点半和十点一刻两次进出强斋，还有在十点一刻負責我們班上的黄昌甫同志也到了强斋。

　　六点四十一——十点四十曹欣同志和黄昌甫同志和我們会談，这时我和我們组另一个同志孟家駒也到了那里，这个时候我們四个人，他們两个人，我們問曹欣同志："原来尔說王光美同志来，怎么来了个强斋秘书组同志？"曹欣答："工化系同志听电話听錯了。"我們問："怎么錯的？"曹欣說："把联絡组秘书要来，听成王光美同志要来。"这个問題中这是关键，我們說："我們不相信这也会听錯。"曹欣同志反問："你問这个干什么？"我們答："我們要追查这个謠言，是誰接的电話"，曹欣告訴我們："是工化系办公室，我是听他告訴我的。"我說："我們要見办公室同志"曹欣开始不想去，曹欣犹豫了半天說："好吧！老黄同你們去！我待一会馬上就来。"当时我們不答应。我們說："不行，你得与我們一起走。"后来他沒办法，只好和我們一起去。他說我們态度不好，說我們要压服他。他有車，騎着車特别快朝化学館跑去了。我們是步行，黄同志陪我們一起去，我們四个人跟着，过了十分钟以后，我們步行到化学館工化系办公室接待室，听見屋子里吱吱喳喳議論我們，又坐了十分钟冷板凳，工化系副组长张茜薇同志代表曹、黄，还有两位同志我們不认識，来与我們会談，这时已經二十二日深夜十一点十分，张茜薇問道："你們是什么目的？"我們回答："我們想追查謠言。""哪来的謠言？"我們反問："难道你們不知道嗎？"她答道："我不知道"。

　　我們想不通，她是不是真的不知道，下边我和鮑长康同志讲了这段过程，当时我問她："把联絡组秘书要来，听成王光美同志要来，我們是不相信的。"这时曹欣揷上去："听錯了就听錯了嗎，这有什么不相信。"黄昌甫同志提出："当然可以听錯囉，完全可能的。"我們問他們："你們相信？"答道："我相信"曹欣道："我也相信。"我們問他們："你們敢負責任？"张答道："我們負責任。"她幷且說："王光美同志来过一次，前两天听說以后还要来清华，因此我听錯了。"我們說："你們負不了这个責任，我們要見办公室听电話的那个同志，能不能見到他？"这个时候，张茜薇避而不答我們这个关键問題。她还說："你們是不是想王光美同志来啊！我們可以向她反应啊！”又說了好些問題，就不回答這個問題，后来我干脆要他澄清这件事。我說：“其他問題你一律不要回答，就回答這個問題，我們今天能不能見到听电話的同志？”他仍沉默了五分钟没有答应，又沉默了五分钟，还没有答复。这个时候，从办公室內部走出来一群人，而这时来了电話，大意是今天晚上不开会了，可以回去了。这时从屋里走出一群人，我們組里同志生怕听电話的同志就这样走了，因此立即去問：“同志們，你們这里有无听電話的人？”他們說，“沒有”，没有我們就回来；这时在內屋曹欣說：“这是什么态度？”我說：“有的时候我們就要这样”，这时候張同志紧跟着我和鲍长康同志出去了，說：“你們走吧！你們走吧！”

第一批同学走了，后来又过了一会儿，又一批人出来了，鲍又去問：“你們这里有无听电話的同志？”他們說：“沒有”，我們让他們走了。我們为什么要問两次，因为怕听电話的同志，借此机会回家了。

在我們等的时間內張同志第一次出去就沒回来，第二次曹欣同志出去了，后来我們叫办公室同志：“請你們叫一声”他也出去了，后来黃同志又出去了，剩下我們两个人在那等。这时已是十一点五分，我們等到十一点四十分，曹欣同志从隔壁屋里出来了，我們問：“可不可以見到办公室听电話同志？”曹欣同志回答我們：“張茜薇要我来告诉你們，具体負責工作同志不可以接見”，我們說：“好了，我們走了”，这时候是六月二十二日晚上十一点四十分。这就是事实的全部經过。

我們再一次在这里郑重声明一下，我們十个人以生命来担保上面的事实全部是正确的。我們坐了五个钟头冷板凳，得到了什么呢？得到了：“我們听电話错了”的回答。本来我們自己也不想分析，大家可以自己得到結論。其次，我們还要分析几点：第一点：我們认为关键的一点是关于把联絡組秘书要来，听成王光美同志要来，是否属实？我們不下結論，大家根据常識去判断。第二点：也被我們认为关键的一点，这件事，清华工作組从領导到工化系下层，是不是知道？王光美同志来我校。这已是不小的事情，而且要参加某个具体班級的討論，我們认为根本不是简单的事情，这件事既然工化系工作組已知道了，我們推想一下，校工作組不可能不知道。事实也正是这样，强斋秘书組崔同志参加了我們的会議。我們不知道是誰，使用了偷梁换柱之計，竟对王光美同志也来了个冒名頂替。这个人是誰？抱着什么目的？这个难道只是政治上的不严肃嗎？这难道只是对領导同志的污侮嗎？我們不这样认为。我們认为这里可能有阴謀，可能有阴謀。

第三点：大家知道，我們在六月十六日出了一張大字报“工作組往那里去？”提出問題目的，让大家思考。本来，我們还有相当多的材料，准备陆續发表。可是被工作組这么一来，把我們材料搞去一部分，我們觉得遗憾。大家知道，工作組把大家意見的爭論，全部推到工化系办公室接电話的身上。而他們一口（听不清）具体工作的同志，不可接見。我們要問：到底有没有这个人？关于这件事情，前面基本是大字报的內容。我把前面过程叙述一下，下面还要談。

这件事情，我們再表明一下态度，我們是抱着对党中央，毛主席无限信任。被认为是可疑的事，不放过。因为叶林同志一来时曾宣布过，对任何謠言不放过。我們是遵照这个指示去做的。到当天晚上。回来时已十二点多了，十二点以后，我們連夜没睡觉，把它写成大字报，贴出去，东区一份，西区一份。

为什么要写成大字报？有同学质問我們說："你們沒和工作組商量，单方面贴出的大字报。贴大字报是不是要和工作組商量？我們认为我們是沒办法，才贴的大字报。如果，他們給予满意的答复，很热情的答复，不让我們坐冷板凳，我們满可以不写大字报。我們写大字报是逼出来的。还有人說，你們对工作組成見太大了，已怀疑成黑帮，因此，你們好多都是太警惕啦，怕暗杀。我們說当前阶级斗争形势十分尖銳，已达到白热化程度。还有阶级敌人，他們什么手段都可以使出来，因此我們一定提高警惕。当我們两个同志在强斋秘书組等时，我們派同志保护他們。从强斋到新斋我們都有人。我們认为，这也是无可非議的。我們是提高警惕的，晚上我們不出校門我們自己写大字报，我們自己負責保卫的。昨天一天大字报贴出去以后，引起学校轟动，大家都来看大字报，大家提出各种疑問，昨天一天我在宿舍里接待了近200多同学来访問。問的什么事？我們說我們出的大字报請大家好好看看，有事情請你們到工作組，我們对我們的大字报內容負完全責任，这时，我还向大家声明一下，我們还是这个态度，我們出的大字报內容，我們負完全責任。关于"王光美"同志要来，开始說要来，后来可能来，最后沒有来，来了个秘书組同志，这件事我們希望找工作队澄清这件事。工作队有关人在这儿，他們会澄清这件事。

还有一点，重复一遍，在于为什么把王光美同志要来听成联絡組秘书要来，我們对这件事还抱极大怀疑。我們希望工作組同志澄清，关于联絡組秘书要来，听成王光美要来，这个被我們认为是关鍵的关键，所以我們写成大字报。

在我們見工作組时間內，我們得到了很多事实，在强斋，在工化系館，发生很多事情，我們把主要东西写成大字报了，还有件事实，被同志們认为是主要的东西，我們也作一些答复。其他，还有些事实，比如，我們在工作組接待室等的时候，当时記得好多工作組同志来看門，来质問我們，言下之意是无理取鬧，为什么要問这个問题，我們坚决要追查到底的。还有，我們請問叶林同志是不在家，还是开会去了？还有我們两个同志上厕所，一楼沒有男厕所，只有女厕所，后来我們准备上二楼，当时接待組同志坚决阻拦我們去，說强斋沒有男厕所，我們不知道强斋有无男厕所，我們反映不太强烈的。但是有件事，大概好多人参加了，六月二十二日晚上以工化系革命委員会名义，召开了一个会議，这个会議有些类似六月三日艾知生召开的会議，他們找了那些支持工作組的人开会。今天，大字报上內容已經翻过来了，你們可以看。开了大約两个半钟头，会議上說的什么话，讲的什么事。我們知道一些，但知道很少，希望主持会議同志給我們解释。是誰召开的？抱什么目的？在这个会議召开以后，第二天我們发现，圍攻的大字报，风起云涌，破口大骂，不承认事实，不解释事实，人身攻击，說成牛鬼蛇神、反革命、假左派，什么都来。只要能骂的恶毒的詞句都可以骂上去，这些有目共睹。为什么出现这种事件？是不是大家都是昨天沒认識到，今天都认識到了？今天下午，我們两个同志，在阶梯教室門口和某些同志辯論起来了。后来，我插进来了，当场就要我回答，你明明知道王光美不来，你作为大会主席为什么不向大家宣布这件事？我有事，已經向大家作了解答，当时也作了解答，后来我說我走啦，他們揪住我不放。后来跟了一群，自称工物系革命左派定要我澄清事实經过。后来，我們說这件事和工作組有关系，应该去找工作組去辯論"，他們說，不行！我們要和你辯論态度，不和你澄清事实經过。后来不理他，我們到工化系去了，到工化系办公室去，工化系大办公室不让我們去，我們在門口，后来，出来一个工作組同志，这个同志沒有参加我們任何事件。好多同学要我和他們当場辩論，群众对我压力很大，我說我們写成大字报来回答你們問题，他們說不行，必须要回答，还有人叫嚷不能把他放走。他又說，你是不是黑帮我們还不肯定，他們以审判黑帮分子的姿态出現在工化系館門口，工作組同志指着我鼻子說：一定要我回答，你不回答不行，后来来了一群带紅袖章的糾察队，把我包圍起来。我說，你們要負責我的安全。我說我今天不回答你們問题，他們說这是群众要求，你們还要回答。从三时一刻到五时四十五分，二个半鈡头就将我圍在那里，站得很累，我中午觉睡得不太好，最后我回答他們問题　答应晚上辩論，这是偶然凑起来的？还是有意来的？不知道。

还有，下边一件事：从工化系办公室出来了同志。我說·"晚上开辩論大会有三个条件，第一个条件，我們有十个人全部参加。第二个条件，全校师生員工愿意来都来，我們非常欢迎。第三个条件，参加我的六月二十二日事件的工作組同志应该都来。"第一、二个条件沒有爭論。第三条件，我們自己认为是无可非議的，因为辩論大会是澄清事实經过，而不是辩論态度。如果参与者不来，我們沒法說　我們說也說不清了。不要說吧，联絡組秘书要来，听成王光美同志要来，我們不相信　他們硬相信，我們怎么办？所以說好多东西辩論不清了，所以我們第三要求工作組同志要来，这个要求我們认为是无可非議的，可是他們坚决拒絕我們第三个要求。后来干脆說，工作組愿意来就来　不愿意来就不来。让人家随便来不来，最后，我考虑大家的意見　我們第三个要求我松了。我們說随便工作組同志愿意来不来。看来今天晚上来了一部分，沒有全来，还有就是那个工化系工作組成員，我們在化学館門口时他站在凳子上，說完全支持工物系同学，完全同意工物同学意見，說你們要辩論，就到操場去辩論他。并且提出另一个問题說："薄副总理来了以后，有人說这胖老头子是誰？我不知道这是什么意思？对領导同志什么态度？"我在这里声明一下，十九日中午，我是和一个老同志辩論了一下，这个人是胖，当时这个人說了什么东西，大家要听可以，我还可以說，但是，在当时提出来。是什么目的？他当时的态度不好，事实經过我暂时先談到这里。下面請大家参与我們六月二十二日事件的同志，工作組同志，来回答这个問题。关键在于把联絡組秘书同志要来听成王光美同志要来，这个打电话同志在那里？我們认为关键的关键就在这里。完了。

很多同志质问蒯大富：为什么在大字报上不提王光美同志可能来也可能不来这一重要事实；为什么知道王光美同志不来，而不向大家宣布；为什么在这个问题上大作文章，想达到什么目的？之后，蒯大富的发言：

剛才这位同志自称革命左派，那个在化学館前面的那个同志說：我們把他們听的最根本的事实給抹杀掉了。我們恰恰认为这不是最根本的事实。根本的事实是什么？王光美同志要来的消息他是告訴过我們的。到后来沒有这个消息，根本不存在这件事情，这是最根本的事实。我們卡住的关键是什么？卡住的关键是把联絡組秘书要来听成王光美同志要来，这是我們卡住的关键。

我們从下午三点一刻到晚上十一点四十分，这个时間內的，事实特别多，是不是我們大字报上要把所有的事实都罗列出来，我认为沒有必要。我們自己认为关键的事实都馬上去干。还有比如在强斋門前这件事，这件事我們沒有說。还有他們回答我們問題，神色特别慌張，态度特别非常硬。还有事实我們都給他在大字报上列出来，既然自己认为关键的事实列出来，还有，一直卡着我。

我們已給大家解釋了这个問題。这件事我們希望大家都来回答：他为什么一直要卡着这个問題，迴避要害問題。

最后我有二句話，要求工作組同志澄清：把联絡組秘书要来說成王光美……

我回答你們問題。关于当时活思想的問題方面，①我认为这个不是关键的問題（我們可以回答你的問題）如果大家认为是关键，剛才我在开头已說过了这件事，开始說王光美同志要来，当时沒有模棱两可，所以說，我就把这个讲一讲，后来，可能要来，以及王光美不来了，这件事我們都知道，但是我們沒有写，我們认为关键的事实在什么地方呢？王光美同志要来，可能要来的消息。这个消息是存在的。大家也都知道。以急切的心情，盼望着王光美同志来，但是沒有这个消息，这是关键，我认为这是关键。

剛才我已回答了这个問題的一半，就是說你作为大会会議主席为什么不向大家宣布。重复一遍，那个秘书我們很认为是一个相当高級的干部、他們在前面走，我在后面跟进来以后，我认为是很不方便的是，我自己宣布王光美同志不来了，来了个什么同志我不知道。这个时候，我們认为工作組同志宣布是合理的，我自己是这样想的。关于大字报上沒有写，我們当时认为不是关键。既然大家已经問了，我們答复了，还有剛才同志問为什么大字报上沒有写，这是认为不是关键，所以我們认为不必要写。許多事实，大字报上是都沒有写，要写我們明天还可以用大字报写。还有，关键的問題在什么地方，我們还重复一遍。这个消息是工作組告訴我們的，王光美同志要来，到后来可能不来，最后又改了不来，这个消息是工作組告訴我們的，为什么不叫工作組来澄清，而要我們来澄清？希望大家来思考，最后我还要說两点：

第一点：我希望工作組澄清我們认为的关键問題。

第二点：我希望昨天晚上在工化系召开一个会議参加者，化九零四班×××同学讲大会实况，大家同意不同意？那我去請他来……

在張茜薇同志发言后，蒯大富的发言

剛才那个問題，工化系副組长張茜薇同志，給我們解釋了。我們从来沒有說过这是一个大阴謀。沒有說过。我是这样說的：这里可能有阴謀，可能有阴謀！我們从来沒有肯定他們是阴謀。如果能給我們解釋清楚了，我們是非常高兴的。

但是，剛才張茜薇同志的解釋，我們是非常不滿意的。为什么那么想？特别是王光美同志要来。所以从打电話給他，听时沒有王光美要来，以后告訴我們王光美同志可能要来，以至到曹欣同志給我們說，王光美同志可能要来，我們觉得这件事回答是不滿意的。这件事情在搞清楚之前，对其他地方的問題，暂时还有一定的保留意見。我想这点可以理解的。

在这里我不是被审判，我有义务回答大家提出的問題，但是，我也有权利暂时不回答一些問題。

关于王光美同志要不要来，开始曹欣同志对我說，是王光美同志要来，这是沒有模棱两可。可能要来的事实，我知道。王光美同志不来了这个事实，我也知道，但我不向大家宣布，我已向大家解釋了好几遍了。主要是当时解釋是不方便的，而且金同志（三院中門附近宣布王光美同志不来的消息的同志）他与另外一些同学說，王光美同志不来，还要派人来的，就是崔同志来，这件事证明王光美同志不来，起碼是王光美周圍的同志是要来的，这件事是崔同志告訴我們的，关于在大字报上不写，以及不让大家揭露这些东西，我們认为当时不便于回答，尤其因为当时我們不明白这个同志身份。是什么人，到底是不是王光美同志周圍的人，这里旁边什么人，我們都不知道，因此我們就很突然的宣布（我作为主席）王光美同志不来了，来了个什么我不知道的人！因此我觉得工作組同志回答更好一些，因此，这时我們沒有宣布。关于在大字报上沒有写这些东西，当时确实是沒有写这些东西，我再說一遍，我认为这不是关键的問題，如果有人要追問这个問題"你当时思想想什么"？因为我們认为不是关键問題，因此我們沒有写出来，我們大字报重点就是王光美同志要来，有这个消息，后这个消息又沒有了，我們突出的是这个，并且我們有意識的迴避了一些問題。关于其他一些我們暴露的一些事实，还有好多事实，事实經過，我們都沒有說，这一点我們思想就是这样的。我們有意突出这个問題，把这个問題說得清楚一点，也沒有用意，如果有人还有問題，我用大字报詳細回答你們問題。

工作組張茜薇（听不清）同志是同意，认为这种联想是可以的。我們认为关键問題就在这儿。第一，王光美可能要来的消息，这种联想实际上我們自己还是不理解的。第二点，二十二日晚回答我們的时候，是听电话听錯了，今天又变成联想起来了，这是为什么？

关于夺权的問題。我說过这个問題，政权是我們的革命中心問題，所以我們认为我們革命者时时不忘政权，从前政权在党委手里，我們当时的矛盾指向校党委，驗证校党委姓馬姓修的，我們驗证出来了，是姓修的，所以我們把权夺过来了，现在权在工作組手里，一般地說我們是应該相信的，但是当有問題还沒有澄清之前，对于工作組姓馬、姓修沒有最后决定以前，我认为把这个問題轉到工作組身上是无可非議的。为什么？如果根据发现的很多材料来看，好多的行动来看，横扫一切牛鬼蛇神，揪出蔣南翔黑帮是不可能的。

最后李其大說我說过："我怀疑李雪峰同志"，我从来沒說过这句話，再說剛才張茜薇同志說我們就是要攻击工作組。同志：我要問你我們按叶林指示需要辟謠，这个消息本来沒有，这是不是攻击工作組，如果这叫攻击工作組，那什么不叫攻击工作組，你們自己今天的态度是什么？下面我还建議让張茜薇回答为什么昨天听电话听錯了，是怎样联想起来的，我們希望張茜薇同志解答。

在叶林同志讲話后，蒯大富的发言

同志們：我想要讲几句話，我回答叶林同志几个問題，叶林同志說：你为什么要把矛头指向工作組？我們說现在权利在工作組手里，但是这个权力是不是代表党中央、毛主席、无产阶级的，我們要考驗。事实上有些院校里的工作組被考驗垮了。

他說什么我們的矛头不指向黑綫，而指向工作組，他把黑綫和工作組完全断絶，給自己定調子，我們說工作組是不是黑綫现在我們不能下結論。（按：本段嗣重复了两遍）。

最后叶林同志說我們曾指出工作組大方向有問題，我們說还没有下結論大方向錯了。大方向是否錯，我希望全校革命师生用毛澤东思想进行判断。叶林自己說，"我們的大方向是毛澤东思想的方向，是党中央毛主席所指的方向，我們的方向是揪出一切牛鬼蛇神"。告訴叶林同志，我們的方向也是这一个。

关于剛才我們提出的一些实质性問題，至今没有回答清楚。但是现在我建議散会好不好！

工作組大方向錯没有錯，我下不了結論。人民日报社論曾登过，革命的大字报是暴露一切牛鬼蛇神的照妖鏡。你一張，我一張，从各方面提出問題，这样一来，就能作出結論是否是牛鬼蛇神。所以我一个人是没有权利判断工作組大方向是否是錯了？只有通过全校同学来证明。

我重复一遍，现在有些工作組，不是我們学校，是外校的工作組，經过考驗是考驗垮了的。比如像邮电学院工作組組长是大有問題的，撤了，是眞的。是不是这样，你們自己去調查，我說話負責任。还有，我們清华大学，原来派下去龐大的工作組，是不是黑帮，你們自己知道。自己也是以工作組为名义，說是毛主席派来的，但确实是黑帮，是考驗垮了。我說話并不是没有根据的。但是不是全体，是一小部分。

八、蒯大富在六月二十七日辯論会上的发言

第一次发言

問題我是全部回答的，所有同志們提出的問題我全部回答。

开会以前，大会主席宣布的条例，我特别拥护。下面念几段主席語录。主席在《整頓党的作风》一文中說过，"共产党員对任何事情都要問一个为什么，都要經过自己头脑的周密思考，想一想它是否合乎实际，是否眞有道理，絶对不应盲从，絶对不应提倡奴隶主义"。主席在《关于农业合作化問題》一文中說过："我們应当相信群众，我們应当相信党，这是两条根本的原理。如果怀疑这两条原理，那就什么事情也做不成了"。主席《在中国共产党全国宣傳工作会議上的讲話》的一文中說过："彻底的唯物主义者是无所畏惧的，我們希望一切同我們共同奋斗的人能够勇敢地負起責任，克服困难，不要怕挫折，不要怕有人議論讒笑，也不要怕向我們共产党人提批評建議。'舍得一身剮，敢把皇帝拉下馬'，我們在为社会主义共产主义而斗争的时候，必须有这种大无畏的精神。"毛主席在《为人民服务》一文中說过："我們的同志在困难的时候，要看到成績，要看到光明，要提高我們的勇气。"主席在《愚公移山》一文中說："下定决心，不怕牺牲，排除万难，去爭取胜利。"毛主席的話是我們一切工作的最高指示，是我們一切

工作的唯一最高指示，我們堅決听毛主席的話，按毛主席的指示办事。

下面再念一段革命導師列宁同志的語錄。我們偉大的导师列宁同志曾經很精采的描叙叛徒考斯基对革命形势的发展。列宁指出：＂对考斯基来說，革命形势如果来到，那他也愿意做一个革命者，但是那时候，我們可以說所有的混蛋都会宣布自己是个革命者；如果沒有到来，考斯基就要离开革命＂。我再念一段偉大的馬克思主义者斯大林同志的語錄：＂轉折，是一場严重的事情，轉折，对那些在党的車子坐得不稳的人是危險的，并不是任何人在轉折的时候都保持平衡的，每当車子拐弯的时候，你总会看見有些人从車子上摔下去了。＂

今天，我再一次表示我对无产級文化大革命的态度。现在清华大学阶級斗爭已經进入了白热化的程度，我庄严地向我們亲爱的党和偉大的領袖毛主席表示我的决心：

为了捍卫党中央，为了捍卫毛主席，为了捍卫毛澤东思想，为了捍卫无产阶級专政，为了捍卫社会主义制度，我准备像董存瑞、黃继光⋯⋯随时献出我自己的生命。我天不怕，地不怕，我的革命意志是决不可动搖的。有人对我施加压力，有人对我进行恫吓，还有人圍攻我們，他們企图使我們放弃革命。我要告訴这伙人，你們采取野蛮的手段叫我放弃保卫党中央，保卫毛主席，这純粹是妄想。有人問我們，你們腰杆子为什么这样硬，我們回答說，因为我們背后有党中央，毛主席全力支持我們。

一、下面我想发表一下对六月二十四日大会的态度和看法。 不

六月二十四日大会已經有好多人发表了評論文章，大部分观点我是同意的，我要发表我自己的看法，总的說来六月二十四日大会开得很好。是一个大暴露的大会，今天的大会已經把辯論內容向前推进了一步。

1.評大会主持者：两天多来，有目共睹，二十四日的大会是不公平的。大会主持者刘濤、賀鵬飞，把住主席团，不給我們充分的发言，在群众的压力下才让我把話說完。

2.大会主席团对我們所提出的实质性問題、大是大非的問題，他們竭力不让当事者解釋清楚，一直到最后还沒有解釋清楚。而对工物系，刚才王××自称为革命左派的人，对我們所提出的非实质性的問題、枝节問題、无中生有的問題、甚至于是无理取鬧的問題，都要我們一而再，再而三的回答他們。

3.尤其不能令人容忍的，当我們不愿意回答他們的問題时，竟然后台走出一个人来拉住我走，叫我回答問題。我要告訴这些人：我是中华人民共和国的公民，我享有人身不可侵犯的自由权。你們对我这样动手动脚是犯法的。

4.那天大会上递上来的条子，适合大会主席团口味的就要，不适合的就扔在一边；甚至于有的条子应该給我們的，也沒有給我們，他們扣下条子这是什么行为。

鉴于上述事件，我向大会主持者，刘濤和賀鵬飞等人和幕后策划者以叶林同志为首的清华大学工作队提出抗議。

二、評張茜薇同志的讲話：

工化系工作組副組长張茜薇同志在二十四日大会上作了三次讲話。前两次說是澄清事实，第三次是被迫上台发言的。对于她的发言，态度不好、神色慌張，我們不必說它。她的发言总的說来是造了一个謠、撒了一个謊、轉了一个弯，就想溜。張茜薇同志讲話造了这样一个謠言，她說：＂我們两个同志去强斋調查有沒有老崔同志＂，我們澄

清，我們根本沒有这样做，这是造謠。她的目的是想轉移我們的視線。因為我們調查王光美来了沒有，这是关键，她硬是說調查老崔。張茜薇撒了一个謊，她說：我就是"具体工作同志"。同志們，"具体工作同志"的定义我們不知道嗎？但是在二十二日晚上，張茜薇同志明明接見了我們，但是她說是"具体工作同志"拒絕接見我們。这不是自己打自己的嘴巴嗎？張茜薇同志发言轉了一个弯，說王光美同志要来，又沒有来，是电話听錯了，把联絡組秘书要来，听成王光美同志要来，可是二十四日大会說，电話沒有听錯，这是"联想"的，"联想"能力确实过硬。最后張茜薇对大家說其他問題沒有必要回答。我們說張茜薇出来的目的是为了澄清事实，可是，我們得到的結果，越澄越糊涂。我們声明这件事情沒有澄清之前，我們堅决追查到底，想蒙混过关是办不到的。

三、評叶林同志的講話：

1.我同意叶林同志所說的，这是一場大是大非問題的辯論，一定要把它辨論清楚。我相信大家将积极参加这場大辨論，因为它关系到清华大学无产阶级文化大革命能否进行到底的問題。

2.叶林同志問："为什么你要把矛头指向工作組？"我們說，工作組的性质沒有确定之前，应当怀疑工作組，如果工作組是姓"馬"的，我們堅决拥护；如果工作組是姓"修"的，是黑綫的組成部分，那我們就不可能横扫清华园的牛鬼蛇神。因此我們要等着瞧，现在是姓"馬"姓"修"还未确定，以后在实践中将会考驗出来。

3.叶林同志說："蒯大富为什么不把矛头指向校党委黑綫，而指向工作組？"我回答說这是捏造，是歪曲事实。下面我排一个九——二十二日的时間表：

日期	上　　　午	下　　　午	晚　　　　　上
9			工作組进校，当时我非常高兴。
10	看大字报；校党委那一帮纷纷起义	我回广播台听說广播台被左派夺过来	广播組原来的人在二院开会，討論广播台下一步怎么办，我和广播台的两位同志去强斋工作組談了广播台的全部情况，請求工作組派人来。
11	和工作組同志詳細討論广播台怎样改組		我写了一份欢迎高敎部贴大字报的稿，班上发生問題要我回去，我回到班上开核心小組会
12 13 14	每天从早到晚参加工作組召开的会听叶林同志报告，討論叶林报告，討論班上問題		
14	王铁成贴出了向工作組提意見的大字报	荒島开会(中午)看大字报提出了一些問題	
15			連夜写了一張大字报"工作組往那儿去"指出工作組在十四日前大方向是有問題的

日期	上　　午	下　　午	晚　　　上
16	睡覚	斗黃志中	找×××談話
17	全班开会，同学反映开得很好	学社論	找人談話
18	召开文革核心小組会議	看大字报	看大字报
19	看大字报	和薄副总理辯論四十分钟(中午)学"社論"	召开班核心小組会
20	化9核心小組会	和分团委书記高××談話	討論如何对待班上党員
21	看大字报找个別人談話	斗滕藤	核心小組会議
22	討論楊組长的报告	六·二二事件开始，这一段时间我們班上第一次組織学习中国青年报的討論，这个社論被工作組看中，比人民日报革命的大字报还重要。	

　　同志們，我为什么要安排这样一个时间表。为了駁斥叶林同志的謊言。大家可以看到，在六·二二事件以前，我的精力90％是花在工作組召开的会議上、个別談話和个別工作上，也就是說我的90％的精力是花在挖校党委的黑綫上。为什么会写这么少的大字报呢？因为沒有时间，对工作組的两張大字报是連夜沒有睡觉写的。可是叶林同志却說蒯大富在工作組进校以来矛头不是指向黑綫，而是指向工作組，这是彻头彻尾的謊言。

　　主席告訴我們："沒有調查就沒有发言权"。叶林同志对九——二十二日的情况沒有調查就糊涂地下結論，我們要把这段語录送給叶林同志，幷且要剥夺叶林同志对我这一方面的发言权。

　　4.叶林同志說："现在蒯大富对我們挑战我們将坚决还击"，广播台也广播这場辯論是蒯大富挑起的，周赤萍同志也說，这場辯論是蒯大富挑起的。我們說不对；这場辯論是工作組挑起的。工作組从九——十四日犯了很多錯誤，同学們提出来，他們不给予解答。以后同学們以各种形式提了很多意见，但始終沒有得到答复，他們严重地脱离群众。如果这些问题不解答，我們将怀疑下去。在六月二十二日发生了一件奇怪的事情，我們去追查謠言，他們让我們坐了五个小时的冷板凳，我們认为工作組有很多行为严重地損害了北京新市委的威信，严重地損害了党中央和毛主席的威信，他們向我們党中央和毛主席的威信挑战。为了捍卫党中央和毛主席，不得已才写了大字报，你們却組織人围攻，什么手段都使得出来。六月二十四日大会是你們逼得召开的，我們根本不想开这样的大会。你們所謂的革命左派，在化学館拦着我們，我們提出三个条件不答应，后来放松条件，使六月二十四日大会得已成功。

　　这場战斗是你們挑起的。好吧！叶林同志自然你們挑起了这場战斗，我們毫不惧怕地接受你們这場挑战，坚决奉陪到底。

5.叶林同志說："如果校党委是修正主义的，因此大部分党员也是修正主义者，这是給中国共产党臉上抹黑。"我們說，不是。清华党員是中国共产党的一部分，实质上是修正主义的黑党按清华党綱建立起来的，他們的綱領是修正主义的綱領，他們挑选党員也是非常严格的。从分团委和原来的干部可以看出来。清华党委的主观愿望总想发展爪牙，保护自己，它的客观效果达到了。历史是最好的見证人！从六月二日——六月九日没有一个輔导員以上的干部起义、站出来揭发校党委。絕大部分清华党員是保皇的，像这样一个铁板一样滴水不漏的清华党在文化革命中是极其罕見的。

这样一个大黑党，我們的叶林同志一再强調，他們是盲目执行者，清华大学大部分党員是加入的中国共产党，因此要团結，团結，我們要严重地指出，都是你們給偉大的中国共产党臉上抹黑。

我們要不要团結清华党員干革命。我們要团結。这不是"合二而一"的团結；不是"和平共处"的团結，而是有原則的团結，斗爭中的团結，充满着火药味的团結，我們要針对每个党員的具体情况爭取团結多数，孤立少数。

我們相信，清华大多数党員是要革命的，但是我們告訴清华党員，你們要革命，拿出行动，決不能保护自己，这样下去群众是信不过的，我們欢迎你們革命。

6.說什么工作組大方向没有錯，是毛主席指示的方向，是新市委指示的方向，就是要把无产阶級文化大革命进行到底；幷且叶林同志把工作組的权力和无产阶級的权力完全等同起来。他說，向工作組夺权还不是向无产阶級夺权？我們要告訴叶林同志，这完全是定調子，束缚群众的手脚。你們的主观愿望和客观效果对我来說等于零。我們再次声明，你們到底姓"馬"姓"修"，我們全校革命师生将考驗。眞正的馬克思主义者，是在革命斗爭中考驗出来的，而不是自封的。

7.大方向問題

叶林同志說大方向没有錯。我們說现在大方向問題、越来越大。对革命大字报是压还是"放"你們心里有数。你們依靠的是誰，你們心里有数。你們对大字报的态度以及对群众自发运动的态度全校同学有目共睹。

8.叶林同志在不太长的讲话中，大打出手，对我們提意見的人施加政治压力，說什么是反革命行为，将給予回击。看来还有很多没有拿出来，实际上已經拿出不少来了。我們要提醒叶林同志，我們的神經幷没有衰弱，幷不是大声恫吓就把我們吓住的。施加压力，这是你們的主观愿望，对我来說客观效果还是等于零。

对我們施加压力，我們已經习慣了。（掉几字），何怕"遺骨粉之"我們已經豁出去了。

对叶林同志的讲话我暫时就評論到这里。

四、評周赤萍同志的讲話：

我們很高兴，听到了周赤萍的讲话。这一段话在一般領导同志是不可能听到的，他大言不愧地說："我們代表无产阶級广大群众，代表新市委，代表毛澤东思想的"对于这样的一句话，我們认为周赤萍是没有資格說的，可是竟然說了出来。这句话只有党中央才能說。显然周赤萍把工作組和党中央等同起来，对此我們表示憤慨。我們要告訴周赤萍同志，工作組进校以来，正如你們自己所說的产生好多缺点和錯誤，而对我們来說錯誤是严重的，难道这是毛澤东思想的产物吗？我們提出强烈的抗議！你对毛澤东思想放肆的污蔑。清华大学工作組这个領导班子內竟出現象周赤萍这样低的水平，把工作組和党中央等同起来，起码的普通常識都不知道，非常遗憾！周赤萍还說："我們不能把权交給蒯大富！"我要告訴周赤萍：蒯大富作为个人根本不需要什么权力。但是为了保卫无产阶級专政，蒯大富随时可以献出自己的生命。

关于六月二十四日大会我再发表一个意见，详细情况以后陆續发表。总的說，通过这次大会，更加深我們对工作組的怀疑，但是这远远不足以給清华工作組下結論的时候，結論要給广大师生来下，最后結論要給党中央和毛主席来下。

同志們，最后我还要給大家說几句話：

1.希望同志們提高警惕！提高警惕！現在阶級斗爭十分尖銳，清华园內牛鬼蛇神很多，但他們处于絕望的时候，他們什么卑鄙毒辣的手段都使得出来，如果自己有絲毫的麻痹大意，就会給文化大革命带来不可饒恕的损失，二十五日有很多同志走訪我們，提醒我們，要我們注意警惕，我謝謝同志們对我的关心。不过我想告訴同志們，一方面，我們今天是进行的无产阶級专政，敌人虽然很猖狂，但是他們都是紙老虎，都是紙老虎！我們要在战略上藐視它，敢于战斗，敢于胜利，敢于摸老虎的屁股；另一方面，我已經宣布豁出自己的生命，如果我自己有疏忽，或者不可避免地被谋害或者被轰出校門。那时候我将象江姐那样，臉不变色，心不跳，那时我将会問心无愧地說：我将对得起中国人民，对得起全世界人民，对得起党中央，对得起扶养我們成长的毛澤东同志。尽管我那时候不存在了，但是我能相信，象太阳东方升起那样，清华园是人民的清华园，中国还是人民的中国，絕不是牛鬼蛇神的。如果我被轰出校門，不管那一天还会回来的。

2.我希望大家好好学习主席著作，学习《人民日報》社論，要反复学，反复体会，反复用，活学活用，急用先学，立竿见影，因为是当前文化大革命的唯一最高指示。誰要是違犯它，我們就和誰斗，誰要打着"紅旗"反紅旗，我們就要把它斗垮，斗臭，不管他是什么人。

我們希望全体革命师生团结起来，勇敢战斗！还希望犯了錯誤的同志，放下包袱一起战斗！我还希望工作队和我們一起战斗！我相信工作队不是铁板一块。工作組还有革命的同志，他們一定会起来揭发領导同志所犯的錯誤。

×　　×　　×

回答問題：

1.問：王光美同志說来，后来又不来这是很正常的，根本沒有什么阴謀，为什么說成阴謀？

答：我首先澄清，我从来沒有把王光美事件說成是阴謀，我們只是抱有怀疑，作为推測是无可非議的。这件事正常不正常？不正常。王光美同志是国家領导人之一，要参加一个班級的会議开始說来，后来又說不来，这样一个重要人物，造了这样一个謠，我們还有怀疑的，我們还要追查。現在根本沒有調查清楚，調查清楚了，我們沒有怀疑，沒有調查清楚，我們还要追查到底。

2.問：你明知道王光美不来，为什么不公布？

答：我再說一遍，我知道，的确知道，但是这不是工作組通知我們，只是我当时在場听到的，他不是对我說的，所以我沒有資格通知。我还不知道到底来不来，来的是什么人？我是不会通知的，而且我是沒有义务通知的。可是他們說不公布是阴謀，我們說公布出去又有什么坏处呢？

3.問王光美同志不来，为什么大字报上不写？

答：我們从王光美这事件中有很多事实都沒有写，我們认为不关键的东西都沒有写。有人說不写是阴謀。我們說把这些事情都写上去，这对我們大字报有什么害处呢？

4.問：荒島秘密会議內容？

答：十四日王铁成同志贴出了一張大字报"工作組的大方向錯了"接着刘泉同志，还有很多其他同志对工作組提出很多疑問。我們作为对革命負責，我們召集和我們观点相同的人一起凑凑問題，这是不可非議的。至于我們选择什么地方，更是沒有任何人可以阻拦的，当时中午我們到荒島去开会，那是很正常的，不是阴謀，不是什么秘密会議，很多会議都不让我們知道，还不算秘密会議，为什么我們到荒島去开会，就算秘密会議呢？当时周圍还有很多人，而且×××也参加了，×××你知道什么秘密，你就拿出来。

5.問：說要給王铁成当大官。

答：我說现在是王铁成同志遭到迫害，他有病，說他疯了，他們班上开斗爭会，施加很大压力，非常大。王铁成能力很强。他现在抬不起头来。我說我們将来总有抬头的时候，我們今后給他負重要責任，沒有說让他当大官，这种人立場很坚定。

6.抓住把柄最大一点說我非常仇視毛澤东思想，說我說，毛主席关于农业合作化一文中有問題，錯誤的。

答：我澄清，事实經过是这样的，班上×××問我："世界上有沒有絕对眞理？"我当时回答"沒有"。后来我想了一句主席說过的話：相对眞理的总和（音）就是絕对眞理。但×××說："有"。毛主席的話句句是絕对眞理，我說："不一定"。主席在农业合作化一文中就是一段話和后来的形势不相符合……絕对眞理我看也不是絕对眞理，从这里怎么能說我仇視毛澤东思想呢？

7.如果說在"新清华"上发表一篇文章就是艾知生的寵儿，林泰的寵儿，那我可以推測，清华园內的寵儿起碼有三千。

8.有人說："你怀疑一切"。

我們說，从来不怀疑的，有根据就怀疑，沒有根据从来不怀疑。工作組一来，我們非常高兴，九日晚上来时，我沒有什么怀疑，只怀疑是高教部派来的工作組,到新市委訪問了，听說是新市委派来的，我們就信任，当天晚上我們連夜找工作組到广播台来，后来工作有些問題，才使我們怀疑，我們并不是怀疑一切，我們相信党，相信群众。

9.有人說，你赶快投降吧，你山穷水尽了，坦白从寬。

为什么要投降呢，我沒有犯下什么罪行，如果說我发表的意見有錯誤，可以駁，可以批評，但是我对人民沒有犯下什么罪行，所以沒有什么投降的問題。

× × ×

我提出問題，供大家考慮：

1.工作組的大方向到底錯了沒有？他們依靠的誰？对群众运动的态度？对革命大字报的态度？

2.王光美事件最后答案是什么？

3.本来六月二十五日准备大辯論的，为什么改到六月二十七日？

全校声討蒯大富，形势空前，比声討黑帮分子都过硬，这是为什么？难道蒯大富有这样大的威力，使工作組全力以赴，慌了手脚。

4.高压政策，杀鸡給猴看，为什么？

5.这样下去能不能把无产阶級文化大革命搞到底？

6.王铁成同志自己說沒有病，为什么說有神經病。說他病了，为什么病了？

7.对工作組提意見的人是怎样处理的？

你們现在看看凡是支持我的人，现在不得不写檢討，他們都是立場錯誤嗎？你們說我是立場錯誤，现在还沒有辯論清楚，怎么能說他們是立場錯誤呢？现在沒有一个人敢說工作組半个"不"字。这为什么？

8.一句話，工作組到底姓"馬"姓"修'，希望革命的左派腰杆子挺直，对革命彻底負責，不怕高压，敢于战斗，我想真理一定会取得胜利的。

最后我念一段主席語录来結束我的讲話：

"全世界人民要有勇气，敢于战斗，不怕困難，前扑后继，那末，全世界就一定是人民的。一切魔鬼通通都会被消灭'。

第二次发言

我讲几句話，时間不早了，快十一点了。这次，我想澄清几个事情。刚才好多同志讲了好多話，我对同学們对我的态度非常理解。如果我是反革命的話，这种态度是非常好的。但是自己应該有自己的看法，我是至死不承认我是反革命的。在沒有确凿的事实证明我是反革命以前，我是至死不承认是反革命的，剛才他們的事实，有的是歪曲的，有的是捏造的。我想，这种事情本身就是軟弱的表现，而不是强大的表现，我可以說几件事情大家就知道。关于六月二日到六月九日这一段时間，我自己的过程怎么样？他們自己怎么报道的，我自己想說一下，六月二日人民日报发表社論，六月一日夜里广播支持北大的大字报以后，我非常激动。当时写了一份大字报支持北大，而且，和化九零四和化零一部分同学到北大声援他們，我自己特别激动，我感到党中央和毛主席喊出了革命左派的声音，我带头呼口号，我认为这是革命的，而不是投机。六月二日中午回来以后，我看到有些人給校党委贴大字报，評蒋南翔五月十一日的报告，当时我对校党委产生了一些怀疑，我对团委副书記××× 的怀疑，我是老早就有的，并不是六月二日以后，对他有怀疑我是老早存在的。下午又到北大兜了一圈，看到形势非常好，我就回来了。六月二日晚上就写了一張大字报"×××往哪儿去？"指出团委是有阴谋的。让我們組織战斗小組，限制我們的人力，不让我們写文章，大字报上是有的，可以贴出来

383

看，当时我沒有贴出来。我們班好多同学，以王連生为首的对我作思想工作，說："你这个证据可不确实。"当时我被他們說服了，当时感到如果贴出去，也不太象話，"×××往哪儿去？"这个詞用的是否恰当，我当时就沒贴出去，现在可能还在，但是六月三日清华黑党組織反扑，出了一大批大字报，来肯定校党委。当时，我被成績迷惑了眼睛，不但出成績出物質成果，而且出思想成果。当时我就认識不清了，而且很多工人說話了。当时我就感到校党委的大方向是正确的。因此，我就提出一个很反动的口号："捍卫校党委，就是捍卫党的領导！""捍卫清华方向，就是捍卫社会主义！"这是針对房九和热零零二位同学革命大字报写的，这是錯誤的！是非常錯誤的！这种行动是保皇的行动，但是我自己給自己下結論，这是认識錯誤，并不是投机。而且，在六月五日蔣南翔作了报告，六月五日人民日报轉载了解放军报社論"高举毛澤东思想偉大紅旗，将社会主义文化大革命进行到底"的宣传学習材料，我看了，有几段話，使我很感动，我們一定要把文化大革命进行到底，如果不进行到底，把黑帮分子放过去，中国就要变顏色，就要人头落地！中国就要变顏色！同志們，人头落地，"还乡团"回来是什么顏色？我們家过去經历过这种情况。我自己就想，根本不能中国出现这种情况，要坚决战斗。因此，自己就想，当时，学校大字报給校党委提出了很多問題，这些問題未澄清以前，我就应該提出怀疑，提出怀疑就在自零零一自零零五的大字报上签上我的名字，我同意。后来，我就自己写了一份大字报"也向校长质疑"！第二天出了一份"再向校长质疑！"的大字报，主要是針对在北大二月"半工半讀会"上的讲話。现在我犯了个錯誤，輕信了广播台張××的讲話，我到广播台去，我就提到大字报上蔣南翔二月一日在北大半工半讀会議上讲話的材料确实不确实，那里有这样一段，有五、六个很字，广播台保卫校党委小組說："确实"。他們說是三十个人調查的材料，当場核实笔記。当时，为什么信任張××呢？因为他前一段跟我們战斗了很长时间，一起工作了一个学期，我觉得很了解他，当时就輕信了他，我认为大字报是絕对可靠的。第二天，"六·七事件"大会上，我把这件事說出来了，但是，我不是說自己調查的，我是說有一部分同学調查的。参加"六·七会議"的人都会知道，剛才李××胡說八道，捏造。再以后，假調查。我把六月二日到六月九日說一下，六月一日假調查，我們分析了那張大字报，我們分析是正确的，不管蔣南翔主观愿望怎么样，客观上犯了三大錯誤：第一，誣蔑党中央；第二，欺騙广大师生；第三，包庇邓拓和陆平。当时尽管是怀疑的，现在看来是准确的。从六月二日到九日之間，我們是怀疑的，我自己讲，应該继續怀疑下去，如果一个事实不澄清，我們就坚决怀疑下去，关键的事实不澄清，就要怀疑下去，我认为我不是投机，还有剛才李××同志把好多信件也念了，大多数內容是正确的，大多数內容是符合实际情况的。但是，关于中央去信这一件事，我可以給大家說一下，給中央写信并不是到清华才写的，在清华以前，在考完大学以前就开始写了，家乡情况怎么样，你們可以到江苏濱海县委去調查。事实上，现在证明像我所說的那样，阶級斗爭十分尖銳，很多党委都烂掉了，很多基层組織都烂掉了，事实上，像我过去在信里所說的那样，我抱着对党中央无限信任，希望党中央派得力的干部下去，扭轉我們家乡的情况，我认为我是革命者，并不是反革命者，也不是投机。

还有，我們家乡住在海边，謠言特别多，賭博风气特别盛，反革命活动很猖狂，有地下党黑組織，已經揭发出好多东西来。到目前为止，地下党黑組織还沒有全部揭发出来。所以說，濱海阶級斗爭是十分尖銳的，并不是捏造，并不是污蔑三面紅旗。当时我們家乡农民的生活也是非常苦的。当时有許多地富反坏串通四不清干部来剝削和压榨社員。

我自己在和同学的接触过程中，也犯了很多錯誤。我有个人英雄主义，我自己也想成名成家。尤其在考上清华那个时期，特别猖狂，感到自己考上清华了，很不簡单，很了不起了。当时这种思想是非常不对头的。我的同学也有同感，互相吹捧。我給他們出謀划策，让他們考清华大学。他們吹捧我，很合我的口味。这是不正确的思想，是资产阶級的思想，我自己提出来了。当时我不知道清华党委是黑党，我抱着对党委的信任，把我自己的錯誤揭发出来，我认为是革命的，而不是反革命的。而且，通过毛主席著作的学習，我自己体会到曾經犯的錯誤，也認識了曾犯的錯誤，也作了好多改正。关于和我最亲密的朋友，苏承发是工程物理系三零六班的一个同学，这个同学被大家认为是我最亲密的朋友，他思想品质有些问题，但总的說是比較好的。就这样一个人，我和他接触，他們說，剛才說这个人不好，希望你作个周密調查，你再发言。而且，我来过学校一次，他的确給了我一封信，我和他接触过程中，进行了很多斗爭的，并不是合二而一的。他来北京出差，我是跟他接触过的。后来給他去了一封信說，通过这次接触，不能不使我考虑些問題，我們之間究竟有没有右傾，有多少，有什么样的右傾，能記的都有（此句听不准——笔录者注），因为我对这些好多問題进行了批判，你自己可以到他那儿調查。我还有很多信，你們将来可以看，我认为自己在这一方面是正直的（此句听不准——笔录者注）。而且，剛才說的兄弟姐妹关系，我一直是不同意的。他一直要跟我交成兄弟关系，我坚决拒絕。一直到现在，没有建立兄弟关系。

还有，对于我家乡的同学，放了不少毒，后来我自己消了毒。这一点，清华原来的党組織可以有案可查。剛才×××有意識地把我所犯的錯誤全部揭露出来，而我改正錯誤的东西，根本不提到。一九六四年，可能是一九六四年，我收到一个外国女青年的信。当时因为特别好奇，想回信。

为什么我談这些問題，因为他捏造事实，歪曲事实，达到加强的目的，那我是不答应的。我希望通过摆事实，讲道理，把我說服，那就很好。如果把我揭得很多，真正是反革命了，那我就低头认罪。在这种情况下，迴避事实要害，迴避事实真相，歪曲报道，我认为这不是真正的革命者的态度。今天晚上大会为什么这么开？发言者都是什么人？现在，在对我是反革命分子还沒有下結論的情况下，我希望不要对我实行专政，因为我还享有公民权利。对我提的問題，我希望回答。我还有好多事情，需要回答。并不是一方面提的問題，另一方面不能回答；而另一方面提的問題，一方面就根本不管（此句听不准——笔录者注）。这样我們也是不答应的。

周赤萍同志的讲話：我們是代表毛澤东思想的，代表无产阶級人民群众的。这句話是錯誤的，并不是正确的。只有党中央才能代表毛澤东思想。他自己讲的这句話，我应当希望要承认。并不是自己說的每句話都是完全正确的。一人有錯誤的东西，还有正确的东西，你把錯誤的东西揪出来，把后面东西都扔掉，这不是正确的态度，不是摆实事讲道理。把我說服了，我是服理的，我是非常服真理的。如果說有人想强加我，那我至死也不接受的。

关于工作組的大方向問題，这个，我將今后詳細向大家敘述。我认为，工作組大方向从九日到十四日一个阶段，十四日到以后一个阶段，到二十二日一个阶段。二十二日发生王光美事件以后，又是一个阶段。我將詳細給大家敘述。大方向上是有問題的，并不是像你們所說的完全正确。很多問題，尤其是十四日以前，問題比較大的。出了王光美事件以后，对我这样处理是很有問題的。我自己將在下面向大家讲，也許用大字报形式，也許在下次辨論会上向你們詳細讲。

我的話完了。

九、蒯大富給鮑长康的一封絕密信

编者按：

請看蒯大富六月二十六日下午七点十分从"上海"寄给鮑长康的一封绝密！绝密！绝密！绝密！绝密！信。

绝密！出去看！

吳浩汀、李世雄、謝位珍、卞有为、鮑长康、邵凱胜、陈新生、曾文龙等八位同志

亲爱的同志們，你們好！

我在这儿，不得不說几句心里話。

現在的斗爭形势特別艰苦！希望你們絕不要考虑个人，一絲一毫也不能考虑，豁出去！

在別人把我們当着"反革命分子"的时候，我們絕不能一絲一毫的退缩。在"反革命分子"帽子沒有摘掉之前，我們絕不能向什么人承认错誤，我們退一寸，他們就要进一丈！他們現在抓不住我們什么把柄，千万不要把关键性的"把柄"送給他們，这样，他們气势更高了，更能蒙蔽群众，就将給文化大革命带来巨大損失！

我先走訪新市委，再走訪华北局。如果此二处得不到满意答复，加上中央、国务院联合接待处我們就无处說話。那时，我將采取强硬措施，坚决求見中央高级首长。不听到党中央、毛主席的声音，誓死不回学校！

我建議你們做下面几点：

1.一点不透露我在干什么。

2.坚决不发言，不表态，不參加辨論。

3.謝絕来訪。

4.密切地注視学校动向，随时做詳細記录。

5.好好学习社論，把着毛澤东思想方向！

6.特別需要警惕！防止出人身事故！

同志們，斗爭最艰苦的时候最需要我們紧密地团结起来。要在革命的車子上坐稳，絕不要摔出去！

紧紧握住你們的手！

最后胜利一定属于我們！

飽閱后，密傳我組可靠的人看，

看完小心保存，不得遺失！

回去給我。

衷心地希望你們在这个时候，在这最艰苦的时候，不要离开我！

蒯大富

六月二十六下午七点十分

于新市委接待室

（注：此信是工作組用大字报公布的，"編者按："也是工作組加的。）

一〇、告全校人員书

全校革命的师生員工，

工作队同志們，

今天，我和大家討論三个問題。

1.差不多全校人員都說我是反革命。什么是反革命呢？反对党中央、反对毛主席、反对毛澤东思想、反对无产阶級专政、反对社会主义的人，才叫反革命。这五"反"我一"反"也沾不上。外面大字报上、广播內容中，叙述我的"罪行"，全是捏造事实、歪曲事实以后强加的。許多同志，見此信以为真，对蒯大富是反革命分子，坚信不移。

同志們，我要严正指出，如果你是真正革命者的話，如果你真正对党中央毛主席彻底負責的話，把話說絕，如果你还有一个普通中国人的良心的話，那末，我衷心地希望你們，（你們也有責任这样做）好好作一番深入地調查研究，按毛澤东思想认真分析。不能只听一面之詞。带着"蒯大富是反革命"的框框去調查也是无济于事的。

我还請你們中一些人再次走訪中央，反映学校詳細情况，并把我的大字报抄稿交給中央。我是无限信賴党中央，无限信賴毛主席的。

孟家駒曾对我說过，"哎！上天无門哪！"我立即反駁他："胡說八道！在北京如听不到党中央和毛主席的声音，那中国岂不完了？你是怎样无限信賴党中央、无限信賴毛主席的？"中国永远不会完！中国永远是无产阶級专政！我們天天听到党中央和毛主席的声音，那么宏亮有力，又是那么亲切！

一方面，我相信，叶林同志他一定能如实地向新市委和党中央反映清华情况；另一方面，即使万一叶林同志歪曲反映情况的話，那么他也不能一手遮天，偌大清华，岂是叶林同志一手能遮住的？請同志們切不可低估党中央和毛主席在群众中享有的极大的不可动搖的威信。我十分坚定地相信，党中央和毛主席一定能全盘了解清华情况。蒯大富是什么样的人？党中央和毛主席一定能作出絕对正确的判断！

2.同志們，你們注意到目前学校情况沒有？现在，在全校范圍內大肆制造輿論，一方面，他們公布蒯大富莫須有的"罪行"，另一方面，他們又說，蒯大富"花崗岩脑袋"，"頑固不化"，"又臭又硬"，"反革命分子不会承认自己是反革命的"等等。

387

企图在这种气氛下，工作組就可以不顾事实真像，不管蒯大富是否低头，就召开万人大会，宣判蒯大富是反革命分子，剥夺人身自由权，管制起来，或赶出校門。

切切注意！这种严重局势很可能馬上到来！

"你害怕了嗎？"不！我死都不怕，还怕什么自己是"反革命分子"嗎？

但是我要严正告訴叶林同志，奉劝你們不要过早地下結論。如果你們按照我上述估計事，那末，由此而产生的一切严重后果要你們負全部責任！甚至对您自己也非常不利！

而且，我再一次严正要求，在没有判我是反革命以前，你們要坚决执行北京新市委指示，和履行你們自己的諾言；絕对保证我人身安全！

3. 有同志說："不管你过去怎么样，起碼你在文化大革命中把运动引入歧途，对人民犯下了滔天大罪。"

我說，何为歧途？望大家慎重考虑！我早說过，在运动中考查工作組性质本身，就是文化大革命一部分。我校目前之所以出現这种局势，完全是工作組所做所为造成的，要工作組負全部責任。如果說，这妨碍了打校党委黑帮，那大家去找运动領导叶林同志算賬。我不負任何責任！

但是，我再一次声明，工作組是否是黑线的組成部分，这要全校革命师生員工，包括革命的工作組員；在运动中考查！我相信，只要他姓"修"，他就不会說出姓"馬"的話来！

同学們，同志們，在这阶級斗爭的大风大浪中，每个人必须坚定地站稳无产阶級立場。头可断，血可流，毛澤东思想不能丢！擦亮眼睛，辨别真假，为无产阶級文化大革命的胜利貢献出自己的一切！

砍头不要緊，

只要主义真。

杀了我一个，

自有后来人！

无产阶級专政万岁！

中国共产党万岁！

毛主席万岁！万岁！万万岁！

（六月三十日写成大字报贴出）

一一、蒯大富六月二十二日"給北师大女附中的一封信"

編者按：

现将蒯大富六月二十二日給北大女附中楊三白、邓叶云二同学的信予以发表。請同学們分析批判。

一、蒯大富二十二日給北師大女附中的一封信

楊三白、邓叶云二位同志：你們好！

你們是真正的左派，我深深地为你們的革命精神所感动，幷向你們学习。

对于我的公开信，如果你們认为有必要的話可用大字报抄写出去，贴在显眼的地方。如果形势大变已不适合，则不必写出去，作为你們自己的参考。

如果抄写的話，底稿保留，不得遗失。并在二十三日下午給我来信，告訴我反应情况。

注意几点：

1. 坚持革命到底！

2. 毛主席的书，中央指示，社論是最高指示，要勤学。学深，学透。

3. 注意策略，爭取和考驗教育群众。

4. 切切注意提高警惕！不可有絲毫的麻痺大意。

祝好

蒯　大　富

一九六六年六月二十二日深夜一点

清华园

注：此信件由师大女附中同学交来的

（注：此信是工作組公布的，"編者按"也是工作組加的。）

蒯大富給北師大女附中革命左派的一封公开信

师大女附中坚定的革命左派：

师大女附中全体革命师生：

亲爱的同志們，你們好！

針对你們学校的情况，我想和你們討論几个问题。我的看法如不符合主席思想，請批評指正。

一、什么是眞正的革命左派？

眞正的革命左派应該是把世界革命利益放在第一位，心里始終想着正在战斗、正在流血、正在受苦的世界 2/3 人民，始終想着中国人民，想着党中央，毛主席，他們天不怕，地不怕，个人生死置之度外；他們以毛澤东思想为最高指示；他們是懂策略，善于团结群众。这样的人，才是眞正的革命左派。

革命左派的首要任务是什么？

毛主席再三教导我們，革命的首要任务是夺权斗爭。所以說，眞正的革命左派脑子里想的是夺权，两眼看的是夺权，双手做的是夺权。我們为无产阶級夺权，为党夺权，决不是搞个人野心，当"大官"。

你們学校的权，从前在学校領导手里，你們和他們斗，把他們斗垮了。今天工作組接管了你們全部权力。那么，每个眞正革命左派都应当考虑，工作組能不能代表我們？能不能执行党中央和毛主席的指示？如果代表我們，则我們热烈拥护；如果不代表我們，则必须再次夺权！这是头等重要问题，切不可糊里糊涂，等閑視之。

三、工作組是否不可侵犯？

工作組是帮助革命群众搞好文化大革命的。如果它坚决执行中央精神，以毛澤东思想为最高指示，处处为革命群众撑腰，处处打击黑帮分子和保皇派的气焰，放手发动群众，放手让群众写大字报。这样的工作組就应当拥护。反之，如果工作組象小脚女人，不敢放手发动群众，处处压制"放"，不为左派撑腰，反长右派气焰。这种工作組不能領导，应該轟走。

"无限信賴工作組"的口号是反动的。

"不許贴工作組大字报"的口号是反动的。

毛澤东思想，具体地說，主席的书、《人民日报》最近社論，是我們文化大革命唯一的最高的指示。符合这个，我們照办；違反这个，我們就要反；根本違反，我們就要斗！不管他是什么人，不管是那儿派来的工作組，一定要和他們斗。把它斗垮、斗臭、斗烂，再赶走！

四、文化大革命主要斗爭形式是什么？

是大字报。在大字报上进行說理斗爭，我們坚决反对那种不进行說理而澇口大罵的人。这种家伙是保皇派。他們特别害怕大字报，左派不要理他們，你罵你的，我贴我的。真理总会最后战胜錯誤。我們要大写大字报，不要怕任何圍攻。有党和毛主席給我們撑腰，我們还有什么可怕的呢？大不了豁出一条命！

五、工作組不是立场問题，但水平低，他們想搞好，而无能力搞好。这怎办？

一般不会出这种情况。万一出現，也应該把这样的工作組赶走。不能領导，却抱住权力不放，拖群众运动的腿，这样的工作組要它干嗎呢？赶走不更爽快一些嗎？

六、保皇派反对革命派的方式是什么？

一句話：打着紅旗反紅旗，压和拉束合，分化瓦解左派力量。具体地說，有五条大棒：①"放"，实际上压制左派放了；②"先立后破"；③反对"左派学閥"（过分强調政策，准备細微；主張合二为一，改良主义）；④"純学术討論"（逃避要害問题，引向枝节問题）；⑤"真理面前人人平等""錯誤言論人人有份""混战一場""揪住左派不放"。对你們学校，每个同学找一找，看，有沒有这五条大棒。

主席的話，《人民日报》社論是唯一的最高指示！

違反主席思想的我們就要造反！

提高警惕！提高警惕！！提高警惕啊！！！

战友們，紧握你們的双手！奋不顾身，勇敢地战斗吧！

未来的世界属于我們，最后的胜利属于我們！

致

革命左派的崇高敬礼

蒯大富

一九六六年六月二十二日清华园

注：此大字报底稿由师大女附中同学交来的。

（注：此信是工作組用大字报公布的，"編者按"也是工作組加的）

一二、再致叶林同志

叶林同志，您好！

上次給你的信大概收到了吧，不过沒得到你的回音。也許是工作太忙了。

今天，我想再对您說几句心里話。

1.我真佩服您为高压政策过硬，效果也十分惊人。这几天，您大概很高兴吧。除了蒯大富，差不多都被"压"过去了，您还准备怎样对待我呢？

通过这几天的领教，我很体会您大有几手。虽然你們对付校黑党委沒有什么大本事，迟迟不安排作战方案，但是你們对付我的过程中，却显得十分精明，計划安排得特別周密。

压上加压再加压！这大概是您的傳家宝吧。

叶林同志，您现在是否认識到，高压政策对我的效果为○？如果沒认識到，希望您能早点拿出更大压力的高压政策，再試一試，看灵不灵；如果您已认識到高压政策不能使蒯大富屈服，那末，你是否考虑换别的一手？

2.切切提醒您注意，您千万不要这样想：蒯大富事件不了了之，算了吧。

这場大是大非的辯論是你們挑起的。你們的行动严重地损害了党中央、毛主席和北京新市委的威信。我們为了保卫党中央，保卫毛主席，不得不拿起大字报这个极其有用的新式武器进行应战。然而，你們不但不承认錯誤，反而对我們施加巨大压力，甚至对我們进行政治迫害。将文化大革命引入歧途。

你們现在还想对蒯大富事件不了了之，那是办不到的！辯論你們既然挑起来了，那末下面怎样走，就不可能全按照你們的意志行事。叶林同志，我要严正告訴您，如果不把蒯大富事件作出真正符合革命利益的处理，想走为上計，这种想法未免太幼稚了。要战斗，咱們就得战斗到底，不决一胜負，暂不收兵！

3.从六月二十二日到今天，已經十天了，这几天几乎全是搞蒯大富問題。同学們很着急，都說，校党委还打不打了？他們要求来找我算賬。我說，我不負这个責任，要叶林同志来負这个責任。

叶林同志，您大概听到很多群众的呼声吧？他們都說要立即判蒯大富是反革命分子，专我的政。只准我规规矩矩，不准我乱說乱动。您准备怎样对待群众的意見呢？是否感到压力很大？

4.我认为，我对我自己是很了解的。我絕对不承认我是反革命。事实上，你們也拿不出任何罪状来，我心里很踏实，沒有一点空虚的感觉，也不感到有什么压力。这是真的。不知您是否相信？

5.我作一种大胆的推测：也許你已經认識到，在处理蒯大富事件中，犯了严重的錯誤，而这种錯誤是由于調查不周，乱下結論所至的。产生的恶果是严重阻碍清华大学文化大革命的发展的。

如果我这种推测是符合实际情况的话，那么，你作为真正的馬克思主义者，就应該满足我下面十条要求：

①召开全校大会，公开承认自己犯了严重錯誤，并作深刻檢討。

②宣布蒯大富不是反革命分子而是革命者，赔偿我的政治损失。洗刷一切攻击我的大字报，广播我六月二十八日以后所写的所有大字报全文。

③宣布我組原十人及史复有同志不是反革命分子。宣布刘才堂、王铁成、任傳仲、張云輝、刘泉及絕大部分曾經支持过我或同情过我的同志不是什么"蒯氏黑打手"，而是革命者，赔偿他們的政治损失。

④勒令那些明知内情而蓄意捏造和歪曲事实的人，勒令那些别有用心攻击我的少数人作深刻的交代和檢討。并减除广大群众被蒙蔽状态。（大部分群众，我不責怪他們）

⑤撤銷工化系副組长張茜薇同志的职务。撤换化九的四个工作队員，换上新的經过严格挑选的工作队員到化九来。

⑥重新严格审查文革領导机构。剔除那些投机革命分子和不堅定分子。

⑦全面总结工作組进校以来的工作。解释六·二二事件、王铁成变"瘋"事件及其它事件。

⑧通知附中及外校工作組，希望他們不要对和我有过联系的人，施加政治压力。

⑨在做到上述事情以后，立即轉入打校党委黑帮高潮，拟下詳細战斗方案，揪住眞正黑帮分子，七斗八斗猛打猛冲，穷追不舍，不获全胜，决不收兵！

⑩把我校情况，眞实地、詳細地、迅速地汇报给新市委及中央，請求指示。

再說一遍，如果您是眞正的馬克思主义者的話，您就沒任何理由拒絕我上述十条要求中任何一条。

6.如果我上面的推測，不符合实际情况的話，即現在你并不认識到自己有什么过錯，还是"毛澤东思想方向。"那末，也很好，您还按原計划进行。我等着应战。不过提醒您注意一下，那我就不承认您是調查不周所犯的錯誤，而却认为是預謀的。十条要求已公布于大家，不管到哪一天总会全部滿足的。

7.叶林同志，再一次向您表白吧，我的信心更加足。我认为，形势在按照我的估計向前发展。

您已經錯誤地估計了形势，把表面現象当本质。希望您不要一錯再錯，錯上加錯，錯到底。就比如說群众的觉悟吧。广大群众在你們捏造事实、歪曲事实、强加罪名的情况下，处于被蒙蔽状态。但是，尽管大部分群众受騙，我还是十分堅定地相信，在群众中支持我和同情我的人还相当不少。别看他們沒有发言，但到一定时候，他們要說話的，他們会喊出眞理的声音！清华园內，眞正堅强的无产阶級革命者多得很！他們决不是什么压力所能压倒的。他們必将为共产主义事业頑强地战斗到底。您不相信嗎？咱們走着瞧！

現在，清华大学文化大革命已被你們引入歧途，你們已經犯下十分严重的錯誤。我为了党的利益，为了群众的利益（群众的确迫切要求！），我严正向您提出要求：两天內，对我的两封信作出回答；并在尽可能短的时間內，对蒯大富事件作出正确的、妥善的处理。如果您不顾党的利益和群众要求，执意按照你們原来意图行事，想达到你們的原来的目的，因而一拖再拖，給文化大革命造成越来越大的损失，那末，我可以老实告訴您，一方面，你們原来的目的永远也达不到；另一方面，群众不会答应你們，我也不会答应你們！咱把話說在前面，在适当的时候，我将采取强硬措施！到那时，您就可能不可收拾，悔之已迟了！

望您三思，再三思。

祝您精神好！

致

革命的敬礼

（声明：①同上次②起码保留二天半！）　　　　　　　蒯大富　七月二日

一三、声　明

1.非常感謝校工作組及師大女附中邓、楊二同志发表我的两封信。今天。我原准备出大字报，现在巳有两封信，就不出了。还有誰掌握我的信，也請全文发表。

2.給鮑长康同志的信，之所以假借从"上海"、寄出，是因为处在二十六日的情况，我怕有人从半路劫信、拆信。

3.这两封信里我写給当时被我认为最可靠的人，因此，最反映我內心世界。請全校真正的革命左派分析，看它們是反党反社会主义的黑信，还是无限热爱党中央，无限热爱毛主席，无限热爱毛澤东思想的好信？

蒯大富
一九六六年七月三日

一四、絕食抗議非法政治迫害！

清华大学工作組：

我现在还是中华人民共和国公民，我现在享有不可侵犯的人身自由权！

而现在呢？

我出門，你們跟踪監視；

我打电話，你們不准；

今天出新斋門，你們不准；

上强斋，你們不准！甚至动武，流血！

我要去中央，你們不准！

你們要犯法嗎？你們要封鎖中央嗎？

办不到！一万个办不到；

现在我提出一个要求；

誓死明天去中央

你們可以派人跟着，但没有限制我行动的任何权利。

如不答应，我于一九六六年七月五日晨六点零分起，絕食抗議这种非法的政治迫害！

蒯大富
一九六六年七月四日二十三点

一五、給叶林同志的两封信

（一）

叶林同志，您好！

今天，我在絕食过程中給您写这封信，也許，这是最后一次了。

咱們已經打过多次交道了，彼此之間均有所了解，下面我再对您說几句心里话。

1. 我的前两封信您閱过了吧，有些什么感想呢？我一点不夸張地說，两封信中的內容，句句打中要害，我想，您肯定是深有体会的。

2. 我坚定地相信，您肯定已經认識到在处理蒯大富事件中，犯了严重的錯誤，給文化大革命造成巨大损失。您准备怎样对待以前所犯的錯誤？这是考驗您是真馬克思主义者还是假馬克思主义者的試金石。下面，我提供四条路供您选择：

当前情况，（我正在絕食，爭取去中央）

①以基本滿足我的十条要求为談判条件。或者干脆全部滿足十条要求。这样，您就不失一个真正的馬克思主义者。

②答应我去中央反映情况（你們拿不出一条理由来拒絕！）这样，在中央全盘掌握清华情况的前提下，由中央作判决，这种判定是絕对正确的，我口服心服。如果您答应的話，表明您不怕中央，信任中央，也不失为一个馬克思主义者。

③在我絕食未死之前，您就作出判决，說蒯大富是反革命分子。准許我上訴中央，（您也无有理由拒絕！）此时，您就很难算得上馬克思主义者。

④旣不判决，又不准去中央，听我絕食下去，直至死亡，这是最最下策，您大概不否认，只要我因不准去中央絕食而死，此事非同小可！您纵有天大的本事也包不住，中央肯定知道。那时，您就不好办了的，不但根本談不上馬克思主义者的問題，也不只是普通的黑帮分子問題，而是负有人命的大黑帮分子！那时，不只是身敗名裂的問題，而且能有更大横祸降临！您不信嗎？咱們就試試看！

目前，摆在您面前的只有这四条道路，何去何从，由您选择。不过，我衷心希望您走第一条路，最起码也走第二条路，尽可能不走第三条路，切不可走第四条路。三思啊，叶林同志！

3. 的的确确您从前錯誤地估計了形势，您低估了党中央和毛主席在群众中享有极大的不可动摇的威信，低估了毛澤东思想的无限威力，低估了群众觉悟，因而犯了錯誤。但願您能重新估計形势，作出符合党的利益的行动。

4. 我的革命意志是不可动摇的，这点您已知道。我的确是无限信任党中央和毛主席的，毛澤东思想是我唯一的最高指示。我这次之所以敢于无限期絕食下去、力爭去中央，正是我坚强的革命意志的反映。

我庄严宣告：如果您不准我去中央，我就下决心絕食到死亡。决不会有一絲一毫的动摇！我对党是赤胆忠心的，为共产主义事业我願意献出我自己的一切！

望您能在明天內給我答复。越早对您越有利。（我七月四日晚上吃了三两面条后，从未进食、喝水）如果超过明天，事情将难办一些，如果超过后天，就可能不可收失。

您是老干部了，經驗很丰富，您一定能迅速作出最符合党的利益的处理。我耐心地等着。

三思啊，再三思！

祝好

蒯大富

一九六六年七月五日晚七点三十分

（二）

叶林同志，您好！

昨天給您的信收到了吧。我提出的問題，您是怎样考虑的？四条路您到底走哪一条？

我可能不行了。从文化大革命以来，我一直是夜以继日的干！吃飯少了，睡觉少了，也不鍛炼，原来的身体棒，大大地削弱了。在絕食以前，我身体本来相当虚弱，絕食已經五十小时了，在昨天和今天被他們从床上硬拖起来辯論四次。搞得我精疲力尽，大有分崩离析之感觉。据我现在自身体会，我大概熬不过明天！

因此請您在我还能說話的时候，和我談一次話。我有很多話要对党中央、毛主席說，要对我的爸爸妈妈說，也有一些对您們說，請您有空千万来，作我死前最后一次談話吧。如果您太忙，派一个全权代表来，并带一个速记員来，把我的話作为遺书吧。

　　祝好

时間：今晚七点——八点

蒯大富

一九六六年七月六日下午六点

一六、向 党 祝 賀

亲爱的党、我的母亲！

在您45岁生日的日子里，您的孩子向您表示最衷心最热烈的祝賀！

在这喜庆的今天，我流着热泪，有着千言万語要对您說啊！

我是貧农家庭出身的孩子，我家祖祖輩輩受尽地主老爷的欺压凌辱，在您的領导下我家翻身了，我的生身父亲、母亲相继参加了革命，他們經常敎侮我，不要忘本！不要忘記党的恩情，不要忘記毛主席的恩情！

今天我无愧地对您說，沒有忘記！永远也不会忘記！我对您巨大的深厚的感情是任何力量不能割断的！

是您把我送进清华大学，这三年里在您的哺育，在毛澤东思想阳光的照耀下，我茁壮地成长着，从一个不懂事的孩子，懂得要革命。我对您的感情一天比一天深。誰要是向您进攻，我就豁出这条命和他拼！

亲爱的党，我感到无比幸福，我赶上了您发起的这場偉大的无产阶級文化大革命。虽然我没有經驗，但是我不怕，因为我天天讀毛主席的书，一拿起主席的书，就觉得主席在我身边，亲切对我說，"坚决革命到底！希望寄托在你們身上！"我从主席著作中吸取了巨大的精神力量，任何东西是不能攝垮它的。

亲爱的党，我遵照您的教导，以主席的书作为唯一的最高标准，干那、干那、沒命地干！我感到精力从未有向今天这样充沛！

亲爱的党，虽然我目前受着巨大的委屈，但是我一点点也不怪您，这完全是少数人没有执行您的指示造成的，我十分坚定地相信，这一定会澄清的，一切牛鬼蛇神絕对不能逃脫你的阳光！

在这里，我再一次向您表示决心：为了您的事业我上刀山，下火海在所不辞！

請您放心吧，对革命的敌人，我是残酷无情的，誰要是想使我在无产阶级的敌人面前表示絲毫的軟弱或退让，那是妄想！

让我一千次，一万次高呼：

中国共产党万岁！毛主席万岁！万岁！！万万岁！！！

蒯大富敬上

1966年7月1日北京

一七、六月九日—三十日活动情况

蒯大富

一九六六年七月一日

首先，声明几点：

1. 这决不是什么"交代"材料，而是我願意向清华工作組汇报这一段情况，工作組的任何把我当着反革命分子的处理方法都是不妥当的。

2. 由于我近几天忙于辯論，根本沒有时間看外面的大字报，所以，外面大字报上提出的問題，我不能一一解答，但是，我一定将我全部活动情况，包括思想活动全都說出来。

3. 为防止篡改文章內容，我采用复写的方法，大家所見到的只是第二层或第三层，如果閱者看到的不是复写所印。我槪不負責。

4. 如果我这份材料不能令你們滿意，你們还可以提出要求，我将酌情处理

下面按时間順序排列：

六月九日

八日，我們出了一篇駁黑帮打手遇平静的大字报：《眞的是針鋒相对嗎？》。九日，我們又出了一篇坚决支持化九零三花純荣等革命左派的大字报：《我們的决心》。

到了这个时候，我們对校党委的怀疑越来越大，尤其是当我們知道蒋南翔把毛澤东思想从"頂峰"降到"高峰"，"最高最活"降到"活"，我們十分气愤，簡直就要下結論了。

晚上，我班原左派小組与化九零三左派小組在三院三一三开会，商討下一步怎样战斗，大家互鼓干劲，信心十足。

正当我們开会已完，准备学人民日报社論的时候，此时化九零三馬元同学从外面飞跑而来，进屋就大叫："工作組来了！工作組来了！"全室同学，莫不欢欣鼓舞，长时間起立鼓掌，有的眞高兴得跳起来，大家高呼"中国共产党万岁！""毛主席万岁！"等口号，小小屋子簡直就要炸了。当室外同学听到我們宏亮的口号声，以为发生了什么事，大家都圍着三院，趴在窗上向里看。

我和大家一样，同样十分高兴，这时，有几种想法才涌入我的脑海：①工作組进校，证明校党委已不能領导文化大革命，看样子他們要完了。②但是，这是否是校党委耍的阴謀？反正蒋南翔是高敎部的，他能从高敎部派工作組来。如果工作組是高敎部派来的，岂不是蒋部长搞蒋校长嗎？因此，我准备馬上去調查。③如果是新市委派来的那么

校党委此时肯定慌了手脚，說不定能瘋狂地挣扎，所以此时特别要提高警惕，头脑要冷靜，需要仔細地观察和分析，防止出了事故。

通过多路調查，当晚大致确定工作組是市委派来的。我們更加高兴。

六月十日

一夜之間，形势大变，令我非常吃惊，那些从前頑固的保皇分子，紛紛倒戈起义。大批揭发校党委在文化大革命中所犯的罪行的大字报出現。"校党委是黑帮"的口号越来越多，革命之风越刮越盛，到中午已占絕对优势，蔣，艾一群已經无能为力了。

上午，我在全校范圍內看大字报，下午我班原左派小組在二宿舍开会，討論形势与任务。大家提出不要高兴得驕傲起来，越是形势好，越要冷靜，不要以左派自居，特别需要提高警惕。

开完会后，到新斋前，四点五十分大批工作队員来了，全体同学高呼"毛主席万岁！""热烈欢迎毛主席派人来！"十分热烈！

此时，我班王大定把我拉到一边，对我說："你原是广播台的，回去夺广播台吧，班上我們来負責！"我一想很对，从前我被他們赶出来，现在该回去了。当时，我和王大定等一群同学，冲进广播台，勒令他們立刻广播"热烈欢迎毛主席派人来！"他們借口时間不到，想不广播，但在群众巨大压力下，他們不得不立刻广播。

晚上，原广播台人員开会(二宿舍)。在会上，原保过皇的同学力图爭夺領导权，想把广播台改造成团委的喉舌，我們被他們赶走又回来的同学和他們进行堅决的斗爭，粉碎他們的阴謀。

但此时，我并不放心，因为广播台沒有工作組員，很可能再放毒。当晚会上，我就和广播台播音員王庆平去强斋见到柴同志和鄧同志，向他們詳細汇报广播員情况，請求立即派人来广播台，他們答应了我們的要求。我們就回来了。

六月十一日

上午，我們等工作組同志来广播台，柴、鄧二同志給我們讲了話，分析了形势，下午和工作同志具体討論广播台怎样改組，晚上，排了值班同志，并写了一份欢迎稿，欢迎高教部、各兄弟院校来支援我們。第二天用了（班上发生了問題）。

此时，我对工作組是信任的，只是看到有些群众自发斗爭被工作組解散，心中有些不快。

六月十二日

上午欢迎高教部等地方的同志来贴大字报，下午看大字报。此时班上局势更严重，卡有为由于爭权而失去了我們原小組信任，孟家駒等硬要我回班，我就回班了，当上了組长，晚上开了会。

此时对工作組的态度同11号。

六月十三日

上午召开无产阶級文化大革命大会，叶林同志作了报告，当时我是很高兴的。会后，听到有些同志对叶林报告提出一些意见，我觉得也有一些問題（见十六日大字报），緊接就討論叶林同志报告，至中午（与九零五合班討論）。下午排队看大字报（我不怎么同意，实际上最后沒有排成），晚上八点三十分以前第二次討論叶林报告，八点三十分——十一犯了大錯誤就不好當領导，因此我就对李世雄他們說："假如我們倒下了，班上就靠你們来領导！"此所謂"倒下"即犯大錯誤。

我們坚决地认为我們此时没有个人考虑，根本不是想赶走工作組，最重要的是：提出問題供大家考虑，我們沒有个人野心，根本不想夺誰的权！

此时，我們对工作組的态度，是怀疑！

六月十六日

一大早，大字报贴出去了，引起全校的注目，看的人很多，上午还沒有人围攻我們，我睡了三个钟头觉。到了中午，此时已有少数围攻大字报。

不見工作組任何反映，他們閉口不言。

下午，斗爭黄志冲大会，开得很好。

会上，建九数同学将我叫出，到新水三二三座談，其主要内容是傳达市委馬力同志指示：不准給工作組贴大字报，贴了以后怎么办？①不管它②盖上③自己扯下来④不要辩論。我說，坚决执行新市委指示。請示一下曹欣同志，曹說不管它，我就不管它了。

这一天晚上，我們找化九原輔导員宋滇談話。

另补：关于刘泉、王铁成等同志的大字报。

他們的大字报出来以后，我当时心里就想，他們的意見提得有些片面了一些，論据不充分，但結論下得很大，而且用大字报的形式，这是否恰当？中午，荒島会議上也提出这样的看法，大家也基本同意。但不管怎么样，刘泉、王铁成等同志的革命精神是不可抹杀的。尽管他們的意見有这样的或那样的錯誤，但他們敢于大胆发表意見就很好。作領导，工作組总的說，应該是欢迎，而不是看得不耐煩。应找他們个別談話，向他們解釋，应組織同学用各种形式和他們进行說理斗爭，而不希望同学用煽动性的口号去施加政治压力。工作組自己更不应該施加政治压力。

我們的态度是欢迎。但我們也不想用大字报向工作組提意見，我們要擦亮眼睛看着，如果工作組采取正确的态度，那我們滿可以不十六日大字报，但是大出我們所料，工作組的行动向我們表明，他們向我們愿望的反方向前进，对此，我們为革命最高利益，不能再等了，就出了十六日的大字报。

六月十七日：

上午全班开放包袱会，开得很好，作为組长，我很高兴的。上午还凑了化九輔导員情况。下午学社論，晚上找徐茂宏等談談，仍不見工作組大字报的反映。

对工作組的态度同十六号，总的說，等着瞧。

六月十八日

上午召开班上核心小組会，討論怎样做班上思想工作，具体討論了每一个人。下午化九文革小組召开会議討論具体安排。晚上，我做个別工作，找了刘德輝談話。

此时对工作組的态度同十七日。

六月十九日

上午看大字报。十一点到科学館前，遇見一同志（四天后才确知是薄一波副总理同志，他自称是北京新市委来的。我挤进去和他辩論了約四十分钟。他說工作組的大方向是完全正确的，对我提三条要求：①站到左派中間来，站到工作队这一边来，不要做左派中的"左派"、"左派"就是右派。②学毛著③讲究策略。他还希望我们下午就写大字报，意思是說承认六月十六日大字报是錯誤的，說："我怀疑你是否有勇气写？"我說："我有保留"。

对于这位同志的談话，我是有些意見的。因为我认为他沒有认真貫徹党的放的政策，我們的大字报尽管有这样或那样錯誤，但为什么要我写檢討。这种做法，是有点不符合毛泽东思想。出于这种感情，有人問我是誰，我回答他："不知他胖老头子是誰！"現在看来，这种說法是很不礼貌的，是錯誤的。

下午学社論后，得知王光美同志已来，我就去看看，在七飯厅旁看見了王光美同志。

晚上，二次找徐茂宏談話，并在有老黃同志参加的情况下，召开班上核心小組会議，商量具体做法。

此时，对工作組的态度是怀疑，我非常不理解的是工作組进校这么多天，为什么还不具体安排？校大头头簡直一个沒斗，到底为什么？走着瞧吧。

六月二十日

今天，人民日报发表一篇社論《革命的大字报是暴露一切牛鬼蛇神的照妖鏡》句句說到我們心里，我們高兴极了。

上午，化九各班核心組会，准备討論如何对待党員，下午与原分团委书記高鴻錦座談。（他的态度很不好！）晚上原准备学社論，后花純荣叫我們討論如何对待党員。我們討論了一个晚上，会上两組人意見分歧很大。

此时，对工作組的态度是怀疑，我总觉得，他們对待同学的意見采取的态度很不正确。大头头为什么老是不斗？

六月二十日

这一天下雨。上午我們去看大字报，并走訪了数力系文革委会主任乔宗淮同志，得知王铁成"疯"了的事件，我們非常不理解，他为什么疯？想求見王铁成，他們不让見，沒有办法，我們只好回来，心中加深了对工作組的怀疑；这是否是一次政治迫害？

下午，开斗滕藤大会，大会我感觉是不如上次斗黃志冲大会好，有些地方是故意做作，而楊組长的讲话很有些問題。

晚上，开班上核心小組会，老黃参加，討論如何安排。在会上，由于我对工作組的怀疑，我提出让吴浩汀組专門抽出来观察运动动向，向工作組提意見。一方面可以帮助工作組工作，另一方面我們也很想消除对工作組的怀疑，老黃不同意，我也不坚持了。

六月二十二日

上午討論一个钟头楊組长报告，后看大字报。

中午突然接到老黃同志通知說要开会。

下面的内容全在《叶林同志，这是怎么回事？》中，不必重复，只說明下面几点：

①六·二二事件是客观存在的，是工作組挑起的，从王光美同志要来，到可能来，到最后沒有来，很可能存在着阴謀。我們为着革命利益去追謠是无可非議的，是好的行动。

②本来，我們很不想写大字报，只是工作組同志的态度使我們十分气愤，不但給我們坐冷板凳，而且不給我們满意的答复，还拒絕接見，为此，我們不得不写大字报，公布于世，让大家来評論。說实在的，我們写大字报是工作組逼出来的。

③此时，大大加深了我們对工作组的怀疑：如果这是阴謀的話，我們无法想像，这是馬克思主义者做出来的事。

六月二十三日

一夜沒有睡觉，赶出大字报以后上午观察大家对大字报的反映，工作組有好些同志去看了。

上午我还会見了王铁成同志，通过会談，我对工作組更加怀疑，对王铁成的处理，起碼客观上是政治迫害。

下午全部睡觉。这一天圍攻我們的大字报很少。

晚上，我班第一次組織学习社論，中国青年报《左派学生的光荣責任》。

正当我們开会学社論之时，工化系召开一个秘密会議，准备圍攻我們，我提醒我們組同学注意，提高警惕，此时对工作組的态度是很大怀疑。

六月二十四日

果然不出所料，一大早出现一批圍攻我們的大字报。工化系为最多，田秀敏、花純荣大打出手，不惜采取恶劣攻击手法，以王連生、段德智、陈禎祥为首的三零六組歪曲报导事实，他們不但失去共产党員的任何党性，而且沒有一个有普通中国人良心。

此时，走訪我們的人特别多，我們接待一些来訪。

下午，阶梯教室前不知是誰挑起的辯論，我进去，他們硬要我回答问题，我回答了一个问题就走，他們揪住我不放，直走到化学館前，一群自称"工物系革命左派"的人圍住我們两个小时零十五分钟，逼我們和他們辯論，我回答了一些问题，答应放松条件，晚上在礼堂辯論。

礼堂辯論会上，当我們把事实經过一說，談出我們的看法以后，群众大多数就被我們争取过来了。

但叶林同志大打出手，对我們施加政治压力，他說："向工作組夺权，这不是向无产阶级夺权嗎？""向无产阶级夺权，这是反革命行为。""蒯大富要向工作組夺权，"言下之意，蒯大富就是反革命。我們不在乎这种压力。

这次大会完全向着工作組愿望反方向前进，他們称二十五日晚上继續辯論，不了了之。

这次大会后，我們非常高兴。此时，我对工作組的态度是，心中认定他是黑帮，但由于材料不很充分，不能公开說出来，說出来是不負責任的。

六月二十五日

在叶林同志的启发下："打倒反革命分子蒯大富！"的口号滿天飞，但是，如实报导六月二十四日大会实况的人很多，支持我們、同情我們的人很多，为防止出事，准备晚上辯論，我在一个暗室里呆了一整天。准备晚上辯論。

可是工作組看形势不好，出尔反尔，又說不辯了，推迟不知道哪一天，我們上了这个当。准备明天去走訪中央。

此时，对工作組的态度同二十三日。

六月二十六日

一大早起来，准备好就往中央去，为防止不让出校門，我們分几批走，在五道口結集。孟家駒、李世雄、吳浩汀、卞有为、謝位珍五人和我一同前往中央。

我們准备直接走訪中央（府右街八号）中央守卫同志叫我們去西安門二十二号中央办公厅国务院秘书室联合接待室，在路上，我們分歧很大，后經开会，又統一了相同的一部分，即只叙述过程，不提什么观点。直到下午 2 点多受到接待，郭同志的观点和叶林同志观点几乎相同，因此，我們没有什么收获就出来了。

此时，我們意见分歧更大。李、吳、卞、謝四人要回家去，我对他們說："你們到家后，不管形势怎么样，不管压力多大，都不要承认什么"錯誤"，否则，你退一寸，他們就进一丈，由主动就轉入被动了，如果你們不听我的話，那你們試試看。形势肯定按照我的估計发展。他們没說什么就走了。

我和孟家駒又走訪了新市委，反映了学校情况，那位同志答应給我們轉达，我們就回来了（老孟家里）。

当晚是在老孟家睡觉。

此时对工作的态度同在校。

六月二十七日

早上起来，正准备去华北局，学校来电话（朱培順打来的）說傳文革委会命令，上午赶回学校，并帶回一切材料。紧接又来一次電話（花純荣打来的）重复同样內容。

很显然，事情严重了！

我当机立断，下定决心求见中央领导同志。到新华門，新华門不接见，我們无法，怕遭迫害，就到最高人民法院請求法律保护人身安全，法院同志說，这是文革范圍内的事，工作组是北京新市委派的，你还去新市委吧，我們就二次走訪新市委。

到新市委，我反映了上述情况，新市委接待室同志說："你的身份将来一定能搞清楚，是反革命，你走不了；不是反革命，肯定不会强加你！"我认为这是党中央和毛主席的声音。当时我打电话給校工作组，校工作组答应絕对保证我人身安全。我就回来了。回家的路上，遇到段德智、欧阳平凱、陈禛祥、朱培順来找我們，我們就一同做車回家。

到家一看，形势急剧恶化，在家的人差不多都"投降"了，对我是一片打倒声，我倒不在乎。

晚上开辯論大会，我发了言，表明了我坚定不移的态度。但这次大会，明眼人一看就知道起码客观上是一次政治迫害。大会的其它发言者，捏造事实，歪曲事实，造謠生事，无中生有，小事化大，乱下結論，我实在体会他們太軟弱了。

此时对工作组的态度加深怀疑，心中认定是黑帮。

六月二十八日

我上午出了一篇《关于六月二十七日大会声明》，下午又出了一篇《致刘才堂、王铁成等同志》，晚上写出"致叶林同志"。

思想活动见大字报。

对工作組态度同上。

六月二十九日

出了一篇《致叶林同志》

剩下时間用于辯論。（上午我坚决拒絕参加班上圍攻，下午和化九辯論）对工作组点整召开左派代表大会。張茜薇讲了話，对她的讲话我当时听的时候就很有意见。

（見十六日大字报）

此时，对工作組的态度是基本信任，有些意見。

六月十四号

上午八点三十分第二次討論叶林报告，散会后得知刘泉同志王铁成同志贴出《現工作組不可信任》、《工作組大方向錯了！》等一大批針对工作組的大字报，当时就有人圍攻，"打倒反革命分子王铁成！" "又一批牛鬼蛇神出籠了！" 等口号出現，还有人喊出"无限信賴工作組"的錯誤口号。我們当时写了一句"无限信賴工作組的口号是錯誤的！"的口号贴出去。

此时，我們对工作組产生一些疑問，但总的說还是信任工作組的。

下午，原我組十一人加李其大加荒島开会：凑观点，当时零零碎碎凑了十八条对工作組的意见。下午开化九左派代表会議，老黄同志召开，我們基于对北京新市委的信任，对工作組的信任，将我們对工作組的意见无保留地都提給工作組。幷在会上由十八变成三十一条。

下午五点工化系在化学館四楼召开各班組长会議。在会上，我們还是抱着对革命彻底负責、对新市委负責、对工作組负責、对文化大革命负責的态度，把我們所有意见，毫无保留地当着張茜薇同志的面，尖銳的提出来，但張同志的态度很不虛心，很不好，引起我們反感（見十六号大字报）

此时我們对工作組的态度，应该說还是信任的，我希望他們能够給我們解釋，我們提的意見，幷立即有所改正。

这次会議直开至八时，差点吃不上飯，可是剛吃完飯，九点又开化九文革小組会，直至十一点。没有什么内容，我很想不开此会　此时对工作組的意见就更大了一些。

在張茜薇同志召开的会上，我曾明白地提出估計："明天可能出現一場关于工作組性質的大辯論"此时我就想是否工作組用开会的办法，拖延这場辯論？

六月十五日

早上剛起床，早飯没吃，通知說"紧急会議，馬上就去！"我飯也不吃了，就去开会。后来还是昨晚那个会，說下午就斗徐茂宏，上午必須准备。上午就准备了。下午开斗徐的会。斗了一次，徐的态度不好。但晚上没有必要連續开，他自己也不同意，比較脱离同学要求。可是工作組还建議晚上再斗，我没有同意，认为这样做法是很不对的。

此时，我对工作組的意见很大，看样子他們下决心不让我們写大字报。就对工作組产生怀疑，这是否是有目的的布置？

出于这种想法，我就和孟家驹同志商量連夜給工作組贴大字报，只有孟堅决支持我，其他人皆不同意我們的做法，我就和孟家驹同志二人連夜起草轉抄《工作組往哪里去？》

当时我們想：我們心中无鬼，工作組的許多行动严重地損害了新市委、党中央和毛主席的威信，我們为了保卫党中央、保卫毛主席，不得不打出这份大字报。如果工作組是眞正馬克思主义者，那么他应该欢迎，給我們做解釋。我們怀着一种不安的心情等着工作組反映。

当时我們也考虑到，我們提的意見很可能不正确，很片面，那我們就犯了大錯誤，态度同上。

六月三十日

白天和化零四辯論；出了一篇《告全校人員书》。

对工作組态度同上。

思想活动見大字报。

蒯大富

一九六六年七月三日

声明：1. 下面和另外均无补充，有"补充"是捏造。

　　　2. 以上材料全部算实。

一八、致"保蒯派"

刘　泉、張云輝、孟家駒等一切曾經支持过我和同情过我的同志們：

我十分坚定地相信，你們中絕大多数人是革命派，是无限信賴党中央和毛主席的。（但不排斥极少数人是別有用心的家伙！）六月二十五日以前，你們曾經給工作組貼过大字报，提过意见，发表些議論，就飞来横天大禍，"立場"問題几乎都是。在强大的政治压力下，你們不得不"低头认罪"、反复"交待"、"檢討"問題，还不得"下楼"，你們高亢的革命精神完全被压抑了。

但是，烏云遮不住太阳，党中央和毛主席派人来給我們撐腰，工作組一手没有把天遮住！北京大学又吹来了革命的东风，清华園內一片大好形势，让我們站起来，挺直腰板頑强地战斗！为保卫党中央和毛主席拿出我們青春的生命吧！

我知道，你們中不少人对我很是怀疑，你們怕我是反革命分子，怕上我的当，这是完全可以理解的，而这种革命警惕性是可貴的。但是，你們从你們自己亲身經历还不了解嗎？工作組对保蒯派采取的什么手段你們体会还不深嗎？你們暂时低了头，他們还死揪住你們不放，何况我从未低头，他們更是对我恨之入骨，使尽了种种卑鄙毒辣的手段。左边澄清事实的大字报可见一斑。

是时候了，是清算工作組所犯严重錯誤的时候了。我們应該用我們亲身經历来揭露工作組在前一阶段在大方向上严重問題，他們不引火燒身，我們放火燒他們身！我昨天編輯了一个語录集，你們好好看一看，向刘英俊同志学习，为勇敢捍卫最高指示，无所畏惧地前进吧！

誓死保卫党中央！誓死保卫毛主席！

蒯大富　　七月二十八日

一九、澄清几件事实

现在全校大多数师生員工把我当成"反革命分子"，我已多次声明，我一点不責怪大家。在工作組让人造謠、捏造事实、歪曲事实的情况下，以及大家处在高压政策下，誰敢說蒯大富不是反革命分子呢？所以虽然直到今天我幷不承认，（也永远不会承认）

403

但我由于被剝夺发言权，不能澄清事实，大家的受騙状态仍得不到解除。现在我重新获得发言权，先解釋主要的吧。

一、关于我"反对毛澤东思想"。

这一条是最引人痛恨的。为什么你說"毛主席的話不一定是真理"，"毛主席的話也有錯。"这一点在6.27大会上曾解釋过。（記录稿別有用心地記錯了！）我班同学曾文龙和我爭論主席的話是不是句句是絕对真理，我說："不一定"，事实也正是这样，主席的話大多数是相对真理即在一定的时間与空間內成立，但是上面两句話，我从来沒說过，有人故意捏造的。

毛主席的話句句是真理，一句頂一万句！这永远是正确的。虽然我水平很低，但我还竭力想把主席思想当着自己行动的最高指示。

二、关于我"怀疑新市委、怀疑雪峰同志"。

这一点是我班×同学捏造，我已辟謠，我是非常信任新市委的，尤其信任雪峰同志，我写了多次信給新市委和雪峰同志，要求他們帮助我。这一点有案可查。

三、关于我"要考驗党"。

这是歪曲。在辯論小会上我說：现在全国各地人民正在用毛澤东思想考驗他們領导（指基层領导！）这是符合主席思想的，我們的考驗是从爱护观点出发的是从保卫党中央出发的。但是他們歪曲成"我要考驗党，考驗党中央"然后再批駁一通。实在可笑。

四，关于"怀疑一切，打倒一切"。

我从未提过这个口号。在六月六日我說："在目前情况下（按当时已經揭出大量蔣南翔的問題），宁可錯怀疑九十九个，不放过一个象蔣南翔这样的黑帮，放过一个高等学校黑帮可不得了。"他們断章取义，先說成"宁可怀疑九十九个，也不能放过一个"，后說成"怀疑一切"，又說成"怀疑一切，打倒一切"，甚至說成"宁錯杀一千，也不放过一个"，随心所欲到无以复加地步。

我說，我們怀疑是有根据的前提下怀疑，而且不是怀疑一切，我們信任党，信任群众，我已經說过多遍。但是有些人就是强加歪曲。

五、关于"我絕食"。

我是絕食了五十小时，（七月四日至七月六日）在七月四日晚，我向工作組提出我明天要去中央，工作組不让去，我說你們想封鎖中央嗎？你們为什么不让去？工作組說："不去就是不让去，你得听我們的"，我說"我听党中央和毛主席的。"工作組說："把他揪出去！"立即上来几个糾察队員，强行拉我出屋，我抵抗不行，还被拖出屋（右手指被他們指甲划破两块，流了血）。最后，他們把我关在屋里，不让出門，我盛怒之下，絕食抗議这种非法政治迫害，可是工作組老爷們真是狠心，在我絕食期間，他們不但对我要去中央事不聞不問，每天上午、下午还組織人和我"辯論"，我不能起来，就拖我起来，必欲置于我死地而后快。另一方面，他們对外面严密封鎖消息，不让同学知道。想让我不明不白死去。我想不行，他們不怕我死，怕我活下去！我偏要活下去，就用退兵之計、停止絕食。工作組怕之极，并且强加罪名，說"自絕于党、自絕于人民"，"反党"、"叛国"等大帽子接踵而来，更不能容忍的是，在七月七日我腹部較痛、头疼不能下床的情况下，他們硬拖我到讲台上去受"审判"、我无力抵抗，只好听其摆布。

我絕食的过程，是受迫害的过程，而絕非是我"反党"的过程。

六、关于我的大字报。

我在六月十六日出一份《工作組往哪里去？》的大字报（注意！工作組的大字报选集內容不全，別有用心刪去一部分），二十三日《叶林同志这是怎么一回事》大字报，以及六月二十八日后六份大字报。信件有我給師大女附中同学的公开信，給鮑长康的一封信，現在請同学們拿出来分析，看它是革命的，还是反革命的，尤其是給師大女附中同学的一封信如誰有底稿，請重抄出来（我沒有！），这些大字报、信件上那些是反党的呢？实在无法想象！

澄清事实暂时澄清到这里。以后將陆續澄清，誰有問题請写在右边白纸上，編号、問题、班級和姓名，我將陆續用大字报，或小字报，或走訪去回答大家所提的一切問题。

蒯大富

七月二十八日

二〇、对学校从前几点异常現象的看法

从工作組进校后，发生了許多件异常的現象，我认为，一切現象都是可知的，正如宇宙是可知的一样。但不是一切現象都能立刻能得到正确解釋的。往往要經过多次反复。用毛澤东思想来鉴別一切，考查一切。下面我对几点异常現象談談自己的看法，不一定正确，供大家参考。

一、六月二十四日以前为什么不組織斗校一級黑帮？我认为这不仅仅是准备不足的問题，据当时揭露的大字报內容来看，五次大会开不完，但是就是迟迟不斗，同学多次要求，工作組不閒不問，我认为工作組可能与黑帮有牵联、甚至是一家人。

二、六月二十二日事件的答案是什么？以工作組秘书崔×代替王光美同志参加我班討論。后經追問，二十二日答案是"听电话听错了，把联絡組秘书要求，听成王光美同志要求！"二十四日。張茜微說："是我联想的。"自相矛盾，不可理解，至今还想不了了之，但是这是办不到的。我认为，这是想方設法搞无产階級革命派材料准备組織反扑。

三、六月二十四大会上原說六月二十五日继續开，后为什么又不开？有許多同学抱怨工作組不相信群众，不敢放手让同学来辩論。同志們，工作組心有苦哀，实在不敢在六月二十五日继續开。因为大家知道，六月二十四日大会形势对我們大有利。尽管大会主席团要不民主手法，叶林同志施加政治压力，但大多数革命同学还是支持我們的。二十五日又出来許多鋒芒毕露的大字报，圍攻的大字报虽然数量多，但质量极差。而且六月二十二日事件工作組实在想不出妙法向同学解釋，于是利用职权，强行勒令推迟，这种出尔反尔的行动引起部分同学不满，但沒有关系，我可以施加政治压力，全校出大字报圍攻，把蒯大富的性质說得越严重越好，学校广播台大肆造謠；各班开斗爭会，你給工作組提出怀疑就給你扣上立场問题，以至反党、反革命的大帽子。工作組甚至組織大群人向蒯大富游行示"威"。經过三天准备，学校形势对工作組大为有利，于是他們得意洋洋就召开了名为辩論实为政治迫害大会。

四、六月底到七月中旬为什么封校？不封不行。因为斗爭矛头已指向同学，严重違避中央精神，让外面知道，特别是中央知道不好办。

五、为什么不让我去中央？答案同上，因为中央知道这件事，实在难于交帐。

六、为什么工作组老是为自己定調子？什么"代表毛澤东思想方向"什么"我們是代表党的，代表无产阶级的"等等。說实在的，自己不定就沒有人来定，自己定了以后，有些人不加分析就照搬，"反对工作組就是反对党中央反对毛主席"、"无限信賴工作組"、"偉大的工作組"等等一起出来。

七、为什么剝夺我等人二十天左右的人身自由？因为工作組怕見眞理，怕見事实眞象，不敢让我們出澄清事实的大字报。

八、为什么七月二十一日又統統放掉？不放不行，因为中央同志要求，随便关人是犯法的，这一点叶林同志知道。

九、为什么原准备继續批判蒯大富，又突然轉向校党委，使同学措手不及？因为中央同志要求，怕交不了帳，北大形势也逼得紧，无耐忍痛把校党委抬出打，好应付門面。

十、为什么罗征启、饒尉慈、邢家鯉、方惠堅、陈圣信等人能慷慨激昂指出黑帮罪行，而艾、刘、胡、何等頑抗而不在乎？稍有政治头脑的人就会想到罗、饒、邢、方、陈之流根本不可能在那么短的时期內有那么大轉变。我想，很可能是工作組耍"牺牲将帅，保护車馬"的阴謀。

十一、为什么工作組能掀起打"保蒯派"高潮？因为①施加高压是空前的。②原我校保过皇的人极多，他们对于反蒯极卖力，人人爭当勇士，想捞一把，来个"依然故我"。而在这种高压政策下，一切工作組說了算，誰也不敢說半个"不"字。③因为高干子弟全力支持工作組。

十二、为什么昨天一天就刮起一股革命风？

內因是同学們的革命热情不是什么高压压住的，他们要革命要保卫党中央，保卫毛主席！外因是北大形势的影响，大的有全国形势的影响。

十三、为什么工作組不闻不問？不，工作組在紧張活动，不信你看看周圍許多工作队员同志，只是暂时不能发言。

十四、为什么又突然提出选文革代表？这可能是一个大阴謀！他們想借此束住群众手脚，来个假选举，依然是他們那一套机构。以"最高权力机关"自居，原状原封不动，在工作組性质未搞清楚以前，千万别选举，选举则上当！

对上述几个异常现象我提出自己的看法，完全不一定正确。但事物本质只要一个，总会搞清楚的。只是时間問题。

蒯大富

七月二十八日

二一、三致叶林同志

敬爱的叶林同志，您好！

大概您这两天很高兴吧。因为您多次欢迎的大字报昨天一天就贴满了清华园，眞是喜出望外。向您热烈祝贺！

我在被关禁闭时，曾写过两封信您。其中有一封上說："咱們在下一局棋，而这局棋远远沒有結束。您还是要认真地下下去。不要以为大局已定，胜利在握了。"看来，这局棋还远未結束。不过棋局稍有些变动。下一步您怎样走呢？我們全体同学扰目以待。

您还記得吧，我曾在公开信上向您提出十条要求，今天，我再次向您提出那十条要求，（內容原則上不动，具体的稍更改）希望您能答应我。

这股风来得可真猛，我差点儿无法应付。不知您怎么样。想来，您是老革命，老党員，老干部了，这种风浪經过，一定会成竹在胸，下出一着好棋来，但是，时不等人哪，还是果断些好。

我們是老相識了。因此，我为您打算，望您不要再施加政治压力，估計压不下去。同学們革命热情很高，我很高兴，我想您一定也很高兴吧。您是馬克思主义者，有很高理論水平，您一定认識到在前一阶段犯了較严重的錯誤。錯誤既然犯了，也沒有什么了不起，只要向同学們公开坦白、檢討，改掉就行了，咱們还是一起干革命。但是；如果你們迟迟不表态，同学們可不答应，中央也不答应，快一些吧；同学們对你們寄以热忱的希望，望你們迅速行动起来，重新革命，我也滿怀信心等着你們拿出果敢的革命行动。祝您身体好。

致

革命敬礼

蒯大富
七月二十八日

二二、向党、向全校革命师生承认和檢討錯誤

毛主席多次敎导我們，一个真正的革命者要为革命坚持真理，更要为革命修正錯誤，近几天来，許多同志对我提了許多忠恳的批評，我非常感謝。在这里，我向全校革命师生檢查我从文化大革命以来所說过的錯話，做过的錯事。

1.在四月十六日以后，我是原黑党委手下所謂"批判三家村小組"里的一員干将。我当时对他們面目认識不清，怀着对"三家村"的仇恨，夜以继日地进行批判，星期天也不休息。为他們捞取了一定的政治資本，帮助黑帮转移視綫。五月八日后，我虽然发現他們有些問題，（比如，批判邓拓只从人生观上批判，热心于大文章，大兵团作战，事倍功半），但我从爱护观点出发，提了意見，使他們带有更大的欺驅性。六月三日还写了一張围攻热零零二革命左派的大字报。六月七日大会上，我由于輕信了广播台同志所提供的材料，虽然直观上想反校党委，但客观却帮了他們的忙。

2.校党委被揪出来以后，我把形势估計得过于严重。

随着前北京市委改組，北京各高校揪出很多黑帮后，我深深感到这太触目惊心了。随之而来，我想，清华党委真过硬，在六月九日前竟沒有一个輔导員以上的干部出来揭发，真可謂"铁板一样"。于是，我就說，党的两个团结百分之九十五以上的方针在全国范圍內总說是完全适合的，但具体到清华园这样--个大黑窩要团结百分之九十五以上

是做不到的，把毛澤東思想在清華園的威力估計不足，产生了敵情扩大化的形势估計。

3. 一些过左的行动。

由于对形势估計有錯誤，所以带来我們执行党的团結两个百分之九十五以上方針有問题。对于我班从前保过皇的人虽然是把他們看作是百分之九十五范围內的，但在团結的过程中，强調斗爭多了些，而且耐心的帮助和等待不够，不利于一道团結起来打黑帮。而对于黑帮們，我就想迅速地七斗八斗、斗臭、斗倒，对工作組迟迟不斗，表示不滿。

4. 对王铁成的认識犯过严重錯誤。

六月十九日当我得知王铁成变"疯"并被工作組看押不让出校門时，我就怀疑对王铁成进行政治迫害。王铁成十四日贴出的大字报虽然我不同意他的观点与結論，但我总觉得他的革命精神是可嘉的。六月二十日，走訪数力系文革，得到一些关于王铁成情况。六月二十三日我见到他，談了一个多钟头（仅仅见过一次）他澄清一些謠言。并发表他是怎样热爱党中央和毛主席。他表示支持我，于是我觉得王铁成是受过迫害的革命同志。他业务能力很强，善讲話，回到宿舍时，我对我組同学說过；"王铁成现在遭迫害，将来抬头时，可以做負責干部"但我对王铁成沒有做过其他調查。直到七月十日批判王铁成大会上，得知他家是漏划地主出身，干过很多反党反社会主义的勾当（他自己承认的），我才知道我輕信了他。他不是一个革命左派。而是一个有很多反动观点的。是反革命但是否就定案，是否就应该扣押专政，我是有不同意见的。只要我們做法得当，王铁成还可能被改造过来。

从王铁成事件我得到深刻教訓，就是說怀疑工作組的"保蔥派"人物不是百分之百是左派，而有些是别有用心的家伙。

5. 采取絕食斗爭是錯誤的。

虽然工作組无理不让我去中央，并强行拖我出屋关起来，但我采取絕食斗爭的方法是严重錯誤的。表现我过于性急，但对党中央的威望估計不足，对形势有些悲观。但后来当我发现工作組必欲置我于死地而后快，我就停止絕食，反其道而行，非要活下去不可。我树立一个坚强信心，不管到哪天，党中央总会了解我們学校全部情况的，也一定能对我作出最正确的結論。于是，我准备长期斗爭，原准备七个月，想不到一个月不到，中央首长就下来了，我就意外地被释放了。

6. 我犯錯誤的原因

一句話，我的小資产阶級世界观并没有得到完全改造，在政治上，我由于本阶級經济地位的不稳而导致政治上左右搖摆。經常犯革命急性病，或有时表现出悲观主义。在思想上有片面性和表面性，对情况不作深入的調查而經常下一些符合自己愿望的然而是不正确的結論。在組織上，有宗派主义倾向。过多信任同意自己观点的人，而不作分析；而对反对自己观点的人则表示不信任，听不进他們的話。

我还有很多的个人主义和个人英雄主义。在一个多月的斗爭中我經常表现出个人考虑，比如自己的前途，家庭影响等等。在尖銳斗爭面前表现不敢放手斗，有时我还想"露一手"出出风头。在取得局部胜利时，往往騒傲起来，看不起同志。

对阶級斗爭形势估計不足。我自己有很多幼稚的想法，以为一切都会顺利，而且往往以威情代替党的政策，給党的事业造成很多損失。

我第一次檢查就到这里。我請求全校革命師生热忱地帮助我认識錯誤和糾正錯誤，監督我的言行，随时提出批評，我保证知錯必改，并好好学习主席著作，爭取以后少犯些錯誤（看来不犯錯誤是不可能的）。

我也希望那些现在反对我的，但眞正要革命的同志，也請你們提出意见。如果你們自己有錯也希望能改正。自己人打自己人，不打不相識。我希望我們在毛澤东思想的基础上团結起来，共同完成党交給我們的三大任务：一斗、二批、三改。

如果大家对我有意见有要求，請写在下面白紙上。凡是实事求是的批評、忠悬地提出問題，善意的詢問，我都将以充分解答。恶意的指責，我区别对待。必要时回答你們問題。

二三、站住！叶林，把帳算清再走

一声春雷起大地！党中央发布命令，撤銷高等院校工作組。好啊，一千个好，一万个好！我們从心底里喊出："毛主席万岁！我们永远跟您老人家在大风大浪中前进！"

但是，我要正告叶林，你从这項决定中捞不到一絲一毫的便宜，你不要以为，唉呀，我正下不了台，这下可好了，撤銷就撤銷，卷起铺盖走吧。这是妄想！永远办不到！

原来，我对你抱有很大希望，虽然你犯了极其严重的錯誤，但我总以为你是老党員、老干部、老革命，受党敎育多年，一定能认識到自己的錯誤，并下决心改掉。所以，我一再委曲求全，忍让，再忍让。在我写給你的六封信中，把我的心里话全掏給你，遵照主席敎导，帮助你认識和改正錯誤，并以最大耐心等待着你拿出行动来。

但是，你，叶林，把我的好心当成驴肝肺，把我的忍让当着軟弱的表现，你不但絲毫不承认犯了什么錯誤，反而变本加厉，倒打一耙，一而再，再而三要我們檢查錯誤，低头认罪，交出幕后策划者。

昨天大会上，你的发言，最后表明：你是下决心不承认錯誤，准备和广大革命师生对抗到底，和党中央对抗到底！

那么好吧，你自己硬要走上絕路，我們也无法挽留。我們的忍耐是有限度的，有原則的，决不会让你任意横行下去。你說你自己仅仅是"缺点和錯誤"的問題，仅仅是走群众路綫"不彻底"的問題，呸，誰听你这一套！你定調子定得够多的？事到如今还想用定調子来束縛住我們，太幼稚了一些吧。

既然你不要臉，那我們也不留情，揭一揭你在文化大革命所干的勾当吧。

一、頑强地抗拒和抵制无产阶級文化大革命。

以叶林为首的清华工作組非常害怕无产阶級文化大革命。剛到清华，看到全校师生員工高漲的革命热情，慌了手脚，大潑冷水，压制群众革命，你們使尽种种毒辣卑鄙的手段，残酷地打击和鎮压高举毛澤东思想紅旗的革命派。清华工作組是謠言制造厂，叶林是这个厂的总經理，只要对破坏文化大革命有利，什么謠言都能造出来，你們还制造六月二十二日事件，收大字报底稿造假档案，大搞无产阶級左派材料，組織反扑。无产阶級左派剛一說话，贴了几張大字报，你們就暴跳如雷，謾骂恐吓，横加罪名，組織圍攻，輪番作战，进行政治陷害，甚至被非法剝夺人身自由权。

二、盗窃党的名义，大肆制造对叶林和工作組的迷信和盲目崇拜。

他們以"当然党的領导"出現，拼命无耻地吹噓自己是"代表毛澤东思想的""代表无产阶级的"。誰要提意見，誰要怀疑他們，他們就扣你大帽子。"反党"，"夺无产阶级权"，"反革命"大帽子满天飞。甚至說"反对工作組就是反对党中央"。一切工作組說了算，誰也不能吭一声，誰也不敢說半个不字。前一阶段清华园內一片恐怖气氛。

三、不走群众路綫，做官当老爷，国民党作風十足。

工作組一进校，哇拉哇拉，这也不能动，那也不能动，一手包办，"选"出文革。坐在楼上等着汇报，不进行三同，来去小汽车。发号施令，盲目指揮。只听得进奉承話，听不进批評話。对群众提的大量意見从来不闻不问。一句話，不想当学生，只想当先生……只想做官当老爷。——十足的国民党作風。

四、反对活学活用主席著作

清华工作組十分害怕我們广大师生掌握主席思想，来識破他們原形。因此极力抵制和反对学主席著作。到校十多天，从我班来讲，从未組織过一次学习毛主席著作或社論。他們怕主席思想怕得要死。"革命根本的問題是政权問題"是主席思想。"应該考驗和监督基层党組織和領导干部"是主席思想。我写給师大女附中同学的信是基本符合主席思想約。可是叶林見此就害怕，就駡街，就跳起来，就歇斯底里大发作。我学毛主席著作或念語录，他們駡我"打着'紅旗'反紅旗"，而他們的政治迫害大会却是什么"活学活用毛主席著作的大会"。关键性的好社論，如《革命的大字报是暴露一切牛鬼蛇神的照妖鏡》、《从群众中来到群众中去》，他們或者迟迟不播，或者放在次要节目中播送。迟迟不傳达中央首长的讲话。

五、抛弃阶級与阶級斗爭的观点，大搞改良主义。

处在你死我活的阶級大搏斗面前，工作組惊慌失措，大叫"过火了"，"打击面过大"，"无秩序"，"像一群羊"。他們不让对大黑帮分子七斗八斗，对同种的錯誤思想进行尖銳的批判，而片面强調"准备"、"細致"、"团結"，企图搞改良主义，合二为一。

第六，变无产阶級专政为資产阶級专政。

清华工作組，打着无产阶級专政的旗号，对眞正革命左派实行残酷的資产阶級专政，他們不要国法，随便关押同学。他們依靠从前在反校党委时保皇过硬的同学，捏造事实，强加罪名，打击左派同学。在高压政策下使广大左派同学不敢吭声，抬不起头来。他們丝毫不讲民主，专横独断，大搞"一言堂"。

第七、招降纳叛，結党营私。

以叶林为首的清华工作組虽然对革命左派咬牙切齿，但他們对前校党委黑帮却亲如一家。他們开始借"从下往上"的名义大整辅导員，最多整一整系党总支。企图牺牲小卒，保卫将帅车马。后来，干脆把斗爭矛头直指革命左派，狠狠整了二十多天。只是由于向党中央交不了帳，向广大同学交不了帳，才不得不忍痛抬出大黑帮让同学打，但他們还要"牺牲将帅，保住车马"的阴谋。他們让黑帮党委纷纷登台"揭发"，这些黑帮們个个精神抖擞，英勇不减当年，慷慨激昂，大駡原黑帮党委。企图借此大捞政治資本，埋伏下来准备将来东山再起，来个反攻倒算。工作組还卑鄙地使用許愿的方法拉攏一批人，为他們当打手伙計、造謠专家。支持我嗎？給你干部当。你給我提意見？罷你的官！就是实行这样一条組織路綫。

第八、封鎖对抗中央，大搞“独立王国”。

工作組知道，他們所干見不得人的勾当，让中央知道了不得了。于是他們不顾党紀，不让左派同志去中央反映情況，甚至非法沒收同学給党中央写的信。他們对中央阳奉阴違。工作組还經常封鎖校門，人家来支持我們革命，他們不让进。也不让我們去支持外校革命。他們步前校党委后尘，大搞“独立王国”，水潑不进，針插不进，誰也过問不得，誰也批評不得，老虎屁股摸不得，以便关起門来实行資产阶級专政。

第九、打着“紅旗”反紅旗。

清华工作組領导，叶林等人，言行不一。說得好听，做起来一塌糊涂。他們打着“紅旗”反紅旗。他們說要发动群众，可是拼命压制群众斗爭。他們說要高举毛澤东思想偉大紅旗，可是見了毛澤东思想就怕得要死。他們說欢迎同学給工作組貼大字报，可是叶公好龙，一見給工作組的大字报就冷汗直流，脸色发白。一句話，他們披上毛澤东思想的外衣，拼命反对毛澤东思想。

够了，甭多举了，难道以上这些仅仅是“缺点和錯誤”問題嗎？不！以叶林为首的清华工作組，以他們的行动，給我校文化大革命造成巨大的、不可饒恕的損失。

清华工作組是一块不折不扣绊脚石。他們比起北大張承先为首的工作組是过之无不及。

这样的工作組要它干嘛呢？赶走不更爽快一些嗎？党中央关于撤銷高等院校工作組的决定，說到了我們心里。但是走也不那么容易，得把帳还清才能走。

为此，我严正向叶林提三点要求：

一、必须徹底坦白，深刻檢討你自己和工作組在前一段时期所犯的极其严重的錯誤。在全校大会上，回答革命师生提出的一切問題。

二、必须由你自己亲自宣布絕大部分“保蒯派”同志是革命左派，打击他們是完全錯誤的，非法的。尤其是被你們扣压的同志。

三、必须由工作組自己出来澄清自己造的謠言。

叶林，你在全校大会上曾宣判我是“假左派”，真右派，“保皇派”我坚决要求你承认这个判断是非法的、胡說八道的、別有用心的。并且，要你重新如实地向全校同学反映我的情况，而不許造謠歪曲。

以上要求，叶林必须完全滿足，除了你被党中央判决劳动改造，那和你沒有事。但是，你要想滑过去，想还去做領导，告訴你，办不到。你一天不答应，我一天和你沒有完。中国永远是无产阶級专政，你就是跑到天涯海角，我还要和你把这笔帳算清！

有人說，你想翻案！我說，这个“案”翻定了。有党中央和毛主席給我撑腰，难道还有革命者算不清的帳嗎？

雷蓉、王小平二同志的大字报重新点燃了清华园內革命的大火，一股被压抑的革命力量抬头了，叶林纵有天大本事也压不下去了。让我們欢呼清华园內一片大好形势！

我坚信，清华园內坚定的革命左派多得很，他們对党最忠誠、最肯学习主席思想，斗爭中最勇敢，最聪明，他們不迷信，无框框，实事求是，敢闖敢干。他們是一切牛鬼蛇神的死对头。

让我們团結起来，跟着毛主席在大风大浪中前进！把一切牛鬼蛇神迅速暴露在毛澤东思想的阳光下！

再一次正告叶林，站住，把帳算清再走！

清华大学　化902蒯大富
七月二十九日

关鋒同志，請你把我这份大字报轉給党中央。并請中央文化革命小組派人下来，依靠清华广大革命师生，严格审查清华工作組、叶林同志和我本人。

　　　　　　　　　　　　　　　　　　致

敬礼　　　　　　　　　　　　　　　　　　　　　蒯大富

　　　　　　　　　　　　　　　　　　　　　七月二十九月

二四、当前必須解决的八个重大問題

处在目前我校形势，我們觉得下列八个問題，是必須馬上解决的。現提出来，供全校革命左派以及一切要革命的师生員工、工作組員們认真考慮：

1.目前这場关于工作組的大辯論能不能半途而廢？要不要进行到底？如果不进行到底将发生什么严重后果？

2.工作組的大方向錯了沒有？（包括六月二十四日以前和以后），它是属于哪一类的？矛盾性质是什么？是否能完全排斥敌我矛盾？

3.有人說，工作組現在在搞阴謀。他們名亡实存，阴魂不散。他們以退为攻，假惺惺地道歉，先来舍基层保大头，大头保住后再来保基层，他們想轉移視线，急刹車，想使个金蟬脱壳計，滑过去。……事情果真是这样嗎？望大家结合我校目前情况分析。

4.工作組能不能合成一个整体？为什么工作組員現在不敢說話？他們受到什么压力？怎样解除：怎样使他們敢于为革命而坚持真理？即：怎样揭开工作組的盖子？

5.教职員工大多数不敢說話，这是什么原因？怎样解除他們的压力，使他們革命？

6.現籌委会是否合法？能不能由他們提代表大会候选人名单？他們是不可缺少的机构？还是絆脚石？有无必要剝夺籌委会的政治权利，让它只負責事务性工作？以后通过充分配酿再选举？

7.从前有大批左派遭到迫害，这是什么性质的問題？要不要进行控訴？

8.現在有不少人为革命左派翻案，为革命的大字报翻案，为革命书籍翻案，为革命会議与革命串联翻案。一句話为清华师生大无畏的革命精神翻案。大家看，这种翻案有无必要？它反映什么性质的問題？

同志們，我們要对革命彻底負責，对党中央和毛主席彻底負責。坚决彻底革命，决不搞改良主义！

一切要革命的人們，慎重考虑我們以上八个問題，用大字报提出你們的看法吧。

蒯大富
八月四日中午

二五、給总理的一封公开信

敬爱的总理，您好!

首先，我要向党承认幷檢查一个錯誤，这就是在八月四日大会上的发言。当时，我发言的态度很不好。会后，有很多同志向我提出尖銳的批評，給我送来好多主席語录，我非常感动。我仔細地考慮一下我发言前后的活思想，知道我的个人主义、私心杂念还严重得很。会上，我压抑不住几十天被迫害的憤怒，說了很多过激而不正确或不妥当的話，有相当泄私憤的心情。这样做效果是吹捧、开脱自己，排斥群众，給整个大会带来不良的影响。为此，我向党檢討，幷决心以后坚决改正之。

在这塲触及人們灵魂的大革命中，两个多月来，我暴露大量的旧东西、髒东西，犯了錯誤，跌了跟头，摔了跤。这是不可避免的。我也不怕，我要向王道明同志学习，敢于向私心杂念拼剌刀。我下决心，在这塲暴风骤雨中，好好将自己洗滌一下，使自己变成一个比較清洁、比較純粹的人。我是这样說了，我也一定这样做。請您相信我，幷多多指导我。

目前，我校文化革命形势有些問題。工作組的盖子还不能說完全揭开，叶林还想避重就輕滑过去。反过工作組的"保蜀派"不答应，說要坚决辩論到底。而保过工作組的人，现在不少人不說話。教师員工几乎无人讲話。压力幷未解除。原来我想在您的談話之后，一定能燃起革命大火，可是事实上幷未出现。到底是哪方面来的压力，我不太清楚。现初步分析如下：

1.工作組余毒太深，造成同学之間隔閡很大。

2.工作組可能还暗中控制，把持运动方向，要使运动按他們的愿望结束。

3.在您讲話中，曾說要解除同学之間对立状态。絕大多数同学听了您的話，但现在学校内还保持难堪的沉默，有多少心里話还没有說出来。

4.前一段时期辯論对联"老子革命儿好汉，老子反动儿混蛋，""基本如此""鬼見愁"，随之而来，学校内刮起一股不正常的风，纷纷成立什么"工人、貧下中农、革命干部子弟协会"，对非劳动人民家庭出身的人打击极大，尤其是敎职員工，此种压力幷未在八月四日会上解除。

5.临时筹委会是个空架子。他們要革命是无疑的，但他們有个人考慮，知內情而不說話。不敢触动工作組的本质。为了保己而保工作組。实际上成了絆脚石。

6.原"保蜀派"人物(他們大多数是革命派)的臉上还是灰呼呼的。由于从前很臭，现在仍然抬不起头来，工作組領导就是想这样下去，而不想为他們彻底翻案。因而，清华园內大无畏的革命精神幷未眞正抬头。

7.昨天晚上，(八月五日晚七点卅分——十一点卅分)叶林、楊天放、楊維哲找我、孟家驹、刘才堂、鮑长康談話。从談話中可以看出，他們一方面在摸我們的底，另一方面还在原則錯誤的問題上为自己辩护，想滑过去。当然，我們的态度是很硬的，毫不含糊，毫不退让，一定要他彻底檢查，彻底交代錯誤。

以上分析，只是皮毛，供您参考。

种种迹象表明，工作組領導班子大有可能是黑綫人物。从大字报揭露出来的东西来看，他们对黑帮态度，对革命群众的态度，对主席思想的态度，对中央指示的态度，对群众运动的态度，对大字报的态度，对文化大革命的态度，是一个十足的保皇派，也許我这样分析是武断了一些。請党中央加紧对工作組領導班子考查，如果是黑綫人物，要横扫出去。

我們的决心很大，一定要把工作組的性质考驗出来，直到中央做定論为止。

望您針对我校目前情况采取措施，急切地想听到中央对我們新的指示。

代我們向毛主席問好，祝他老人家万寿无疆！

最后，祝您身体健康，請您注意休息，祝您好。

致

革命的敬礼

蒯大富
一九六六年八月六日上午10：30
清华园

二六、革命造反队宣言

前　言

毛主席說："馬克思主义的道理千条万緒，归根結底，就是一句話：'造反有理'。几千年来总是說：压迫有理，剝削有理，造反无理。自从馬克思主义出来，就把这个旧案翻过来了，这是一个大功劳。这个道理是无产阶级从斗爭中得来的，而馬克思作了結論。根据这个道理，于是就反抗，就斗爭，就干社会主义。"

你要革命嗎？那你就听毛主席的話，造反去，造反有理！

清华园被修正主义統治十几年，流毒极广。其中最大的流毒是：将广大师生員工培养成謹小慎微的君子。他们不敢革命，不敢造反，前怕狼，后怕虎，畏首畏尾，框框极多。前一段时期，清华工作組执行錯誤的路綫，更加深广大师生的这种奴性。出现了大量的框框迷，保皇迷，騎墙派，随风倒，等着瞧等不良风气。

现在，我們要造反，要把清华园的修正主义統治打它个稀巴烂！

革命造反精神万岁！

新清华大无畏革命精神万岁！

一、革命造反队总綱：

本队是无产阶级文化大革命期間自发組成的群众团体。它是由敢闖敢拼的革命者組成。革命造反队絕对服从党中央領導，絕对服从中央文化革命小組領導，服从新市委領导，服从将来清华大学无产阶级文化大革命代表大会領導。它的行动指南是毛澤东思想。毛澤东思想是革命造反队唯一的最高指示。革命造反队要在文化大革命中起先鋒作用、模范作用、桥梁作用。它的任务，就是要使无产阶级文化大革命取得彻底胜利。

二、本队最高綱領：

彻底把清华大学无产阶级文化大革命进行到底，横扫清华园一切牛鬼蛇神，坚决彻底完成党交給我們的三大任务：斗臭，斗倒走資本主义道路的当权派，批臭、批倒資产阶級学术权威，彻底改革旧的教育制度和教学方法。

三、本队最低綱領：

1.为清华大学师生員工大无畏的革命精神彻底翻案。

2.把叶林为首的清华工作組問題彻底辯論清楚。

3.帮助和监督現筹委会工作。造成正式筹委会，进而选出代表大会。

四、成为本队队員条件：

1.他們必须有为革命而彻底造反的精神。他們沒有任何框框，他們天不怕、地不怕 敢把皇帝拉下馬。他們敢想、敢說、敢做、敢闖、敢革命。为了共产主义事业，他愿意献出自己的一切。

2.凡是資本家、反动官僚、地富反坏右分子的子弟暂时不能加入本队。欢迎工人、貧下中农、革命干部、革命軍人、革命烈士子女加入革命造反队。

具备上述两个条件的清华师生員工均可成为本队队員。我們欢迎老师中坚定左派参加，欢迎工人同志参加，欢迎附中同学参加。热烈欢迎兄弟院校坚定革命左派参加。

說明：

①入队手續：一般情况下，得有一个本队队員介紹。特殊情况下，可以找本队負責人自我介紹。經队委会批准后才能加入本队。

②如果你已經加入某一战斗小組，可以同时加入革命造反队。欢迎整个小組加入成为本队一个支队。各战斗小組可以派代表加入本队，但必须遵守本队紀律。

③本队队員名額，原則上在五百人左右。

五、革命造反队队員义务：

1.最刻苦地学习毛主席著作。尤其是"老三篇"、"四篇文章"以及《人民日报》《紅旗》杂志社論。做到篇篇学，反复学，学深学透。

2.深入进行調查研究，时时掌握学校动向，不放过任何一个关键問題，不輕易下一个結論。

3.深入群众，广泛串联。向群众宣传和解释本队綱領，爭取群众的支持和同情。发展本队組織，扩大本队影响。

4.必须时时进行自我批評。向群众学习，甘当一輩子群众学生。傾听群众对本队的批評，反对的意見特別要听，知錯就改。

5.維护本队团結，遵守本队紀律，保证本队純洁。不得鬧个人意气、出风头。絕对不准在本队內部搞"独立支队"。

6.严格保守队內机密。本队組織机构、人員名单、行动計划、会議决議，絕不可泄露。提高警惕，向一切企图盗窃我队情报的分子作坚决斗爭。

7.每周組織下乡下厂劳动。劳动中虚心向工人、貧下中农学习，与他們打成一片，同吃同住，同劳动，同思想，同感情。

六、本队队員权利：

1.有随时退队的权利。

2．队内有选举被选举队权。

3．有尖锐批评本队领导的权利，而被批评者必须耐心听。

七、本队纪律处分：

只有一种：开除队籍。凡有下列一条者立即开除队籍：

1．不是革命到底，而是半途而废者。

2．不执行本队决议者。

3．不守纪律，搞个人野心，搞"独立支队"者。

4．不作调查，不负责任，乱下结论者。

5．拒绝同志批评，严重脱离群众者。

6．泄露本队机密造成严重损失者。

凡开除队籍后，不得加入本队。

八、本队最高权力机关：

全体队员大会。

休会期间，由队委会代行领导。

九、组织原则：

民主集中制。

1．最广泛的民主：在会议上，每个队员畅所欲言。谈出自己的看法。进行讨论与辩论。不得有任何压制民主的现象。

2．最高度的集中：凡会议决议，所有队员无一例外的坚决执行。

个人服从整体，支队服从总队。

十、本队队歌：

《革命造反歌》，人人必会，

以上十项宣言，公布全校。

革命造反队总队部

二七、致化902十七人小组公开信

化九零二十七人小组全体同志：

等了这么多天，我实在憋不住了。今天，我当着全校同学的面，对你们说几句心里话。

我们班上的情况可以说是全校情况缩影。目睹我班空前对立的局面，我十分痛心！难道我们之间真的有什么不共戴天之仇吗？没有，完全没有！我们班上同学，大多数是工人、贫下中农子弟，三年来我们共同学习，共同战斗，化九零二班全体同学之间建立了深厚的阶级感情。这一点你们了解，我也了解。目前，我班两组同学见面互不说话的难堪局面，完全是工作组执行错误路线造成的。这已经给文化大革命造成损失，再也不能继续下去了！

同志们，我听了总理的话，我万分激动。中央首长对我们革命的青年一代是多么的关怀备至啊！难道还不能使我们在共同革命的基础上团结起来吗？革命利益为重，党的事业为重啊！

看了毛主席給紅卫兵小将們的信，看了柯庆施同志的遺嘱，听了总理的讲话，听了中央各首长的讲话。我的心情是多么不能平静啊！尤其是看到柯庆施同志对他后代的諄諄告誡，我悲痛的眼泪数次夺眶而出。这是对我們这一代的希望！难道我們能辜負先烈們的遺望嗎？不能啊，一千个不能，一万个不能！

我遵照党的教导、中央首长的指示、同志們的委托，在这里，向你們作三点保证：

一、不管你們从前对我进行什么样攻击、謾罵、监視、跟踪、搜查，甚至动武等行动，我一律不进行任何报复行为，在以后工作学习的过程中，只字不提。

二、虛心傾听你們对我的一切批評意見。我从前說过好多錯话，做过好多錯事，保证向你們作深刻的檢討。直到你們滿意为止。幷在你們和全校师生的监督下，糾正錯誤和缺点。

三、本着革命利盆，我保证把我对你們的意見傾心向你們談出来。望你們采取"言者无罪"、"有则改之，无则加勉"的态度。

也向你們提一点請求：望你們从党的最高利益出发，重新对我进行調查分析。把你們前一度时期所說的、不符合事实的话，用大字报在尽可能短的时间內向全校师生員工澄清。并明确地再一次对我的问题表示态度。

同志們，大敌当前，需要我們紧密地团結起来。如果我們继續保持这样难堪的局面，那就是犯罪！党和人民饒不了我們，清华革命师生也饒不了我們！

最后，让我摘两段主席語录与你們共勉：

"一个共产党員，应該是襟怀坦白，忠实，积极，以革命利盆为第一生命，以个人利盆服从革命利盆。"

"要提倡顾全大局。每一个党員，每一种局部工作，每一项言論或行动，都必须以全党利盆为出发点，絕对不許可違反这个原则。"

革命利盆为重，党的事业为重！亲爱的同志們，让我們在毛澤东思想的旗帜下，重新团結起来，向反党反社会主义黑綫猛烈开火！

毛主席万岁！

人民万岁！

致

革命友誼的敬礼

蒯大富

一九六六年八月七日午.

二八、致"八·八"革命串联会

"八·八"革命串联会同志們，你們好！

正当中共中央頒布关于无产阶级文化大革命十六項决定之时，你們組成了革命串联会。几天来，对我校文化大革命起了极大的推动作用。

但是现在，我們面临着一場严重的考驗，这就是能不能把关于工作組的问题辩論到底。

我完全贊同你們八月十二日第五次会議的决議。即，不管遇到多大阻力，也要堅决把关于工作組的問題辯論到底，你們豪迈地說：不管风吹浪打，胜似閑庭信步。

当前国际形势是处在大动蕩、大分化、大改組时期。具体到我們学校来說，我认为，也是处于大动蕩、大分化、大改組时期。各种組織的分裂和重新組合是正常的，不可避免的現象。这是一件大好事。

我們必须坚持真理，我們必须旗帜鮮明，我們也需要爭取群众的支持。但是，我們切不可片面地强調爭取群众而降低政治綱領，去搞改良主义，去进行合二为一，去和稀泥。恩格斯說过："在可能团結一致的时候，团結一致是很好的，但还有高于团結一致的东西。"这"高于团結一致的东西"就是原則，就是党的事业，就是无产阶級的最高利益。

要想干革命，就得准备当少数，受孤立，受打击，受迫害，甚至人头落地，那能舒舒服服贓干革命呢？

同志們，战友們，勇敢地战斗吧！让我們跟着毛主席在大风大浪中前进，在革命的道路上捶打成一个硬梆梆、响当当的无产阶級革命事业接班人！

致

崇高的革命敬礼

蒯大富
八月十四日

二九、致外地外校串联的战友們

亲爱的战友們，您們好！

你們辛苦了！首先让我向你們表示最热烈的欢迎，欢迎你們来和我們一起战斗，并衷心地感謝你們对我校文化大革命有力的支持！

我們学校在修正主义十七年的統治下，留下了极深的遺毒，前一段时期叶林为首的清华工作組又执行了一条修正主义路綫，殘酷地鎮压革命群众，极大地挫伤了清华师生員工的革命积极性。現在党中央专派周恩来总理領导我校文化大革命。总理在八月五日早晨宣布："清华大学新生了！"党中央和毛主席的亲切关怀，大长了无产阶級革命左派的志气，他們正在頑强地战斗，向保皇势力、守旧势力猛烈开火。清华园文化大革命形势--片大好。

但是，我們也看到，我們前面的阻力是极大的、頑强的。如果不和它作坚决的斗爭，就不可能完成党中央，毛主席交給我們的一斗、二批、三改的偉大任务。我們热烈呼吁外地外校战友們支持我們，希望你們到清华来煽社会主义之风，点无产阶級文化大革命之火，将你們宝貴經驗傳給我們，我們保证虚心向你們学习。

現在阶級斗爭的形势特别尖銳，也特别复杂。希望你們看大字报、听介紹情况都要有高度的阶級警惕，切不輕信，兼听則明，偏听則暗。比如，接待室《大事簡記》接待員介紹情况，在我們看来是歪曲的、片面的，有的是錯誤的、别有用心的。希望你們掌握丰富的材料后，用毛澤东思想分析一切，不要有框框，偏听偏信对党的事业是不利的，（接待室备有大字报选编，大家阅后，可知我校情况一二）如果你们要找我串联，我非常欢迎。我在新斋——八六二。如我不在家时，你们可找化九零二十人小组成员。他们对我很了解。欢迎来访、批评、指导。

祝战友们身体好，祝你们旅途平安。

     致

革命的敬礼！

          蒯大富
          八月十四日

三〇、我对目前形势的看法

先简列一个时间表：

七月二十六日雷蓉、王小平二同志的革命大字报打破了对工作组的迷信，冲破了一个月来难堪的死气沉沉的状态。

七月二十八日新市委决定撤销工作组。

七月二十九日中央常委开会。决定派周恩来总理着手指导我校文化大革命。（注意！深思，此决定意义极深！）

下午四点，新市委召开市文化革命积极分子大会。刘主席、周总理、邓总书记作了极重要的讲话。

下午七点左右，王光美同志说："光美同志要不要革命，大家考验嘛！"

八月四日召开万人大会。几十位中央首长参加大会。

叶林作了第一次不痛不痒、避重就轻、当面撒谎的"检讨"。

八月五日凌晨，周总理庄严宣布："从今天起，可以说，清华大学新生了！"（此句话意义极其深远，三思再三思！）

八月五日至八月七日，一片难堪的沉默。

八月八日，"八·八革命串联会"第一次会议。决心把工作组问题辩个水落石出。

八月九日，中共中央颁布十六项决定。"尽快打黑帮"革命串联会召开第一次会议，与"八·八"唱反调。

八月八日至八月十日开展了几次很好的大辩论。（八·八为主召开）

八月十一日，八·九召开辩论，得到筹委会支持。可是辩论未到一半，人走三分之一。

新市委宣布撤除工作组。"八·九"高兴，"八·八"困惑不解。

八月十二日，"八·八"开会，下决心将工作组问题辩论到底。

目前形势是什么呢？

①新市委决定撤除工作组。②工作组检讨通不过。③各系工作组纷纷按叶林定的调子"检讨"，检讨完就走了。④工作组问题没有水落石出。⑤一方面大部分人（八·九为主）认为工作组是延安，可以走了。⑥另一方面，也是大部分人还是想搞个水落石出。⑦少数人（并不太少！）认为工作组是西安，叶林是走资本主义道路的当权派。⑧清

华师生的革命造反精神并没有彻底翻案，工作組流毒极深，沒有消除多少。⑨外地战友纷纷来我校串联，报道不少外地情况。⑩"八·八"要继续辩論下去。"八·九"要打黑帮。甚至有的系已經动手了。

鉴于上述形势，我們任务是什么？

先引几段話：（非原話，意思保证不錯！）

"工作組留下学习，有問題应該向你們交代……他們鬧了乱子，要他們自己負責。"

周总理　七月二十九日人民大会堂

"工作組，你們让他們走，他們就走。你們要批判，批判够了，他們檢討了，你們愿意让他們走，他們才能走。"

刘主席　七月二十九日人民大会堂

"叶林同志的檢討是初步的，不深刻的，应該继續开辯論会批評。……我們应迅速轉入一斗、二批、三改的三大任务。当然，首先要把工作組問題搞清楚。"

周总理　八月五日大会

对于錯誤的路綫，必须坚决地抵制、批判、斗爭。这样才能使正确的路綫得以貫彻执行，才能使文化大革命走向胜利。

八月十一日《人民日报》社論

合十六条的，就继續照办。不合十六条的，就要改过来。对于那些抵制十六条的負責人，就要揭发，就要批判。

八月十三日《人民日报》社論

工作組的負責人，如果群众要求，就应該回到那里听取批評，或作檢討。

北京新市委八月十一日关于撤除工作組通知

根据中央首长指示和中央精神，根据我校目前情况，我們是能得出一个結論：就是坚决要把关于工作組的辯論进行到底，直到中央給叶林做結論为止，直到扫清工作組流毒为止，直到清华师生的大无畏革命精神彻底抬头。不达目的，决不罢休！那就是我对目前形势的看法。我将坚决按照中央指示办事。

（对叶林的看法，我认为他是走資本主义道路的当权派，工作組是西安（当然，工作組員中大多数同志是要革命的），这一点，我将专門出大字报論述。）

駁謬論两則：

"不要忘記主攻方向，不要忘記三大任务，赶快轉入打黑帮吧！"

我們沒有忘記主攻方向，我們的主攻方向是党內走資本主义道路的当权派，是一切牛鬼蛇神，是一切旧思想、旧文化、旧风俗、旧习惯。我們沒有忘記一斗、二批、三改的三大任务。我們一斗叶林为首的党內走資本主义道路的当权派，二批工作組执行的彻头彻尾的修正主义路綫，三改工作組留下的旧框框、旧习惯。我們要打死狗，但我們更要打活狗，活狗不打，就是对革命的最大不負責任。打死狗的同志們，和我們一起来打活狗吧！

"你們揪住不放！"

对，我們就是揪住不放！对于叶林这样党內走資本主义道路的当权派，被我們揪住了，我們怎能舍得放呢？我們要象刘涛同志、贺鵬飞同志在六月九日以前揪蒋南翔那樣，揪住叶林不放，直到把他的真面目彻底暴露于光天化日之下。虽然，我們可能暂时是少数，但我們堅信，我們終将成为多数以至絕大多数！

横扫一切牛鬼蛇神！

无产阶級文化大革命万岁！

蒯 大 富 8.14

三一、一論　叶林是党内走資本主义道路当权派

——从党中央16項决定看叶林

現在大辯論的焦点之一是：叶林是什么人？

不少人一口咬定，叶林是"老革命，好心肠，遇到了新問題，办了坏事。"因而叶林是"革命者"、"同志"。但是，遺憾的是，他們面对現实熟視无睹，不愿意对大量的現象，用毛澤东思想进行分析，死抱住結論不放，我們不得不指出，这是对革命十分不負責任的表現。

大多数人认为，叶林是三类的。本来我也很想把叶林拉成三类。革命的队伍中多一位同志又有什么不好呢？为此，从六月二十四日，我們尽了最大努力。但是一切努力都失败了。叶林用他大量的言行向我們宣布，他是四类的，他是党内走資本主义道路的当权派，他和我們的矛盾是敌我矛盾。

从今天起，我以后将陆續出大字报，从各面方来論证我的結論。

党中央十六項决定第三項第四条指出："有些单位是被一些混进党的走資本主义道路的当权派把持着。这些当权派极端害怕群众揭露他們，因而找各种借口压制群众运动。他們采用轉移目标、顛倒黑白的手段，企图把运动引向邪路。当他們感到非常孤立，真混不下去的时候，还进一步耍阴謀，放暗箭，造謠言，极力混淆革命和反革命的界限，打击革命派。"

这一段是党中央給叶林画象，这一段高度地概括和总結了我校六月九日至七月二十八日的全部情况。

叶林，这一位党内走資本主义道路的当权派，他来清华的目的，根本不是搞好文化大革命，而是鎮压革命的。

从六月十日起，也就是叶林进枝后，面对着清华园一片大好的革命形势，吓破了胆，下决心想把它压下去。一方面他們大澆冷水，說群众无秩序，无纪律，象一群羊；另一方面，他們到处派出欽差大臣，去压制和解散群众的自发斗爭。他們借口不了解情况，一切群众斗爭会，都不想开。但是，清华革命师生可不买他們的賬，从六月十三日晚上开始，开大会斗爭黑帮党委，并且游了他們的街，声势之浩大，可謂空前。这下叶林可慌了手脚，广播中三番五次播送"不打人，不罵人，不作人身侮辱。"竭力灭革命师生的威风，长黑帮党委的志气。

六月十四日，力零五班刘泉、張云輝等同志，这一班掌握了毛澤东思想这架革命事业的望远鏡和显微鏡的小将們，他們站得高，看得远。察微而知著，一眼就看出叶林为

首的工作組是大有問題的，是不可信任的。叶林等人見此，冷汗直流，慌忙不迭，就在当天晚上数力系大会上，大叫："現在阶级斗争形势特别复杂，有些人打着紅旗从右边进攻，有些人打着紅旗从左边进攻，现在特别需要防止后面一种人。"这句露骨的黑話，吹響了向革命群众进攻的冲鋒号。他們下决心轉移目标了。

短短五天之间，使叶林这位并不善于打着"紅旗"反紅旗的家伙，得到深刻的教訓。①明压不行，只有实行拖的政策。②布下罗网，等着"假左派"上勾。大施掘坑待虎之計。

六月十四日至六月二十四日他們死命保住校党委一级黑帮不让斗，甚至劳动改造也不准，說是"变相体罰"。他們抛出小卒辅導員，系党支委员让同学打，以蒙住同学。他們拼命抵制毛著学习，极少組織社論学习，他們一手包办，組成了一个听話的各系革委会。他們对革命的大字报組織圍攻，他們对那些给工作組提意见的人，暗中監視，收集无产阶级左派材料，准备反扑。六月十八日北大发生事件后，他們迫不急待地去向张承先学习，回来就把一些同学定成"反革命"。在六月二十二日，他們一手制造"电話事件"。去摸一摸化九零二班的底。可是由于太笨，偷鸡不成蝕把米，被化九零二班革命左派揪住，搞得他們非常被动，回答問题时前言不对后語，慌里慌张，脸色发白。当六月二十三日《叶林同志，这是怎么一回事》的大字报出来以后，叶林先生恼羞成怒，指令工化系张茜薇召开大会，組織反扑，在会上，张茜薇不惜顛倒黑白，胡言乱語，歪曲报道，捏造我的历史情况，当場遭到我班同学严詞駁斥，但他們并不悔悟，竟然使出最卑鄙的手段，工作組写攻击我的大字报，让同学签名发表。并指令同学說："这是党內秘密，你是党员，說出去让蒯大富知道就是叛党！"好厉害！誰还敢吭一声？于是六月二十四日早上，出来一大批工作組写的、由同学签名的（签名同学很多我不认識！）攻击我的大字报。同一天，贺鵬飞同志指令光9班一些同学去找蒯大富辩論`說"吵起来最好。我們准备开大会和他辩，蒯大富是反革命已經定下了。"这一天下午，工物系"革命左派'王述新等人，好不容易发现蒯大富，于是就揪住不放，从阶梯到新斋，从新斋到明斋，从明斋到化学館，緊緊跟住，人越来越多，后来来了很多糾察。我們当时根本不想辩論，想回宿舍休息，可是，糾察說："你和大家辩論，我們負責你安全，否則，我們不能保证。"我們实在没有办法，只好答应按他們条件晚上进行辩論。

于是一場由工作組挑起来的、作了充分准备的大辩論就开始了！

原来，按工作組主观愿望，准备这次大辩論会上，一次成功，将同学的革命精神压下去，好推行他們的修正主义路線，可是，不知是准备不充分，还是由于没經驗，事与愿违。不但没有把蒯大富等人压下去，反而暴露了自己的眞面目。使得我們敬爱的叶林先生（注意：此位先生不輕易和群众见面的！）不得不赤膊上陣，施加政治压力，大叫："有人夺权！"周赤萍同志鼓吹："我們是代表毛澤东思想的"他們以为这样一来，群众就被吓住了。

但是无情的事实是，革命的师生員工們并没有被压力吓住、框框框住、定调子定住，反而由原来信任工作組轉成怀疑工作組，于六月二十五日出来一大批要罢叶林官的革命大字报。

叶林等人感到非常孤立了，混不下去了！

怎么办呢？怎么办呢？想啊，想啊，好，有办法了！

①继續組織圍攻蒯大富的大字报，不管怎样，把他打成反革命再說。

②出尔反尔，原說六月二十五日开大会，现在我不开了。反正权在我手里，你沒办法。

③組織小組討論，尽量"說服"同学；蒯大富向党夺权，他是反革命，可不能与他同流合污，否則你"立場不稳"，须知"怀疑工作組就是怀疑党的領導。"

④我还有个雪峰同志报告，来个断章取义，"因材施教"、"四点傳达，六点见效，十二点左派占上风"。叶林先生不辞劳苦，三番五次登台傳达（不准記录、不准录音，礼堂四周警戒森严），至于雪峰同志是否同意我这样傳达，那我可不管，现"为我所用"。

⑤組織同学"自发地"去游行示威，"坚决支持以叶林同志为首的工作組"、"无限信賴工作組"、"打倒反革命分子蒯大富"等口号响彻云霄。

⑥封鎖校門，不准去中央。誰去中央，誰就不信任工作組，誰就"立場不稳"，誰就"反党"。

⑦用最大的压力，分化瓦解"蒯派人物"。

他們竭力"要阴谋、放暗箭、造謠言，极力混淆革命和反革命的界限，打击革命派。"

經过叶林一番紧张的惊心动魄的，然而也是提心吊胆的策划，三天不到"大功告成"，"保蒯派被压下去了，工作組絕对威信树立起来了，叶林的絕对威信树立起来了。"反对工作組，就是反对党中央，就是反对毛主席！"的反动口号畅行无阻，差点儿就喊出："叶林伯伯万岁！"了。

老爷叶林惊魂稍定，就开始对广大革命师生实行残酷的资产阶级专政……。他并不滿足于已取得的"成績"，来个穷追猛打，下决心将"保蒯派"打入十八层地狱，把清华师生的革命造反精神挫个一干二净。用什么办法呢？有办法，拿出我的傳家宝：高压政策。

于是一場令人毛骨聳然、白色恐怖籠罩着清华园！

一切工作組說了算，誰敢說半个不字！？

革命派受到监禁、审問、斗爭、按手印、甚至殿打！

今天揪出一个"反动学生"，明天又揪出一个"反革命分子"，誰也不知道自己身上有沒有蛛絲馬迹，說不定哪天也能被揪出来。惶恐惶恐，不可終日！

在这期間，发生了數起（确证有四起以上）自杀案件，數十个人有过自杀的念头，上百个人被打成反革命，數百人准备去劳动改造，上千人"客观上"反党，數千人"立場不稳"……

清华园內一沒有党紀，二沒有国法，工作組是閻王殿，叶林是活閻王！

党中央十六条决定中第七条中指出：謹防扒手，警惕有人把革命群众打成反革命。叶林，你就是这样的扒手！你就是党內走資本主义道路的当权派！

好了，一論到此为止。

"哎呀，你上網上得太厉害了，我可受不了！"

喂，好心的同志，**阶級斗爭是残酷的，血淋淋的**，来不得半点溫情主义！你想保卫党中央，保卫毛主席嗎？那你就要反对一切資产阶級当权派。如果你不把叶林揭出来，揪出来，让他滑过去，在毛主席身边埋下一颗定时炸彈，你就要对人民犯下不可饒恕的罪行！

难道二十五天血淋淋的事实还不能使你們醒悟嗎？我要向这些好心的同志大喝一声，敌人磨刀霍霍，要杀我們的头，你怎能视而不见，听而不聞哪？

叶林本来就在網上，不需要我們替他上網。叶林的动机和效果本来統一，不需要我們替他統一，只要揭出来就行了。

好心的同志，請忍耐一些吧，没有办法，事实就是这样残酷无情！

"不准把叶林同志打成反革命！"有人声嘶力竭大叫。

朋友，沉住气一点好不好？叶林不是反革命，你打也打不成；叶林是反革命，你包也包不住。我剛揭出一点儿事实，你就沉不住气，这是为什么呢？請你用大字报摆事实讲道理和我来辯吧。你把我的論据駁倒了，我自认晦气，你駁不倒，就得承认我的结論正确。如果不駁，我就要說你默认了。声明一下，如果有人不摆事实，不讲道理，反而潑口大駡，我将不理采他們。

二論、三論、四論……将陆續出来。

蒯大富

八月十四日

三二、二論叶林是党內走資本主义道路的当权派

——叶林貶低、歪曲、抵制、攻击和反对毛泽东思想

毛澤东思想是我們心中的紅太阳。毛澤东思想是全党全国一切工作的指导方针。毛澤东思想是我們革命人民、革命青年的命根子。誰要反对毛泽东思想，不管他資格多么老，地位多么高，"权威"多么大，我們都要和他斗，把他斗倒、斗垮、斗臭！

混进党內走資本主义道路的当权派叶林，来到清华时間虽然不长，只有五十多天，但他对毛澤东思想的仇恨心，已暴露无遗。

一、叶林抵制毛澤东思想；

以叶林为首的工作組，到清华后，非常害怕我們掌握毛澤东思想来識破他的原形，因而他极力抵制毛泽东思想。开始，他們积极抵制，干脆不組織毛著学习和社論学习，后来迫于形势，又消极抵制，来个每天两小时"雷打不动"，关在屋里不准吭一声，死学不用。

对当前有重要指导意义的社論如《革命的大字报是暴露一切牛鬼蛇神的照妖鏡》、《从群众中来，到群众中去》等，工作組坚决不組織学习，在例行的广播中，他們或者放在次要节目中播送，或者迟五、六天以后再播。

更令人气憤的是，对于《在延安文艺座谈会上的讲話》等四篇主席的光輝著作，在

反蒯斗爭以前和期間竟然置之不理。我們不明白叶林为什么如此害怕主席思想的光輝，难道他是牛鬼蛇神嗎？

二、叶林歪曲毛澤东思想：

我們亲爱的叶林先生，有一个出名的"动机效果統一論。"你对工作組提意见，就是怀疑工作組；怀疑工作組就是反对工作組，反对工作組就是反党、就是反动党中央、反对毛主席，就是反革命。既然你客观上反党，那你主观上一定是反党。"交出反党黑心来！"叶林实用主义地应用，效果实际上完全等于动机，歪曲了主席的动机效果統一論。

毛主席的《湖南农民运动考察报告》是一篇极其光輝的著作。它对群众运动有着偉大的指导意义，毛主席教导我們，革命是暴动，是一个阶级推翻另一个阶级的暴烈的行动，因而革命不能那样雅致，那样文质彬彬，那样温良恭儉让。当我校革命师生用来指导我校文化大革命时，工作組慌忙对我們說："毛主席的《湖南民农运动考察报告》是解放前写的，那时是反动专政，现在是无产阶级专政，因而主席那时的論述对现在不适用"等等。这純粹是胡說！这是对毛主席著作的肆意歪曲！我說，对待修正主义統治者，就是要搞暴动，就是要搞恐怖气氛。我們就是要造他們的反，罢他們的官，夺他們的权，游他們的街，把他們打翻在地，再踏上一只脚！让那些牛鬼蛇神在革命的暴风驟雨面前发抖吧，毛澤东思想的光輝使他們现出了原形。

在长达二十五天的反蒯斗爭期间，叶林，这一位虽不善于但也知道要打着"紅旗"反紅旗的家伙，对《党的阳光照亮文化大革命的道路》、《斯掉资产阶级自由、平等、博爱的遮羞布》两篇社論特别感兴趣。其目的是很清楚的，就是工作組完全代表党的领导，反工作組就是反党。他們把革命群众打成反革命。实行残酷的资产阶级专政，还不准别人說话，誰要发表一点不同意见，他們就扣你大帽子，說你举起"资产阶級自由、平等、博爱的破旗"說你"为反革命复辟服务"把革命群众的嘴塔死。只准州官放火，不准百姓点灯，这又是对主席思想明目張胆的歪曲。

叶林，不准你歪曲毛澤东思想！不准你打着"紅旗"反紅旗！

三、叶林貶低毛澤东思想：

林彪同志說过，毛澤东思想是当代馬克思列宁主义的頂峰，是最高最活的馬克思列宁主义。我們不允許任何人貶低偉大的毛澤东思想！

叶林胆大包天，极力貶低毛澤东思想，举几例說明：

六月二十六日清华大学举行空前规模的反蒯大示威，（据說这次游行是"自发的"）游行示威时，口号第一句是"坚决拥护以叶林同志为首的工作組！"第二句才是"高举毛澤东思想偉大紅旗"。

毛主席著作可以不学，《人民日报》社論可以不学，可是叶林的一个臭报告却要討論两次、三次。

在庆祝党的四十五周年生日的大会上，小小叶林，竟以"老权威"自居，来"总結"毛澤东思想的发展。这次事本身就是对毛澤东思想的侮辱和貶低，他在报告中，极力不提毛澤东思想的偉大意义，絕口不提四篇光輝著作，对阶级斗爭一带而过，却胡說什么主席在"四"个方面发展了馬克思主义，哲学、政治經济学、科学社会主义，还

425

有个什么"其它方面。"住口！叶林，你沒有資格总結毛澤东思想的发展！不准你肆意贬低毛澤东思想！

四、叶林攻击和反对毛澤东思想：

这一条，真是罪行累累，不胜枚举。

关于"政权問題是革命的根本問題"是毛澤东思想。一切无产阶级革命家必须念念不忘无产阶级专政，时时刻刻在各个領域內为无产阶级夺权，为党夺权，忘記了这一点，就是馬大哈、糊涂虫。主席这一光輝的思想，叶林怕得要死，几次在全校大会上拼命攻击和反对。

我們学校大字报选編，是反革命的大字报选編。在这里黑白顛倒、眞理变成错誤，革命大字报被打成反革命大字报。比如說刘才堂同志的《我們要建立什么样的革命秩序？》《为什么不能給工作組貼大字报？》等大字报，是活学活用主席著作的典型。可是被叶林列为大毒草，說要批倒批臭！呸！我要告訴叶林，毛澤东思想永远是駁不倒、批不臭的！

更令人气憤的是，附中的紅卫兵的《革命造反精神万岁！》的大字报，毛主席夸它好，可是叶林等人把它說成是"反革命宣言书"，眞是狂狷之极！

在反蒯期間編了一本主席語录（据揭发叶林每次都参加主席語录編选，次次亲自过問）。第一紅岩战斗小組已揭发他們作了令人不能容忍的篡改。拉写标点是家常便饭。这句話对我不利，我就把它删掉。他們做賊心虛，竟然将句句是眞理，一句頂一万句的主席語录"用完自行銷毁"。叶林仇恨毛澤东思想，反对毛澤东思想到了无以复加的地步。

在六月十三日报告中，叶林借"民族独立国家进步人士"之口，把偉大的毛澤东思想与苏修的"經驗"混为一談。

反党黑帮非常仇恨　非常敌視毛澤东思想，但是叶林說："他們不承认毛澤东思想是馬列主义頂峰。"（六月十三日报告）世界革命人民无限热爱、无限信仰、无限崇拜，他們把毛澤东思想当作前进道路上的灯塔，但是叶林說："世界人民承认毛澤东思想是馬列主义頂峰（七月一日报告）。在这里，表面上看来是一个詞，实际上表明了叶林极端仇視毛澤东思想。他极力混淆黑帮与革命人民的界限，攻击和反对毛澤东思想。

二十三条是主席亲手定的。上面明文规定，不准用任何借口整群众，据說有四清經驗的叶林，却搞了25天反蒯斗爭，大整同学，逼得几个要革命的群众自杀。

二十三条上明文规定，不得逼供信，叶林却大搞逼供信，并且大胆假設，大胆造謠。

党綱和国家法律是主席亲手制定的，可是，据說是"老革命"的叶林先生，一不要党紀，无理不准上訴中央，二不要国法，随便扣押、審問革命群众。

毛主席教导我們不要对反动派施仁政，可是叶林和黑帮亲如一家，大搞"兵临城下"路綫。

　　……………

叶林反对和攻击毛澤东思想的罪行，实在无法一一列举。

在列举了大量事实以后，让我来引一段《解放軍报》社論送給叶林先生：

"对毛澤东思想采取什么态度，是承认还是抵制，是拥护还是反对，是热爱还是仇視，这是眞革命的和假革命，革命和反革命，馬克思列寧主义和修正主义的分水岭和試金石。要革命，就要拥护毛澤东思想，按毛澤东思想办事。是反革命，就必然要貶低、歪曲、抵制、攻击和反对毛澤东思想。"

叶林，你不是善于上綱嗎？給你上綱吧，你就是假革命，你就是修正主义者，你就是反革命，你就是党內走資本主义道路的当权派！对于你这个家伙，我們要全党共誅之，全国共討之。

好了，二論到此結束。

回答一个問题：在我的《我对目前形势的看法》一文中，有同志指出我歪曲中央十六条決定中的一斗二批三改三大任务。我說，我一点沒有歪曲。一方面现在三大任务的内容比我們原来所知的三大任务内容大大扩大了。另一方面，我所說的一斗党內走資本主义道路的当权派叶林，二批工作組在清华执行的修正主义路線，三改工作組留下的旧制度、旧框框、旧习惯。这是我們当前的主攻方向，是三大任务范圍之內的。我們的主攻方向沒有錯，不准任何人說我們"忘記了主攻方向"。

蒯大富

八月十五日

三三、关心国家大事

——我对校內形势的看法

蒯大富　八月二十三日

清华大学关于工作組的辯論可以說基本上結束了。但是由对工作組的辯論所引起的另一場大辯論，即关于少奇同志、光美同志、薄一波同志、李雪峰同志的辯論，已經揭开盖子，并正在向纵深方向迅速发展。

从八月十八日以后，关于这方面的大字报迅速增加，到目前，已成为我校大字报中的主要內容，千万张大字报从各方面揭露問题，越来越触及到問题的本质。

但是，校內大字报上內容紛繁复杂，使人看起来眼花瞭乱。就人来說，有刘少奇、王光美、薄一波、林楓、蒋南翔、叶林、刘涛、刘菊芬、李世权……；就事件来說，有北大六月十八日事件、有电話事件、李世权事件、录音带事件、八月十九日事件、几件自杀事件……；就組織来說，有八·八革命串联会、八·九串联会、斗黑帮串联会、清华大学紅卫兵、清华大学毛澤东主义紅卫兵、８１１战斗小組、向日葵、第一紅岩、星星之火、卫东、千鈞棒、杀杀杀，等等。

本文力图从这一大堆杂乱无章的现象中，理出个头緒来，供大家参考，下面的分析肯定有錯誤的地方，請大家批評指正。

（一）从总理过问清华谈起……

七月二十九日，毛主席派周总理来过问清华大学无产阶級文化大革命，当八月四日大会上人們听到消息后，首先得到的是欢欣鼓舞，但是转而一想，有一个問题值得頑味：即为什么中央一定要派周总理来过问清华？

中央有一个文化革命小组，总理不是此小组成员。中央文化革命小组不来过问清华，却派非常忙的总理来过问清华，这件事不值得人们深思吗？于是，我就苦思苦想，最后得出一个模糊的结論：清华大学問題非同小可，非总理来则不足以解决問題！

（二）一句顶一万句！

毛主席的話，句句是真理，一句顶一万句。八月十日下午，我們最敬爱的領袖毛主席在接見首都革命群众时說："你們要关心国家大事，要无产阶級文化大革命进行到底。"我开始听了主席这句話，只觉得获得巨大鼓舞。但冷静地一想，主席这句話意义极其深远。关心国家大事，把无产阶級文化大革命进行到底，这就是說，我們不能圈在小框框里，而要胸怀祖国，放眼世界，要彻底革命，不要半途而廢，我們不能只看到清华园，而要看到全国，我們不能把叶林为首的工作組辯清就完，还要斗蒋南翔，还要揪与蒋南翔有联系的黑綫人物。要横扫一切牛鬼蛇神！

（三）葉林到清华来干些什么？

以叶林为首的工作組到清华五十天，所干的事归成一句話：鎮压革命。在一九六六年六月二十四日——七月二十六日这一个月内，清华园被一片白色恐怖籠罩着。阴森森的大楼里不时傳出审判"反革命分子"的叫声，左派被踩在脚下，清华师生員工的革命造反精神奄奄一息！

誰知道自己身上有沒有蛛絲馬迹呢？誰知道自己会說什么"錯"話呢？誰又能保证自己不被打成"反革命"呢？惶恐惶恐，不可終日！

被打成反革命群众，也不知哪天再被斗，也不知什么时間"下楼"，沒有反党，硬要給自己扣上"反党"的帽子，幷昧着良心說，自己对党有"刻骨的阶級仇恨"，他們对着毛主席像眼泪往肚里流，他們用自己的鮮血写出书："毛主席万岁！"

这种殘酷的精神折磨与灵魂刺激，使得一些要革命的群众感到走头无路，他們想到了自杀。于是史明远，朱德义，曹××，×××，……相继用各种方法结束自己的生命！

这難道不是彻头彻尾的法西斯专政嗎！

数人自杀，数十人闪过自杀念头，数百人被打成"反革命"、"右派"，数千人丧失了"立場"，——这就是叶林的"丰功偉績"！

（四）主要责任在誰？

工作組扼杀了清华大学无产阶級文化大革命，造成不可弥补的損失，这个責任主要在誰的身上？

因为叶林是工作組組长，于是人們首先想到了他。

因为王光美同志是一个"普通的工作組員"，于是人們又想到了她。

因为薄副总理是經委主任，而叶林是副主任，于是人們又想到薄一波同志。

因为工作組是新市委派的，于是人們想到了新市委与雪峰同志。

因为……

到底是誰呢？破坏我校文化大革命的主要責任在誰的身上呢？百思不得其解！

（五）关于王光美同志

可以說，在六月二十一日以前，王光美同志在我們心目中，她的威信是极高的，因为我們老早就听說王光美同志搞四清搞得特棒，这次来我校蹲点，人們不难設想，她一定能搞好我校文化大革命。但是，铁的事实給我們当头一棒。清华的文化大革命被她搞得一塌糊涂。于是，她的威风扫地了，于是人們怀疑她搞四清搞得好是吹牛皮吹出来的。

六月十九日，王光美同志大張旗鼓进校，轰动了全校，光美同志开始给人的感觉是平易近人，据說她是騎自行車来的，而且在七飯厅用膳。在公开讲話时，她說："少奇同志让我来看大字报。"

从此，这位"普通的工作队員"神秘地不见了。

六月二十一日，光美同志与工化系数人座談。她說："可以組織对蒯大富的圍攻，这是革命的圍攻"。

六月二十二日，光美同志又与工化系数人座談。她說："蒯大富是否是左派值得怀疑"正在座談的同时，发生了聳人听聞的"电話事件"。

人們不难联想，当化九零二班十人小組去追查謠言之时，坐了五个钟头冷板凳的事情，光美一定是知道的，而且工化系工作組副組長張茜薇的回答一定是和光美商量过的，那么，好了，光美同志直接参与了"电話事件"。

由"电話事件"所引起的六月二十四日大辯論，光美同志不可能不知道。刘濤在会上的讲話显然是和他妈妈商量过的。

从六月二十四日以后直到七月十九日，光美同志成了叶林"反蒯斗爭"的首席顾問。举一例足可以說明。七月八日在批判蒯大富大会前夕的预演会后，王光美同志和任傳钟握手。（任傳钟是"蒯式英雄"）她說："我也和你握手，不过希望你站到人民立場上来，好好揭发蒯大富。"

七月二十三日，王光美与化九二班同学座談，肯定"反蒯"斗爭是正确的。在此会上，她造了謠，撒了謊，干了一件见不得人的丑事。（将另揭）

七月二十九日在一員工食堂附近，光美对大家讲"从六月二十一日至七月二十九日，我一直呆在清华。少奇同志派我来的，工作組有成績，有缺点。我对工作組有我自己的看法，但我现在不說。"有人高呼："刘主席万岁！"光美同志欣然默认。晚上辯論会后，她又說：光美同志是不是革命者，大家考驗嘛。"

七月三十日以后，我們"敬爱"的光美同志在七飯厅为同学"服务"，咬着牙两只手抱住勺为同学打荣，深深感动了同学。于是繁华的王府井就出现了頌揚王光美的大字报，从这以后还参加了几次班級座談，大有深入群众之势，以后就不见了。

不过据我們了解，王光美同志曾經几次給化九二班十七人小組打气。

就上述现象，我自己感到，七月十九日"反蒯"斗爭急刹车是不得已，王光美起了相当的作用。从七月十九日以后，光美同志的活动的目的不外如下：①給蒯大富臉上抹黑，以证明反蒯斗爭正确。②为工作組开脱，給当时大辯論定调子。③为自己开脱，尽量把辯論引向岐途。④給反蒯干将打气，以稳住陣角。⑤极力使关于工作組的辯論刹车。

可是事情偏偏向着王光美同志愿望的反方向前进，她不但没有达到原来的目的，反而暴露了更多的馬脚。

现在，"向日葵"提出王光美是清华園第一号大扒手。是反蒯斗爭的总导演。我要說，这种說法是不确切的。应該把王光美同志說成是特派員或联络員，至于第一号大扒手是誰，有待于历史来作鉴定。

（六）薄一波三走清华园

薄一波同志对他的老部下叶林所在单位清华大学那是关心备至的。在短短一个月中，三走清华园。第一次、第二次是公开露面的，第三次是秘密的。

身为中共中央政治局候补委員、国务院副总理、国家經委主任的薄一波同志，三走清华对我校文化大革命的影响是极大的。

第一次是六月十九日中午看大字报。当时，我校由于工作組領导很不认眞，很不得力。同学給工作組贴的大字报越来越多。提出的問題很尖銳，于是，在科学館出現了一位"胖老头子"，自称北京新市委派来的，而又不肯露姓名。我很幸运与他辯論了半个小时。那时，我的《工作組往哪里去？》贴出了三天，他矢口否认我們大字报的主流是革命的，却要我当天下午就承认"錯誤"，幷且，他那次大反假左派，反复对我讲"不要在左派再来个"左"派，左派中的"左"派就是右派。""工作組是代表党的領导的""毛主席也不是一个人，他也有头，有头发，有手，有脚"之类的话。

第二次是七月三日中午看大字报。那时，清华园白色恐怖已到极盛时期。全校对蒯大富是一片打倒声。但还有相当部分同学对蒯大富是反革命分子口服心不服。于是，薄一波又来了，他首先看到我給师大女附中同学的公开信，說："大毒草！特大毒草！"然后应邀讲話：他肯定我是牛鬼蛇神，幷說我有后台老板，要留下我做"难得的反面教員"，經这一位中央首长一說，許多原来口服心不服的人也口服心服了，对蒯大富是反革命，确认无疑。

第三次，七月十七日薄一波悄悄来到清华。那时，他已經认識到反蒯斗爭的錯誤性了，而且包不住了。因此，再也不敢与群众见面了。大家知道，七月十八日叶林給黑帮吃了一顆大定心丸，七月十九日反蒯斗爭急刹車。我想，这不可能与薄一波三訪清华沒联系。

我們可以得出下面結論：①薄一波下車伊始，哇啦哇啦。②薄一波对我校情况是了解的，白色恐怖他要負重要責任。③薄一波起碼客观上是叶林的后台老板。叶林鎮压清华革命得到薄一波有力的支持。

（七）李雪峰的责任

新市委在前面一段时期，犯了方向性、路綫性的錯誤。北京各高等学校、各厂矿、机关工作組大都是新市委派的，而百分之九十以上的工作組犯了非常严重的錯誤，其中以北大的張承先、师大的孙有漁、清华的叶林为首的工作組白色恐怖最甚，王光美蹲点的清华，白色恐怖竟达一个月之久。

《北京日报》在六月下旬发表几篇社論，实际上为工作組鎭压群众制造舆論。

新市委犯了如此严重的方向性和路綫性的錯誤，迟迟不能觉察，大批群众拥入新市委反映各单位工作組鎭压群众的情况，而新市委和雪峰同志竟听而不聞，視而不见。以至于将北京文化大革命造成空前惨重的损失。直到八届十一中全会前夕才开始糾正錯誤。

因此，我不能不提出下面的問題：①工作組到底是誰派的？派出的动机是什么？②发現錯誤后，为什么迟迟不改？有意的还是无意的？③为什么派出的工作組不少是黑帮分子？这难道仅仅是不了解情况吗？④北大、清华、师大三所最大的学校发生的情况为什么最严重？

这几个问题，雪峰同志必须作出回答。

（八）有两个党中央吗？

大家知道，中国只有一个以毛澤东同志为首的党中央，但是有一个問題我們想不通。廉生在七月二十六日北大一次大会上讲："有人說，工作組是毛主席派来的。大家不要相信他們的鬼話。毛主席一个工作組也沒派！"但是邓小平同志七月二十九日在人大会堂中讲話时曾說："关于派工作組为事，中央是同意的，"这就怪了！毛主席一个工作組也沒有派，而中央又同意派工作組，岂不是說，中国还有一个不是毛主席为首的党中央嗎？难道中国有两个党中央嗎？

总理在八月四日与八月二十二日两次大会上都提到，关于派工作組所犯的方向性、路綫性错誤，当时在北京的中央負責同志要負責任。因此，我想，主席当时肯定不在中央。主席对此不負責任，誰派工作組就找誰算帳，一人做了一人当。我們不允許有人做错了事后向党中央臉上抹黑！

（九）再说奇怪的李世权事件

在六月十六日，我們的《工作組往哪里去？》大字报中提到关于李世权事件。我們当时就指出，李世权竟敢在六月十二日贴出"保卫党中央，反对毛主席"的反动大字报，这不仅仅是疯狗跳墙的问题。工作組不让我們斗李世权，反而扩大他的影响，这不能不引起我們对工作組的怀疑。

两个月过去了，现行反革命李世权一次也没有斗。八月五日叶林第一次找我談話时說到李世权现在正被"保卫性拘留。"我們实在不理解，叶林为什么要保护李世权这个现刑反革命分子？

李世权的反动口号的反革命"水平"是很高的。当时我們初看到李的大字报，觉得好笑，心想，李世权是个大笨蛋．保卫党中央，却要反对毛主席，这是无法统一的。现在看来，李世权，醉翁之意不在酒，在他的心目中还有一个不是以毛主席为首的党中央。所以說，李世权这个反革命不是一般的反革命，不是一个簡单的反动分子，而是很有"水平"，很知中央內情的"高級"反革命分子。

七月二十九日，少奇同志在大会堂讲話，讲到保护少数时，举了李世权为例，他說："不能凭一句口号就定成反革命。少数坏人贴反动大字报反动标语，也要保护，让他們活动，无妨大局。"我們要問少奇同志，公开喊出反对毛主席的人还不是反革命分子嗎？我們保护少数的目的是为了保护好人。对已經定案的坏人我們非但不保护，而且要实行专政。但是少奇同志却要我們去保护那些公开反对毛主席的少数反革命分子，并让他們活动而不必制止。我們要問，少奇同志，你当时說这段話是怎么想的？你对反对毛主席的人是什么感情？一句話，你对毛主席采取什么态度？

六月十九日，薄一波在与我辩論时，也提到李世权事件，他对我說："斗爭要讲究策略不要打草惊蛇。比如李世权写反对毛主席的反对标語，要是毛澤东思想掌握得特别好的人，見到后就不动声色，并鼓励他再发表意見。"这是什么話？这是大黑話！見到有人公开反对毛主席，不但不万分气愤，反而"不动声色"让他再写。我要告訴薄一波

431

同志，說实在的，我們毛澤东思想掌握得很差，但我們对毛主席的感情是无限深的。誰要反对毛主席，不管什么人，我們就堅决打倒他。我們不知道，薄一波同志对毛主席是什么感情？

也許有同志說，这是一个偶然事件吧。不！在首都其它地方也发生类似情况。比如說，在輕工业学院，六月十五日有一英語教师也写出同样的反动标語，那里的工作組不但不让斗，也是拼命扩大他的影响，据說，让全校人排队看現場。

我认为李世权事件是一个很关键的事件，它可能是很多重大問題的樞纽，我建議，把李世权揪回来，狠斗。要挖出他的反党黑心来。如果他有后台老板，应該迅速把后台老板也揪出来。

（十）阻力来自何方？

七月二十八日以后，关于工作組的大辯論遇到了巨大的阻力。阻力来自何方？一般說，不外两方面，一方面来自走資本主义道路的当权派，另一方面来自习慣势力。这两方面，我校都有。工作組走后，籌委会执行着一条没有叶林的叶林路綫。他們下决心要保叶林过关，而更大的目的是保王光美过关。在这里，他們耍了好些阴谋。八月七日分裂建議是他們提出的。八月十一日他們胆大包天，竟敢不傳达吳德的說明，八月十九日又强行夺讲台，这些事情，使我們不得不怀疑，王光美和籌委会是否在演双簧？

（十一）运动向何处去？

总理八月二十二日讲話后，要求立即打黑帮的人活跃起来，以为总理說出他們的愿望。可是这些人总是高兴时间不长的，大字报的动向使他們非常失望。依我自己的理解，总理的讲話是說，叫我們撇开叶林不管了，去揪蒋南翔以及与蒋南翔有关的黑綫人物，經过充分酝酿选出我們的組織。目前大字报的大方向是正確的，清华革命形势好得好！

同志們，让我們团結起来，共同来关心国家大事，为把无产阶級文化大革命进行到底貢献出自己青春的力量！

誓死保卫毛主席！

誓死保卫毛澤东同志为首的党中央！

蒯大富
八月二十四日

三四、紧 急 声 明

一九六六年九月一日

于昨天夜間清华大学出現了大量井岡山建軍路小学的所謂《十万火急呼吁》，（見附文）对此，我发表声明如下：

1.《呼吁》中通緝蒯大富，說逮住后"格斗无論，格打无論"，对于这种明目張胆抵制和違反十六条的行动，我提出最强烈的抗議。

2."南海淀小学事件"实况如下：此校主任任成兰組織一批所謂"紅卫兵"，专門打人。八月二十六日将该校教师刘天恩毒打一頓，扣押起来，刘于二十七日晨逃出向我們介紹情况，二十八日中午，我班孟家駒去南海淀小学，欲与任×讲理，說不应該打人，这是違反十六条的。哪知任×蛮不讲理，半天将孟家驹毒打三顿，并扣押起来。揚言二十九日晨要打第四次。当我們得知此消息后，万分着急，毛澤东主义紅卫兵数人与我立即出发去营救，反复交涉了五个钟头，才把孟家驹保回来。

3.关于借紅袖章之事原因：我在組織上暂时还未正式加入毛澤东主义紅卫兵。南海淀小学揚言，非紅卫兵，格打勿論。我当时没有通过毛澤东主义紅卫兵总部，借了一名毛澤东主义紅卫兵的袖章。关于这一点，我向毛澤东主义紅卫兵和全校革命师生檢討，并保证以后不再发生类似事情。但我去南海淀小学的目的是为了捍卫十六条，营救同学，决非去招搖撞騙，更沒有威胁过任何"紅卫兵"，呼吁中所說之事純屬造謠。相反，我們剛到該枚，馬上就来了一队手持棍棒的"紅卫兵"列在門口，大有大打一場的架势。

4.辟謠：孟家驹的出身根本不是"工商业官僚資本家兼地主"，其父任何时候也没加入过国民党，靠造謠过活，可笑可悲。

5.毛澤东主义紅卫兵从建立以来，一直坚决地捍卫毛澤东主义，和清华大学紅卫兵及筹委会的錯誤路綫作了坚决地斗争。二十八日晚上，数名毛澤东主义战士为捍卫十六条和营救同学挺身而出，这是大无畏的革命行动，他們光明磊落，問心无愧。蒯大富一人做事一人当，任何人想借此来誣蔑、中伤和攻击毛澤东主义紅卫兵，是絕对办不到的，不能损伤毛澤东主义紅卫兵一根毫毛。相反，毛澤东主义紅卫兵小将在駡声中成长。

6.正告清华大学临时筹委会与清华紅卫兵总部，据确凿資料表明，你們在"南海淀小学事件"中干了很多見不得人的可耻勾当。我們暂不想公布。但是，在准备选举过程中，你們想借此打击毛澤东紅卫兵，抬高自己，捞取选票，这是办不到的。奉劝你們赶快勒馬，否则，产生的后果你們要負全部責任，你們搬起的石头，将会砸到你們自己脚上。

7.正告南海淀小学主任任某，靠打人吃飯，靠造謠吃飯是长不了的。你如果再頑强地抵制和違反十六条，产生的后果你将担当不起。悬崖勒馬，回头不迟。

8.蒯大富不怕天，不怕地，不怕鬼，为无产阶级文化大革命准备挨駡，准备挨打，准备献身！但无产阶级文化大革命的胜利并不是叫害人虫和絆脚石的阻擋得了的！

誓死捍卫十六条！

毛主席万岁！

蒯大富

一九六六年九月一日

三五、談　　　权

——为准备选举而出

毛主席再三教导我們，一切革命的根本問題是政权問題。

一切革命家，他的全部活动只有一个目的，就是为他本阶级夺权。无产阶级革命家是这样，资产阶级革命家也是这样。

上层建筑的各个領域，意識形态、宗敎、艺术、法律、政权，最中心的是政权。政权是中心，政权是根本，政权是方向，政权是命根子，一句話，政权第一。如果誰不明白这一点，那他就是十足的馬大哈或者是不可救药的糊涂人。

国家是政权机构，革命的中心任务和最高形式是武装夺取政权，是战争解决問題。"枪杆子里面出政权"，这是顚扑不破的偉大眞理。

无产阶级在武装夺取政权以后，它的任务远远没有結束。用毛主席的話来說，只不过是万里长征走完了第一步，一場好剧的序幕而已。这就是說，在无产阶级专政下，阶級斗爭不但仍然存在，而且是长期的、曲折的，有时甚至是很激烈的。

阶級斗爭，說到底，是夺权斗爭 因此人們經常用"夺印"来形象地表达阶级斗爭。

于是，有人問："无产阶級已經夺取了政权，还存在什么夺权問題呢？"我們从两方面给予回答；一方面，无产阶级夺权了国家政权，不等于夺取了国家內部一切領域內的政权。事实证明，在无产阶级夺取国家政权以后，在意識形态領域內，資本主义的力量在相当长的时間內，超过无产阶级的力量，无产阶级文化大革命就是无产阶级在无产阶级专政下向在意識形态領域內資产阶级夺权的一場生死大搏斗。可以这样說，当无产阶級在一切領域內建立起自己的政权以后，共产主义就实现了。另一方面，无产阶级取得政权以后，还有丧失政权的危险。資产阶級与其它削剥阶級，他們决不甘心自己的灭亡，他們人还在心不死，必然以十倍的瘋狂进行最大限度的掙扎，如果此时无产阶级丧失警惕，政权馬上就会被資产阶级夺过去，实行資产阶级专政，白色恐怖将籠罩在劳动人民头上，苏联被赫魯晓夫修正主义者篡夺了党权、軍权、政权。这痛苦的敎訓不能不引起我們极大的重視。

在现在社会里，人是分为阶级的，阶级通常是由一个政党来領导。政党的生命表现在它的政策、方針、路綫得到貫彻。因此，看一个单位是否是无产阶级专政，则必须看这一单位內部是否貫彻毛澤东思想，是否执行着符合毛澤东思想的方針、政策和路綫。阶級斗爭通常表现为两条路綫的斗爭，而两条路綫的斗爭本质上就是夺权斗爭。哪个单位执行着毛澤东思想的路綫，哪个单位就是无产阶级专政；哪个单位执行着反毛澤东思想的路綫，哪个单位就是資产阶级专政。这样就把夺权斗爭具体化了。

在当前无产阶级文化大革命中，毛主席亲自制定的十六条是我們一切行动的最高指示。要取得文化大革命的彻底胜利，就必须保证党的絕对領导，而党的領导就是党中央和毛主席的領导，就是毛澤东思想的領导，就是十六条的領导。誰眞正貫彻执行十六条，誰就代表党的領导，就是实行无产阶级专政；誰要是違反和抵制十六条，那他就不代表党的領导，实行的是非无产阶级专政。就应该罢他的官，夺他的权。因此，是否眞正貫彻执行十六条，这是文化大革命中的阶级斗爭，也就是說，是文化大革命中的夺权斗爭。

党內外走資本主义道路的当权派，他們恨透了无产阶级文化大革命，恨透了十六条。开始时，他們利用他們掌握的一切工具（主要是領导机构）拚命抵制文化大革命，赤裸裸地执行右傾机会主义路綫，从右的方面猛攻十六条，想使文化大革命急刹車。可是，文化大革命大势所趋不可阻擋，于是这些老爷們就来个形左实右，他們也經常喊一些响亮的左的口号，实际上是耍阴謀。在左的口号背后实行右傾路綫，他們大搞群众斗群众，造謠生事，在群众中制造分裂；他們把群众高漲的革命热情引向歧途，明目張胆干那些違背十六条的事，破坏党的政策；他們借口打击右派，对广大群众实行恐怖专政，他們借口純洁組織，把大批群众置于文化大革命之外，他們从右的方面攻不垮十六条，想从左的方面攻垮十六条。

在无产阶级文化大革命的高潮中，形左实右路綫是极其危險的右傾机会主义路綫，长期执行下去，使广大革命群众产生厌战情緒，将会断送无产阶级文化大革命。

十六条路綫和形左实右是势不两立的，十六条路綫是毛澤东思想路綫，是革命路綫。形左实右路綫是修正主义路綫，是反毛澤东思想路綫。两条路綫的斗争是阶级斗争，是无产阶级和資产阶级爭夺文化大革命領导权的夺权斗争，它关系到文化大革命的命运問問。一切革命左派，一切要革命的人，必须抵制，揭发和批判形左实右路綫，必须勇敢地投入到这場严重的夺权斗争中去。捍卫十六条，就是捍卫党的領导，就是捍卫无产阶级专政。在夺权斗争中，誰也不能稀里糊涂，等閑视之。

从前校党委执行的是赤裸裸的右傾路綫；后来工作組先执行右傾路綫，看来行不通，就换成形左实右路綫，本质不变；现在临时籌委会执行着一条彻头彻尾的形左实右路綫。

现在准备选举了，选举前的一場大辯論是不可避免的。大辯論本身是一場夺权斗争。我呼吁全校革命师生，尤其是毛澤东主义紅卫兵、东方紅公社以及811、第一星火、第一紅岩、不怕鬼、敢拚、810頂风船、焊九造反队、向日葵、朝阳、朝阳花等战斗組勇敢地站出来，无情地揭露和批判临时籌委会的形左实右路綫，把这条错誤路綫批倒批臭。对于那些积极推行形左实右路綫的委員們，对于那些国民党作风十足的老爷們，坚决罢他們的官，夺他們的权，把清华大学无产阶级文化大革命置于眞正的左派領导之下。

我还要說，眞正的革命左派，应该脑子里想的是夺权，眼里看的是夺权，双手干的是夺权。我們为无产阶級夺权，为党夺权，决不是搞个人野心当大官。

有人笑我們滿脑子权权权，是一个念念不忘夺权的野心家。对！我們就是滿脑子权权权，就是念念不忘夺权的"野心家"。为无产阶级夺权，为党夺权，有什么不好呢？我們問心无愧！在政权問題上，我們是毫不含糊的。我們宁可做野心家，不愿做糊涂虫、馬大哈。

有了政权就有了一切，丧失政权就丧失一切。一切为了政权，政权就是一切。

念念不忘无产阶級专政！

无产阶级专政万岁！

蒯 大 富 8.31

三六、告全体人員书

全校革命师生員工們，
全体革命串联的战友，
同志們，你們好！

今天，我想对几个問題，发表我自己的看法。如有不符合毛澤东思想的地方，請同志們批評指正，我准备随时修正錯誤。

一、目前全国形势：

目前，一个史无前例的无产阶级文化大革命，在七亿人口的国土正以雷霆万钧之势，凶猛地向前发展。一批批黑帮，牛鬼蛇神被揪了出来，一个个走资本主义道路当权派被罢了官，撤了职，一块块绊脚石被搬开，红卫兵一马当先，横扫四旧，向旧世界发起总攻击。

这一派形势，真是好得很！我们要高呼："无产阶级文化大革命万岁！"

但是，毛主席教导我们："凡是反动的东西，你不打，他就不倒。"无产阶级文化大革命，要打倒一切反动的东西。而反动的东西绝不会自动退出历史舞台，它要在新事物面前，作最大限度的、垂死的挣扎。纵观全国情况，正是这样。那些党内外走资本主义道路的当权派，为保护他们的宝座，拼命地抵制文化革命，他们使出了一切手段，给文化大革命设置了层层阻力，使全国许多单位的革命运动，出现了多次的反复与曲折，这就是说，文化大革命的阻力是相当大的、顽强的。

尽管阻力很大，但文化大革命仍然大势所趋，不可阻挡，定将冲破一切阻力，达到最后彻底胜利。

因此目前全国无产阶级文化大革命情况可以这样概括：形势一片大好，阻力实在不小，但只要我们坚决地，认真地，全面地，不折不扣地贯彻十六条，那么，一切阻力将会被冲破，四旧将被横扫，牛鬼蛇神一个也跑不了。

二、目前我校形势：

作为在首都的一所重要的大学，清华大学和全国一样，形势也是一片大好。清华的文化大革命正在克服层层阻力，在迂迴中，曲折中，反复中，波浪中顽强地前进。这是主流！谁看不清这个主流，谁就会犯右倾讯会主义错误。

目前，全校情况大致如下：①全校打黑帮的声势好象越来越高。②正在违反巴黎公社选举制进行所謂选举。③全校人员走掉大约七千，外出串联。④广大师生员工没事干，清闲得很。⑤大字报冷冷清清，没有什么新内容，絶大部分是外校串联的人看，本校几乎无人看。⑥临时筹委会对它所执行的形"左"实右路綫没认識，国民党作风没有得到基本鏟除。⑦毛澤东主义紅卫兵总部領导旗帜不鲜明，处在軟弱无能的地位。⑧外地串联战友急切想得更多的东西。⑨进行了几次很好的阶级教育。⑩现在几乎没有人敢出来和临时筹委会的错误路綫顶一顶，缩手缩脚不説话。⑪国庆节将到，要准备庆祝国庆。⑫要准备第二次中日青年大联欢。⑬农忙时节将到，可能要組織人力下乡劳动。

总的説，全校情况，由于临时筹委会继續推行形"左"实右路綫，更由于毛澤东主义紅卫兵內部的軟弱，清华大学无产阶级文化大革命暂时处在冷冷清清阶段。

三、我們目前的任务：

針对目前全国形势，針对目前我校形势，我认为，我们全校师生目前的主要任务是向外地战友介绍我校情况。将我們的經驗、体会、教訓介绍给外校外地战友。借以推动全国无产阶级文化大革命向前发展。

在这方面，我們从前做了很多工作，成績不小。前些天，我們很多同学轉抄了大量反蔣的大字报，我认为，为了更好地使外地同志达到串联的目的，"反蒯"的大字报更要轉抄。因为"反蒯"的大字报比反蔣的大字报更加适用。目前全国很多单位形势与我校"反蒯"时期相同。保皇派圍攻革命群众的手法也和我校原工作組手法类似。清华是北京的典型，如果我們把我們的經驗体会好好向外地同志介紹，将在全国范圍內产生极大的作用。

因此，我呼吁，一切眞正关心国家大事的人，一切愿意将无产阶级文化大革命进行到底的人，一切对外地外校同志热情关心的人，大家一起来，用各种形式向外地同志介紹我校反蔣时期，尤其是"反蒯"时期的情况。

我将尽我自己的能力这样做。

另外，准备庆祝国庆，准备中日青年大联欢，分期分批組織同学下乡劳动，也将成为我校主要任务之一。

四、为什么现在不宜打黑帮？

现在从表面上看起来，校內打黑帮的呼声好象越来越高。但是，只要你到群众中稍微摸一下，就会知道，热心于现在打黑帮的人少得可怜，大多数人没有事干，就是那些轉抄大字报的同志，大多数也是没有事干驚得慌。况且我們的大多数同志不在家，在人員一半以上不在家的情况下，在思想准备十分不足的情况下，在没有什么充足炮彈的情况下，我认为打黑帮是非常不得力的，根本不能斗垮斗臭黑帮。因此，不宜现在就打黑帮。

周总理在8月22日大会上說，可以打黑帮了，但要准备，准备好了，就让我們打了。而现在呢？远远没有准备好。毛主席教导我們，不打无准备之仗，而且他又說，鈍刀子割肉是半天也割不出血来的。我希望那些现在看起来很热心于打黑帮的人們，还是听一听主席的教导吧。

当然，这只是我的观点。我认为，现在不应把主要精力放在打黑帮上，而应放在宣傳，准备国庆，下乡劳动上，这样我认为对文化大革命更有利。如果大家认为我的看法不对，还可以打一段黑帮試試看，如果不得力再改过来也不迟。

五、临时籌委会为什么急于现在就打黑帮？

关于上面我的观点，我想籌委会不可能不知道，但就贺鵬飞，刘濤在大会的讲话来看，人們看到，他們打黑帮的决心很大，这就不得不使我們考虑一个问题：被工作組指定的、后来又拼命保工作組的临时籌委会，为什么急于现在就打黑帮？

大家曾記得，"立即斗黑帮"的口号很早就有人提过，那时的目的为了保工作組过关。可是百般地保还是失败了，工作組还是被定成是"站在反动的资产阶级立场上，对广大同学实行白色恐怖'这个结論。现在又有人提出"立即斗黑帮"的口号，这就使人怀疑，这个口号的背后是否有其它目的？

奥，原来眞有其它目的！这就是为了保自己过关。

临时籌委会自从成立以来，一直执行着一条形"左"实右的路线。在和"八·八"

交鋒的七个回合中每次都以失败而告終。到了八月二十四号，已經軟弱不堪，在本校已无市場，不得不到外校去招搖撞騙了十二个学校的紅卫兵，把給筹委会贴的大字报撕个一干而淨，发生了臭名远揚的"8·24"事件。此时，如果毛澤东主义紅卫兵挺身而出，旗帜鲜明地和筹委会的錯誤路線进行不調和的斗爭，那末，筹委会就混不下去了。可是，毛澤东主义紅卫兵內部軟弱，不敢斗爭，結果給我校文化大革命带来相当的損失。

现在，临时筹委会之所以大喊大叫"立即斗黑帮"，其原因是生怕别人去揭他們老底，日子混不下去，不得不来个轉移視線，以捞取些資本，想多混几天。为达此目的，他們曾采取种种手段，残酷地排挤，压制和打击毛澤东主义紅卫兵，有时覺到了不擇手段使人忍无可忍的地步。

为此，我要正告清华大学临时筹委会，希望你們不要文过飾非，而要努力地认識錯誤和改正錯誤，向全校师生作檢討。在现在望你們出来組織向外地同志的宣傳工作，而不必虚張声势地斗黑帮。如果你們違背党和人民的根本利益，执意按你們原来的計划进行下去，你們将会作为一块絆脚石被清华革命师生一脚踢开！

六．回答几个問題！

1．"你对黑帮不恨，沒有无产階級感情！"

几天来，校內进行很多次階級教育。工人，复員軍人，同学的血泪的控訴激起广大师生的无产階級感情，大家对黑帮恨之入骨，恨不得一口吃掉他們。想想解放前那暗无天日的生活，想想在黑帮統治之下紅五类子弟及革命师生所受的迫害，我們下定决心，决不让資本主义复辟，决不让一个牛鬼蛇神漏网。

揪出蔣南翔这是一个大胜利。但我們看到，全国还有很多个"蔣南翔"沒有被揪出来，他們还在迫害紅五类子弟，他們还在抵制文化大革命，他們想滑过去。我們能让他們滑过去嗎？不能，一万个不能！我們要协助兄弟单位把他們一个个揪出来，横扫一切牛鬼蛇神！为此，我們必须大力向兄弟单位宣傳我們的經驗，体会，教訓，尽快将黑帮分子全揪出来。

由于临时筹委会的錯誤路線造成广大师生沒事干，因而人口大量外流，我們留校的少数人本来并不想去触动临时筹委会，但是筹委会的行动使人实在忍无可忍，如果像这样下去将給文化大革命带来巨大的損失。因此，我想尽管人少，也得頂一頂。我准备受围攻，准备挨罵，准备挨"十二校联合行动"，准备挨打。但是，革命的責任心使我采取了这一行动。为无产階級文化大革命的彻底的和迅速的胜利，我愿意献出我自己的一切！

2．"你是內战专家！"

刘濤同志在一次大会上讲："有些别有用心的人，內战內行，外战外行。"我不知道她在自我表白，还是在大罵别人。但是，有人要說我是內战专家，实在受之有愧。在清华大学，人們只要一提起內战专家，就会想到临时筹委会，清华紅卫兵总部，尤其是自控系敢死队。如果有人要說我是"內辯"专家，我还将就接受。內战专家的帽子，你們自己收起来吧。

3.“你制造分裂！”

对！我就是制造“分裂”！誰也不能指望我和那些頑强地执行錯誤路綫的人緊密地团結在一起，我对临时筹委会提过多次正告，他們拒听良言，于是乎，我再来正告一次。如果有人把这叫做“分裂”行为，我宁愿当这种“分裂”专家。恩格斯說过：“在可能团結一致的时候，团結一致是很好的，但还有高于团結一致的东西。”我为了追求那个“高于团結一致的东西”，愿意当“分裂”专家，而不愿与錯誤路綫搞折衷，搞妥协，搞投降。

4.“不理你，我們打黑帮。”

不知道你們能不能做到，我希望你們理一理。实在不理，我也不强求，只好“你打你的，我打我的。”如果沒有人用道理将我說服，我将堅决按我认为的正确道路走下去。

今天就說到这里。

一切愿意革命的人們，尤共是毛澤东主义紅卫兵，希望你們看了我的大字报以后，用大字报或其它形式对我提出批評。

誓死捍卫十六条！

毛主席万岁！

蒯大富　　9.9.

三七、几 个 問 題

蒯大富　11.12

无产阶级文化大革命进入高潮以来，已經有五个半月了，經过多次的曲折与反复，现在正沿着毛主席为代表的无产阶级革命路綫胜利前进。

回顾五个多月以来的斗争，我觉得下面几个问题很重要，带有根本性，必须在文化革命中解决它們。

一、当权派問題。

十六条中說：“这次运动的重点，是整党內那些走資本主义道路的当权派。”这里突出当权派，是一个令人深思的問題。就目前已經揪出的走資本主义道路的当权派来看，我們发现，他們中有一部分是一貫投机革命，存心反党的。但还有相当一部分，是革命者被資产阶级糖衣炮彈击垮而成为人民的敌人的。这就向我們提出一个問題；不当权的鋼铁炮彈面前的英雄，在当权以后，为什么有人变成糖衣炮彈面前的狗熊？怎样防止这一个可怕的、令人痛心的和平演变？当权派，干部阶层，尤其是高级干部和他們的子女都应該密切注視这个問題。这个問題不解决，就不能从根本上防止資本主义复辟。

二、阶級路綫問題。

前北京市委彭眞之流歪曲党的阶级路綫，把重在表現政策抽去无产阶级灵魂而变成修正主义的“重在表面”政策。文化革命以来，头号党內走資本主义道路的当权派刘少奇把党的阶级路綫歪曲成形“左”实右的唯成份論——譚氏阶级路綫。眞正党的阶级路綫一直没有得到很好的貫彻。不貫彻党的阶级路綫，就不能分清敌我，就不能团結大多数，就不能孤立敌人，就不能战胜敌人。也就是說，什么是眞正的无产阶级阶级路綫？又怎样在实踐中貫彻它？

三、文化革命中組織形式問題：

事实已經证明，不是眞正通过巴黎公社选举制所产生的文革机构，都是运动的絆脚石。就是聶元梓同志为首的北大文革，也在一度时期內把北大运动搞得冷冷清清。十六条公布以后，实际上的权力机构是紅卫兵組織，但紅卫兵組織运动群众的现象严重，而且往往有观点的局限性。因此，可以說，到目前为止，还沒有发现一个比較好的組織形式，它旣能保证实现无产阶级大民主，充分发揚群众的首創精神，又能集中群众的意志，而不运动群众。

四、徒步串連問題：

十月下旬，党中央号召徒步串連，毛主席也特别贊成。在这里要問三个問題：党中央为什么在文化革命开展五个月以后号召徒步串連？徒步串連的根本目的是什么？出去主要干些什么？

五、革命少数派在他们不受压制向多数派轉化的时候，这时应該主要注意什么？左派队伍为什么一次又一次地一分为二？

六、为什么說，要不要批判資产阶级反动路綫，是能不能貫彻执行文化革命的十六条，能不能正确进行广泛的斗批改的关键？彻底批判資产阶级反动路綫的标志是什么？

彻底批判資产阶级反动路綫的关鍵是什么？

七、为什么现在特别强调发揚打落水狗的精神和革命的"韌"性？折衷主义，形而上学观点，庸人的观点的表现形式及其危害性是什么？

以上几个問題，提請同志們考虑，我将用大字报和大家就上述問題展开討論。

蒯大富　11．12．

刘子厚同志代表河北省委
关于在无产阶级文化大革命中执行资产阶级反动路线错误的
检 查
（一九六六、十一、十二）

同志们，同学们、红卫兵战士们：

在我们伟大领袖毛主席和党中央的英明正确领导下，我省广大工农兵、革命师生和革命干部，在无产阶级文化大革命运动中，意气风发、斗志昂扬，高举毛泽东思想伟大红旗，高举十六条，揪出了一批党内走资本主义道路的当权派，批判了一部分资产阶级反动"权威"，在社会上挖出了不少牛鬼蛇神，破获了一些反革命案件。在革命的暴风雨中诞生的红卫兵和其它青少年的革命组织，发扬了敢想、敢说、敢干、敢闯、敢革命的无产阶级革命精神，从学校到社会，大破剥削阶级四旧，大立无产阶级的四新，横扫一切牛鬼蛇神，创建了伟大功勋。毛主席亲自发动和领导的这场无产阶级文化大革命，是触及人们灵魂的大革命，极大地促进了人的思想革命化，使毛泽东思想更加普及、更加深入人心，整个社会面貌、人们的精神面貌有了很大变化。当前广大革命群众对资产阶级反动路线的批判，正是在把无产阶级文化大革命推向新的高潮。整个革命形势好得很，而且越来越好。

但是省委在无产阶级文化大革命中，实际上盲目地执行了资产阶级反动路线，犯了方向的错误、路线的错误，广大革命群众响应毛主席"要关心国家大事"的号召，纷纷举行会议、贴大字报，揭发批判河北省委在文化大革命中所犯的方向的路线的错误，向资产阶级反动路线猛烈开火，这对我们检查改正错误，是一个很大的推动和帮助。我代表省委对你们的革命造反精神，表示最坚决的支持。对你们的批评，表示最热烈的欢迎。现在，我代表省委向广大革命师生、革命群众作如下的检查，希望大家对省委所犯的错误继续揭发和批判。

我们对于无产阶级文化大革命是一场融及人们灵魂的大革命，是我国社会主义革命发展的一个更深入、更广泛的新阶段认识很不深刻。对势如暴风骤雨、迅猛异常发展起来的群众运动，以及对于革命群众创造的新秩序、新形势感到突然，缺乏思想准备。对于这场伟大斗争的领导很不理解、很不认真、很不得力，盲目地执行了资产阶级反动路线，极大地影响了革命群众积极性的发挥。十大条公布以后，毛主席的正确路线同广大群众见面，为广大群众所掌握，在庆祝中华人民共和国成立十七周年的大会上，林彪同志讲了在无产阶级文化大革命当中两条路线的斗争问题，广大革命群众对错误路线的批判广泛深入地开展起来，才促使我们逐渐觉悟过来，认识到所犯错误的严重性，我们下定决心，虚心地诚恳地听取广大革命群众的批评，同群众一道彻底批判和清除资产阶级反动路线及其影响，坚决贯彻执行以毛主席为代表的无产阶级革命路线，高举十大条，"敢"字当头，放手发动群众，用实际行动来弥补我们的错误所造成的损失，把无产阶级文化大革命进行到底。

中央关于无产阶级文化大革命的决定中说："党的领导，敢不敢放手发动群众将决定这场文化大革命的命运。"在前一段时间内，我们对于这场伟大斗争的领导，也经常讲"敢"字当头，但在实际上是"怕"字当头，不是充分信任群众、依靠群众、放手发动群众，尊重群众的首创精神，而是总想让群众按我们的旧章法、老框框、过时的经验行事。

五月中旬，由原省委书记处书记张承先主持召开的紧急会议，对批判邓拓、吴晗、廖沫沙反革命"三家村"的问题作了布署。在他的报告中，错误地划了许多框框。例如要开座谈会、报告会，不要开声讨会，可以写黑板报，小字报，不要写大字报；不要采用快板、漫画文艺形式等么，这些框框是右倾机会主义的表现，严重地束缚了群众的手脚，压抑了广大群众的革命积极性，阻碍了文化大革命运动的发展。对张承先的这些错误，虽然在发现之后，予以纠正，但没有进行彻底批判。因此在前一段无产阶级文化大革命中产生了

很打的影响

大月初，毛主席批发了北大聂元梓等七同志的一张革命的大字报以后，文化大革命运动轰轰烈烈地开展起来。这时我们虽然紧跟形势，提出炮打司令部，斗争党内走资本主义道路的当权派，批判资产阶级反动权威，各级党委要积极领导，放手发动群众，开展大鸣大放大字报，大争论。但我们在思想深处还是"怕"字当头，怕出乱子。对广大群众在这场史无前例的无产阶级文化大革命中的积极性和创造性估计很不足，仍然按照常规走路，按照旧章法办事。当群众的革命风暴破了旧框框时，又提出了一些新框框。例如大字报要内外有别，不要开各校联合大会，不要上街等等，领导仍然落后于形势，落后于群众。

六、七月间，省委负责同志都在北京开会，由于原高教工委的领导人受到批判不能执行任务，所以临时指定下分院校的党委书记组成领导小组指导天津市高等院校的文化大革命。到十六条决定发布后，我们察觉到建立高校领导小组的措施是错误的，到八月下旬即宣布撤销。

六月间，省委建议天津各高等院校召开师生代表会，民主选举文化革命委员会。当时，由于我们对革委会应该以革命学生为主体的思想不够明确，加之革委会的选举没有放手发动群众，充分发扬民主，反复进行酝酿讨论，结果许多院校党委的负责干部参加了革命委员会，广大革命师生对这样的文革委员会表示不信任，说它是官办的，这是有理由的。十六条公布以后，虽然省委提出了要改选革委会，但由于措施不力，问题没有得到解决。这个责任要由省委来负。参加革委会的革命师生，他们是没有任何责任的。

在此期间，我们向一些大中学校派工作组，这是不相信群众的表现，这本身就是方向的错误、路线的错误。

我们对于在这次文化大革命中曾经出现的一些挑动学生斗学生群众斗群众的问题，甚至对革命群众进行政治迫害，把他们打成反革命的严重事件，没有及时发现、及时处理，严重地妨碍了无产所级文化大革命的健康发展。比较突击的是天津市的十六中事件。大月下旬，十六中的部分同学散发了告全市青年的一封信，批评了市委在文化大革命运动中的错误，这是革命的行动，应该坚决地支持。当时在天津主持市委工作的前市委组织部长马瑞华同志，除组织一些学校的学生围攻16中的学生外，又擅自决定派击全付武装的公安部队32人，进行所谓"维持秩序"。这是一个破坏无产所级文化大革命，镇压革命学生运动的极端严重的事件。对于这一事件，虽然派人作了调查，但处理不及时不严肃。十六中和其它一些大中学校发生的围攻革命师生的事件，使一些革命群众受到迫害，使文化大革命受到很大损失。检查结果，我们十分痛心。现在我代表省委再次宣布，坚决遵照中央批转的军委、总政关于军队院校无声所级文化大革命的紧急指示，凡运动初期被院校党委和工作组打成'反革命'"反党分子""右派分子"和'假左派、真右派"等的同志，应宣布一律无效，予以平反，当众恢复名誉。并向受过迫害的革命同志赔礼道歉。对于个人被迫写出的检查材料和党委或工作组以及别人整理的整他们的材料，都应按照中央指示认真处理。

（接下頁）

十六条公布以后，广大红卫兵小将们高举毛主席无产阶级革命路线的旗帜进行革命串联，无产阶级文化大革命又出现了一个新高潮。我们对这个大好形势认识不足，跟得不紧，对革命师生的大串联积极的鼓动和支持不够。

八月间天津市有些革命师生贴了批评刘子厚、官世开、杜新波等同志的大字报，这是革命的行动。就在这时候，省委驻津工作人员贴出大字报，说省委这三位同志是坚定的革命左派。这时大字报贴出后，客观起了压制群众批评省委的作用。我们当时没有认识到这一问题的严重后果。同意了这时大字报，这是很错误的。

天津市发生的"八二六"事件是由于市委在指导思想上"怕"字当头造成的。八月二十六日北京红旗学校部分红卫兵和天津市劳动局第二技校部分学生到市委机关揭发市委问题。当学生进入市委大楼时，市委机关干部进行阻拦，发生了冲突。以后省委为了保卫国家机密，错误地让市委调动工人学生保卫市委大楼，虽然时间很短就撤去了，没有发生冲突，但是影响很坏。

九月上旬，天津市三轮二社发生了阶级敌人杀害党支部书记陈良谋的反革命事件。当时有一个中学的少数红卫兵，由于不明真象受了敌人的蒙蔽，参与了这一事件。我们对红卫兵进行了教育和保护，这是对的。广大群众对于反革命分子出于革命义愤，上街游行，要求严办凶手。这一行动也是正当的。我们虽然逮捕了反革命分子，但是法办和处决迟了，没有能够及时通过这一事件揭露敌人阴谋，充分向广大群众和红卫兵进行阶级教育。

从我省其他地、市的情况看，也在不同程度上盲目地执行了资产阶级反动路线，有关地委、市委正在进行检查。他们的错误我们省委也是有一定责任的。我们为什么犯了这样严重的错误呢？

首先是对无产阶级文化大革命中两条路线的斗争缺乏理解。毛主席教导我们要信任群众、依靠群众，尊重群众的首创精神，让群众自己教育自己，自己解放自己。毛主席又教导我们说："彻底的唯物主义者是无所畏惧的"，现在检查起来，我们虽然批判"敌"字当头，但实际上没有去掉怕字。怕出乱子，怕大民主，一句话就是怕

445

群众，拍革命。这样就必然和群众的敢想、敢说、敢干、敢闯，敢革命的无产阶级革命精神形成对立，以至发展到压制群众，犯了严重的政治错误。

第二、因为我们缺乏坚定明确的群众观点和群众路线的工作作风。毛主席说："人民、只有人民，才是创造世界历史的动力。"群众是真正的英雄，而我们自己则往往是幼稚可笑的，不了解这一点，就不能得到起码的知识。"我们对人民群众的革命积极性和创造性估计不足，仅仅自己超过任信群众。在工作中不是先当群众的学生，后当群众的先生，而是习惯于以领导者自居，高高在上，凭自己的经验办事，包办代替群众革命，这样就不能使自己深入到群众中去，和群众同呼吸共命运，就不可避免地要犯错误。

第三我们的世界观还没有改造好。在灵魂深处还有资产阶级腐朽思想作怪。毛主席说："世界观的转变是一个根本的转变。"由于我们的资产阶级立场、观点没有改造好，在无产阶级文化大革命中，在以毛主席为代表的无产阶级革命路线和资产阶级反动路线激烈斗争的情况下，就不自觉地、盲目地执行了资产阶级反动路线。同时我们在思想方法上还存在形而上学，看问题有片面性、表面性，没有把运动中发生的问题联系起来看，没有通过许多现象抓住问题的本质，

因而没有及时发现指导思想上的错误，没有把错误提到方向路线的高度来认识，也作彻底的批判。

我们犯错误的原因归根结底是一条没有学好、用好毛主席著作没有完全彻底地按最高指示办事。林彪同志指出，毛泽东思想是革命的科学，是经过长期革命斗争效验的无产阶级的真理，是最现实的马克思列宁主义，是全党全军全国人民的统一的行动纲领。由于我们没有把毛泽东思想学到手，真正掌握起来，因而在这场无产阶级文化大革命运动中，在不少地方违背了毛主席思想，盲目地执行了资产阶级反动路线，这是一个严重的痛心的教训。今后，我们一定要和同事们，同志们在一起，响应林彪同志的号召把活学活用毛主席著作的群众运动提高到一个新的阶段，把毛泽东思想真正学到手，真正掌握起来。

蘭臺出版社書訊

第一輯－第三輯（三輯）目錄

前言：忘記歷史意味著背叛
李正中

序言：中國歷史界的大幸，也
是國家、民族之大幸　張培鋒

第一冊：最高指示及中央首長
關於文化大革命講話

第二冊：批判劉少奇與鄧小平
罪行大字報選編

第三冊：劉少奇與鄧小平反動
言論彙編

第四冊：反黨篡軍野心家罪惡
史選編

第五冊：文藝戰線上兩條路線
鬥爭大事紀

第六冊：文革紅衛兵報紙選編

前言：忘記歷史意味著背叛
李正中

序言：中國歷史界的大幸，也
是國家、民族之大幸　張培鋒

第一冊：文件類

（一）中共中央文件 11

（二）地方文件 69

第二冊：文論類（一）

第二冊：文論類（二）

第二冊：文論類（三）

第三冊：講話類

前言：忘記歷史意味著背叛
李正中

序言：中國歷史界的大幸，也
是國家、民族之大幸　張培鋒

第一冊：大事記類

第二冊：會議材料類

第三冊：通訊類

第四冊（一）：雜誌、簡報類

第四冊（二）：雜誌、簡報類

文革史料叢刊第一輯

第一冊	頁數：758
第二冊	頁數：514
第三冊	頁數：474
第四冊	頁數：542
第五冊	頁數：434
第六冊	頁數：566

文革史料叢刊第二輯

第一冊	頁數：188
第二冊(一)	頁數：416
第二冊(二)	頁數：414
第二冊(三)	頁數：434
第三冊	頁數：470

文革史料叢刊第三輯

第一冊	頁數：239
第二冊	頁數：284
第三冊	頁數：372
第四冊(一)	頁數：368
第四冊(二)	頁數：336

古月齋叢書 3　定價 20000元

古月齋叢書 4　定價 20000元

古月齋叢書 5　定價 25000元

書款請匯入以下兩種方式

銀行
戶名：蘭臺網路出版商務有限公司
土地銀行營業部（銀行代號005）
帳號：041-001-173756

劃撥帳號
戶名：蘭臺出版社
帳號：18995335

100 台北市中正區重慶南路1段121號8樓之14
TEL：（8862）2331-1675 FAX：（8862）2382-6225
E-mail：books5w@gmail.com
網址：http://bookstv.com.tw/

國家圖書館出版品預行編目資料

文革史料叢刊第四輯（三類，共五冊）/ 李正中　輯編. -- 初版. -
臺北市：蘭臺, 2016.10
面；　公分. --（古月齋叢書；6）
ISBN　978-986-5633-50-9（全套：精裝）

1.文化大革命 2.史料
628.75　　　　　　　　　　　　　　　　　　105017665

古月齋叢書 6

文革史料叢刊第四輯（三類，共五冊）

編輯委員：李正中、張春津、張加君
美　　編：高雅婷、林育雯
封面設計：諶家玲
出　版　者：蘭臺出版社
發　　行：蘭臺出版社
地　　址：台北市中正區重慶南路 1 段 121 號 8 樓之 14
電　　話：(02)2331-1675 或(02)2331-1691
傳　　真：(02)2382-6225
E—MAIL：books5w@gmail.com 或 books5w@yahoo.com.tw
網路書店：http://bookstv.com.tw/、http://store.pchome.com.tw/yesbooks/、
　　　　　http://www.5w.com.tw、華文網路書店、三民書局
總 經 銷：成信文化事業股份有限公司
電　　話：(02)2219-2080　　傳　真：(02)-2219-2180
地　　址：台北市中正區重慶南路 1 段 121 號 5 樓之 11 室
劃撥戶名：蘭臺出版社　帳號：18995335
網路書店：博客來網路書店 http://www.books.com.tw
香港代理：香港聯合零售有限公司
地　　址：香港新界大蒲汀麗路 36 號中華商務印刷大樓
　　　　　C&C Building, 36,Ting, Lai, Road, Tai,Po, New,Territories
電　　話：(852)2150-2100　　傳　真：(852)2356-0735
總 經 銷：廈門外圖集團有限公司
地　　址：廈門市湖裡區悅華路 8 號 4 樓
電　　話：(592)2230177　　傳　真：(592)-5365089
出版日期：2016 年 10 月 初版
定　　價：新臺幣 35000 元整（全套精裝，不零售）
ISBN：978-986-5633-50-9